KB213287

2026학년도 수능 연계교재

수능완성

사회탐구영역 | 윤리와 사상

기획 및 개발
박빛나리
김은미
박 민
이영진

감수
한국교육과정평가원

책임 편집
강수연

본 교재의 강의는 TV와 모바일 APP, EBS*i* 사이트(www.ebs*i*.co.kr)에서 무료로 제공됩니다.

발행일 2025. 5. 26. **1쇄 인쇄일** 2025. 5. 19. **신고번호** 제2017-000193호 **펴낸곳** 한국교육방송공사 경기도 고양시 일산동구 한류월드로 281
표지디자인 디자인싹 **내지디자인** 다우 **내지조판** 글사랑 **인쇄** 팩컴코리아㈜
인쇄 과정 중 잘못된 교재는 구입하신 곳에서 교환하여 드립니다. 신규 사업 및 교재 광고 문의 pub@ebs.co.kr

정답과 해설 PDF 파일은 EBS*i* 사이트(www.ebs*i*.co.kr)에서 내려받으실 수 있습니다.

교재 내용 문의	교재 및 강의 내용 문의는 EBS*i* 사이트 (www.ebs*i*.co.kr)의 학습 Q&A 서비스를 활용하시기 바랍니다.
교재 정오표 공지	발행 이후 발견된 정오 사항을 EBS*i* 사이트 정오표 코너에서 알려 드립니다. 교재 → 교재 자료실 → 교재 정오표
교재 정정 신청	공지된 정오 내용 외에 발견된 정오 사항이 있다면 EBS*i* 사이트를 통해 알려 주세요. 교재 → 교재 정정 신청

고2 ~ N수, 수능 집중

구분	수능 입문	> 기출/연습	> 연계 + 연계 보완	> 고난도	> 모의고사

구분: 국어 / 영어 / 수학 / 한국사 사회 / 과학

수능 입문
- 윤혜정의 개념/패턴의 나비효과
- 기본서 수능 빌드업
- 수능특강 Light
- 수능 감(感)잡기
- 수능 스타트
- 강의노트 수능 개념

기출/연습
- 윤혜정의 개념의 나비효과
- 수능 기출의 미래
- 수능 기출의 미래 미니모의고사
- 수능특강Q 미니모의고사

연계 + 연계 보완
- 수능특강 문학 연계 기출
- 수능특강 사용설명서
- 수능완성 사용설명서
- 수능연계교재의 VOCA 1800
- 수능연계 기출 Vaccine VOCA 2200 | 수능 영어 간접연계 서치라이트
- 수능 연계교재: 수능특강 | 수능완성
- eBook 전용: 수능완성R 모의고사 | 수능 등급을 올리는 변별 문항 공략

고난도
- 하루 3개 1등급 국어독서
- 하루 6개 1등급 영어독해
- 수능연계완성 3주 특강
- 박봄의 사회·문화 표 분석의 패턴

모의고사
- FINAL 실전모의고사
- 만점마무리 봉투모의고사 시즌1
- 만점마무리 봉투모의고사 시즌2
- 만점마무리 봉투모의고사 고난도 Hyper
- 수능 직전보강 클리어 봉투모의고사

구분	시리즈명	특징	난이도	영역
수능 입문	윤혜정의 개념/ 패턴의 나비효과	윤혜정 선생님과 함께하는 수능 국어 개념/패턴 학습		국어
	수능 빌드업	개념부터 문항까지 한 권으로 시작하는 수능 특화 기본서		국/수/영
	수능 스타트	2028학년도 수능 예시 문항 분석과 문항 연습		사/과
	수능 감(感) 잡기	동일 소재·유형의 내신과 수능 문항 비교로 수능 입문		국/수/영
	수능특강 Light	수능 연계교재 학습 전 가볍게 시작하는 수능 도전		영어
	수능개념	EBS*i* 대표 강사들과 함께하는 수능 개념 다지기		전 영역
기출/연습	윤혜정의 개념의 나비효과	윤혜정 선생님과 함께하는 까다로운 국어 기출 완전 정복		국어
	수능 기출의 미래	올해 수능에 딱 필요한 문제만 선별한 기출문제집		전 영역
	수능 기출의 미래 미니모의고사	부담 없는 실전 훈련을 위한 기출 미니모의고사		국/수/영
	수능특강Q 미니모의고사	매일 15분 연계교재 우수문항 풀이 미니모의고사		국/수/영/사/과
	수능완성R 모의고사	과년도 수능 연계교재 수능완성 실전편 수록		수학
연계 + 연계 보완	수능특강	최신 수능 경향과 기출 유형을 반영한 종합 개념 학습		전 영역
	수능특강 사용설명서	수능 연계교재 수능특강의 국어·영어 지문 분석		국/영
	수능특강 문학 연계 기출	수능특강 수록 작품과 연관된 기출문제 학습		국어
	수능완성	유형·테마 학습 후 실전 모의고사로 문항 연습		전 영역
	수능완성 사용설명서	수능 연계교재 수능완성의 국어·영어 지문 분석		국/영
	수능 영어 간접연계 서치라이트	출제 가능성이 높은 핵심 간접연계 대비		영어
	수능연계교재의 VOCA 1800	수능특강과 수능완성의 필수 중요 어휘 1800개 수록		영어
	수능연계 기출 Vaccine VOCA 2200	수능 - EBS 연계와 평가원 최다 빈출 어휘 선별 수록		영어
고난도	하루 N개 1등급 국어독서/영어독해	매일 꾸준한 기출문제 학습으로 완성하는 1등급 실력		국/영
	수능연계완성 3주 특강	단기간에 끝내는 수능 1등급 변별 문항 대비		국/수/영
	박봄의 사회·문화 표 분석의 패턴	박봄 선생님과 사회·문화 표 분석 문항의 패턴 연습		사회탐구
	수능 등급을 올리는 변별 문항 공략	EBS*i* 선생님이 직접 선별한 고변별 문항 연습		수/영
모의고사	FINAL 실전모의고사	EBS 모의고사 중 최다 분량 최다 과목 모의고사		전 영역
	만점마무리 봉투모의고사 시즌1/시즌2	실제 시험지 형태와 OMR 카드로 실전 연습 모의고사		전 영역
	만점마무리 봉투모의고사 고난도 Hyper	고난도 문항까지 국·수·영 논스톱 훈련 모의고사		국·수·영
	수능 직전보강 클리어 봉투모의고사	수능 직전 성적을 끌어올리는 마지막 모의고사		국/수/영/사/과

2026학년도 수능 연계교재

수능완성

사회탐구영역 | **윤리와 사상**

이 책의 차례 CONTENTS

강	제목	페이지
01	인간과 윤리 사상	4
02	유교와 인의 윤리	10
03	한국 유교와 인간의 도덕적 심성	19
04	불교와 자비 및 화합의 윤리	26
05	도가 사상과 무위자연의 윤리	33
06	한국과 동양 윤리 사상의 의의	39
07	서양 윤리 사상의 연원과 덕 있는 삶	46
08	행복 추구와 신앙	53
09	도덕적 판단과 행동의 근거: 이성과 감정	60
10	옳고 그름의 기준: 의무와 결과	69
11	현대의 윤리적 삶: 실존과 실용	78
12	사회사상과 이상 사회	85
13	국가와 시민	91
14	민주주의와 자본주의	98
15	평화 사상과 세계 시민 윤리	105
	실전 모의고사 1회	112
	실전 모의고사 2회	117
	실전 모의고사 3회	122
	실전 모의고사 4회	127
	실전 모의고사 5회	132

이 책의 **구성과 특징** STRUCTURE

테마별 교과 내용 정리

주제별 핵심 개념을 쉽게 이해할 수 있도록 표, 그림, 모식도 등을 활용하여 체계적이고 일목요연하게 정리하였습니다.

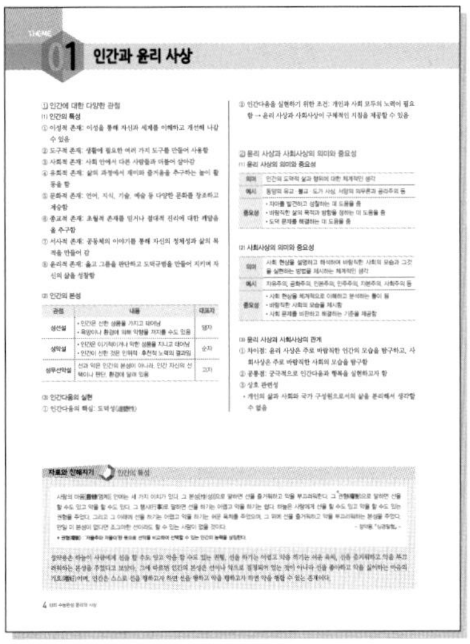

수능 실전 문제

수능에 대비할 수 있는 다양한 유형의 문항들로 구성하여 응용력과 탐구력 및 문제 해결 능력을 향상시킬 수 있도록 하였습니다.

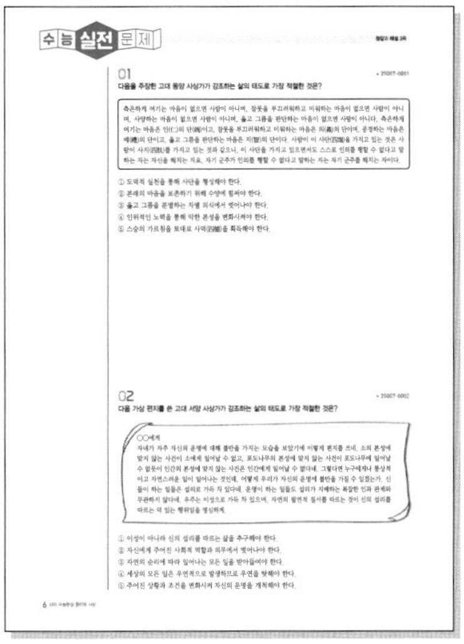

실전 모의고사

학습 내용을 최종 점검하여 실력을 테스트하고, 수능에 대한 실전 감각을 기를 수 있도록 수능 시험 형태로 구성하였습니다.

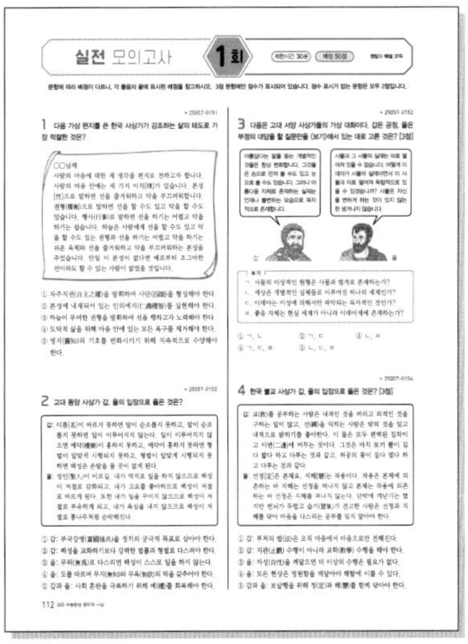

정답과 해설

정답의 도출 과정과 교과의 내용을 연결하여 설명하고, 오답을 찾아 분석함으로써 유사 문제 및 응용 문제에 대한 대비가 가능하도록 하였습니다.

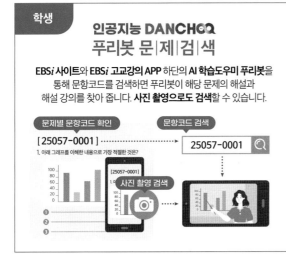

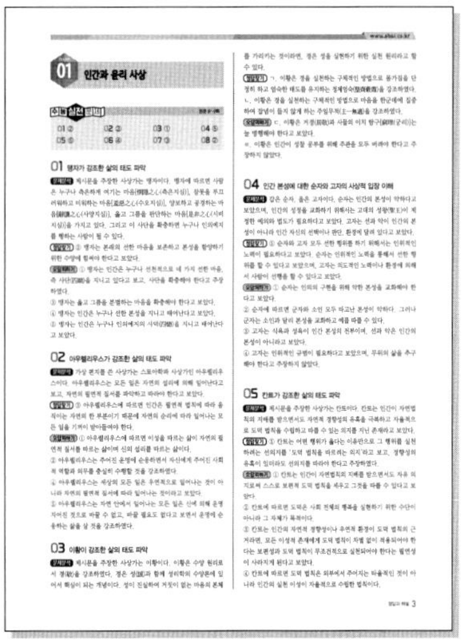

학생

인공지능 DANCHOQ
푸리봇 문|제|검|색

EBS*i* 사이트와 **EBS*i* 고교강의 APP** 하단의 **AI 학습도우미 푸리봇**을 통해 문항코드를 검색하면 푸리봇이 해당 문제의 해설과 해설 강의를 찾아 줍니다. **사진 촬영으로도 검색**할 수 있습니다.

문제별 문항코드 확인

[25057-0001]

1. 아래 그래프를 이해한 내용으로 가장 적절한 것은?

문항코드 검색

25057-0001

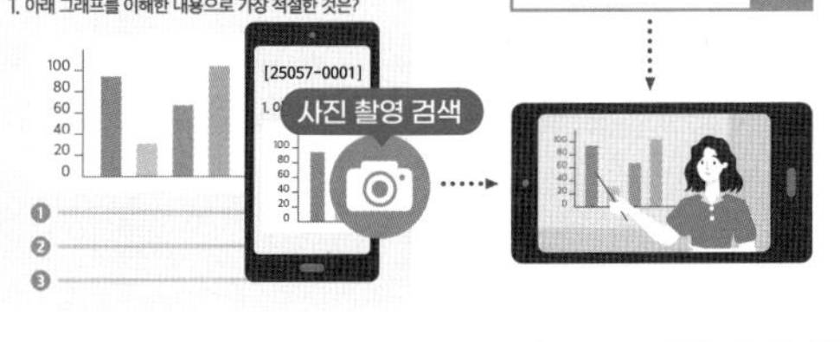

선생님

EBS 교사지원센터
교재 관련 자|료|제|공

교재의 문항 한글(HWP) 파일과 교재이미지, 강의자료를 무료로 제공합니다.

한글다운로드 교재이미지 강의자료

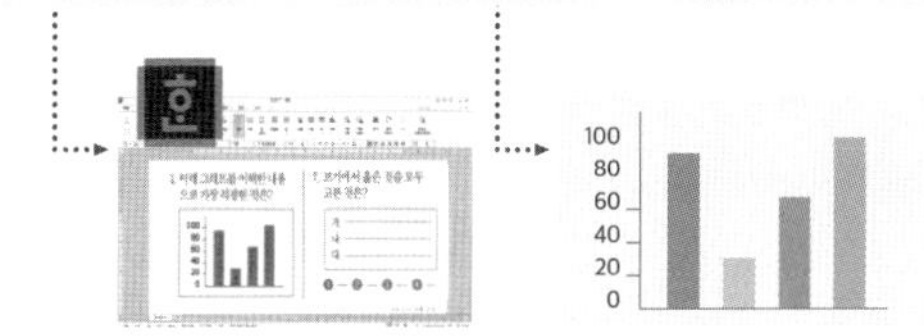

- 교사지원센터(teacher.ebsi.co.kr)에서 '교사인증' 이후 이용하실 수 있습니다.
- 교사지원센터에서 제공하는 자료는 교재별로 다를 수 있습니다.

THEME

01 인간과 윤리 사상

1 인간에 대한 다양한 관점

(1) 인간의 특성

① 이성적 존재: 이성을 통해 자신과 세계를 이해하고 개선해 나갈 수 있음

② 도구적 존재: 생활에 필요한 여러 가지 도구를 만들어 사용함

③ 사회적 존재: 사회 안에서 다른 사람들과 더불어 살아감

④ 유희적 존재: 삶의 과정에서 재미와 즐거움을 추구하는 놀이 활동을 함

⑤ 문화적 존재: 언어, 지식, 기술, 예술 등 다양한 문화를 창조하고 계승함

⑥ 종교적 존재: 초월적 존재를 믿거나 절대적 진리에 대한 깨달음을 추구함

⑦ 서사적 존재: 공동체의 이야기를 통해 자신의 정체성과 삶의 목적을 만들어 감

⑧ 윤리적 존재: 옳고 그름을 판단하고 도덕규범을 만들어 지키며 자신의 삶을 성찰함

(2) 인간의 본성

관점	내용	대표자
성선설	• 인간은 선한 성품을 가지고 태어남 • 욕망이나 환경에 의해 악행을 저지를 수도 있음	맹자
성악설	• 인간은 이기적이거나 악한 성품을 지니고 태어남 • 인간이 선한 것은 인위적·후천적 노력의 결과임	순자
성무선악설	선과 악은 인간의 본성이 아니라, 인간 자신의 선택이나 판단, 환경에 달려 있음	고자

(3) 인간다움의 실현

① 인간다움의 핵심: 도덕성(道德性)

② 인간다움을 실현하기 위한 조건: 개인과 사회 모두의 노력이 필요함 → 윤리 사상과 사회사상이 구체적인 지침을 제공할 수 있음

2 윤리 사상과 사회사상의 의미와 중요성

(1) 윤리 사상의 의미와 중요성

의미	인간의 도덕적 삶과 행위에 대한 체계적인 생각
예시	동양의 유교·불교·도가 사상, 서양의 의무론과 공리주의 등
중요성	• 자아를 발견하고 성찰하는 데 도움을 줌 • 바람직한 삶의 목적과 방향을 정하는 데 도움을 줌 • 도덕 문제를 해결하는 데 도움을 줌

(2) 사회사상의 의미와 중요성

의미	사회 현상을 설명하고 해석하여 바람직한 사회의 모습과 그것을 실현하는 방법을 제시하는 체계적인 생각
예시	자유주의, 공화주의, 민본주의, 민주주의, 자본주의, 사회주의 등
중요성	• 사회 현상을 체계적으로 이해하고 분석하는 틀이 됨 • 바람직한 사회의 모습을 제시함 • 사회 문제를 비판하고 해결하는 기준을 제공함

(3) 윤리 사상과 사회사상의 관계

① 차이점: 윤리 사상은 주로 바람직한 인간의 모습을 탐구하고, 사회사상은 주로 바람직한 사회의 모습을 탐구함

② 공통점: 궁극적으로 인간다움과 행복을 실현하고자 함

③ 상호 관련성

• 개인의 삶과 사회와 국가 구성원으로서의 삶을 분리해서 생각할 수 없음

자료와 친해지기 인간의 특성

사람의 마음[靈體(영체)] 안에는 세 가지 이치가 있다. 그 본성[性(성)]으로 말하면 선을 즐거워하고 악을 부끄러워한다. 그 *권형(權衡)으로 말하면 선을 할 수도 있고 악을 할 수도 있다. 그 행사(行事)로 말하면 선을 하기는 어렵고 악을 하기는 쉽다. 하늘은 사람에게 선을 할 수도 있고 악을 할 수도 있는 권형을 주었다. 그리고 그 아래에 선을 하기는 어렵고 악을 하기는 쉬운 육체를 주었으며, 그 위에 선을 즐거워하고 악을 부끄러워하는 본성을 주었다. 만일 이 본성이 없다면 조그마한 선이라도 할 수 있는 사람이 없을 것이다.

– 정약용, 『심경밀험』 –

* 권형(權衡) : '저울추와 저울대'란 뜻으로 선악을 비교하여 선택할 수 있는 인간의 능력을 상징한다.

정약용은 하늘이 사람에게 선을 할 수도 있고 악을 할 수도 있는 권형, 선을 하기는 어렵고 악을 하기는 쉬운 육체, 선을 즐거워하고 악을 부끄러워하는 본성을 주었다고 보았다. 그에 따르면 인간의 본성은 선이나 악으로 결정되어 있는 것이 아니라 선을 좋아하고 악을 싫어하는 마음의 기호(嗜好)이며, 인간은 스스로 선을 행하고자 하면 선을 행하고 악을 행하고자 하면 악을 행할 수 있는 존재이다.

- 도덕적인 사람이 모일 때 정의로운 사회가 될 가능성이 크고, 사회나 국가가 정의로워야 그 구성원이 도덕적인 사람이 될 가능성이 큼 → 윤리 사상과 사회사상은 상호 의존적이고 보완적인 관계임

3 윤리 사상의 역할

(1) 윤리 사상이 인간의 삶에 주는 영향

① 삶에 대한 반성과 성찰의 토대 제공: 바람직한 가치관을 세우고 자신의 삶을 성찰하게 함

② 개인적 판단과 행동에 영향: 우리의 일상적인 생활 태도에 큰 영향을 줌

(2) 한국 및 동양 윤리 사상

특징	• 세계를 개체의 단순한 집합이 아니라 유기적 관계로 맺어진 통합된 전체로 봄 → 인간과 인간, 인간과 자연 사이의 구별과 차이보다 상호 연관성과 조화를 중시함 • 개인의 가치를 경시하지 않지만, 개인도 공동체 안에 있을 때 의미가 있다고 봄 → 공동체 의식 속에서 개인의 인격 수양과 개인과 집단 간의 조화를 추구하고, 계약과 규율로 유지되기보다는 정감이 오가는 공동체를 지향함
현대적 의의	• 현대 사회의 지나친 개인주의와 이기주의의 문제를 해결하는 데 기여할 수 있음 • 환경 문제의 근본적인 해결책을 제시할 수 있음

(3) 서양 윤리 사상

특징	• 인간이 구현해야 하는 보편적 가치를 추구함 → 때와 장소에 따라 강조되는 구체적인 도덕규범에는 차이가 있을지라도 인간이 추구해야 하는 보편적 가치가 있고, 그 가치를 인식할 수 있다고 봄 • 인간의 이성과 이성에 바탕을 둔 윤리적 탐구를 중시함 → 인간의 감각적 경험, 감정, 욕망 등에 바탕을 둔 윤리적 탐구도 큰 영향력을 발휘했으나, 이러한 탐구 과정에서도 합리적인 태도와 방법이 토대가 됨
현대적 의의	• 인간의 존엄성, 자유, 평등, 인권 등의 보편적 가치를 구현하는 데 기여함 • 도덕적 삶과 행복, 바람직한 공동체를 합리적으로 논의하는 다양한 틀을 제공함

4 사회사상의 역할

(1) 사회사상이 인간의 삶에 주는 영향

① 공적 사안에 대한 판단 기준 제공: 공동체의 중요한 일을 판단하고 결정할 때에 큰 영향을 줌

예) 개인의 자율성을 중시하는 사회사상은 자유 시장 경제 정책 확대를 중시하고, 공동체의 연대성을 중시하는 사회사상은 사회 복지 정책 확대를 중시함

② 사회의 제도, 정책, 관습 등에 영향: 사회 구성원 사이에 지배적인 사회사상이 무엇이냐에 따라 사회의 모습이 크게 달라짐

예) 민본주의는 민심을 존중하는 도덕적 정치가 실현되게 하고, 자유주의는 사람들이 자유와 권리를 누리는 데 바탕이 됨

③ 보다 나은 사회로 발전하는 데 크게 기여함

예) 현대 복지 자본주의는 인류의 보다 행복한 삶을 위해 노력함

④ 주요 사회사상의 특징과 영향

사회사상	특징	인간의 삶에 주는 영향
자유주의	개인의 자유 실현과 인격의 자유로운 표현을 중시함	개인의 자유 신장
민주주의	정치권력은 국민으로부터 나오므로, 국민의 의사에 따라 국가를 운영해야 한다고 봄	정치 참여 기회의 확대
자본주의	자유로운 경쟁과 생산 수단의 사적 소유를 기반으로 함	경제 활동의 활성화로 풍요로운 삶 추구
사회주의	생산 수단의 공동 소유와 계획 경제를 주장함	경제적 불평등을 완화하고자 노력

(2) 사회사상에 대한 올바른 자세

① 어떤 사회사상을 추구하느냐에 따라 사회의 모습과 사람들의 삶이 달라질 수 있음을 인식해야 함

예) 나치즘과 같은 극단적인 민족주의는 인류에게 큰 해악을 끼치므로 추구해서는 안 됨

② 사회사상을 비판적으로 평가할 수 있는 안목을 길러야 함 → 어떤 사회사상을 바라볼 때 인간다움과 행복의 실현에 기여하는지를 판단해야 함

자료와 친해지기 훌륭한 국가와 훌륭한 시민

> 국가가 훌륭해지는 것은 행운의 소관이 아니라, 지혜와 윤리적 결단의 산물이다. 훌륭한 국가가 되려면 국정에 참여하는 시민들이 훌륭해야 한다. 따라서 우리는 어떻게 해야 사람이 훌륭해질 수 있는지 고찰해 보아야 한다. 사람은 세 가지를 통해 선하고 훌륭해지는데, 그 세 가지는 본성, 습관, 이성이다. 동물들은 대개 본성대로 살고, 그 가운데 소수는 습관에 따라서도 산다. 그러나 사람은 이성에 의해서도 살아간다. 사람만이 이성을 가지고 있기 때문이다. 따라서 이 세 가지가 서로 조화를 이루어야 한다. 사람은 어떤 행동을 하는 것이 더 낫겠다 싶으면, 이성을 통해 본성과 습관에 반(反)하는 행동을 할 때도 많으니 말이다.
>
> – 아리스토텔레스, 『정치학』 –

아리스토텔레스는 국가가 훌륭해지는 것은 지혜와 윤리적 결단의 산물이라고 보고, 훌륭한 국가가 되려면 국정에 참여하는 시민들이 훌륭해야 한다고 주장하였다. 그리고 훌륭한 시민이 되려면 본능, 습관, 이성이 서로 조화를 이루어야 하고, 이성으로 본능과 습관을 통제해야 한다고 보았다.

01

▸ 25057-0001

다음을 주장한 고대 동양 사상가가 강조하는 삶의 태도로 가장 적절한 것은?

> 측은하게 여기는 마음이 없으면 사람이 아니며, 잘못을 부끄러워하고 미워하는 마음이 없으면 사람이 아니며, 사양하는 마음이 없으면 사람이 아니며, 옳고 그름을 판단하는 마음이 없으면 사람이 아니다. 측은하게 여기는 마음은 인(仁)의 단(端)이고, 잘못을 부끄러워하고 미워하는 마음은 의(義)의 단이며, 공경하는 마음은 예(禮)의 단이고, 옳고 그름을 판단하는 마음은 지(智)의 단이다. 사람이 이 사단(四端)을 가지고 있는 것은 사람이 사지(四肢)를 가지고 있는 것과 같으니, 이 사단을 가지고 있으면서도 스스로 인의를 행할 수 없다고 말하는 자는 자신을 해치는 자요, 자기 군주가 인의를 행할 수 없다고 말하는 자는 자기 군주를 해치는 자이다.

① 도덕적 실천을 통해 사단을 형성해야 한다.
② 본래의 마음을 보존하기 위해 수양에 힘써야 한다.
③ 옳고 그름을 분별하는 차별 의식에서 벗어나야 한다.
④ 인위적인 노력을 통해 악한 본성을 변화시켜야 한다.
⑤ 스승의 가르침을 토대로 사덕(四德)을 획득해야 한다.

02

▸ 25057-0002

다음 가상 편지를 쓴 고대 서양 사상가가 강조하는 삶의 태도로 가장 적절한 것은?

> ○○에게
> 자네가 자주 자신의 운명에 대해 불만을 가지는 모습을 보았기에 이렇게 편지를 쓰네. 소의 본성에 맞지 않는 사건이 소에게 일어날 수 없고, 포도나무의 본성에 맞지 않는 사건이 포도나무에 일어날 수 없듯이 인간의 본성에 맞지 않는 사건은 인간에게 일어날 수 없다네. 그렇다면 누구에게나 통상적이고 자연스러운 일이 일어나는 것인데, 어떻게 우리가 자신의 운명에 불만을 가질 수 있겠는가. 신들이 하는 일들은 섭리로 가득 차 있다네. 운명이 하는 일들도 섭리가 지배하는 복잡한 인과 관계와 무관하지 않다네. 우주는 이성으로 가득 차 있으며, 자연의 필연적 질서를 따르는 것이 신의 섭리를 따르는 덕 있는 행위임을 명심하게.

① 이성이 아니라 신의 섭리를 따르는 삶을 추구해야 한다.
② 자신에게 주어진 사회적 역할과 의무에서 벗어나야 한다.
③ 자연의 순리에 따라 일어나는 모든 일을 받아들여야 한다.
④ 세상의 모든 일은 우연적으로 발생하므로 우연을 탓해야 한다.
⑤ 주어진 상황과 조건을 변화시켜 자신의 운명을 개척해야 한다.

03

▸ 25057-0003

다음을 주장한 한국 유교 사상가가 강조하는 삶의 태도로 적절한 것만을 〈보기〉에서 있는 대로 고른 것은?

- 스스로 노력하여 성(誠)으로 나아가려면 경(敬)에 힘써야 한다. 학문하는 자는 마음이 아직 발하지 않았을 때는 경을 주로 하여 존양(存養) 공부를 하고, 마음이 이미 발하였을 때도 경을 주로 하여 성찰(省察) 공부를 해야 한다. 경은 학문의 시작이자 끝이다.
- 마음은 몸을 주재하고 경은 마음을 주재한다. 배우는 사람들이 주일무적(主一無適)과 정제엄숙(整齊嚴肅) 그리고 상성성(常惺惺)의 학설을 깊이 탐구하면 그 공부가 극진해진다.

보기

ㄱ. 몸가짐을 단정히 하고 엄숙한 태도를 유지해야 한다.
ㄴ. 마음을 한군데에 집중하여 잡념이 들지 않게 해야 한다.
ㄷ. 경에 힘쓰기 위해 사물의 이치 탐구에서 벗어나야 한다.
ㄹ. 성찰 공부를 위해 자신이 지닌 주관을 모두 버려야 한다.

① ㄱ, ㄴ ② ㄴ, ㄹ ③ ㄷ, ㄹ
④ ㄱ, ㄴ, ㄷ ⑤ ㄱ, ㄷ, ㄹ

04

▸ 25057-0004

다음은 고대 동양 사상가 갑, 을의 가상 대화이다. 갑, 을의 입장으로 옳은 것은?

인성(人性)은 악하며, 사람이 선하게 되는 것은 인위(人爲)의 결과입니다. 굽은 나무는 반드시 교정목을 대고 쪄서 바로잡은 뒤에야 곧아지며, 무딘 쇠는 반드시 숫돌에 간 뒤에라야 날카로워집니다.
인성은 버드나무와 같고, 의(義)는 버드나무로 만든 그릇과 같습니다. 인성을 가지고 인의(仁義)를 행하는 것은 버드나무로 그릇을 만드는 것과 같습니다. 타고난 생리적 욕망[生]이 본성입니다.
갑
을

① 갑: 인의의 구현을 위해 본성을 회복해야 한다.
② 갑: 소인과 달리 선한 본성을 지닌 군자를 본받아야 한다.
③ 을: 생리적 욕망을 억제하고 선한 본성에 따라 살아야 한다.
④ 을: 인위적인 규범을 버리고 무위(無爲)의 삶을 추구해야 한다.
⑤ 갑과 을: 선한 행위를 하기 위해서는 인위적인 노력이 필요하다.

05

▸ 25057-0005

다음을 주장한 근대 서양 사상가가 강조하는 삶의 태도로 가장 적절한 것은?

> 인간은 분명히 신성하지 않으나, 그의 인격 속의 인간성은 그에게 신성한 것이 아닐 수 없다. 모든 피조물 중에서 우리가 의욕하고, 또 우리가 지배하는 모든 것은 단지 수단으로서 사용될 수 있다. 오직 인간, 그리고 그와 더불어 있는 모든 이성적 피조물만이 목적 그 자체이다. 인간은 그의 자유의 자율의 힘에 의해, 신성한 도덕 법칙의 주체이다. 바로 자유의 자율 때문에 모든 의지는, 모든 인격 그 자신의, 자기 자신을 지향하고 있는 의지까지도, 이성적 존재자의 자율과 일치한다는 조건에 제한되어 있다.

① 자유 의지를 통해 보편적 자연법칙의 지배만을 받아야 한다.
② 도덕을 사회 전체의 행복 증진에 기여하는 수단으로 삼아야 한다.
③ 자연적 경향성이나 우연적 환경을 도덕 법칙의 근거로 삼아야 한다.
④ 외부에서 주어지는 타율적인 도덕 법칙에 절대적으로 복종해야 한다.
⑤ 어떤 행위가 옳다는 이유만으로 그 행위를 실천하려는 선의지를 따라야 한다.

06

▸ 25057-0006

다음 가상 대화의 스승이 강조하는 삶의 태도로 가장 적절한 것은?

① 감각적 경험을 지식과 도덕의 근원으로 삼아야 한다.
② 자신의 욕구를 최대한 충족하는 것을 우선시해야 한다.
③ 어떤 경우에도 두려워하지 않는 덕인 용기를 갖추어야 한다.
④ 영혼의 세 부분에 공통으로 요구되는 덕인 절제를 갖추어야 한다.
⑤ 사물의 원형이 현실 세계에 존재함을 이성을 통해 파악해야 한다.

07

▸ 25057-0007

(가)를 주장한 사상가의 입장에서 볼 때, (나)의 ㉠에 들어갈 진술로 가장 적절한 것은?

(가)	물질[色]과 정신[名]의 변화와 빛바램과 소멸을 체득하여 "모든 물질과 정신은 무상하고 괴로움이고 변하기 마련인 법(法)이다."라고 세상을 있는 그대로 바른 통찰지로 봐야 한다. 그렇게 보는 사람들은 근심과 탄식, 육체적 고통과 정신적 고통, 절망을 모두 버린다. 그런 것들을 모두 버리면 더 이상 갈애(渴愛)에 시달리지 않는다. 갈애에 시달리지 않으면 행복하게 머물게 된다. 행복하게 머무는 사람을 삼독(三毒)의 불이 꺼진 사람이라고 한다.
(나)	제자: 어떻게 해야 괴로움에서 벗어날 수 있습니까? 스승: ______㉠______

① 생각, 말, 행동으로 짓는 업(業)을 통해 윤회를 반복해야 하네.
② 만물이 항상 변화한다는 것을 깨닫고 무명(無明)에 이르러야 하네.
③ 연기(緣起)의 법칙을 깨닫고 탐욕과 성냄과 어리석음을 제거해야 하네.
④ 자비(慈悲)를 실천함으로써 불변하는 실체로서의 자아를 찾아야 하네.
⑤ 괴로움의 원인과 조건을 제거하기 위해 극단적인 고행(苦行)을 해야 하네.

08

▸ 25057-0008

그림의 강연자가 지지할 주장으로 옳은 것은?

> 사회는 상호 간의 이익을 위한 협동체입니다. 하지만 사회에는 이해관계의 일치뿐만 아니라 이해관계의 갈등도 존재합니다. 각자가 자기 혼자만의 노력으로 살기보다는 사회 협동체를 통해 모두에게 보다 나은 생활이 가능하게 된다는 점에서는 이해관계의 일치가 존재합니다. 그러나 각자는 자신의 노력에 의해 산출될 이득보다 큰 이득의 분배 방식에 대해 무관심하지 않으며, 자신의 목적을 추구하기 위해 적은 몫보다는 큰 몫을 원하기 때문에 이해관계의 갈등도 존재합니다. 이러한 이득의 분배를 결정해 줄 사회 체제를 선정하고 적절한 분배의 몫에 합의하기 위해서는 어떤 원칙들의 체계가 요구되는데, 바로 이 원칙들이 사회 정의의 원칙들입니다. 이 사회 정의의 원칙들은 원초적 입장에서 도출될 수 있으며 기본적인 사회 제도 내에서 권리와 의무를 할당하는 방식을 제시해 줍니다.

① 사회는 사람들이 협력이 아니라 갈등을 통해 이익을 얻고자 만든 체제이다.
② 사회 정의의 원칙들은 사회 협동체로부터 생긴 이익의 분배 방식을 정한다.
③ 사회 구성원은 자신의 노력으로 얻을 이득의 분배 방식에만 관심을 가진다.
④ 사회 구성원은 각자의 이익을 우선시하기 때문에 이해관계가 일치할 수 없다.
⑤ 사회 정의의 원칙들은 사회 제도 속에서 권리와 의무를 할당하는 방식과 무관하다.

THEME 02

유교와 인의 윤리

1 도덕의 성립 근거: 공자, 맹자, 순자의 사상

(1) 유교의 등장

① 춘추 전국 시대에 제자백가(諸子百家)가 등장함

② 공자: 춘추 시대에 하·은·주 삼대(三代)의 문화를 종합하여 유교 사상을 정립함

(2) 공자의 사상: 유교의 토대 정립

① 인(仁)

- 사랑의 정신이자 사회적 존재로 완성된 인격체의 인간다움
- 효제(孝悌), 충서(忠恕) 등을 통해 표현되는 도덕적인 마음

② 예(禮)

- 인의 정신을 담고 있는 외면적 사회 규범
- 극기복례위인(克己復禮爲仁): 사욕을 극복하고 예를 회복해야 인을 실현할 수 있음 → 예는 인을 실현하기 위해 반드시 필요한 규범

③ 정명(正名)

- 명분을 바로잡는 것
- 군군신신부부자자(君君臣臣父父子子): 임금은 임금답고 신하는 신하답고 부모는 부모답고 자식은 자식다운 것 → 사회 구성원 각자가 자신의 신분과 지위에 알맞은 역할을 다해야 함

④ 덕치(德治)

- 통치자의 덕성과 예의에 의한 교화를 추구하는 정치
- 수기치인(修己治人): 통치자가 먼저 군자다운 인격을 닦은 후 백성을 다스려야 함

⑤ 분배의 형평성 강조: 통치자는 재화의 적음보다 분배가 고르지 못함을 걱정해야 함

⑥ 이상적 인간과 사회

군자	• 자신을 수양하여 타인과 백성을 편안하게 해 주고자 힘쓰는 사람 • 인의 구현을 삶의 궁극적인 목표로 삼는 사람
대동 사회	인륜이 구현되고 인재가 중용되며 재화가 고르게 분배되고 사회적 약자가 보살핌을 받는 평화롭고 도덕적인 공동체

(3) 맹자의 사상: 도덕적 마음 강조

① 성선설(性善說)

- 사람은 태어날 때부터 사단(四端), 양지(良知), 양능(良能)을 부여받음
- 사단: 누구나 선천적으로 지니고 있는 네 가지 선한 마음

측은지심(惻隱之心)	불쌍하고 가엾게 여기는 마음 ← 인(仁)의 단
수오지심(羞惡之心)	불의를 부끄러워하고 미워하는 마음 ← 의(義)의 단
사양지심(辭讓之心)	양보하고 공경하는 마음 ← 예(禮)의 단
시비지심(是非之心)	옳고 그름을 분별하는 마음 ← 지(智)의 단

- 양지: 선천적 도덕 자각 능력 → 생각하지 않고도 알 수 있는 것
- 양능: 선천적 도덕 실천 능력 → 배우지 않고도 할 수 있는 것

② 수양 방법

- 구방심(求放心): 잃어버린 본심을 되찾음
- 과욕(寡欲): 욕심을 적게 가짐
- 존심양성(存心養性): 선한 본심을 보존하고 선한 본성을 기름

③ 정치사상

- 왕도(王道) 정치: 통치자가 백성을 힘으로 다스리는 것[霸道(패도)]이 아니라 인의(仁義)의 덕으로 다스림
- 역성혁명(易姓革命): 백성을 고통에 빠뜨리고 나라를 위태롭게 하는 통치자는 바꿀 수 있음

자료와 친해지기 | 맹자의 사단(四端)과 사덕(四德)

- 측은지심(惻隱之心)은 인(仁)의 단(端)이요, 수오지심(羞惡之心)은 의(義)의 단이요, 사양지심(辭讓之心)은 예(禮)의 단이요, 시비지심(是非之心)은 지(智)의 단이다. 사람이 이 사단을 가지고 있는 것은 두 팔과 두 다리를 가지고 있는 것과 같으니 이 사단을 가지고 있으면서도 자기는 인의예지를 행할 수 없다고 말하는 자는 자신을 해치는 자이고, 그 군주가 인의예지를 행할 수 없다고 말하는 자는 그 군주를 해치는 자이다.
- 측은지심, 수오지심, 공경지심(恭敬之心), 시비지심은 사람들이 모두 가지고 있으니, 측은지심은 인이요, 수오지심은 의요, 공경지심은 예요, 시비지심은 지이다. 인의예지는 밖에서 내게 녹아 들어온 것이 아니라 내가 본래 가지고 있는 것이지만 생각하지 않았을 따름이다. －『맹자』－

맹자는 측은지심, 수오지심, 사양지심, 시비지심의 네 가지 선한 마음을 사단으로 제시하기도 하고, 때로는 사양지심 대신 공경지심을 넣어 네 가지 선한 마음을 말하기도 하였다. 또 이 네 가지 도덕적 마음이 인의예지의 단이 된다고 하기도 하고, 때로는 이 네 가지 선한 마음이 인의예지라고 표현하기도 하였다.

• 유항산 유항심(有恒産有恒心): 백성들은 일정한 생업이 있어야만 변치 않는 도덕심을 지닐 수 있음

④ 이상적 인간: 대인(大人) 또는 대장부(大丈夫) → 집의(集義)를 통해 길러지는 호연지기(浩然之氣)를 갖춘 인간

• 집의: 옳은 일을 반복적으로 실천함

• 호연지기: 지극히 크고 굳세며 올곧은 도덕적 기개

(4) 순자의 사상: 인위적 규범 강조

① 성악설(性惡說)

• 인간은 본래 이익과 쾌락을 좋아하고 남을 질투하고 미워하는 존재임

• 사람이 선하게 되는 것은 인위적인 노력[僞(위)]의 결과임

② 예(禮)

• 고대의 성왕(聖王)이 제정한 외면적인 사회 규범

• 도덕 생활과 통치의 표준 → 사람들의 악한 성정을 교화하고[化性起僞(화성기위)], 재화를 공정하게 분배하기 위한 사회 규범

③ 정치사상

• 예치(禮治): 고대의 성왕이 제정한 예로써 다스려야 함

• 덕을 헤아려서 지위를 정하고, 능력을 헤아려서 관직을 맡겨야 함

④ 자연관: 공자, 맹자와 달리 하늘을 물리적인 자연 현상으로 여겼고, 자연 현상과 인간의 일은 구분된다[天人分二(천인분이)]고 봄

2 도덕 법칙의 탐구 방법: 성리학과 양명학 사상

(1) 유교 사상의 전개

진(秦)나라 시대	법가의 부국강병책이 중시되었고, 분서갱유(焚書坑儒)가 발생함
한(漢)나라 시대	유학이 국가의 이념으로 채택되면서 다시 발전의 계기를 맞이하였고, 분서갱유로 인해 소실된 유교 경서를 복원하는 경학과 그 내용을 주석하는 훈고학이 발달함
송(宋)나라 시대	공자와 맹자의 유교 사상을 재해석하고 불교와 도가 사상을 비판적으로 수용한 성리학이 등장함

(2) 주희의 성리학: 사물의 이치[理(이)] 규명 강조

① 특징: 성리학을 집대성함

② 이기론

• 만물은 이(理)와 기(氣)가 결합함으로써 이루어짐

• 이는 만물을 낳는 근본 원리이고, 기는 만물을 이루는 재료임

• 이기불상잡(理氣不相雜), 이기불상리(理氣不相離): 이와 기는 논리적으로는 분명하게 구분되지만, 사물에서는 별개로 분리될 수 없음

자료와 친해지기 주희와 왕수인의 심성론

• 만약 등불이 성(性)이라고 한다면 밝지 않음이 없다. 기질이 같지 않음은, 등갓에 두꺼운 종이를 바르면 불이 매우 밝지 못하고 얇은 종이를 발라도 그 등의 밝기가 두터운 종이를 바른 것과 비슷하다가 얇은 비단을 바르면 밝아지는 것과 같다. 등갓을 벗기면 등불 전체가 드러나 보이는데, 그 이치가 바로 이와 같다. – 『주자어류』 –

• 성에 대하여 논의할 때는 반드시 먼저 성이 어떠한 것인지 알아야 한다. 정자(程子)가 "성이 곧 이치[理]이다."라고 했는데 이 설명이 가장 좋다. 우선 이치의 측면에서 말하면 틀림없이 형체와 그림자조차 없으며 단지 하나의 도리일 뿐이다. 사람에게서는 인의예지(仁義禮智)가 성이다. 그러나 그 네 가지에 무슨 형상이 있겠는가? 역시 다만 이러한 도리가 있을 뿐이다. 이러한 도리가 있다면 곧 수많은 일들이 만들어져 나온다. 그래서 측은해하고 부끄러워하고 싫어하며, 겸손하고 양보하며, 옳고 그름을 가릴 수 있게 된다. 비유하면 약의 본성을 말할 때 '성질이 뜨겁다.' '성질이 차갑다.' 등으로 말할 수 있지만, 약에서 그러한 형상을 찾을 수 없는 것과 같다. 단지 약을 복용한 뒤에 몸을 차갑거나 뜨겁게 하는 것이 바로 성이니, 곧 인의예지이다. – 『주자어류』 –

• 인의예지는 성이요, 측은 · 수오 · 사양 · 시비는 정(情)이며, 인으로 사랑하고 의로 미워하고 예로 사양하고 지로 아는 것이 마음[心]이다. 성이란 마음의 이치요, 정이란 마음의 작용[用(용)]이며 마음은 성과 정을 주재한다. – 『주자문집』 –

• 무릇 물(物)의 이치는 나의 마음을 벗어나지 않으니, 나의 마음을 벗어나 물의 이치를 구한다면 물의 이치는 없다. 물의 이치를 버리고 나의 마음을 구한다면 나의 마음은 또 어떤 것인가? 마음의 본체는 성이고, 성은 곧 이치이다. 그러므로 효도하려는 마음이 있으면 곧 효도의 이치가 있게 되고, 효도하려는 마음이 없으면 곧 효도의 이치도 없게 된다. 임금에게 충성하려는 마음이 있으면 곧 충성의 이치가 있게 되고, 임금에게 충성하려는 마음이 없으면 곧 충성의 이치도 없게 된다. 이치가 어찌 나의 마음을 벗어나겠는가? – 『전습록』 –

• 선생께서 말씀하셨다. "'하늘의 명(命)을 성이라 하고, 성에 따르는 것을 도(道)라 하며, 도를 닦는 것을 교(敎)라고 한다.'라고 했는데 명이 곧 성이고 성이 곧 도이고, 도가 곧 교이다." 내가 물었다. "왜 도를 교라고 합니까?" 선생께서 말씀하셨다. "도라는 것은 곧 양지(良知)인데, 양지는 원래 완전무결한 것으로서 옳은 것은 옳다고 하며 그른 것은 그르다고 한다. 옳고 그른 것은 오직 양지에 의해 판단해야 다시 과오를 범하지 않게 된다. 양지는 어느 때나 스승이다." – 『전습록』 –

주희는 인간에게 선천적으로 갖추어진 선한 본성이 곧 우주 만물의 보편적 법칙인 이치[性卽理(성즉리)]라고 보았고, 마음은 본성과 감정을 통괄한다고 주장하였다. 왕수인은 마음이 곧 이치[心卽理(심즉리)]라고 보았고, 마음 밖에는 이치도 없고 사물도 없다고 주장하였다. 또한 왕수인은 마음에 있는 양지를 자각하고 이를 따르는 치양지(致良知)를 강조하였다.

③ 심성론

• 성즉리(性卽理): 인간의 본성은 하늘이 부여한 이치이며, 성에는 인의예지(仁義禮智)가 모두 갖추어져 있음

• 본연지성(本然之性)과 기질지성(氣質之性): 본연지성은 순선하나 기질지성은 기질의 맑고 흐린 정도에 따라 천차만별임 → 올바른 사람이 되려면 기질을 맑게 변화시켜야 함

④ 수양론

거경 궁리(居敬窮理)	경건한 자세를 유지하면서 사물의 이치를 탐구함
격물치지(格物致知)	사물의 이치를 탐구하여 앎을 지극히 함
존양성찰(存養省察)	양심을 보존하고 본성을 함양하며 반성하고 살핌
존천리거인욕(存天理去人欲)	천리를 보존하고 인욕을 제거함

⑤ 경세론: 수기안인(修己安人)의 원리에 근거하여 정치와 사회 문제의 해결을 추구함

(3) 왕수인의 양명학: 주체의 도덕성 회복 강조

① 특징

• 주희의 성즉리설, 격물치지설 등을 비판하고 유교 경전을 새롭게 해석함

• 도덕 주체인 인간의 마음을 중심으로 도덕 원리의 인식과 실천의 문제를 이해하고자 함

② 핵심 사상

심즉리설(心卽理說)	• 인간의 마음[心]이 곧 하늘의 이치[理]임 • 마음 밖에는 이치가 없고, 마음 밖에는 사물도 없음
치양지설(致良知說)	• 사람은 누구나 천리(天理)로서의 양지를 지니고 있으며, 이 양지를 자각하고 실천할 수 있음 • 사욕을 극복하고 양지를 적극적이고 구체적으로 발휘하면[致良知] 이론적 학습 과정을 거치지 않아도 누구나 성인(聖人)이 될 수 있음
지행합일설(知行合一說)	• 앎[知]은 행함[行]의 시작이고, 행함은 앎의 완성임 • 인식으로서의 지와 실천으로서의 행은 본래 하나임

③ 격물치지에 대한 주희의 성리학과 왕수인의 양명학 입장

주희의 성리학	왕수인의 양명학
사물에 나아가 이치를 탐구하여 나의 앎을 극진히 함	양지를 구체적이고 적극적으로 발휘하여 일을 바로잡음

(4) 청대의 고증학

등장 배경	구체적인 현실 문제보다 인간의 도덕 문제에 치우친 경향을 보인 성리학과 양명학에 대한 반성과 비판의 분위기 대두
특징	• 경세치용(經世致用)의 학문을 추구함 • 실사구시(實事求是)의 방법론을 중시함 • 우리나라 실학의 성립과 발전에 영향을 미침

자료와 친해지기 지(知)와 행(行)에 관한 주희와 왕수인의 입장

• 앎과 행함은 항상 서로를 의지하니[知行相須(지행상수)], 마치 눈은 발이 없으면 가지 못하고 발은 눈이 없으면 보지 못하는 것과 같다. -『주자어류』-

• 배우는 사람은 마땅히 지와 행을 병행해서 나아가야 한다(지행병진). 지와 행의 공부는 모름지기 함께 이르는 것이다(지행병도). 앎이 점점 밝아질수록 곧 실행하는 것이 더욱 돈독해지게 되고, 실행이 점점 돈독해질수록 또한 앎이 더욱 밝아진다. 그러므로 이 두 가지는 어느 한쪽도 소홀히 해서는 안 된다. 사람의 양쪽 발이 서로 앞서거니 뒤서거니 하면서 가면 점차 다닐 수 있게 되는 것과 같다. 만일 한쪽이 약해서 다른 쪽만 내딛는다면 앞으로 나아갈 수 없을 것이다. -『주자어류』-

• 이치를 궁구하는 것[窮理(궁리)]과 올바름을 쌓아 가는 것[集義(집의)] 중 궁리가 먼저이다. 그러나 분명하게 순서가 있는 것은 아니다. -『주자어류』-

• 아는 것이 먼저이고 행하는 것이 뒤가 되는 것이 확실하니 그것을 의심할 수는 없다. - 주희, 『주자대전』-

• 내가 지금 '앎과 행위가 합일한다[知行合一(지행합일)]'고 말하는 것은 바로 병을 치료하기 위한 약이다. 이것은 또 내가 근거 없이 지어낸 것이 아니라 앎과 행위의 본체가 원래 이와 같은 것이다.

• 공부를 나누어 말하면 다섯 가지가 있지만 그 일을 합해서 말하면 하나일 따름이다. 내가 (주장하는) 마음과 이치가 합일하는 본체, 앎과 행위가 함께 진행하는(지행병진) 공부가 후세의 학설과 다른 까닭이 바로 여기에 있다.

• 행하지 않는 것은 이치를 궁구하는 것이 아니라는 것을 안다면 앎과 행위가 합일하고 함께 진행하여(지행합일병진) 두 가지 일로 나눌 수 없다는 것도 알게 된다.

• 앎이 진실하고 독실한 곳이 바로 행위이며, 행위가 밝게 깨닫고 정밀하게 살피는 곳이 바로 앎이다. 앎과 행위의 공부는 본래 떨어질 수 없다. 다만 후세의 학자가 두 부분으로 나누어 공부하여 앎과 행위의 본체를 잃어버렸기 때문에 합일병진의 학설이 있게 되었다. -『전습록』-

주희는 앎과 행함이 항상 서로 의지하기에 앎의 공부와 행함의 공부는 항상 병행해서 나아가야 한다고 하였다. 그리고 앎과 행함의 우선순위를 따진다면 때로는 분명하게 순서가 있는 것은 아니라고 말한 적도 있지만, 대체로 아는 것이 먼저이고 행하는 것이 뒤[先知後行(선지후행)]라고 하였다. 왕수인은 앎과 행위가 합일하며 함께 나아간다며 지행합일병진을 주장하였다. 왕수인은 앎과 행함의 공부가 원래 떨어질 수 없는 것인데 후세 학자가 앎과 행함을 두 부분으로 나누어 공부하여 앎과 행함의 본체를 잃어버렸기 때문에 자신이 지행이 합일하고 함께 나아가야 함을 강조하게 되었다고 하였다.

01

▸ 25057-0009

다음 가상 대화의 스승이 강조하는 삶의 태도로 가장 적절한 것은?

① 인위적인 규범을 버리고 자연의 섭리에 따라 살아간다.
② 일상생활에서 내가 하기 싫은 일을 남에게 시키지 않는다.
③ 여덟 가지 바른길[八正道]을 충실하게 따르려고 노력한다.
④ 나의 부모와 남의 부모를 구분하지 않고 동등하게 사랑한다.
⑤ 연기(緣起)에 대한 깨달음을 바탕으로 무조건적인 사랑을 실천한다.

02

▸ 25057-0010

중국 유교 사상가 갑, 을이 모두 긍정의 대답을 할 질문만을 〈보기〉에서 고른 것은?

갑: 그대가 이미 "서로 기르고 서로 분발시켜서 안과 밖, 근본과 말단을 하나로 관통한다."라고 말한 것은 앎과 행위가 함께 나아간다는 지행병진의 학설이므로 다시 의심할 것이 없다. 그런데 또 "공부의 순서에는 선후의 차이가 있다."라고 말하고 있으니, 어찌 스스로 모순이 아니겠는가? 앎과 행위가 합일하여 병진한다는 사실은 전혀 의심할 만한 것이 없다. 행하지 않는 것은 이치를 궁구[窮理]하는 것이 아님을 안다면 앎과 행위가 합일하고 병진하여 두 가지 일로 나눌 수 없다는 것도 알게 된다. 무릇 온갖 사물의 이치는 내 마음에서 벗어나지 않는다. 내 마음의 양지(良知)가 천리(天理)이다.

을: '천지의 마음', '천지의 이치'에서 '마음'은 주재한다는 뜻이고, 주재하는 것은 이치[理]이다. 마음과 이치는 본래 관통하고 있으니, 억지로 관통시킬 필요가 없다. 마음과 이치는 하나이니, 이치는 마음보다 앞서 있는 어떤 것이 아니다. 이치는 마음속에 있지만, 마음이 이치를 감싸서 가두지 못하고 상황에 따라 드러난다. 태극은 천지 만물의 이일 뿐이다. 천지로 말하면 천지 가운데 태극이 있고, 만물로 말하면 만물 가운데 각기 태극이 있다. 천지가 생기기 이전에 틀림없이 이치가 먼저 있었다.

보기

ㄱ. 도덕적 앎과 실천은 일치되어야 하는가?
ㄴ. 사람의 마음에는 온갖 이치[萬理]가 있는가?
ㄷ. 인간의 앎과 행함 중 선후에 있어서는 앎이 먼저인가?
ㄹ. 이치를 궁구한 후에 올바른 행동을 쌓아가야[集義] 하는가?

① ㄱ, ㄴ ② ㄱ, ㄷ ③ ㄴ, ㄷ ④ ㄴ, ㄹ ⑤ ㄷ, ㄹ

03

▸ 25057-0011

(가)의 고대 동양 사상가 갑, 을의 입장을 (나) 그림으로 탐구하고자 할 때, A~C에 들어갈 적절한 질문만을 〈보기〉에서 고른 것은?

(가)

갑: 측은지심(惻隱之心)은 인(仁)이요, 수오지심(羞惡之心)은 의(義)요, 공경지심(恭敬之心)은 예(禮)요, 시비지심(是非之心)은 지(智)이다. 인의예지는 밖에서 나에게 녹아 들어온 것이 아니라 내가 본래 가졌던 것이지만 생각하지 않았을 따름이다. 그러므로 말하기를, "구하면 얻고, 버리면 잃는다."라고 하는 것이다. 인의예지를 버려 잃어버린 사람이 인의예지를 구해 얻은 사람에 비해 큰 차이가 나는 것은 그 재질[才]을 다하지 못했기 때문이다. 사람들의 마음이 똑같이 옳다고 여기는 것은 이(理)와 의이다.

을: 어떤 사람은 "사람이 배우는 것은 그의 본성[性]이 선하기 때문이다."라고 말하였다. 내 생각은 그렇지 않다. 그것은 사람의 본성을 제대로 알지 못해 본성과 작위[僞]의 구분을 잘 살피지 못했기 때문이다. 본성이란 하늘로부터 타고난 것이어서 배워서 행하게 될 수 없는 것이며, 노력으로 이루어질 수 없는 것이다. 예의란 성인이 만들어 낸 것이어서 배우면 행할 수 있는 것이며, 노력하면 이루어질 수 있는 것이다. 영예를 좋아하고 치욕을 싫어하며, 이익을 좋아하고 손해를 싫어함은 군자와 소인이 다 같다.

(나)

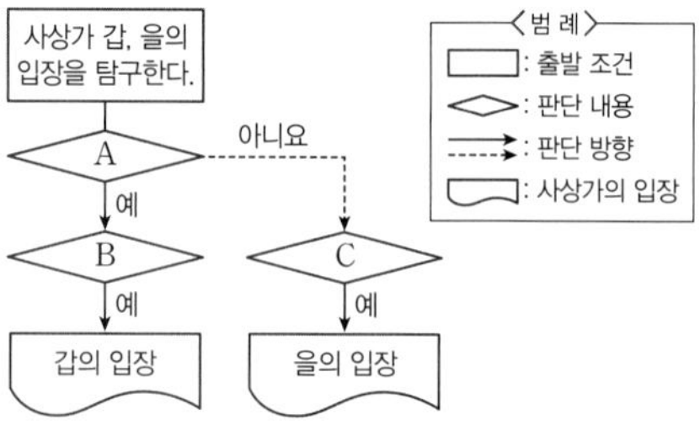

보기

ㄱ. A: 사람들의 욕망을 충족시켜 주기 위해 예가 필요한가?
ㄴ. B: 인의예지의 실천 정도는 재질의 발휘와 무관한가?
ㄷ. C: 군자는 이익을 바라지만 이익을 위해 그릇된 일을 하지는 않는가?
ㄹ. C: 사람은 본래 인의(仁義)를 알 수 있는 자질과 행할 수 있는 능력을 가지고 있는가?

① ㄱ, ㄴ ② ㄱ, ㄷ ③ ㄴ, ㄷ ④ ㄴ, ㄹ ⑤ ㄷ, ㄹ

04

▸ 25057-0012

고대 동양 사상가 갑, 을의 입장으로 옳은 것만을 〈보기〉에서 고른 것은?

갑: 마음을 다하는 자는 성(性)을 알 것이니, 성을 알면 하늘을 안다. 마음을 보존하여 성을 기름은 하늘을 섬기는 것이다. 일찍 죽고 오래 사는 것에 대해서 의심하지 아니하여, 몸을 닦아서 기다림은 명(命)을 세우는 것이다.

을: 사람이 하지 않아도 이루어지고, 구하지 않아도 얻어지는 것, 이것을 하늘의 일이라 한다. 오직 성인(聖人)은 하늘을 알려고 하지 않는다. 하늘의 일이 확립되고, 하늘의 공적이 이루어지면 사람의 형체가 갖추어지고 정신이 생겨나며 감정이 깃들게 된다. 하늘과 인간의 구분[天人之分]에 밝으면 지인(至人)이라고 할 수 있다.

보기

ㄱ. 갑: 사람의 도리를 다하고 죽는 것이 올바른 명[正命]이다.
ㄴ. 을: 하늘의 움직임[天行]에는 일정한 법칙[常]이 존재하지 않는다.
ㄷ. 을: 농사에 힘쓰고 절약하는 생활을 하면 하늘도 가난하게 할 수 없다.
ㄹ. 갑과 을: 인간의 운명과 국가의 운명은 모두 하늘에 의해 좌우된다.

① ㄱ, ㄴ ② ㄱ, ㄷ ③ ㄴ, ㄷ ④ ㄴ, ㄹ ⑤ ㄷ, ㄹ

05

▸ 25057-0013

중국 유교 사상가 갑, 을의 입장으로 옳지 않은 것은?

갑: 이전 유학자의 이른바 '격물(格物)' 운운하는 것은 사물에 나아가 그 이치를 궁구하는 데 있다. 사물에 나아가 이치를 궁구한다는 것은 각각의 개별적 사물에서 이른바 정해진 이치[定理]를 구하는 것이다. 이것은 내 마음을 사용하여 각각의 개별적 사물에서 이치를 구하는 것이다. 무릇 각각의 개별적 사물에서 이치를 구하는 것은 부모님에게서 효의 이치를 구한다는 말과 같다. 가령 효의 이치가 부모님의 몸에 있다면 부모님께서 돌아가신 뒤에 내 마음에는 곧 어떤 효의 이치도 없는 것인가?

을: 격물에 관한 설명은 정자(程子)가 상세히 논했으니, " '격'이란 '이르다[至]'는 뜻으로, 사물의 이치를 궁구하여 사물에 이르면 사물의 이치가 다 밝혀지는 것이다."라고 한 것은 적절하여 바꿀 수 없다. "하늘이 백성을 낼 적에 사물이 있고 법칙도 있었다."라고 했으니, 사물이란 형체이고, 법칙이란 이치이다. 사람의 삶에는 사물이 없을 수 없으니, 사물의 이치를 밝히지 못하면 성명(性命)의 바름을 따르고 사물의 마땅함에 따라 처신할 수가 없으므로 반드시 이 사물에 나아가서 그것을 구하는 것이다.

① 갑: 사람 마음의 양지가 바로 하늘의 이치이다.
② 갑: 각각의 사물이 모두 그 이치를 얻는 것이 격물이다.
③ 을: 이치에 밝지 않으면 마음을 지킨다 해도 공허할 뿐이다.
④ 을: 함양 공부와 궁리 공부는 어느 하나라도 그만두면 안 된다.
⑤ 갑과 을: 행함과 사물에 나아가 궁구한 이치를 일치시켜야 한다.

06

▸ 25057-0014

고대 동양 사상가 갑, 을의 입장으로 옳은 것은?

갑: 군자는 널리 사랑하고 편당적이지 않으나, 소인은 편당적이고 널리 사랑하지 않는다. 덕(德)으로 정치함은, 마치 북극성이 자기 자리에 가만히 있는데도 모든 별들이 그를 에워싸는 것과 같다. 정령[政]으로 이끌고 형벌[刑]로 다스리면, 백성은 형벌을 모면하려고만 하고 부끄러움을 모른다. 『서경』에는 "효도하며 형제간에 우애하여 정치에 영향을 미친다."라고 했으니, 효제 또한 정치를 하는 것이다. 관직을 가져야만 정치를 하는 것은 아니다.

을: 군자가 있으면 법이 간략해도 두루두루 널리 시행될 수 있고, 군자가 없으면 법이 아무리 세밀하게 구비되어 있어도 그 선후를 따져서 사리의 변화에 적응할 수 없으므로 혼란을 초래하기에 족하다. 사람의 운명은 하늘에 달려 있고, 나라의 운명은 예의에 달려 있다. 임금이 예의를 높이고, 현자를 존중하면 왕자(王者)가 되고, 법을 중시하고 백성을 사랑하면 패자(霸者)가 된다.

① 갑: 백성을 덕으로 이끌고 예로써 다스리면 백성은 잘못을 부끄러워한다.
② 갑: 국가의 혼란을 바로잡는 유일한 수단은 형벌이 아니라 정치적 명령이다.
③ 을: 임금이 법을 중시하고 백성을 사랑하는 나라는 곧 망하게 된다.
④ 을: 나라가 잘 다스려지거나 어지러워지는 것은 하늘에 달려 있다.
⑤ 갑과 을: 예로 나라를 다스리는 군자로 인해 세상이 혼란해진다.

07

▸ 25057-0015

(가)의 고대 동양 사상가 갑, 을의 입장을 (나) 그림으로 표현할 때, A~C에 해당하는 적절한 진술만을 〈보기〉에서 있는 대로 고른 것은?

(가)

갑: 자기 부모를 공경하여 남의 부모를 공경하는 데까지 미치게 하고, 자기 아이를 사랑하여 남의 집 아이를 사랑하는 데까지 미치게 하면 천하를 손바닥에서 움직일 수 있다. 『시경』에는 "아내에게 모범이 되니 그것이 형제에게 미치고, 나아가 온 나라 안에 퍼지도다."라고 하였다. 이는 이 마음을 가지고 다른 분야로 넓혀 행하는 것을 말한 것이다. 그러므로 은혜를 널리 펴 나가면 충분히 온 세상을 편안하게 할 수 있다. 옛사람이 보통 사람보다 크게 뛰어난 까닭은 그 하는 바를 잘 넓혀 나갔기[推] 때문이다.

을: 아버지와 자식의 도리나 남편과 아내의 분별에 있어서 진나라 사람들이 제나라와 노나라 사람들만큼 효성스럽지 않고, 공손하지 못하며, 예의를 다하지 못하는 것은 감정과 본성에 따라 멋대로 성나는 대로 행동하여 예의에 소홀했기 때문이다. 어찌 그들의 본성이 다를 리가 있겠는가? "길거리의 사람도 우임금 같은 성인(聖人)이 될 수 있다."라고 하는데, 우임금이 존경을 받은 까닭은 그가 어짊[仁]과 의로움과 올바른 법도를 행했기 때문이다. 그렇다면 어짊과 의로움과 올바른 법도는 알 수 있고 행할 수 있다.

(나)

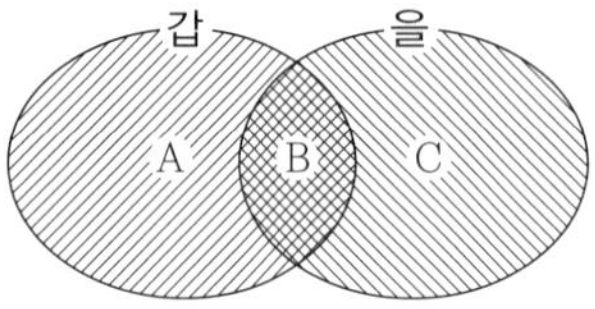

〈범 례〉
A: 갑만의 입장
B: 갑과 을의 공통 입장
C: 을만의 입장

보기

ㄱ. A: 성인은 어짊과 의로움을 근본으로 삼는다.
ㄴ. A: 인위(人爲)가 쌓여 형성된 예의는 인간의 본성이 아니다.
ㄷ. B: 사람은 누구나 도덕적 모범인 성인이 될 수 있다.
ㄹ. C: 사람이 감정과 본성을 따르면 사양하지 않게 된다.

① ㄱ, ㄴ ② ㄱ, ㄷ ③ ㄷ, ㄹ ④ ㄱ, ㄴ, ㄹ ⑤ ㄴ, ㄷ, ㄹ

08

▸ 25057-0016

중국 유교 사상가 갑, 을의 입장으로 옳은 것만을 〈보기〉에서 있는 대로 고른 것은?

갑: 무릇 배우고 묻고 사색하고 변별하고 돈독히 행하는 공부는 비록 애써서 알고 힘써서 행하는 사람의 경우에 다른 사람보다 백 배의 노력을 더해야 확충이 지극해져서 본성을 완전히 실현하고 하늘을 아는 데 도달할지라도, 역시 내 마음의 양지를 지극한 데까지 확충하는 것에 불과할 따름이다. 양지 이외에 어찌 다시 터럭만큼이라도 보탤 것이 있겠는가? 이제 기필코 천하의 이치를 궁구한다고 주장하고 마음에 돌이켜 구할 줄 모르는데, 그렇다면 이른바 선악의 기미와 진위의 분별을 마음의 양지를 버리고 또 어디서 체험하고 성찰하겠는가? '기질에 구애되고 물욕에 가린다'는 것은 양지를 구속하고 가리는 것일 뿐이다.

을: 이치를 궁구하라. 예컨대 본성 속에는 인자함, 의로움, 예의 바름, 지혜로움이 있는데, 그것이 드러나면 가슴 아파하고, 부끄러워하고 싫어하며, 겸손하고 양보하며, 옳고 그른 것을 분별하게 된다. 다만 그 네 가지가 있을 뿐이니, 세상의 모든 일과 모든 것도 그 네 가지를 벗어나지 않는다. 눈앞의 모든 것이 곧 일 처리와 외물이다. 지극한 경지에 이를 때까지 하나씩 궁구하여 점점 많아지면 저절로 꿰뚫어 통하게 된다. 비록 하찮은 곤충일지라도 모두 인의예지를 가지고 있으니, 다만 치우쳐서 완전하지 못하고 탁한 기운에 가로막혀 있을 뿐이다.

보기

ㄱ. 갑: 본연의 양지를 실현해야 가정, 나라, 천하를 평화롭게 다스릴 수 있다.
ㄴ. 갑: 사람이 양지에서 천리를 정밀하게 살피지 못하면 감정에 따라 제멋대로 살게 된다.
ㄷ. 을: 인간 이외의 동물들은 인과 의를 가지고 있지 않다.
ㄹ. 갑과 을: 사람의 본성에는 하늘의 이치가 있다.

① ㄱ, ㄴ ② ㄱ, ㄷ ③ ㄷ, ㄹ ④ ㄱ, ㄴ, ㄹ ⑤ ㄴ, ㄷ, ㄹ

09

▸ 25057-0017

고대 동양 사상가 갑, 을의 입장으로 옳은 것은?

갑: 일반 백성들은 생활에 항상 필요한 물품[恒産]이 없으면 그로 인해 항상 선한 길로 인도하는 마음[恒心]도 없어진다. 진실로 항심이 없어지면, 방탕하고 편벽되고 사악하고 사치하는 등 못하는 짓이 없게 된다. 그들이 죄에 빠지게 된 연후에 좇아가서 처벌한다면, 이는 그물을 쳐 놓고 백성들을 잡는 것이다. 현명한 임금은 백성들의 생활 근거를 마련해 주되, 반드시 그들로 하여금 위로는 부모를 섬기기에 충분하고, 아래로는 처자를 먹여 살리기에 충분하게 해 준다. 그렇게 한 후에 그들을 선한 길로 가도록 유도하는데, 그래야 백성들이 따라가기가 용이하다.

을: 나라는 천하의 제도로서 이로운 도구이고, 군주는 천하의 이로운 권세이다. 올바른 도를 따라 이를 유지해 나가면 크게 안락하고, 영화로우며, 아름다운 명성이 쌓이는 근원이 된다. 그러므로 나라를 다스리는 사람은 의를 행하면 왕자(王者)가 되고, 신의를 지키면 패자(霸者)가 되고, 권모술수를 행하면 망자(亡者)가 된다. 이 세 가지는 지혜로운 임금이라면 삼가 가려야 할 길이고, 어진 사람이라면 분명히 힘써 해야 할 일이다. 온 나라 사람들을 예의(禮義)로 이끌고 예의를 어기는 일이 없게 해야 한다.

① 갑: 임금은 자신에 대한 신하들의 지지를 가장 중시해야 한다.
② 갑: 임금은 백성들의 생계 보장보다 예의 교육을 먼저 해야 한다.
③ 을: 신분의 귀천을 구별하지 않는 평등한 사회를 이루어야 한다.
④ 을: 어진 사람은 천하를 얻을 수 있다 할지라도 작은 불의도 행하지 않는다.
⑤ 갑과 을: 덕이 지극하지 못하고 신의가 없으면 패자가 된다.

10

▸ 25057-0018

(가)의 중국 유교 사상가 갑, 을의 입장을 (나) 그림으로 탐구하고자 할 때, A~C에 들어갈 적절한 질문만을 〈보기〉에서 고른 것은?

(가)	갑: 하나의 마음이 온갖 이치를 갖추고 있다. 마음을 간직할 수 있어야 이치를 궁구할 수 있다. 마음은 온갖 이치를 포함하고 있으며, 온갖 이치는 하나의 마음에 갖추어져 있다. 마음을 간직할 수 없으면 이치를 궁구할 수 없다. 이치를 궁구할 수 없으면 마음을 다할 수 없다. 천지가 생기기 이전에는 이(理)만 있었다. 이가 없었다면 천지도 없었을 것이다. 이가 있으면 곧 기가 유행하여 만물을 길러 준다. '움직여서 양을 낳는 것'도 역시 이일 뿐이고, '고요하여 음을 낳는 것'도 역시 이일 뿐이다. 을: 변별이 이미 분명해지고, 사색이 이미 신중해지고, 물음이 이미 세밀해지고, 배움이 이미 능숙해지고, 또 그리하여 그 공부를 그치지 않는 것, 이것을 독행(篤行)이라고 말한다. 생각건대 공부를 나누어 말하면 다섯 가지가 있지만, 그 일을 합해서 말하면 하나일 따름이다. 이러한 것들이 마음과 이치가 합하여 하나[心理合一]라는 것과 지행병진의 공부이다. 나의 주장이 후세의 학설과 다른 까닭이 바로 여기에 있다. 사물에 나아가 이치를 궁구한다는 것은 마음과 이치를 둘로 나누는 것이다.
(나)	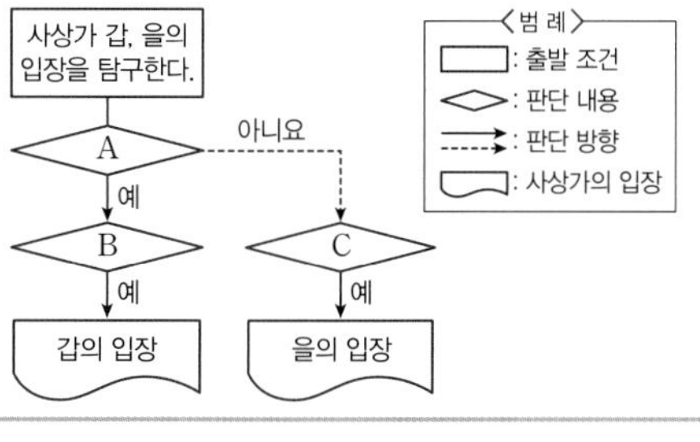

보기

ㄱ. A: 격물은 각각의 사물이 모두 그 이치를 얻는 것인가?
ㄴ. B: 이는 음양을 생성하는 근원이 될 수 있는가?
ㄷ. B: 이가 없었다면 사람 이외의 모든 사물은 존재하지 않았을 것인가?
ㄹ. C: 측은히 여기는 이치는 내 마음의 양지에 있는가?

① ㄱ, ㄴ ② ㄱ, ㄷ ③ ㄴ, ㄷ ④ ㄴ, ㄹ ⑤ ㄷ, ㄹ

11

▸ 25057-0019

갑, 을은 고대 동양 사상가들이다. 을이 갑에게 제기할 수 있는 비판으로 가장 적절한 것은?

갑: 나는 다른 사람의 말을 잘 알며, 또한 나의 지극히 크고 강한 기(氣)를 잘 기른다. 이 기를 정직함으로 잘 기르고, 조금도 해치지 않는다면, 천지 사방을 가득 채우게 된다. 이 기는 반드시 의, 도와 함께 하니, 이것이 없다면 위축된다. 이 기는 의로움에 근거해 행동하는 삶이 쌓이고 쌓였을 때 생겨나는 것으로, 우연히 한 가지 의로운 행동을 하였다고 해서 갑자기 얻을 수 있는 것이 아니다.

을: 성인(聖人)은 항상 자신의 마음을 갖지 않고, 백성들의 마음을 자신의 마음으로 삼는다. 착한 사람에게 착하게 대하고, 착하지 않은 사람에게도 착하게 대한다. 배움을 행하면 날마다 보태지고, 도를 행하면 날마다 덜어진다. 덜고 또 덜어 내면 무위의 지경에 이르게 된다. 무위이면 되지 않는 일이 없다. 천하를 차지하는 것은 항상 일거리를 없애기 때문이다. 그래서 일거리를 만들면 천하를 차지할 수가 없다.

① 예(禮)가 사회 혼란의 원인임을 모르고 있다.
② 도를 얻은 뒤에 덕(德)이 중시됨을 모르고 있다.
③ 어짊뿐만 아니라 의로움도 중요시해야 함을 모르고 있다.
④ 도에서 벗어나 무위를 지향하는 삶이 이상적임을 모르고 있다.
⑤ 덕이 융성한 이후에 사람들이 인(仁)을 중시하게 됨을 모르고 있다.

12

▸ 25057-0020

다음을 주장한 고대 동양 사상가의 입장으로 가장 적절한 것은?

효는 어기지 않는 것이다. 이는 부모님께서 살아 계실 때는 예에 따라 섬기고, 돌아가시면 예에 따라 장례하고, 예에 따라 제사하라는 의미이다. 집에서 효도하고, 밖에 나가면 공손하고, 널리 많은 사람을 사랑하고, 어진 이와 친밀히 지내야 한다. 나는 열다섯에 학문에 뜻을 두었고, 서른에 자립하였고, 마흔에 미혹되지 않았고, 쉰에 천명을 알았고, 예순에 귀에 거슬림이 없었고, 일흔에 마음이 하고 싶은 대로 좇아 행해도 법도를 넘지 않게 되었다. 옛것을 탐구하여 새것을 알아야 스승이 될 수 있다. 군자는 한 가지 용도로만 쓰이는 그릇과 같아서는 안 된다. 먼저 실천하고 말은 그다음에 하라. 배우기만 하고 생각하지 않으면 몽매하고, 생각만 하고 배우지 않으면 위태롭다. 가난해도 비굴하지 않고, 부유해도 교만하지 않으면 괜찮지만 가난하면서 즐거워하고, 부유하면서 예를 좋아함만 못하다. 부귀는 사람이 원하는 것이지만 도로써 정당하게 얻은 것이 아니면 누리지 않는다.

① 사람은 어질지 않아도 참된 예를 행할 수 있다.
② 군자는 항상 부유함보다는 가난한 삶을 선택해야 한다.
③ 살아가며 만나는 위급한 때에도 항상 어짊을 따라야 한다.
④ 어진 사람[仁者]은 사람을 좋아하거나 싫어하지 말아야 한다.
⑤ 뜻있는 선비는 어짊[仁]보다 자신의 생명을 더 소중하게 여겨야 한다.

THEME

03 한국 유교와 인간의 도덕적 심성

1 한국 성리학과 도덕 감정: 이황과 이이의 사상

(1) 한국 유교의 전개와 특징

① 유교 사상의 수용과 전개

- 삼국 시대: 유교를 주체적으로 수용 → 정치와 생활 원리로서 폭넓게 활용됨
- 고려 말: 성리학 수용 → 정치적·사회적 개혁의 이론적 기초로 활용됨
- 조선 초·중기: 성리학의 발달

② 조선 성리학의 특징

- 국가의 통치 이념으로 자리 잡았고, 개인의 도덕적 완성과 이상 사회의 실현을 위한 실천적 방안을 제공함
- 중국 성리학의 심성론과 관련된 탐구를 심화시킴
- 사단 칠정(四端七情) 논쟁을 비롯한 다양한 이론적 논쟁을 전개함

(2) 이황의 성리학 사상: 순수한 도덕 본성의 발현을 강조

① 특징

- 주희의 이기론을 재해석하고 사단 칠정론을 체계화함
- 도덕적 본성인 이(理)의 순수성과 절대성을 강조하고 도덕적 실천을 중시함

② 이기론

이귀기천설(理貴氣賤說)	순선(純善)한 원리적 개념인 이는 존귀하고 선악의 가능성을 함께 지니고 있는 현상적 개념인 기는 비천한 것임
이기호발설(理氣互發說)	이와 기는 모두 발할 수 있음 → 기는 물론이고 이도 작용성을 지니고 있음

③ 사단 칠정론

- 주희의 "이와 기는 섞일 수 없다[理氣不相雜(이기불상잡)]."라는 주장에 주목하여 사단과 칠정의 연원이 각기 다르다고 봄 → 도덕적 원리인 이의 순수성과 절대성을 확보하려고 함
- 사단은 이가 발하고 기가 이를 따른 것[理發而氣隨之(이발이기수지)]이며, 칠정은 기가 발하고 이가 기를 탄 것[氣發而理乘之(기발이이승지)]이라고 주장함 → 사단과 칠정을 구분함으로써 도덕적 기준과 인간의 욕망을 혼동하는 오류를 방지하고자 함

④ 수양론

- 거경(居敬)과 궁리(窮理)의 병행을 강조함 → "거경과 궁리는 새의 두 날개와 같다."
- 경(敬)의 주된 실천 방법

주일무적(主一無適)	마음을 한군데로 집중하여 잡념이 깃들지 않게 함
정제엄숙(整齊嚴肅)	몸가짐을 단정히 하고 엄숙한 태도를 유지함
상성성(常惺惺)	항상 깨어 있는 정신 상태를 유지함

(3) 이이의 성리학 사상: 일반 감정의 조절과 기질의 변화 강조

① 특징

- 이황의 입장에 대해 비판적인 자세를 취하면서 대안적인 이론을 제시함
- 인간의 도덕 문제와 함께 현실 개혁에도 깊은 관심을 기울임

② 이기론

- 이기지묘(理氣之妙): 이와 기는 사물에서 오묘하게 어우러져 있음

자료와 친해지기 이황의 사단 칠정론

- "기쁨, 노여움, 슬픔, 즐거움[喜怒哀樂(희로애락)]이 발현하여 절도에 맞아[中節(중절)] 선하지 않음이 없다."라고 할 때의 희로애락이라는 칠정의 선은 비록 기에서 발현[發於氣(발어기)]한 것이지만, 이가 타서 주인이 되는 까닭에 그 선함은 사단의 선과 같습니다.

– 이황·기대승, 『퇴계와 고봉, 편지를 쓰다』 –

- 사단의 정은 이가 발하고 기가 따르니 본래 순선(純善)하여 악이 없습니다. 반드시 이의 발함이 온전하게 이루어지기 전에 기에 가리어진 뒤에 유실되어 선하지 않게 됩니다. 일곱 가지 정은 기가 발하고 이가 타는 것이니, 역시 선하지 않음이 없습니다. 만일 기가 발하는 것이 절도에 맞지 못하여 이를 멸하게 되면 방탕해져 악이 됩니다.

– 이황, 『성학십도』 –

이황은 칠정에 해당하는 희로애락이 발해 절도에 맞아 선한 것은 이가 기를 타서 주인이 되기에 비록 기에서 발현하였어도 이에서 발현[發於理(발어리)]한 사단의 선과 그 선함이 같다고 보았다. 또 이황은 이가 발[理發(이발)]하고 기가 따른 사단은 본래 순수하게 선해 악이 없다고 보았다. 그러나 이가 발해 본래 순선한 사단이라 할지라도 이의 발함이 온전히 이루어지기 전에 기에 가리어지면 불선으로 흘러간다고 하였다. 그리고 칠정도, 발한 기를 이가 타기에 사단처럼 역시 불선이 없으나 기가 발[氣發(기발)]한 것이 절도에 맞지 못해 그 기를 타고 있는 이를 멸하게 되면 방자하게 되어 악이 된다고 주장하였다.

• 이는 형태와 작용이 없고[無形無爲(무형무위)], 기는 형태와 작용이 있음[有形有爲(유형유위)]을 강조함
• 기발이승일도설(氣發理乘一途說): 이는 발하는 까닭이고, 기는 발하는 것이므로 "기가 발하고 이가 기를 탄다."라는 한 가지 길만이 옳음
• 이통기국론(理通氣局論): 형태가 없는 이는 통하고 형태가 있는 기는 국한됨

③ 사단 칠정론
• 주희의 "이와 기가 서로 떨어져 있을 수 없다[理氣不相離(이기불상리)]."라는 주장에 주목하여 사단과 칠정이 분리될 수 없다고 봄
• 사단과 칠정을 모두 기가 발하고 이가 탄 것으로 파악함
• 사단은 칠정을 포함할 수 없지만 칠정은 사단을 포함하는 것이며[七包四(칠포사)], 사단은 칠정 중 선한 것만을 별도로 지칭할 뿐이라고 주장함

④ 수양론
• 이의 본연인 선의 실현을 위해 기질을 바로잡을 것[矯氣質(교기질)]을 강조함
• 경(敬)을 통해 성(誠)에 이를 것을 강조함

⑤ 사회 경장론: 정치, 경제, 교육, 국방 등과 관련된 개혁을 주장함 → 실학사상의 형성에 영향을 줌

2 한국 실학과 도덕 본성: 정약용의 사상

(1) 실학의 등장

① 등장 배경
• 임진왜란과 병자호란을 거치면서 현실 문제의 해결에 도움을 줄 수 있는 학문을 해야 한다는 사회적 분위기가 대두함
• 청나라의 고증학과 서구 문물이 유입됨

② 특징
• 민생의 구제와 국부의 증대를 추구하는 사회 개혁론을 제시함
• 성리학과 구별되는 인간관과 도덕론을 제시함

(2) 정약용의 실학사상: 이법(理法)적 실체에 대한 비판과 마음의 기호 강조

① 특징
• 인간의 본성을 이법적 실체인 이(理)로 보는 성리학을 비판하고 새로운 심성론과 덕론을 제시함
• 학문의 실용성을 강조하고 실학을 집대성함

② 심성론
• 성기호설(性嗜好說): 인간의 성은 선을 좋아하고 악을 싫어하는 마음의 기호임

형구(形軀)의 기호	단것을 좋아하고 쓴 것을 싫어하며 향기를 좋아하고 악취를 싫어하는 것과 같은 육체의 기호 → 인간과 동물 모두가 가지고 있는 기호
영지(靈知)의 기호	선을 좋아하고 악을 싫어하는 마음의 기호 → 인간만이 가지고 있는 기호

• 인간의 도덕적 자율성 강조: 인간은 선이나 악을 스스로 선택할 수 있는 자주지권(自主之權)을 하늘로부터 부여받음
• 인간의 욕구[欲(욕)]가 지닌 긍정적 측면을 인정함: 욕구는 생존과 도덕적 삶을 위해서 필요한 것이기도 함

③ 덕론
• 인의예지(仁義禮智)라는 덕은 인간의 본성에 내재하는 것이 아니라 실천을 통해 형성되는 것임
• 인의예지는 일상생활에서 사단을 확충함으로써 형성되는 것임
• 성리학과 정약용의 사단, 사덕의 비교

구분	성리학	정약용
사단(四端)	선천적으로 지니는 선한 마음	
사덕(四德)	선천적으로 주어져 있음	사단의 확충을 통해 후천적으로 형성됨

자료와 친해지기 이이의 사단 칠정론

• 감정[情(정)]은 비록 수만 가지라 하더라도, 그 어느 것인들 이(理)에서 발하지 않겠습니까? 다만 어떤 경우에는 기(氣)가 가려 영향력을 행사[用事(용사)]하기도 하고, 다른 경우에는 가리지 않고 이에게 명령을 듣기도 하므로 선과 악의 다름이 있습니다.
• 대저 이란 기의 주재이고 기란 이가 타는 것이니 이가 아니면 기가 근거할 데가 없고 기가 아니면 이가 의지할 데가 없습니다. 이와 기는 이미 두 물건이 아닐 뿐만 아니라, 또한 한 물건도 아닙니다.

– 이이, 『답성호원』 –

이이는 이황의 이기호발설은 사람의 마음에 두 가지 근본이 있다는 주장으로 귀결되는 그릇된 입장이라며, 사람의 마음에는 오직 한 가지 근본인 이만 있다고 보았다. 또 이이는 이와 기는 한 물건이 아니기에 하나이면서 둘이며, 두 물건이 아니기 때문에 둘이면서 하나라고 하였다. 한 물건이 아니므로 이는 본래 이이고, 기는 본래 기로서 뒤섞이지 않으며, 두 물건이 아니므로 뒤섞여 간극이 없고, 선후와 이합(離合)도 없다고 보았다.

01

▶ 25057-0021

다음을 주장한 한국 유교 사상가의 입장으로 옳은 것은?

'천리의 공적인 것'에서 나왔으면 이 생각은 북돋우어 기르고, 넓히고 채운다. 그러나 혹 '인욕(人欲)의 사사로움'에서 나왔다면 곧 이 생각은 막아서 꺾어 버리고, 극복한다. 맹자가 평생 고찰한 것은 바로 도심을 보존하느냐 잃어버리느냐 하는 것이었다. 욕망을 적게 가지면 도심을 잃어버리는 것도 역시 적고, 욕망이 많으면 도심을 잃어버리는 것도 역시 많아지게 된다. 군자가 삼가며 살펴야 할 것은 단지 이 도심을 보존하느냐 잃어버리느냐 하는 것일 뿐이다. 하늘의 이치를 보존하고, 인욕을 막는 가장 좋은 방법은 사람과 사람이 서로 만나는 데 있다. 재물과 여색을 좋아하지 않는 사람이 없고, 안일하게 지내기를 좋아하지 않는 사람이 없는데도 성(性)이 선하다고 하는 것은 성이 덕을 좋아하는 기호이기 때문이다. 나는 걸왕과 도척을 예로 들어 성선을 밝혀 보겠다.

① 인욕의 사사로움에서 나온 생각은 함양해야 한다.
② 인간의 성은 하늘의 명령에 근본을 두지 않는다.
③ 인간은 덕을 좋아하는 선한 본성을 가지고 태어난다.
④ 사람 사이의 만남을 통해 천리와 인욕을 보존해야 한다.
⑤ 선을 좋아하는 기호는 자신의 선택에 의해 후천적으로 형성된다.

02

▶ 25057-0022

한국 유교 사상가 갑, 을의 입장으로 옳은 것만을 〈보기〉에서 있는 대로 고른 것은?

갑: "희로애락이 발현하여 절도에 맞아[中節] 선하지 않음이 없다."라고 할 때의 희로애락이라는 칠정은 비록 기에서 발현[發於氣]한 것이지만, 이(理)가 타서 주인이 되는 까닭에 그 선함은 사단의 선과 같습니다. 기가 이에 따라[順] 발현한 칠정을 '이의 발현'이라 한다면, 이것은 기를 이로 보는 잘못을 면하지 못합니다. 칠정은 기가 발하고 이가 기에 탄 것이니 역시 불선이 없으나 만일 기가 발현하는 것이 절도에 맞지 않아 이를 멸(滅)하게 되면 방탕해져 악이 됩니다.

을: 감정은 비록 수만 가지라 하더라도, 그 어느 것인들 이에서 발현[發於理]하지 않겠습니까? 다만 어떤 경우에는 기가 가려 영향력을 행사[用事]하기도 하고, 다른 경우에는 가리지 않고 이에게 명령을 듣기도 하므로 선과 악의 다름이 있습니다. 만약 "사단은 이가 발현하였을 때 기가 이를 따른 것이고, 칠정은 기가 발현하였을 때 이가 기를 타고서 부린 것이다."라고 하면, 사람의 마음에 두 가지 근본이 있다는 것인데 어찌 그럴 수 있겠습니까? 맹자는 그 개요를 들었기 때문에 측은, 수오, 공경, 시비만 말한 것이니, 그 밖의 선한 정이 다 사단이 된다는 것은 배우는 사람이 미루어 알아야 할 것입니다.

보기

ㄱ. 갑: 칠정은 본래 불선이 없으나 기가 이의 영향력을 제어(制御)하면 악이 된다.
ㄴ. 갑: 발현해 절도에 맞아 불선이 없을 때의 칠정은 이가 주인이므로 그 선이 사단의 선과 같다.
ㄷ. 을: 모든 정(情) 중 사단 이외에는 선한 정이 없다.
ㄹ. 갑과 을: 절도에 맞아 불선이 없을 때의 칠정은 이가 발현[理之發]한 정이다.

① ㄱ, ㄴ ② ㄱ, ㄹ ③ ㄷ, ㄹ
④ ㄱ, ㄴ, ㄷ ⑤ ㄴ, ㄷ, ㄹ

03

▸ 25057-0023

한국 유교 사상가 갑, 을의 입장으로 옳은 것만을 〈보기〉에서 고른 것은?

갑: 아래 그림[下圖]은 이와 기를 합하여 말한 것이다. 장자(張子)가 말한 '기질지성'이라는 성, 주자(朱子)가 '비록 기 속에 있다 하더라도 기는 스스로 기이고, 성은 스스로 성이어서 서로 섞이지 않는다.'라고 했을 때의 성이 바로 이와 기를 합하여 말한 성이다. 정(情)이 되는 것도 이와 기가 서로 돕거나 혹 서로 해치는 것으로 말하였다. 예를 들면 사단의 정은 이가 발하여 기가 따르니 본래 순선하여 악이 없으며, 반드시 이의 발함이 이루어지지[遂] 못하고 기에 가리어진 후에 불선으로 흘러가게 된다.

을: 이와 기는 비록 서로 떨어지지는 않지만 오묘하게 합해[妙合] 있는 가운데, 이는 본래 이이고, 기는 본래 기이어서, 서로 뒤섞이지 않으므로 하나가 아니다. 이와 기가 뒤섞여 간극이 없고, 선후와 이합이 없어 둘이 되는 것을 볼 수 없기 때문에 둘이 아니다. 대저 이란 기의 주재(主宰)이고 기란 이가 타는[乘] 것이니 이가 아니면 기가 근거[根柢]할 데가 없고 기가 아니면 이가 의착(依著)할 데가 없다.

보기

ㄱ. 갑: 성즉리(性卽理)의 성은 기품과 섞이지 않은 본연의 성이다.
ㄴ. 갑: 사단은 본래 순선무악하나 이의 발함이 이루어지지 못하고 기에 가리어지면 불선으로 흘러간다.
ㄷ. 을: 사단은 이와 기를 겸해서 말한 것이다.
ㄹ. 갑과 을: 칠정과 사단은 서로를 겸할 수 있다.

① ㄱ, ㄴ ② ㄱ, ㄷ ③ ㄴ, ㄷ ④ ㄴ, ㄹ ⑤ ㄷ, ㄹ

04

▸ 25057-0024

(가)를 주장한 한국 유교 사상가의 입장에서 볼 때, (나)의 퍼즐 속 세로 낱말 (A)에 대한 설명으로 가장 적절한 것은?

(가)
- 공자께서 하신 "자기를 이기고 예로 돌아가는 것이 인이다."라는 말씀은 인욕(人欲)을 극복하는 일을 끝낸 연후에 비로소 인을 얻게 됨을 밝힌 것이다. 정자(程子)께서 말씀하신 선과 불선이 서로 싸우는 것은 의로움과 욕구의 싸움이고, 천리와 인욕의 싸움이니 두렵고 위태롭다!
- 마치 채소가 분뇨를 좋아하고 연꽃이 물을 좋아하는 것처럼 사람의 성(性)은 선을 좋아한다. 성이란 사람 마음의 기호이다.

(나)

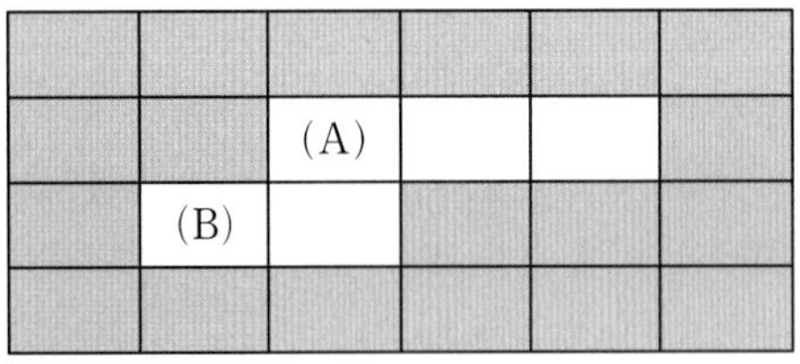

[가로 열쇠]
(A): 플라톤이 주장한 지혜, 용기, 절제, 정의의 네 가지 중요한 덕
(B): 중용을 잃고 한쪽으로 크게 치우침 예 붓다가 깨달은 중도란 양○○의 고행과 쾌락을 피하여 수행하는 것이다.
[세로 열쇠]
(A): …… 개념

① 선을 좋아하고 악을 싫어하는 인간의 본성이다.
② 사람이 선한 일을 행한 뒤에 이루어지는 것이다.
③ 인의예지가 이루어지도록 넓히고 채워야 할 마음이다.
④ 어진 정치가 실현될 때 백성들의 마음에 형성되는 선한 감정이다.
⑤ 측은지심, 수오지심, 사양지심, 시비지심을 확충하여 형성한 덕이다.

05

▸ 25057-0025

갑, 을은 한국 유교 사상가들이다. 을이 갑에게 제기할 수 있는 비판으로 가장 적절한 것은?

> 갑: 지난번의 글에서 내가 성(性)을 인용하여 “천지의 성은 진실로 이(理)만을 가리켜 말한 것인데, 모르긴 해도 이 경우 다만 이만 있고 기(氣)는 없는 것인가? 천하에 기 없는 이가 없으니 이만 있다고 하면 그르게 된다. 그런데도 오로지 이만을 가리켜 말할 수 있다면, 기질의 성이 비록 이기가 섞여 있지만 어찌 기만을 가리켜 말할 수 없겠는가?” 등으로 말한 것은 다만 성의 경우에도 이와 기를 겸하여 말할 수 있다는 것으로, 정(情)의 경우에도 이와 기를 나눌 수 있다는 뜻을 밝히기 위한 것이었을 뿐이다. 그러니 ‘기질의 성’에만 못 박아 논의해야 할 것이다.
>
> 을: 주자의 “이에서 발동하고 기에서 발동한다.”라는 말은 의미가 필시 다른 곳에 있다. 그런데 지금 그 의미는 알지 못하고 다만 그 말만 지켜 이와 기를 나누는 근거로 인용하고 있다. 주자의 의도 또한 “사단은 오직 이만을 말하고, 칠정은 이와 기를 함께 말한 것이다.”라는 데 있다. 어린아이가 우물에 빠지는 것을 본 뒤에야 측은한 마음이 발동하는데, 여기서 어린아이가 우물에 빠지려는 것을 보고서 측은해하는 것은 기이니 이것이 이른바 ‘기가 발동한다.’는 것이다. 측은한 마음의 근본은 인(仁)이니 이것이 이른바 ‘이가 탄다.’는 것이다.

① 이와 기는 서로 발동함이 있다고 할 수 없음을 간과하고 있다.
② 성이 발하여 정이 되는 때가 선악의 분기점임을 간과하고 있다.
③ 마음은 이와 기를 겸하고 성과 정을 포함[統性情]함을 간과하고 있다.
④ 마음이 발하기 전에는 존양(存養)의 공부를 깊이 해야 함을 간과하고 있다.
⑤ 한결같이 경(敬)을 유지하여 이치와 욕심의 분별에 밝아야 함을 간과하고 있다.

06

▸ 25057-0026

다음 가상 편지를 쓴 한국 유교 사상가의 입장으로 가장 적절한 것은?

> 사랑하는 딸에게
> 네가 지난번 악을 행해서는 안 되는 이유에 대해 물었기에 이렇게 답장을 쓴다. 군자는 한 생각이 일어났을 때, 이 생각을 세밀하게 따지고 헤아려 봐서 천리(天理)의 공적인 것에서 나왔으면 배양 확충하고, 인욕(人欲)의 사사로움에서 나왔다면 막아서 꺾어 버리고 극복한단다. 벌의 속성은 어쩔 수 없이 여왕벌을 호위하는데, 논하는 사람이 충(忠)이라고 여기지 않는 이유는, 그것이 정해진 마음이라고 여기기 때문이고, 범의 속성은 어쩔 수 없이 생물을 해치는데, 법을 집행하는 자가 법을 적용하여 벌주기를 논의하지 않는 이유는, 그것이 정해진 마음이라고 여기기 때문이지. 사람은 이들과는 달라 선을 할 수도 있고 악을 할 수도 있어, 주도해 나가는 것이 자신에게 있고 행동해 나가는 것이 일정하지 않기 때문에 선은 공이 되고 악은 죄가 된단다. 사람의 성(性)은 선을 좋아하고 악을 수치로 여기기에 성을 거스르고 악을 행하면 그 죄를 면할 수 없음을 기억하렴. 기질의 성과는 달리 인간만 이러한 도의의 성을 얻었단다.

① 악을 행한 사람에게 죄의 책임을 물어서는 안 된다.
② 인간이 지닌 기질지성과 천명지성은 모두 기호(嗜好)이다.
③ 사람들이 저지르는 모든 악은 인간의 형기(形氣) 때문에 발생한다.
④ 인간의 성에는 선과 악이 섞여 있다가 선행 혹은 악행으로 드러난다.
⑤ 하늘은 인간에게 선이나 악을 행할 수 있는 자주지권(自主之權)을 성으로 주었다.

[07~08] 갑, 을은 한국 유교 사상가들이다. 물음에 답하시오.

> 갑: 감정이나 의지[情意]가 없고 지어서 만드는[造作] 것도 없는 것이 이(理)의 본연의 체(體)이고, 깃들인 곳에 따라 발현하여 이르지 않음이 없는 것이 이의 지극히 신묘한 작용[用]임을 알 수 있습니다. 전에는 단지 이의 본체[體]가 작용이 없는 줄만 알고, 신묘한 용(用)이 드러나게 행해질 수 있다는 것은 알지 못하여 이를 거의 죽은 물건으로 인식하였으니, 바른 도(道)와의 거리가 어찌 매우 멀지 않았겠습니까?
> 을: 아직 발하지 않았을 때는 기(氣)가 영향력을 행사[用事]하지 않으므로 마음의 본체는 순선하지만, 발함에 이르러 선악이 비로소 나누어집니다. 선은 맑은 기가 발한 것이고, 악은 탁한 기가 발한 것이지만, 그 근본은 천리(天理)일 뿐입니다. 정(情) 가운데 선한 정은 청명한 기를 타고 천리를 따라 곧장 나와 인의예지의 단서가 됨을 볼 수 있으므로 사단이라 일컫는 것입니다. 정 가운데 불선한 정도 비록 이에 근본하지만 이미 더럽고 탁한 기에 가려져 인(仁)에 근본하나 도리어 인을 해치므로 사단이라 이를 수 없는 것입니다.

07

▸ 25057-0027

갑, 을의 입장을 다음 그림으로 표현할 때, A~C에 해당하는 적절한 진술만을 〈보기〉에서 고른 것은?

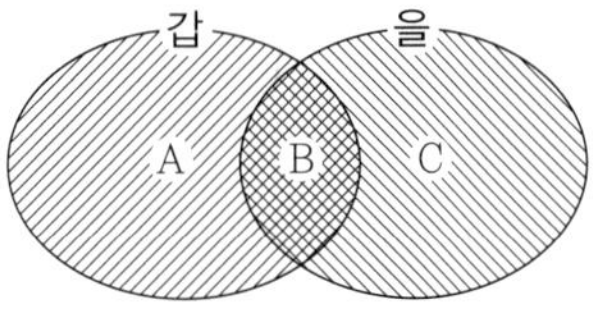

〈범 례〉
A: 갑만의 입장
B: 갑과 을의 공통 입장
C: 을만의 입장

> 보기
> ㄱ. A: 칠정은 선과 악을 겸하여 지칭한 정이다.
> ㄴ. B: 인간의 마음은 본성[性]과 감정[情]을 통괄한다.
> ㄷ. B: 본성은 마음에 갖추어져 있고, 본성이 발하여 감정이 된다.
> ㄹ. C: 이와 기가 합쳐져 인간의 마음이 된다.

① ㄱ, ㄴ　② ㄱ, ㄷ　③ ㄴ, ㄷ　④ ㄴ, ㄹ　⑤ ㄷ, ㄹ

08

▸ 25057-0028

다음을 주장한 한국 유교 사상가가 갑, 을 모두에게 제기할 수 있는 비판으로 가장 적절한 것은?

> • "군자는 천리(天理)를 따르기 때문에 날로 고명한 데에 나아가고, 소인은 인욕(人欲)을 따르기 때문에 날로 더러운 하류에 이른다."라는 주자의 의견은 바꿀 수 없다. 예가 아닌 것을 보고 싶어 하는 욕구가 있기에 예가 아닌 것을 보지 말라고 한 것이며, 예가 아닌 것을 행하고 싶어 하는 욕구가 있기에 예가 아닌 것은 행하지 말라고 한 것이다.
> • 순자와 양웅(揚雄)은 각자 소견이 있는데 다만 '성(性)' 자에 대한 인식이 원래 그릇되었다. 하늘이 영지(靈知)를 부여함에 재(才)도 있고, 세(勢)도 있고, 성도 있다. 세란 것은 그 처지요, 그 기미이다. 식욕과 색욕은 안에서 유혹하고 명예와 이익은 밖에서 끌어당긴다. 오직 이 천명지성은 선을 즐기고 악을 부끄러워한다.

① 모든 사람은 본연지성을 지니고 있음을 간과하고 있다.
② 하늘로부터 부여받은 인간의 성은 기호임을 간과하고 있다.
③ 천명지성은 인간과 동물이 함께 지니고 있음을 간과하고 있다.
④ 사람의 선과 악은 기품의 청탁에 의해 좌우됨을 간과하고 있다.
⑤ 사람이 본래 가지고 있는 기질의 욕망이 인간의 성임을 간과하고 있다.

09

▸ 25057-0029

한국 유교 사상가 갑, 을의 입장으로 옳은 것은?

> 갑: 주자(朱子)가 일찍이 “이(理)에 동정(動靜)이 있기 때문에 기(氣)에 동정이 있는 것이다.” 하였으니, 이것을 알면 그대의 의문이 없어질 것이다. 그러므로 주자가 “이는 감정과 의지가 없다.” 운운한 것은 이의 본연의 체(體)이고 “이가 능히 발하고 능히 낳는다.”라는 것은 이의 지극히 오묘한 작용[用]을 말한 것이다. 이 자체에 작용이 있기 때문에 자연히 양을 낳고 음을 낳는 것이다. 기가 아직 영향력을 행사[用事]하기 전에는 이가 주재하기 때문에 순선하다.
>
> 을: 천리는 무위하므로 반드시 기의 기틀[機]을 타야 움직이니, 기가 움직이지 않는데 이가 움직인다는 것은 있을 수 없다. 이가 아직 발하지 않았을 때에 혼연히 온전히 갖춘 것은 인의 본체이며, 이가 발한 뒤에는 이 마음이 온화하고 자애로우며 이도 역시 붙어 있다. 온화하고 자애로운 감정 안에 이가 있는 것은 이의 작용이다. 선한 정(情)은 맑은 기운[氣]이 발동한 것이며, 악한 정은 탁한 기운이 발동한 것이지만, 모든 정의 근본은 단지 하늘의 이치[天理]일 뿐이다.

① 갑: 이는 음양을 생성하는 작용을 할 수 있다.
② 갑: 아직 영향력을 행사하기 전의 기는 이가 주재하기에 악하다.
③ 을: 이와 기는 서로 떨어져 사단과 칠정이 된다.
④ 을: 이가 발한 것은 선이 되고, 기가 발한 것은 악이 된다.
⑤ 갑과 을: 모든 정의 근본은 하늘의 이치가 아니라 기이다.

10

▸ 25057-0030

(가)의 한국 유교 사상가 갑, 을의 입장을 (나) 그림으로 탐구하고자 할 때, A~C에 들어갈 옳은 질문만을 〈보기〉에서 고른 것은?

(가)

갑: 그대의 말에 “이(理)의 발현이란 오직 이만을 가리켜 말한 것이고, 기의 발현이란 이와 기를 섞어서 말한 것이다.”라는 것이 있다. 나의 견해는 진실로 이 말과 같으니, 이른바 “근본이 같다.” 하는 것이다. 그리고 그대는 이것을 토대로 마침내 “사단과 칠정을 이와 기에 나누어 붙여서는 안 된다.” 했으니, 이른바 “(두 주장의) 마지막이 다르다.”라고 하는 것이다. 고요하며 수많은 이치[衆理]를 갖춘 것이 성(性)이지만, 이 성을 담아서 싣고 있는 것은 심이다. 움직여 만사를 응대하는 것이 정이지만, 이 정을 베풀어 쓰는 것도 심이다. 그러므로 ‘심이 성과 정을 통솔한다.’라고 한 것이다.

을: 사람의 희로애락은 자연의 춘하추동과 같으니, 춘하추동은 바로 기가 유행하는 것인데 이 기를 유행하게 하는 것이 바로 이이다. 대체로 유형유위하여 동함이 있고 정함이 있는 것은 기요, 무형무위하여 동함에도 있고 정함에도 있는 것은 이이다. 그러므로 “무형하고 무위하면서 유형하고 유위한 것의 주재가 되는 것은 이이고, 유형하고 유위하면서 무형하고 무위한 것의 그릇이 되는 것은 기이다.”라고 하는 것이다. 그러므로 성(性)은 이요, 마음은 기요, 정은 마음이 동한 것이다.

(나)

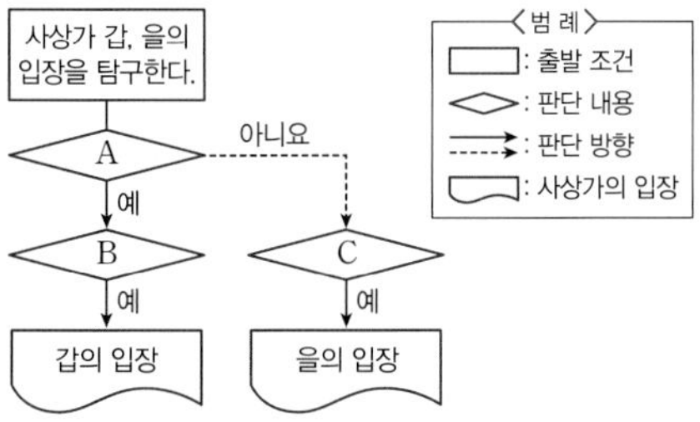

보기

ㄱ. A: 이는 유형유위한 기의 주재가 되는가?
ㄴ. B: 성은 고요하며 수많은 이치를 갖추고 있는가?
ㄷ. B: 기가 이에 따라[順理] 발현한 것은 이의 발현인가?
ㄹ. C: 희로애락은 기가 발동한 것이고 그 기의 기틀[機]을 탄 것은 이인가?

① ㄱ, ㄴ ② ㄱ, ㄷ ③ ㄴ, ㄷ ④ ㄴ, ㄹ ⑤ ㄷ, ㄹ

THEME 04

불교와 자비 및 화합의 윤리

1 불교의 연원

(1) 불교의 성립

① 기원전 6세기경 고타마 싯다르타[석가모니]가 인도의 전통 사상을 비판적으로 수용하면서 창시함

② 석가모니가 자신의 깨달음[法(법)]을 전하기 시작하면서 출가자를 중심으로 불교 교단이 형성됨

(2) 불교의 특징

① 삼학(三學: 계정혜)을 통한 체계적인 수행을 강조함

계(戒)	몸과 마음을 다스리기 위해 계율을 지키는 것
정(定)	흐트러진 마음을 하나의 대상에 집중하여 고요한 상태에 머무는 것
혜(慧)	실상을 있는 그대로 꿰뚫어 아는 지혜[般若(반야)]를 얻는 것

② 석가모니는 자신의 깨달음을 바탕으로 중생이 고통에서 벗어날 수 있도록 가르침을 베풀었으며, 깨달음에 장애가 되는 삼독[貪·瞋·癡(탐·진·치)]을 제거하고 삼학을 수행할 것을 강조함

2 초기 불교의 가르침

(1) 연기설(緣起說): 모든 존재와 현상은 무수한 원인과 조건에 의해 생겨나며, 그 원인과 조건이 없으면 결과도 없다는 이론

① 연기의 법을 올바르게 이해할 때 윤회의 고통에서 벗어나 해탈에 이를 수 있음

② '나'와 '자연 만물'의 연계성과 상호 의존성을 자각하게 해 주고, 자비(慈悲)를 일깨워 줌

(2) 사성제(四聖諦)와 팔정도(八正道)

① 사성제: 석가모니가 깨달은 '네 가지의 성스러운 진리', 사제(四諦)라고도 함

고제(苦諦)	• 인간의 삶은 본질적으로 고통일 수밖에 없음 • 대표적인 괴로움: 생로병사(生老病死)
집제(集諦)	고통은 무명(無明)과 애욕으로 인해 생겨남
멸제(滅諦)	무명과 애욕을 없애면 열반(涅槃)에 이르게 됨
도제(道諦)	• 무명과 애욕을 없애기 위해 중도(中道)를 닦아야 함 • 중도의 내용: 여덟 가지 올바른 길[八正道]임

② 팔정도: 깨달음을 위해 실천해야 할 여덟 가지 바른 수행 방법

• 정견(正見) • 정사유(正思惟) • 정어(正語) • 정업(正業)
• 정명(正命) • 정정진(正精進) • 정념(正念) • 정정(正定)

(3) 사법인설(四法印說)

① 제행무상(諸行無常): 원인과 조건에 의해 형성된 모든 것은 끊임없이 생멸하고 변화함

② 제법무아(諸法無我): '나'라고 주장할 만한 불변하는 실체는 존재하지 않음

③ 일체개고(一切皆苦): 변화하는 모든 것은 고통일 수밖에 없음

④ 열반적정(涅槃寂靜): 열반은 절대적으로 평화롭고 고요한 경지임

3 대승(大乘) 불교

(1) 부파 불교에서 강조된 교법의 체계화가 법의 실재성을 인정한 것이라고 비판하며, 법 또한 비유비무(非有非無)라는 공(空) 사상을 강조함

(2) 중생과 함께하는 대중적 측면과 육바라밀(六波羅蜜)의 실천을 강조하면서 이상적 인간상으로 보살을 제시함

(3) 중관(中觀) 사상

① 대표적 사상가인 용수는 공의 원리를 근거로 고정불변하는 독자적 성질의 의미를 갖는 자성(自性) 개념을 비판함

② 초기 불교의 연기설을 바탕으로 공 사상을 제시하면서 모든 현상은 일시적으로 존재한다고 봄

③ 중도(中道)를 강조: 유(有)에 집착하는 관점과 무(無)에 집착하는 관점에서 벗어나야 한다고 주장함

④ 중관: 중도에 따라 현상을 있는 그대로 관찰하는 것을 말함

(4) 유식(唯識) 사상

① 공의 원리에 따라 불변의 본질을 가진 실체의 존재를 부정하고, 모든 것은 마음 작용인 식(識)으로 존재한다고 봄

② 유식: 식을 떠나서는 어떠한 실재도 없음을 말함

③ 모든 것은 우리의 마음이 만들어 낸 것[一切唯心造]임을 강조함

④ 마음을 비우고 정신을 집중하는 요가 수행을 강조함

자료와 친해지기 | 초기 불교의 연기설과 팔정도

어떤 것이 거룩한 도(道)를 사실 그대로 알고 보는 것인가? 바른 견해[正見(정견)]와 …(중략)… 바른 삼매[正定(정정)]의 팔정도를 말하는 것이다. 또한 열두 갈래 연기[十二支緣起(십이지 연기)]를 사실 그대로 알고 보는 것이다. 이 일이 있으므로 그 일이 있고, 그 일이 일어나기 때문에 이 일이 일어난다. 그것은 마치 무명(無明)을 연(緣)하여 형성[行(행)]이 있고, 형성을 연하여 식(識)이 있으며, 식을 연하여 정신과 물질[名色(명색)]이 있고, 정신과 물질을 연하여 여섯 감각 기관[六入處(육입처)]이 있으며, 여섯 감각 기관을 연하여 접촉[觸(촉)]이 있고, 접촉을 연하여 느낌[受(수)]이 있으며, 느낌을 연하여 애욕[愛(애)]이 있고, 애욕을 연하여 취함[取(취)]이 있으며, 취함을 연하여 존재[有(유)]가 있고, 존재를 연하여 태어남[生(생)]이 있으며, 태어남을 연하여 늙음[老(노)]·병듦[病(병)]·죽음[死(사)]·근심[憂(우)]·슬픔[悲(비)]·괴로움[苦(고)]·번민[惱(뇌)]이 있다.

－『잡아함경』－

석가모니는 모든 것이 원인[因(인)]과 조건[緣(연)]에 의해서 생기고 소멸한다는 연기의 진리를 설하였다. 연기법에 따르면 모든 것은 서로 의존적 관계 속에 있고 영원하지 않으며 일시적이다. 팔정도는 사성제 중 도제의 구체적인 내용으로 극단적 쾌락과 고행에서 벗어난 중도의 수행법이다. 석가모니가 강조한 깨달음의 근거는 연기법의 이해에 기반을 둔 것이라고 할 수 있다.

4 교종(敎宗)과 선종(禪宗)

(1) 교종

① 교종: 부처의 말씀인 경전을 수행의 근본으로 삼는 종파

② 여러 경전에 담긴 부처의 가르침[敎(교)]을 체계적으로 분류하고 해석[判(판)]함. 교판을 완성한 불교 사상가들은 자신이 신봉하는 대승 불교 경전을 최고의 가르침으로 이해함

③ 교리에 대한 깊은 이해, 계율의 실천과 수행을 통한 성불(成佛)을 중시함

④ 교종의 다양한 종파

천태종	• 수나라의 천태 대사 지의(智顗)에 의해 체계화됨 • 마음의 집중인 지(止)와 통찰 수행인 관(觀)을 함께 닦을 것을 강조함
화엄종	• 수나라와 당나라 때 두순(杜順)을 시조로 성립하였으며, 지엄(智儼)과 법장(法藏)에 의해 발전함. 천태종과 함께 중국 교종의 대표적 종파임 • 모든 존재가 서로 원인이 되어 융합하고 있으므로, 분별과 대립이 극복되고 지양되어야 한다고 봄
정토종	아미타불의 도움으로 정토(淨土)에 태어나 성불하기를 바라는 종파임

(2) 선종

① 남북조 시대 달마 대사에 의해 성립되고 혜능에 의해 정립됨

② 우리가 본래 완성된 부처라는 것을 직관해야 한다는 돈오(頓悟)를 주장함

③ 직관적 종교 체험인 선(禪)의 수행을 강조함

④ 선종의 특징

• 불성(佛性)이 모든 사람의 마음속에 있다고 보고 주체적인 자아의 완성과 해탈을 강조함

• 자신의 마음을 직접 보고[直指人心(직지인심)], 자신의 본성을 깨달으면 부처가 될 수 있음[見性成佛(견성성불)]을 강조함

• 언어와 문자에 얽매이지 않고[不立文字(불립 문자)], 문자 밖에서 깨닫는 것[敎外別傳(교외별전)]을 중시함

• 스승과 제자 사이에 마음으로 주고받는 가르침[以心傳心(이심전심)]을 중시함

5 한국의 불교 사상: 조화 중시

(1) 불교의 수용

① 삼국 시대에 왕권 강화 및 중앙 집권화, 민심 안정을 위해 국가적 차원에서 불교를 수용함

② 불교의 수용 과정

• 신라: 교종을 먼저 받아들인 후 통일 신라 시대에 선종을 수용함

• 고려: 교종과 선종 간의 조화와 균형을 이루기 위해 노력함

(2) 원효의 사상

① 종합적인 불교 이론의 전개: 어떤 경전을 중시하는가를 따지는 중국 불교와 달리 종합적으로 불교 사상을 이해하고자 함

② 일심(一心) 사상: 일심은 깨끗함과 더러움, 참과 거짓, 나와 너 등 일체의 이원적 대립을 초월하는 절대불이(絶對不二)한 것. 일심으로 돌아가면, 중생도 본래 깨달음의 경지에 있음을 알게 됨

③ 화쟁(和諍) 사상: 대립·갈등하는 여러 불교 종파의 주장들을 보다 높은 차원에서 하나로 아우르려는 사상임

④ 일심으로 돌아가면 이웃을 내 몸처럼 사랑하고 모든 생명을 이롭게 할 수 있다고 봄

⑤ 왕실 중심의 불교를 민중 불교로 전환하려고 노력하였음

(3) 의천의 사상

① 교종을 중심으로 선종과의 조화를 추구함

② 교관겸수(敎觀兼修): 불교의 이론적 교리 체계인 '교(敎)'에 대한 탐구와 실천적 수행인 '지관(止觀)'을 함께 닦아야 함

③ 내외겸전(內外兼全): 선종에서 강조하는 마음 공부[內(내)]와 교종에서 강조하는 교리 공부[外(외)]를 함께 온전히 해야 함

(4) 지눌의 사상

① 선종을 중심으로 교종과의 조화를 추구함

② 돈오점수(頓悟漸修): 단박에 진리를 깨친 뒤에도 나쁜 습기(習氣)를 차차 소멸시켜 나가는 수행이 필요함

③ 정혜쌍수(定慧雙修): 점수의 구체적인 실천 내용. 선정(禪定)과 지혜(智慧)를 함께 닦아 나가는 것

④ 선교일원(禪敎一元): 부처가 입으로 설한 것이 '교(敎)'이고 조사가 마음으로 전한 것이 '선(禪)'이므로 선종과 교종은 본래 하나임

⑤ 한국적인 선(禪) 체계 제시: 깨달음에 이르는 선 수행의 한 부분으로 교학을 받아들임으로써 선종과 교종의 공존을 추구함

자료와 친해지기 혜능의 수행법

반야(般若)의 지혜는 본래부터 스스로 지니고 있는 것입니다. 다만 마음이 미혹하기 때문에 스스로 깨닫지[悟(오)] 못하는 것입니다. 그러므로 큰 선지식(善知識)의 지도를 구하여 자기의 성품을 보아야 합니다[見性(견성)]. 깨닫게 되면 곧 지혜를 이루게 됩니다. 나의 법문은 정(定)과 혜(慧)로써 근본을 삼습니다. 미혹하여 혜와 정이 다르다고 말하지 마십시오. 정과 혜는 몸이 하나이지 둘이 아닙니다. 곧 정은 혜의 본체[體(체)]이고, 혜는 곧 정의 작용[用(용)]이니, 곧 혜가 있는 순간 정이 혜에 있고 정이 있는 순간 혜가 정에 있습니다.

–『육조단경』–

혜능은 누구든 자신의 마음을 직접 보고 불성을 깨달으면 즉각적으로 깨달음에 이를 수 있다는 돈오(頓悟)를 강조하였다.

정답과 해설 10쪽

01

▶ 25057-0031

다음을 주장한 고대 동양 사상가의 입장으로 옳은 것은?

> 사람이 나무를 심어 처음에 작고 연약할 때, 사랑하고 보호하여 안전하게 하고, 기름진 흙으로 북돋아 주며, 때맞추어 물을 주고, 차고 따스한 기온을 맞추어 주면 이 인연으로 그 나무는 점점 자라나 크게 된다. 이와 같이 비구들아, 결박에 묶이는 법에 맛 들여 집착하게 되면 곧 애욕이 생긴다. 그리하여 애욕을 인연하여 취함이 있고, 취함을 인연하여 존재가 있으며, 존재를 인연하여 태어남이 있고, 태어남을 인연하여 늙음 · 병듦 · 죽음 · 근심 · 슬픔 · 번민 · 괴로움이 있나니, 이렇게 하여 순수하고 큰 괴로움뿐인 무더기가 된다.

① 선업(善業)을 쌓아 집착할수록 괴로움은 점차 소멸한다.
② 일체가 무상(無常)임을 알 때 무명(無明)에 이를 수 있다.
③ 애욕으로부터 비롯된 괴로움은 조건 없이도 발생할 수 있다.
④ 자신이 오온(五蘊)임을 자각할 때 독립적으로 존재할 수 있다.
⑤ 연기를 바르게 통찰하면 생의 반복에서 영원히 벗어날 수 있다.

02

▶ 25057-0032

고대 동양 사상가 갑, 을의 입장으로 옳지 않은 것은?

> 갑: 하나의 법(法)을 성취한다는 것은 무엇인가? 이른바 탐욕이 없음을 성취한다는 것이다. 탐욕이 없는 사람은 능히 색(色)의 무상(無常)함을 알 수 있고, 수(受) · 상(想) · 행(行) · 식(識)의 무상함을 알 수 있다. 하나의 법에 가려지지 않으므로 색을 다 소멸해 깨달음을 얻게 되고, 수 · 상 · 행 · 식을 다 소멸해 깨달음을 얻게 되나니, 어떤 것이 하나의 법인가? 이른바 번민과 괴로움이 그것이다.
> 을: 도(道)는 늘 함이 없지만[無爲] 이루지 못하는 게 없다. 만약 제후와 임금이 이 도를 지킬 수 있다면 만물은 저절로 교화될 것이다. 변화되는 중에 욕망이 일어난다면 나는 아무런 이름도 없는 질박함[樸]으로 억누를 것이다. 아무런 이름도 없는 질박함으로 억누르면 욕망이 사라지게 될 것이니, 욕망을 없애고 마음이 고요해지면 세상이 저절로 안정될 것이다.

① 갑: 모든 괴로움은 원인과 조건에 의해 발생하고 소멸한다.
② 갑: 오온(五蘊)은 개별 상태가 아닌 결합 상태에서 항상 변화한다.
③ 을: 인위를 가하지 않아도 모든 일은 저절로 이루어진다.
④ 을: 만물의 운행 원리인 도에 따라야 소박한 삶이 가능하다.
⑤ 갑과 을: 탐욕을 제거하기 위해 마음의 수양이 필요하다.

03

▸ 25057-0033

불교 사상 (가), (나)의 입장으로 옳은 것만을 〈보기〉에서 있는 대로 고른 것은?

(가) 만약 그대가 법(法)에 자성(自性)이 확정되어 존재한다고 본다면 법에 인(因)이 없고 연(緣)이 없다고 보는 것이다. 인과 연에서 발생하는 법을 나는 공(空)한 것이라고 말한다. 가명(假名)이라고도 하고 중도(中道)의 이치라고도 한다. 만약 모든 법이 공하지 않다면 발생과 소멸이 없을 것이다. 그렇다면 사성제(四聖諦)도 없을 것이다.

(나) 자아와 법을 가설(假說)함으로 인하여 자아와 법의 갖가지 모습들이 생겨난다. 그것은 식(識)이 바뀌어 달라진 것에 의지한다. 이 모든 식이 바뀌고 달라져 분별하는 작용[見分]과 분별되는 대상[相分]으로 나뉜다. 이것들에 의지해서 나타나는 이것과 저것은 모두 존재한다고 볼 수 없다. 따라서 일체는 유식(唯識)이다.

보기

ㄱ. (가): 자성은 만물을 생겨나게 하는 조건이 될 수 있다.
ㄴ. (가): 모든 존재는 고유한 본질 없이 일시적으로 생멸한다.
ㄷ. (나): 모든 현상은 마음의 작용을 통해서만 분별될 수 있다.
ㄹ. (가)와 (나): 만물은 유무의 양극단에서 벗어나 우연히 존재한다.

① ㄱ, ㄴ ② ㄱ, ㄹ ③ ㄴ, ㄷ
④ ㄱ, ㄷ, ㄹ ⑤ ㄴ, ㄷ, ㄹ

04

▸ 25057-0034

고대 동양 사상가 갑, 을의 입장으로 가장 적절한 것은?

갑: 사람은 배고프면 먹고자 하고 추우면 따뜻이 하고자 하며 수고로우면 쉬려 하는데 이것이 사람의 감정과 본성인 것이다. 사람들이 배가 고파도 어른을 보면 감히 먼저 먹지 않는 것은 사양(辭讓)하려는 마음이 있기 때문이다. 수고로우면서도 감히 쉬려고 들지 않는 것은 대신 일하려는 마음이 있기 때문이다. 자식이 아버지를 대신해 일하고 아우가 형을 대신해서 일하는데 이 두 가지 행동은 모두 본성에 반대되고 감정에 어긋난다. 감정과 본성을 따르면 곧 사양하지 않게 되며, 사양을 하면 곧 감정과 본성에 어긋나게 된다. 이로써 본다면 사람의 본성은 악한 것이 분명하며 그것이 선하다는 것은 거짓이다.

을: 중생을 도와 이롭게 해서 세상에 머물 수 있게 하고 거두어 받아들이며 기르는 네 가지 음식이 있다. 덩어리진 음식[摶食], 감촉이라는 음식[觸食], 의지와 의도라는 음식[意思食], 식이라는 음식[識食]이다. 이 네 가지 음식에 대하여 기쁨과 탐욕이 있으면 식(識)이 머물러 증가하고 자라게 된다. 식이 머물러 증가하고 자라기 때문에 명색(名色)에 들어가고, 명색에 들어가기 때문에 모든 행(行)이 증가하고 자라며, 행이 증가하고 자라기 때문에 미래의 존재[有]가 증가하고 자라며, 미래의 존재가 증가하고 자라기 때문에 태어남 · 늙음 · 병듦 · 죽음과 같은 순전히 괴로움뿐인 큰 무더기가 발생한다.

① 갑: 하늘의 명령에 따라 인위를 일으키면 선을 행할 수 있다.
② 갑: 사양하는 마음에 따라 행동하면 타고난 본성을 확충할 수 있다.
③ 을: 번뇌의 근원인 무명(無明)조차도 원인과 조건으로부터 비롯된다.
④ 을: 애욕을 바탕으로 의도적 행동[業]을 계속할 때 윤회에서 벗어날 수 있다.
⑤ 갑과 을: 올바른 수양을 통해 잃어버린 성정(性情)을 되찾아야 한다.

05

▸ 25057-0035

(가)의 중국 불교 사상가 갑, 한국 불교 사상가 을의 입장에서 서로에게 제기할 수 있는 비판을 (나) 그림으로 표현할 때, A, B에 해당하는 내용으로 옳은 것은?

(가)

갑: 그대는 나의 말을 듣고 내가 보는 곳을 보아라. 마음의 땅에 그릇됨이 없는 것이 자기 성품의 계(戒)이고, 마음의 땅에 산란함이 없는 것이 자기 성품의 정(定)이며, 마음의 땅에 어리석음이 없는 것이 자기 성품의 혜(慧)이다. 자기의 성품을 깨달으면 또한 계정혜도 세우지 않는다. 자신의 성품의 그릇됨도 없고 산란함도 없으며 어리석음도 없어 생각 생각마다 반야(般若)로 관조한다. 항상 법의 모양을 떠났는데 무엇이 있어 세우겠는가? 자신의 성품을 단박에 닦으라. 세우면 점차가 있으니, 그렇기 때문에 세우지 않는 것이다.

을: 내가 굳이 선오후수(先悟後修)와 본말(本末)의 이치를 가리는 이유는 초심자로 하여금 스스로 선(禪) 수행의 곡절을 분명히 알아 끝내 혼란이 없게 하려는 것이다. 경전에 이르기를 본래의 마음이 항시 앎[知]임을 갑자기 깨닫는 것은 물의 불변하는 젖는 성품을 아는 것과 같고, 마음이 이미 미망(迷妄)이 없어 무명(無明)이 아닌 것은 마치 바람이 갑자기 그치는 것과 같으며, 깨달음 후에 자연스럽게 마음의 혼란이 점차 쉬는 것은 마치 물결이 점차 가라앉는 것과 같다고 하였다. 자신의 몸과 마음을 계정혜로써 돕고 훈습하면 점점 자유롭게 되어 많은 중생을 널리 이롭게 하리니 그러한 자를 부처라고 부른다.

(나)

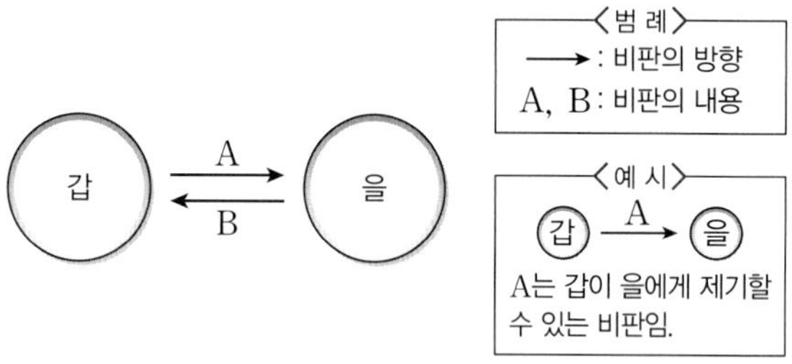

① A: 자신의 본성이 참된 부처의 모습임을 자각해야 함을 간과한다.
② A: 깨달음은 말과 글뿐만 아니라 마음으로도 전할 수 있음을 간과한다.
③ B: 자성이 청정함을 깨달은 후에도 남은 번뇌의 제거가 필요함을 간과한다.
④ B: 부처의 경지에 이르기 위해 단박에 깨닫고 단박에 닦아야 함을 간과한다.
⑤ B: 참선 수행을 하여 집착을 끊으면 중생을 구제할 필요가 없음을 간과한다.

06

▸ 25057-0036

다음 동양 사상의 입장으로 옳지 않은 것은?

> 보살은 법에 머물지 않고 보시(布施)를 해야 하나니, 이른바 색(色)에 머물지 않고 보시하며, 성(聲)·향(香)·미(味)·촉(觸)·법(法)에도 머물지 않고 보시해야 한다. 보살은 이렇게 보시를 행하여 상(相)에 머물지 않고 베풀어야 한다. 만일 보살이 상에 머물지 않고 베푸는 보시[無住相布施]를 행하면 동쪽·남쪽·서쪽·북쪽과 네 간방(間方)과 위아래에 있는 허공을 생각하여 헤아릴 수 없듯이 그 복덕(福德)을 헤아릴 수 없다.

① 중생을 구제하는 이타행을 통해 자기 수행을 완성해야 한다.
② 멸제(滅諦)에 이르기 위해 흔들림 없는 평상심을 갖춰야 한다.
③ 각각의 현상 속에는 불변의 고유한 본질이 존재함을 통찰해야 한다.
④ 중생에게 베풀어 준다는 상(相)에 집착하지 않고 보시를 행해야 한다.
⑤ 연기(緣起)에 따라 생멸 변화하는 모든 존재가 공(空)임을 깨달아야 한다.

07

▸ 25057-0037

한국 불교 사상가 갑, 을의 입장으로 옳지 않은 것은?

갑: 불성(佛性)의 체(體)는 바로 일심(一心)이며, 일심의 성품은 모든 극단적 견해를 초월한 것이다. 모든 극단적 견해를 초월하였기 때문에 도무지 해당되는 것이 없다. 해당되는 것이 없기 때문에 해당되지 않는 것도 없다. 그러므로 마음을 근거로 하여 논하면, 마음은 인(因)도 아니고 과(果)도 아니며, 진제(眞諦)도 아니고 속제(俗諦)도 아니며, 인(人)도 아니고 법(法)도 아니며, 기(起)도 아니고 복(伏)도 아니다. 그러나 그것은 연(緣)을 근거로 하여 논하면, 마음은 기도 되고 복도 되며, 법도 되고 인도 되며, 속제도 되고 진제도 되며, 인도 되고 과도 된다. 그러므로 이것은 그런 것도 아니며, 그렇지 않은 것도 아니라고 생각한다. 그렇기 때문에 여러 학자의 주장이 모두 그르기도 하고 모두 옳기도 하다는 것이다.

을: 내가 몸을 잊고 도(道)를 물을 뜻을 세웠는데 다행히도 전생(前生)의 인연 덕분에 선지식들께 두루 가르침을 구하다가 스승님으로부터 교관(敎觀)을 전수받게 되었다. 언젠가 가르침을 받던 중간에 말씀해 주시기를 관(觀)을 배우지 않고 오직 경(經)만 전수하면 비록 화엄경을 듣더라도 마음에 갖춰진 성덕(性德)에 통달하지 못할 것이요, 경을 전수하지 않고 오직 관만 배우면 비록 마음에 갖춰진 성덕을 깨닫더라도 화엄경을 분변(分辨)하지 못할 것이라고 하셨다. 그러므로 관도 배우지 않으면 안 되고 경도 전수하지 않으면 안 된다고 하셨다. 내가 교관에 마음을 극진히 하는 것은 이 말씀을 가슴속에 간직하고 있기 때문이다.

① 갑: 중생의 본래 청정한 마음과 선악이 뒤섞인 마음은 별개가 아닌 하나이다.
② 갑: 쟁론(爭論)을 통해 각 종파의 주장을 없애고 하나의 주장으로 회통해야 한다.
③ 을: 좌선(坐禪)을 중시하는 천태의 교리로 선종의 선 수행 방법을 포용할 수 있다.
④ 을: 마음을 가라앉혀 일체를 공(空)으로 보려는 노력과 불경 공부를 함께 해야 한다.
⑤ 갑과 을: 부처의 근본 가르침으로 돌아가기 위해 경전에 대한 집착을 버려야 한다.

08

▸ 25057-0038

다음을 주장한 한국 불교 사상가의 입장으로 옳은 것만을 〈보기〉에서 있는 대로 고른 것은?

- 도(道)를 배우는 사람에게 참마음이 드러날 때 습관이 된 나쁜 버릇을 아직 없애지 못했으므로 전에 익숙했던 환경을 만나면 온전한 생각을 놓칠 때가 있다. 이는 소를 놓아기를 때, 끄는 대로 잘 따라오더라도 아직 채찍과 고삐를 감히 놓지 못하고 있는 것과 같다. 소가 잘 길들여져 걸음이 평온하며 곡식밭에 뛰어 들어가더라도 곡식을 상하지 않게 할 정도가 될 때를 기다려서야 비로소 채찍과 고삐를 놓을 수 있다. 이쯤 되어야 목동이 채찍과 고삐를 쓰지 않아도 자연스럽게 곡식을 상하게 하는 일이 없기 때문이다. 이는 도인이 참마음을 얻은 뒤, 먼저 공들여서 큰 힘을 얻어 쓸 수 있고 나서야 비로소 중생을 이롭게 할 수 있는 것과 같다.
- 자기의 본성이 본래 공적하여 부처와 차이가 없음을 깨달아도 오랜 습관은 갑자기 제거하기 어려우므로 성냄과 기쁨, 옳고 그름이 타오르는 불처럼 일어나고 멸하여 마음의 본성 밖에서 온 번뇌가 깨닫기 이전과 다름이 없다. 만약 지혜로써 수고와 노력을 하지 않는다면 어떻게 무명(無明)을 다루어 커다란 안식과 평정의 경지에 이를 수 있겠는가?

보기

ㄱ. 자기 마음 안의 불성을 자각하면 즉시 부처의 경지에 이르게 된다.
ㄴ. 습기를 온전히 제거하지 않아도 자신의 성품이 청정함을 알 수 있다.
ㄷ. 돈오(頓悟)했을지라도 공들여 수양해야 궁극의 경지에 도달할 수 있다.
ㄹ. 화두를 이용한 선(禪) 수행을 통해 점진적으로 깨달음[漸悟]에 이르러야 한다.

① ㄱ, ㄴ ② ㄱ, ㄹ ③ ㄴ, ㄷ
④ ㄱ, ㄷ, ㄹ ⑤ ㄴ, ㄷ, ㄹ

09

▶ 25057-0039

한국 불교 사상가 갑, 중국 불교 사상가 을의 입장으로 옳은 것만을 〈보기〉에서 있는 대로 고른 것은?

일심(一心)법을 세운 것은 법을 의심하는 것을 제거하기 위함입니다. 대승법에는 오직 일심만이 있을 뿐 일심 이외의 다른 법은 없습니다. 다만 무명(無明)이 자신의 마음을 미혹하여 모든 물결을 일으켜 육도(六道)에 유전하게 되는 것입니다. 비록 육도의 물결을 일으키지만 일심의 바다를 벗어나지 아니하니, 일심이 움직여 육도를 일으키기에 널리 구제하는 서원을 발하게 되는 것입니다.
사람의 자기 육신은 성(城)이고 눈, 귀, 코, 혀, 몸은 곧 성문이니 밖으로 다섯 문이 있고 안에는 의(意)라는 문이 있습니다. 마음은 곧 땅이고 성품은 곧 왕이니 성품이 있으면 왕이 있는 것이고 성품이 가면 왕이 없는 것입니다. 부처는 자기의 성품이 만드는 것이니 몸 밖에서 구해서는 안 됩니다. 자기의 성품이 미혹하면 부처도 곧 중생이고 자기의 성품을 깨달으면 중생이 곧 부처입니다.
갑
을

보기
ㄱ. 갑: 일심에서 모든 분별이 일어나기도 하고 사라지기도 한다.
ㄴ. 을: 일상에서 벗어나 고요한 명상을 통해서만 수행해야 한다.
ㄷ. 갑과 을: 모든 중생은 이미 부처와 같은 마음을 지니고 있다.
ㄹ. 갑과 을: 평범한 사람도 경전에 의지함 없이 정토에 이를 수 있다.

① ㄱ, ㄴ ② ㄱ, ㄷ ③ ㄴ, ㄹ
④ ㄱ, ㄷ, ㄹ ⑤ ㄴ, ㄷ, ㄹ

10

▶ 25057-0040

다음을 주장한 고대 동양 사상가의 입장으로 옳은 것만을 〈보기〉에서 있는 대로 고른 것은?

비록 한량없는 선법(善法)이 있더라도 그 모든 법은 다 네 가지 성스러운 진리[四聖諦] 안으로 들어오기 때문에 네 가지 성스러운 진리를 일체법에서 제일이라고 한다. 그것은 마치 모든 짐승의 발자국 중에 코끼리의 발자국이 제일 큰 것과 같은 이치이다. 이른바 괴로움에 대한 성스러운 진리[苦聖諦], 괴로움의 발생 원인에 대한 성스러운 진리[集聖諦], 괴로움의 소멸에 대한 성스러운 진리[滅聖諦], 괴로움의 소멸에 이르는 길에 대한 성스러운 진리[道聖諦]가 그것이다.

보기
ㄱ. 모든 현상은 매 순간 변화하며 원인이 없어지면 소멸하게 된다.
ㄴ. 극단적 쾌락과 고통마저도 수용하는 팔정도(八正道)를 실천해야 한다.
ㄷ. 고정된 자아가 존재하지 않음을 깨달음으로써 태어남[生]이 발생한다.
ㄹ. 중생은 영원성에 대한 집착 때문에 삶의 본질인 괴로움[苦]을 경험한다.

① ㄱ, ㄷ ② ㄱ, ㄹ ③ ㄴ, ㄹ
④ ㄱ, ㄴ, ㄷ ⑤ ㄴ, ㄷ, ㄹ

THEME

05 도가 사상과 무위자연의 윤리

1 도가 사상의 출현

춘추 전국 시대에 나타난 노자와 장자의 사상으로 '노장(老莊)사상'이라고도 함

(1) 노자의 윤리 사상

① 사회 혼란의 원인과 극복 방안

원인	• 인간의 그릇된 인식과 가치관 • 인위적인 규범과 사회 제도
극복 방안	• 소박하고 순수한 도(道)와 자연스러운 덕(德)을 실현함 • 억지로 하지 않고 의도적으로 조작하지 않는 무위(無爲)의 삶을 추구함. 인위가 없을 때 자연이 왜곡되거나 변형되지 않고 발휘될 수 있기에 오히려 모든 것이 이루어지게 됨[無不爲(무불위)]

② 도(道)의 의미와 특징

의미	우주 만물의 근원이자 변화의 법칙
특징	• 형체가 없고 인간의 감각 경험으로는 파악할 수 없음 • 인간의 언어로 한정하거나 이름 짓기 어려움 • 도가 자연스럽게 현실 속에서 드러난 것이 덕임

③ 이상적인 삶의 원리

- 무위자연(無爲自然): 인위가 더해지지 않은 자연 그대로의 상태
- 무위의 삶을 살기 위해 무지(無知), 무욕(無欲)의 덕을 갖추어야 함
- 상선약수(上善若水): '으뜸이 되는 선(善)은 물과 같다.' → 물은 낮은 곳에 머물면서 만물을 이롭게 하고 남들과 다투지 않기 때문에 도에 가장 가까운 것임 → 물이 갖고 있는 겸허(謙虛)와 부쟁(不爭)의 덕을 중시함
- 성인(聖人): 겸허와 부쟁 등의 덕을 지니고 무위자연의 삶을 사는 이상적 인간

④ 이상적인 사회와 정치

- 소국 과민(小國寡民): 영토가 작고 인구가 적은 나라로, 인위적 문명의 발달이 없고 자급자족을 지향하는 소규모의 이상적 공동체임
- 무위의 다스림[無爲之治(무위지치)]: 인위적인 다스림이 없는 정치로, 통치자의 인위적인 조작이 없으면 백성은 스스로 자신의 일을 잘해 나갈 수 있다고 봄

(2) 장자의 윤리 사상

① 특징: 도의 관점에서 만물의 평등함과 정신의 자유로움을 강조함

② 도: 천지 만물의 근원이며 천지 만물에 내재하는 것임

③ 이상적인 삶과 이상적 인간상

이상적인 삶	모든 분별과 차별에서 벗어나 만물을 평등한 것으로 보며, 주위 환경에 의해 본심을 어지럽히지 않고 도와 일치되어 살아가는 삶
수양 방법	• 좌망(坐忘): 조용히 앉아서 우리를 구속하는 일체의 것들을 잊어버림 • 심재(心齋): 허(虛)의 상태에 이르기 위해 감각과 지식을 모두 버리고 마음을 비워서 깨끗이 함
이상적 경지	• 소요유(逍遙遊): 세속을 초월하여 무엇에도 얽매이지 않는 정신적 자유의 경지. 일체의 분별과 차별을 없앰으로써 도달하게 되는 경지 • 제물(齊物): 도의 관점에서 바라봄으로써 선악, 미추, 시비의 분별에서 벗어나 만물을 평등하게 인식하는 경지 • 물아일체(物我一體): 세속의 모든 구속에서 해방되어 자연의 섭리에 자신을 맡기고, 자연과 내가 하나가 되는 경지
이상적 인간상	• 수양을 통해 절대적 자유의 경지에 오른 인간 • 지인(至人), 진인(眞人), 신인(神人), 천인(天人), 성인(聖人) 등

자료와 친해지기 노자와 장자의 도

- 위대한 덕을 지닌 사람의 모습을 보면 오직 도(道)만을 따르고 있다. 도라는 것은 황홀할 뿐이다. 황홀한 그 안에 형상[象(상)]이 있고 사물[物(물)]이 있다. 그윽하고 어둡지만 그 안에 정기[精(정)]가 존재한다. 그 정기는 매우 참된 것이어서 그 안에 믿음[信(신)]이 있다. 예로부터 지금에 이르기까지 그 이름이 사라진 적이 없으니, 그것으로써 우리는 만물의 처음 모습을 살펴볼 수 있다. 내가 어떻게 만물의 처음 모습이 그러함을 알 수 있겠는가? 바로 이 도가 있기 때문이다. -『도덕경』-
- 도는 어디에 숨겨져 있다가 진실과 거짓을 드러내는가? 말은 어디에 가려져 있다가 옳고 그름을 분별하는가? 도는 어디에 간들 존재하지 않는 일이 있는가? 말은 어디에서 쓰인들 안 되는 일이 있는가? 도는 조그만 성취에 숨겨지게 되며, 말은 화려함에 가려지게 되는 것이다. 그러므로 유교와 묵가의 시비가 존재하게 되어, 상대방이 그르다고 하는 것은 이편에서 옳다고 하고, 상대방이 옳다고 하는 것은 이편에서 그르다고 한다. 상대방이 그르다고 하는 것을 옳다고 하고, 상대방이 옳다고 하는 것을 그르다고 하려면 곧 밝은 지혜[明(명)]로써 해야만 할 것이다. -『장자』-

노자는 도가 우주 만물의 근원이며, 만물이 움직이는 변화 법칙이라고 보았다. 도에 따라 사람의 힘이 더해지지 않고, 자연 그대로의 질서를 따를 때 인간은 평화롭고 소박한 삶을 실현할 수 있다고 하였다. 장자는 도는 노자와 마찬가지로 천지 만물의 근원이며 천지 만물 어디에나 내재하는 것이라고 보았다. 절대적인 도의 관점에서 사물을 인식할 때 만물의 소중함과 평등함을 깨우치고 자유롭고 평화로운 이상적인 삶을 살아갈 수 있다고 주장하였다.

2 도교 사상

(1) 도가와 도교의 비교

구분	도가	도교
공통점	도를 중심으로 그 이론과 실천 방법을 전개함	
차이점	• 노자와 장자를 대표로 하는 철학 사상 • 세속적 가치를 초월하는 삶의 자세를 강조한 철학 사상	• 도가 사상에 민간 신앙을 비롯한 다양한 요소가 결합되어 종교화한 것 • 현세적인 길(吉)과 복(福)을 추구하면서 불로장생과 신선술을 믿는 종교

(2) 도교 사상의 성립과 전개

① 황로학파(黃老學派): 전한(前漢) 시대
- 전설상의 제왕인 황제(黃帝)와 도가의 창시자인 노자(老子)를 숭상하고, 무위(無爲)로써 백성을 다스리는 제왕의 통치술을 주장함
- 도가를 중심으로 유가, 묵가, 법가 등 제자백가의 여러 사상을 수용함

② 교단 종교: 후한(後漢) 시대
- 태평도(太平道): 천하태평의 이상 사회를 현실에 실현시키려고 하면서 죄를 고백하고 참회하게 하며 포교 활동을 함
- 오두미교(五斗米敎): 『도덕경』을 기본 경전으로 삼고, 도덕적 선행을 권장하면서 삼관수서(三官手書)를 행함

③ 현학(玄學): 위진(魏晉) 시대
- 도가 사상을 계승하여 종교로 발전시킨 태평도나 오두미교와 달리, 위진 시대의 현학자(玄學者)들은 도가 사상을 철학적으로 계승함
- 청담(淸談)을 통해 인간의 고정 관념을 초월한 무(無)의 세계를 진실한 세계로 보면서 정신적 자유를 추구함
- 죽림칠현(竹林七賢): 정치적 혼란 속에서 세속적 주제와 거리를 두고 형이상학적이고 예술적인 논의를 중시하던 사상가들

(3) 도교 사상의 특징

① 생명 중시: 불로장생(不老長生)하는 신선(神仙)을 추구하며, 이를 위해 외단(外丹)과 내단(內丹)을 통한 양생(養生)을 중시함 → 의학의 발전에 기여함

② 이상 사회의 방향 제시: 종교적 구원을 내세우면서 이상적 사회상을 제시함

③ 예술 정신: 위진 시대 이후 동양의 예술 발전에 큰 영향을 미침 → 천진(天眞), 소박(素樸) 등을 중시하거나 소요유 같은 이상적인 경지에 대한 동경을 담은 예술이 나타남

3 한국의 도가·도교 사상

(1) 도교의 국가적 수용과 과의(科儀) 도교 발달

① 도교의 원류를 찾을 수 있는 한국 고유 사상: 산신 사상과 신선설, 최치원의 「난랑비서(鸞郞碑序)」에 기록된 풍류도(風流道) 등

② 과의 도교의 발달

의미	각종 의식을 중심으로 이루어진 도교. 국가 차원에서 하늘에 제사를 올리는 재초(齋醮)가 중심이 됨
전개	• 재초는 삼국 시대부터 시작되어 고려 시대에 성행하였으며, 조선 중기까지 거행되었음 • 재초는 제천 행사였던 강화도 마니산의 참성초와 결합하여 고려 시대부터 국가적인 연례행사로 자리 잡았음 • 조선 시대에는 수련 도교가 성행함

(2) 한국의 도가·도교와 과학

① 수련 도교의 수용: 마음의 수련과 기의 단련을 함께 수행하는 『활인심방』이 유행함

② 의학의 발전: 도교의 양생법은 의학의 사상적 기반으로 작용함

③ 도가·도교와 다른 사상의 융합
- 유교·불교 사상의 흡수: 유교의 인의(仁義)나 충효(忠孝) 사상, 불교의 인과응보(因果應報) 사상을 수용함
- 풍수지리(風水地理) 사상 수용: 땅이 지닌 생기를 찾아 사람이 거주하는 공간을 정함으로써 자연과 조화를 이루려는 풍수지리 사상을 수용함
- 팔관회: 민간 신앙, 불교 및 도교가 결합된 고려 시대의 행사

4 도가 사상의 현대적 의의

(1) 진정한 행복의 의미 제시

① 행복은 세속적 가치에 있는 것이 아니라 마음의 자유에 있음

② 부, 명예, 아름다움 등 세속적 가치는 상대적이며 그것에 얽매이는 것은 불행해질 수 있음

③ 세속적 가치에 얽매이지 말고 몸과 마음을 수련하여 자유로운 삶을 살아야 함

(2) 환경 오염과 생태계 파괴 문제 해결에 시사점 제공

① 환경 오염과 생태계 파괴 문제의 근본적인 원인: 인간을 자연의 일부로 보지 않는 이분법적 사고와 인간 중심적이고 인간 우월적인 사고에 있음

② 시사점: 인간은 자연의 일부이고 그 질서에 순응해서 살아가야 하는 존재임

자료와 친해지기 도교의 생명관(生命觀)

무릇 하늘은 사람을 태어나게 함에 다행히 현명함과 앎을 갖추게 했으므로 학문을 하며 오래 살 수 있다. 하늘이 가진 도는 인간과 더불어 즐기는 것이고 땅이 지닌 덕도 인간과 더불어 즐기는 것이다. 사람이 가진 재화는 사람을 양육하길 즐긴다. 그러므로 사람이 참된 도를 즐겨 구하면 참된 사람은 저절로 이루어진다. 참된 도를 구하길 그치지 않는다면 마치 신과 더불어 도모하는 것과 같다. 날마다 선행을 칭송하면 선함은 저절로 그에게 돌아간다. 힘써 많은 현인을 받들면 많은 현인들은 함께 그에게 가르침을 보이므로 다시는 참된 도에서 멀어지지 않는다. 그 몸을 온전하게 할 수 있고 앞선 사람의 계통을 저버리지 않으므로 다른 사람들이 모두 일찍 죽더라도 홀로 그 자신만이 천수를 누릴 수 있다.

– 『태평경』 –

도교는 도를 중심으로 하며 생명을 가장 중시하여 불사(不死)와 자유롭게 생명력을 펼치는 신선이 되는 것을 목표로 한다.

01

▸ 25057-0041

(가)의 고대 동양 사상가 갑, 을의 입장에서 서로에게 제기할 수 있는 비판을 (나) 그림으로 표현할 때, A, B에 해당하는 내용으로 가장 적절한 것은?

(가)

갑: 인(仁)을 좋아하면서 배우기를 좋아하지 않으면 그 폐단은 어리석게 되는 것이다. 지혜[知]를 좋아하면서 배우기를 좋아하지 않으면 그 폐단은 방탕해지는 것이다. 신의[信]를 좋아하면서 배우기를 좋아하지 않으면 그 폐단은 남을 해치게 되는 것이다.

을: 학문에 힘쓰는 사람은 날마다 쌓아 가지만 도(道)에 힘쓰는 사람은 날마다 덜어 낸다. 덜어 내고 또 덜어 내어 무위(無爲)에 이르나니 무위하면 이루지 못하는 게 없다. 세상을 얻고자 하면 일삼는 바가 없어야 하는 법, 일삼는 바가 있으면 세상을 얻기에 부족하다.

(나)

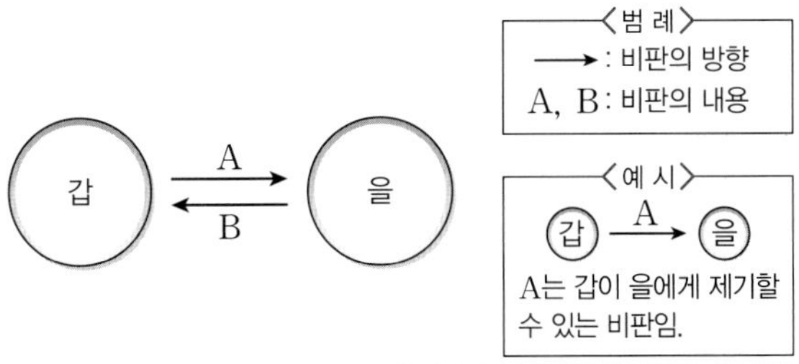

① A: 사욕을 극복하고 예를 회복할 때 도와 덕에서 멀어짐을 간과한다.
② A: 이상적 경지에 이르려면 후천적인 수양이 필요하다는 점을 간과한다.
③ B: 인의(仁義)의 수양을 통해 분별적 사고를 덜어 내야 함을 간과한다.
④ B: 무엇도 조작하지 않는 무위로써 공적과 명예를 얻어야 함을 간과한다.
⑤ B: 언어에 의한 지식을 버리고 인위의 속박에서 벗어나야 함을 간과한다.

02

▸ 25057-0042

고대 동양 사상가 갑, 을 모두가 부정의 대답을 할 질문으로 옳은 것은?

갑: 무릇 텅 비고 고요하며 아무런 거리낌도 없고 적막하게 아무것도 하지 않는 것[無爲]은 하늘과 땅의 기준이며 도덕의 극치이다. 그러므로 제왕이나 성인(聖人)은 그러한 경지에 머문다. 거기에 머물면 텅 비게 되고 텅 비면 모든 것이 차게 되고 모든 것이 차면 이치가 생기게 된다. 텅 비게 되면 고요해지고, 고요해지면 올바로 움직이게 되고, 올바로 움직이면 모든 일이 제대로 되게 된다. 고요하면 곧 무위하게 되고 무위하면 제각기 일을 맡고 그 책임을 지게 된다. 무위하면 즐겁게 되고 즐거우면 걱정이나 근심이 있을 수 없게 되어 생명이 길어지는 것이다.

을: 하늘과 땅은 삶의 시작이고 예의는 다스림의 시작이며 군자(君子)는 예의의 시작이다. 예의를 만들고 그것을 통용케 하고 그것이 무겁게 쌓이도록 하여 그것을 애호하는 것은 군자의 시작이다. 그러므로 하늘과 땅은 군자를 낳았고 군자는 하늘과 땅을 다스리니 군자란 하늘과 땅의 변화에 참여하는 것이며 만물을 아울러 거느리는 것이며 백성들의 부모가 되는 것이다. 군자가 없다면 하늘과 땅은 다스려지지 않고 예의는 법통이 없게 될 것이다. 군자를 귀하게 여기는 것은 그가 성을 교화하고 인위[僞]를 일으킬 수 있기 때문이다.

① 자연적 질서에 따라 무위의 덕으로 다스려야 하는가?
② 하늘이 부여한 도덕규범에 따르는 삶을 살아야 하는가?
③ 정신적 자유를 얻기 위해 마음을 깨끗이 비워야 하는가?
④ 백성의 욕망을 조절하려면 예의를 통해 다스려야 하는가?
⑤ 통치자는 덕을 갖추고 백성의 본성을 바로잡아야 하는가?

[03~04] 다음은 고대 동양 사상가 갑, 을의 가상 대화이다. 물음에 답하시오.

사람에게는 모두 차마 하지 못하는 일이 있는데, 그것을 거리낌 없이 하는 일에까지 확충해서 적용하는 것이 인(仁)입니다. 사람들에게는 모두 하지 못하는 일이 있는데, 그것을 거리낌 없이 하는 일에까지 확충해서 적용하는 것이 의(義)입니다. 사람이 남을 해치고 싶어하지 않는 마음을 확충한다면 인은 이루 다 실행할 수 없을 정도로 넉넉할 것이요, 사람이 벽에 구멍을 뚫고 담장을 넘어 남의 물건을 훔치는 짓을 하지 않으려는 마음을 확충한다면 의도 이루 다 실행할 수 없을 정도로 넉넉할 것입니다.
사람과 친하게 지내는 것에 불과하지만 널리 펴지 않을 수 없는 것이 인입니다. 멀리 있지만 실천하지 않으면 안 되는 것이 의입니다. 절도[節]에 불과하지만 실천하여 쌓아 가지 않을 수 없는 것이 예(禮)입니다. 잘 들어맞는 것에 불과하지만 높이지 않을 수 없는 것이 덕(德)입니다. 일(一)에 불과하지만 여러 가지로 변화하지 않을 수 없는 것이 도(道)입니다. 신묘하지만 그것에 따라 행동하지 않을 수 없는 것이 하늘입니다. 그러므로 성인(聖人)은 하늘을 잘 살펴 따르기만 하지 힘들여 일을 돕지 않습니다. 덕을 이루기만 하지 남에게 누를 끼치지는 않습니다.
갑
을

03

▸ 25057-0043

갑, 을의 입장으로 옳은 것만을 〈보기〉에서 있는 대로 고른 것은?

보기
ㄱ. 갑: 도덕적인 마음을 확충하려는 노력은 인간의 타고난 본성과 상충된다.
ㄴ. 을: 하늘을 본받아 본성에 맞게 행동하는 사람은 의식적으로 예를 추구한다.
ㄷ. 을: 의로움을 의도적으로 쌓는 행동[集義]으로 자연적 본성은 길러지지 않는다.
ㄹ. 갑과 을: 욕심을 줄이고 타고난 본성에 따라 덕 있는 삶을 살아야 한다.

① ㄱ, ㄴ ② ㄱ, ㄷ ③ ㄷ, ㄹ
④ ㄱ, ㄴ, ㄹ ⑤ ㄴ, ㄷ, ㄹ

04

▸ 25057-0044

다음을 주장한 고대 동양 사상가가 갑에게 제기할 수 있는 비판으로 옳은 것만을 〈보기〉에서 있는 대로 고른 것은?

분화되지 않은 어떤 것이 있으니 천지보다 앞서 생겨났다. 소리도 없다! 형체도 없다! 홀로 우뚝 서 변함이 없고 두루 운행하여도 위태로움이 없으니 천하의 어미로 삼을 만하다. 나는 그것의 이름을 모르니 그저 임시로 도(道)라 부르고 억지로 크다고 말한다. 크면 뻗어 나가고, 뻗어 나가면 멀어지고, 멀어지면 되돌아온다. 그러므로 도는 크고 하늘도 크고 땅도 크고 왕도 크다. 세상에는 네 가지 큰 것이 있는데 왕도 그중 하나이다. 사람은 땅을 본받고 땅은 하늘을 본받고 하늘은 도를 본받고 도는 스스로 그러함을 본받는다.

보기
ㄱ. 인간은 만물을 주재(主宰)하는 도에 순응해야 함을 간과한다.
ㄴ. 자연 운행의 원리인 도를 언어[言]로 규정할 수 있음을 간과한다.
ㄷ. 인과 의를 버릴 때 사람들이 효와 자애를 회복할 수 있음을 간과한다.
ㄹ. 도에 따르면 선악은 상대적 가치일 뿐이므로 분별할 수 없음을 간과한다.

① ㄱ, ㄴ ② ㄱ, ㄷ ③ ㄷ, ㄹ
④ ㄱ, ㄴ, ㄹ ⑤ ㄴ, ㄷ, ㄹ

05

▸ 25057-0045

고대 동양 사상가 갑, 을의 입장으로 옳은 것만을 〈보기〉에서 있는 대로 고른 것은?

갑: 물건은 저것이 되지 않는 것이 없고 또 이것이 되지 않는 것도 없다. 저것은 저것의 입장만으로는 드러나지 않아도 이것을 통하여 알아보면 곧 저것을 알게 된다. 그러므로 저것은 이것에서 나오고, 이것 역시 저것에 말미암게 된다고 하는 것이다. 삶이 있으면 죽음이 있고 죽음이 있으면 삶도 있다. 옳음으로 말미암아 그릇됨이 있고 그릇됨으로 말미암아 옳음이 있다. 그래서 성인(聖人)은 이런 것에 의거하지 않고 그런 것을 자연에 비추어 생각하는 것이다.

을: 이것이 있기 때문에 저것이 있고, 이것이 일어나기 때문에 저것이 일어난다. 무명(無明)을 인연하여 형성[行]이 있다. 형성을 인연하여 식(識)이 있다. 식을 인연하여 정신과 물질[名色]이 있다. 정신과 물질을 인연하여 여섯 감각 기관[六入處]이 있다. 여섯 감각 기관을 인연하여 접촉이 있다. 접촉을 인연하여 느낌이 있다. 느낌을 인연하여 애욕이 있다. 애욕을 인연하여 취함이 있다. 취함을 인연하여 존재가 있다. 존재를 인연하여 태어남이 있다. 태어남을 인연하여 늙음과 죽음이 있다. 그리하여 순전한 괴로움뿐인 큰 무더기가 발생한다.

보기

ㄱ. 갑: 삶을 기쁨으로, 죽음을 애도의 대상으로 여겨 타인과 공감해야 한다.
ㄴ. 갑: 도의 관점에서 보면 만물은 객관적 시비에서 벗어나 완전히 평등하다.
ㄷ. 을: 원인이면서 조건이기도 한 모든 현상은 의존적 관계 속에서 생멸한다.
ㄹ. 갑과 을: 변화하는 만물을 바라볼 때 자기만의 관점에 얽매여서는 안 된다.

① ㄱ, ㄴ ② ㄱ, ㄷ ③ ㄷ, ㄹ
④ ㄱ, ㄴ, ㄹ ⑤ ㄴ, ㄷ, ㄹ

06

▸ 25057-0046

동양 사상 (가), (나)의 입장으로 옳지 않은 것은?

(가) 도(道)를 추구하되 부모를 멀리하거나 처자식을 떠나지 마라. 원칙을 따라 점진적으로 수련을 행하고 자유자재의 경지에 도달하면 그쳐라. 만약 자유자재의 경지에 도달했는데도 계속 수련한다면 아무런 도움이 되지 않을 뿐만 아니라 오히려 일찍 죽는다. 모든 사람은 천도를 자기 언행의 규범으로 삼아야 한다. 도를 얻으면 바로 신선이 되어 하늘에 오른다. 도를 얻지 못해도 날마다 부모에게 효도하고 처자식을 돌보면서 점진적으로 수양해 청정한 삶을 산다면 천천히 도를 깨달을 수 있을 것이다.

(나) 도란 본시 작은 행동으로 될 수 있는 것이 아니며 덕(德)이란 본시 조그만 지식으로 얻어지는 것이 아니다. 조그만 지식이란 덕을 손상시키는 것이며, 작은 행동이란 도를 손상케 하는 것이다. 그러므로 자기를 올바르게 할 따름이라고 말하는 것이다. 그리하면 즐거움이 완전해지는데 그것을 뜻을 얻었다고 말하는 것이다. 옛날의 몸을 보전하던 사람들은 말로 지혜를 꾸미지 않았고, 지혜로 덕을 다 밝히려 들지 않았다. 우뚝이 그의 자리에 있으면서 그의 본성으로 돌아갔었으니, 또 무슨 일을 인위적으로 하였겠는가?

① (가): 천도를 규범으로 삼고 유교적 가치도 수용해야 한다.
② (가): 정신과 육체를 함께 수련함으로써 신선이 될 수 있다.
③ (나): 본성을 보존하기 위해 분별적인 지식을 버려야 한다.
④ (나): 하늘이 정한 예법에 따라 세속적 가치를 초월해야 한다.
⑤ (가)와 (나): 도에 따라 몸을 보전하고 생명을 중시해야 한다.

07

▸ 25057-0047

(가)의 고대 동양 사상가 갑, 을의 입장을 (나) 그림으로 탐구하고자 할 때, A~C에 들어갈 옳은 질문만을 〈보기〉에서 있는 대로 고른 것은?

(가)

갑: 무력을 사용하면서 인을 실천하는 것처럼 가장하는 사람은 패자(覇者)라 하는데, 패자에게는 반드시 큰 나라가 있어야 한다. 덕으로써 인을 실천하는 사람을 왕자(王者)라 하는데, 왕자에게는 큰 나라가 필요하지 않다. 무력으로써 사람을 복종시킨다면 사람들이 진심으로 복종하지 않고 단지 자신의 힘이 부족하기 때문에 억지로 복종한다. 그러나 덕으로 복종시키면 사람들은 마음속 깊이 기뻐하며 진심으로 복종한다. 이는 마치 70명의 제자들이 공자에게 마음으로 복종한 것과 같다.

을: 도(道)로써 군주를 돕는 사람은 무력으로 천하에 군림하려 하지 않는다. 무력을 쓰면 그 대가가 돌아오게 마련이니 군대가 머문 자리에는 가시가 자라나고 대군이 휩쓸고 간 뒤에는 반드시 흉년이 든다. 훌륭한 사람은 목적만 이룬 다음 그만둘 줄 알고, 감히 군림하려 들지 않는다. 목적을 이루었으되 자랑하지 않고, 목적을 이루었으되 뽐내지 않고, 목적을 이루었으되 교만하지 않는다. 목적을 이루었으나 할 수 없어서 한 일이므로 목적을 이루었으되 군림하려 하지 않는다. 무엇이나 기운이 지나치면 쇠하기 마련이니 도가 아닌 까닭이다.

(나)

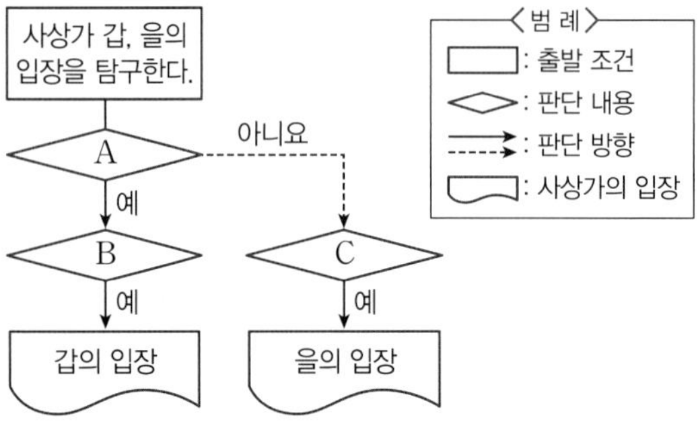

보기

ㄱ. A: 무력을 이용하여 나라와 백성을 다스리는 것은 도에 어긋나는가?
ㄴ. A: 도덕적 마음[仁]에 기초한 정치로 백성들의 본성을 보존해야 하는가?
ㄷ. B: 백성이 악행을 스스로 부끄러워하도록 덕(德)으로 다스려야 하는가?
ㄹ. C: 인위 조작 없이 다스림으로써 백성의 무욕한 삶을 실현할 수 있는가?

① ㄱ, ㄴ ② ㄱ, ㄷ ③ ㄷ, ㄹ
④ ㄱ, ㄴ, ㄹ ⑤ ㄴ, ㄷ, ㄹ

08

▸ 25057-0048

다음을 주장한 동양 사상의 입장으로 옳은 것만을 〈보기〉에서 있는 대로 고른 것은?

장생(長生)을 얻고자 하는 사람은 반드시 선을 쌓고 공을 세우며 사물에 대해 자비심을 갖고 자신을 용서하듯이 남을 용서하고 어진 마음을 곤충에까지 미쳐야 한다. 남의 행운을 즐거워하고 남의 고충을 가엾이 여기며 남의 위급함을 돕고 남의 가난을 구제해야 한다. 남의 이득을 보면 자신이 얻은 것처럼 여기고 남의 손상을 보면 자기가 잃은 것처럼 여겨야 한다. 거만하지 않고 뽐내지 않으며 자기보다 나은 사람을 시샘하지 않으며 아첨하거나 몰래 중상모략하지 않아야 한다. 이와 같은 경지에 이르러야 덕(德) 있는 사람이라고 할 수 있고 하늘에서 복을 받아 하는 일이 꼭 이루어져 신선을 추구해도 가능성이 있는 것이다.

보기

ㄱ. 우주 만물의 근본 원리인 도(道)의 실현을 목표로 삼아야 한다.
ㄴ. 자유롭게 생명력을 펼치는 신선(神仙)이 되기 위해 노력해야 한다.
ㄷ. 불교의 자비심(慈悲心)을 근본으로 유교와 도교를 일치시켜야 한다.
ㄹ. 도덕적 선행(善行)을 실천하면 장생불사(長生不死)의 삶을 얻을 수 있다.

① ㄱ, ㄴ ② ㄱ, ㄷ ③ ㄷ, ㄹ
④ ㄱ, ㄴ, ㄹ ⑤ ㄴ, ㄷ, ㄹ

THEME

06 한국과 동양 윤리 사상의 의의

1 조선 후기의 유교 사상

(1) 실학

① 특징

- 공리공론(空理空論)이나 허학(虛學, 공허한 학문)을 반대하면서 실용적인 학문을 추구함
- 청나라의 고증학과 서양의 과학 및 종교 사상을 비판적으로 수용하여 성리학과 다른 세계관과 인간관 및 도덕관을 제시함
- 우리의 역사, 지리, 풍속 등에 대한 독자적인 탐구를 전개함

② 주요 경향

경세치용(經世致用)	세상을 다스리는 일과 실제 생활에 도움이 되는 학문을 추구함
이용후생(利用厚生)	생활에 이롭게 쓰이고 삶을 풍요롭게 하는 학문을 추구함
실사구시(實事求是)	사실에 입각해서 옳음을 구함

(2) 강화학파

① 하곡 정제두에 의해 독자적인 조선 양명학 체계가 수립되었으며, 하나의 학파[江華學派(강화학파)]를 이루게 됨

② 왕수인의 양명학을 새롭게 해석하고 발전시킴 → 마음 안에서 생생하게 작용하는 이치인 생리(生理)를 중심으로 인간이 도덕적 주체임을 자각하고 양지를 실천할 것을 강조함

2 근대 격변기의 사상과 신흥 민족 종교

(1) 위정척사(衛正斥邪) 사상

① 위정척사의 의미: 올바른 것[正, 유교적 가치 체계와 질서]은 지키고 거짓된 것[邪, 서양과 일본의 문물]은 배척해야 함

② 대표적인 학자: 이항로, 기정진, 최익현 등

③ 의의: 주체성을 지키고자 하는 의식과 절의(節義)를 강조하는 선비 정신의 표출로 볼 수 있음 → 훗날 항일 의병 운동으로 이어짐

(2) 개화사상

① 개화의 의미: 개발하여 변화시키고, 새로운 것에 나아가 자립함

② 유형: 유교 사상에 대한 태도에 따라 나뉨

온건 개화론 [동도서기론]	유교적 가치와 질서[東道(동도)]를 지키면서 서양의 과학 기술과 군사 제도[西器(서기)]를 수용하자는 입장
급진 개화론 [변법적 개화론]	유교적 질서를 근본적으로 변혁해야 한다는 입장 → 전통적 정치 체제를 혁파하고 서구식 정부를 수립할 것을 주장함

(3) 신흥 민족 종교 사상

① 신흥 민족 종교의 공통점

- 우리 겨레의 고유 사상을 바탕으로 유·불·도 사상을 주체적으로 수용함
- 사회 변혁을 주장하며 혼란을 극복하고 새로운 세계를 열고자 하는 백성의 열망을 반영함 → 후천 개벽 사상

② 대표적 신흥 종교

구분	특징	중심 사상
동학	• 최제우가 제창한 민족 종교 • 서구 열강의 침략에 대항하여 '보국안민(輔國安民)'을 주장함 • 인본주의, 사해 평등주의를 표방함 • 신분 차별, 남녀 차별, 노소 차별이 심했던 당시의 사회 질서를 거부함	• 시천주(侍天主): 모든 사람은 자기 안에 한울님을 모시고 있음 • 사인여천(事人如天): 사람 대하기를 하늘 섬기듯 함 • 인내천(人乃天): 사람이 곧 하늘임 • 오심즉여심(吾心卽汝心): 내 마음이 곧 네 마음임 • 성(誠), 경(敬), 신(信)의 수양을 강조함
증산교	• 강일순이 창립한 민족 종교 • 고유 사상을 바탕으로 무속과 도가의 사상을 해석하여 사상적 기초를 닦음	• 해원상생(解冤相生): 원한을 풀고 서로 살리며 함께 살아감 • 현세에서의 지상 낙원 실현을 주장함
원불교	• 박중빈이 창립한 민족 종교 • 기존 불교를 개혁하여 일상생활에서 수행할 수 있는 여러 방법을 제시하면서 윤리적인 삶의 모습을 제시함	• 일원상(一圓相)의 진리: 우주의 근본 원리를 일원상[○]으로 표현 • 영육쌍전(靈肉雙全): 정신과 육체를 균형 있게 발전시켜 나감

자료와 친해지기 위정척사 사상과 동도서기론

- 저 교활한 정세가 눈 안의 못이 되어 백방으로 구멍을 뚫어 필히 관계를 맺어 오고 가려고 할 것이니 어찌 다른 이유가 있겠습니까? 그 만족할 줄 모르는 산골짜기처럼, 우리 국가를 복속시키고, 우리 산과 바다를 노략질하고, 우리 의관을 종들의 것으로 바꾸고, 우리 소녀들을 납치해 가고, 우리 정신을 금수(禽獸)와 같이 만들 것입니다. 만약 오고 가는 길이 한번 열리면 …(중략)… 전하의 백성들은 서양화되지 않는 이가 없게 될 터입니다. – 기정진, 『병인소』 –
- 동서고금을 막론하고 바뀔 수 없는 것은 도(道)이고 수시로 변화하므로 고정적일 수 없는 것은 기(器)이다. 무엇을 도라 하는가? 삼강오상(三綱五常)과 효제충신(孝悌忠信)이 이것이다. 요순(堯舜)의 도는 해와 별처럼 빛나서 비록 오랑캐 지방에 가더라도 버릴 수 없다. 무엇을 기라 하는가? 예악(禮樂), 형정(刑政), 복식(服飾), 기용(器用)이 이것이다. 오래전에도 덜하고 더함이 있는 것이거늘 하물며 그 수천 년 뒤에 있어서랴! 진실로 때에 맞고 백성에게 이로운 것이라면, 비록 오랑캐의 법일지라도 행할 수 있는 것이다. – 신기선, 『농정신편』 –

위정척사 사상은 유교를 바른 것으로, 서양 및 일본의 문물을 사악한 것으로 구분하였다. 동도서기론은 유교적 질서[東道(동도)]를 지키며 백성에게 이롭다면 서양의 과학 기술[西器(서기)]을 수용하자는 주장이다.

3 동양의 이상적 인간상과 시민

(1) 유교의 이상적 인간상과 그 의의

① 군자의 특징: 인의(仁義)를 실현하기 위해 지속적인 노력을 기울임 → 인격 완성을 위해 도덕적 수양에 힘쓰고 사회적 책무를 충실히 이행함

② 군자의 현대적 의의: 사랑의 정신과 정의감을 갖추고 자신의 역할을 충실히 수행하는 모습이 시민의 모범이 될 수 있음

(2) 대승 불교의 이상적 인간상과 그 의의

① 보살의 특징: 위로는 깨달음을 구하고[上求菩提(상구보리)] 아래로는 중생 구제에 힘씀[下化衆生(하화중생)] → 중생과 더불어 깨달음을 얻고자 노력함

② 보살의 현대적 의의: 생명을 존중하고 타인에게 자비를 베풀면서 함께 잘 사는 공동체를 만들고자 하는 시민의 모범이 될 수 있음

(3) 도가의 이상적 인간상과 그 의의

① 지인(진인, 신인, 천인)의 특징: 자연의 도를 따름 → 겸허한 자세로 자연의 흐름에 따라 살아가며, 만물을 평등하게 보면서 정신적 자유를 누림

② 지인의 현대적 의의: 자연을 존중하고 만물을 차별하지 않으며 세속적 가치에 집착하지 않고 소박하고 자유롭게 살아가는 데 시사점을 줄 수 있음

4 한국 사상의 특징과 현대적 의의

(1) 한국 사상의 연원과 특징

① 한국 사상의 연원: 건국 신화와 무속 신앙

- 건국 신화: 고조선의 단군 신화, 고구려의 주몽 신화, 신라의 박혁거세 신화 등 → 대부분의 건국 신화에는 인본주의, 평화 애호 정신, 경천사상 등이 깃들어 있음
- 무속 신앙: 주술사인 무(巫, 샤먼)를 통해 앞날을 예언하고, 복을 빌고, 병을 물리치며, 죽은 자의 영혼을 불러냄 → 굿을 통해 풍성한 수확과 공동체의 안녕을 빌면서, 현실에서 오는 불안과 공포를 이겨 내고, 삶에 대한 의지를 북돋워 주는 역할을 함

② 한국 사상의 특징

인본주의 정신	• 환웅이 인간 세상을 동경하고[貪求人世(탐구인세)], 곰과 호랑이가 인간이 되기를 원함[願化爲人(원화위인)] • 널리 인간을 이롭게 하는 홍익인간(弘益人間) 정신
현세 지향적 가치관과 평화 애호 정신	• 사회 정의와 도덕 중시: 환웅이 인간의 질병, 형벌과 선악의 문제 등 여러 가지 일을 맡아 세상을 다스림 • 건국 신화 속의 신과 인간, 동물들의 평화로운 공존
화합과 조화의 정신	• 환웅과 웅녀의 만남과 단군의 탄생: 천(天) · 지(地) · 인(人)의 화합과 조화 • 무(巫)의 원리: 하늘과 인간의 소통과 조화 • 원효의 화쟁 사상, 의천과 지눌의 교선 일치 사상 • 근대 신흥 종교들의 유 · 불 · 도 조화 추구
자연 친화와 생명 존중 정신	• 하늘에 대한 공경 및 자연과 합일하려는 의식 • 신화 속 동물들은 생명 공동체의 구성원으로 존재

(2) 한국 사상의 현대적 의의

① 물질만능주의의 극복과 인간 존중 실현의 정신적 기반이 될 수 있음

② 사회적 갈등이나 대립 극복의 사상적 기반이 될 수 있음

③ 우리가 직면한 환경 문제 해결의 사상적 기반이 될 수 있음

5 동양 사상의 특징과 현대적 의의

(1) 동양 사상의 특징

유기체적 세계관	세계를 분리된 부분들의 단순한 집합체가 아니라 하나의 유기체처럼 통합된 전체로 여김
공존과 공생의 추구	인간과 자연, 인간과 인간의 상호 의존성과 공존을 강조하면서 모두가 함께 살아가야 한다고 봄
도덕적 수양 중시	이상적인 인간과 사회를 실현하기 위해 각 개인이 도덕적 수양에 힘쓸 것을 강조함

(2) 동양 사상의 현대적 의의

① 개인주의의 한계를 극복할 수 있는 방안 마련에 도움을 줄 수 있음

② 현대 생태계 문제 해결의 사상적 기반이 될 수 있음

③ 세계 평화와 인류 공영 실현의 사상적 기반이 될 수 있음

자료와 친해지기 유교 · 불교 · 도가의 이상적 인간상

- 군자(君子)가 보통 사람과 다른 점은 마음에 간직하고 있는 것 때문이니, 군자는 인(仁)을 마음에 간직하고 예를 마음에 간직한다. 인한 자는 남을 사랑하고, 예가 있는 자는 남을 공경한다. 남을 사랑하는 자는 남이 늘 그를 사랑하고, 남을 공경하는 자는 남이 늘 그를 공경한다. -『맹자』-
- 보살(菩薩)이 반야바라밀을 행할 때 모든 중생이 오랜 세월 동안 색(色)의 모양[相(상)], 성(聲)의 모양, 향(香)의 모양, 미(味)의 모양, 촉(觸)의 모양, 그리고 법(法)의 모양에 집착하는 것을 보게 된다. 그러므로 보살은 이러한 중생을 위하여 위없는 바르고 평등한 깨달음에 나아가고, 모든 보살의 행을 닦아 위없는 큰 깨달음을 증득하여 중생에게 모든 모양에 대한 집착을 영원히 없게 할 것이라고 한다. -『대반야바라밀다경』-
- 진인(眞人)은 그의 키가 크다 하더라도 흐트러진 모습을 하지 않으며, 무엇이 부족한 듯하지만 남에게서 받는 것이 없다. 편안히 행동하는 것이 모가 난 듯도 하지만 고집하는 일은 없다. 넓게 텅 비어 있지만 화려하지는 않으며, 행동하지 않을 수 없을 때에만 행동한다. 그의 얼굴빛은 윤기가 더해 가고, 몸가짐이 법도에 맞아 자신의 참다운 덕(德)에 머물러 있다. -『장자』-

유교의 이상적 인간상인 군자는 올바른 의리를 실천하는 데 힘쓰는 어진[仁(인)] 사람이다. 불교의 이상적 인간상인 보살은 수행을 통해 지혜를 깨닫고자 노력하며 중생의 어려움을 돕는 사람이다. 도가의 이상적 인간상인 지인, 진인, 성인 등은 도를 체득하여 정신적 자유를 누리면서 만물을 차별 없이 대하는 무위자연의 삶을 실천하는 사람이다.

01

▸ 25057-0049

근대 한국 사상가 갑, 을의 입장으로 옳지 않은 것은?

갑: 전하께서 뜻을 세우고 경(敬)에 거하시어 의당 제거해야 될 일이 있으면 쇠를 끊듯이 단호하게 결단하여 제거한다면 전하의 지혜가 날로 밝아져 사악한 기운이 가리우지 못하게 될 것입니다. 신이 이전의 상소에서 전하의 복식(服食)과 일용품 가운데 서양 물품을 모두 대궐 뜰에 모아 태워 사람들로 하여금 전하의 뜻이 청천백일과 같음을 알게 하시면 서양 오랑캐가 오더라도 그 근원을 끊을 수 있을 것이라고 청하였습니다. 이는 뜻이 높고 원대하여 행하기 어려운 일이 아니고 밝으신 전하께서 자신의 사욕을 이기고 선을 따라 행하는 진심이 있느냐의 여부에 달려 있을 따름입니다.

을: 오늘날 국가를 다스리는 어떤 자가 서양 법의 효율적이고 편리한 것을 부정하면서 오로지 옛 제도의 비효율적인 도구를 사용한다면 부강(富强)을 이루는 도가 될 수 없을 것인데도 서양 법이 꺼릴 만하다고만 말하는 자들이 있습니다. 그는 현실에 맞지 않는 논의를 일삼으니 꽉 막혀 융통성이 없습니다. 바라건대, 전하께서는 재주가 뛰어난 자를 널리 선발하여 그들로 하여금 외국을 출입하면서 생산 방법을 모방해 오도록 하소서. 그리하여 안으로는 민심을 안정시키고 밖으로는 외국인들의 업신여김을 막아 떨쳐 일어나기를 기약한다면, 이는 전하와 백성의 다행일 것입니다.

① 갑: 서양과 이익을 추구하지 않고 충효의 의리를 지켜야 한다.
② 갑: 서양의 정신문명을 배척하고 성리학적 가치를 고수해야 한다.
③ 을: 서양의 기술인 기(器)와 유교적 도(道)는 공존할 수 있다.
④ 을: 서양의 법과 제도를 모두 받아들여 민생을 안정시켜야 한다.
⑤ 갑과 을: 유교적 가치와 질서의 유지를 추구해야 한다.

02

▸ 25057-0050

다음의 관점을 가진 한국 사상의 입장으로 적절한 것만을 〈보기〉에서 있는 대로 고른 것은?

예전에 하우씨(夏禹氏)는 오행(五行)을 잘 활용하였다. 하우씨가 산을 따라 나무를 베어 낸 것은 굽게 할 수도 있고 곧게 할 수도 있는 나무의 쓰임을 터득한 것이요, 토목 공사를 크게 벌인 것은 곡식을 심고 거두는 농사의 방법을 터득한 것이요, 금, 은, 동 세 가지를 공물로 받은 것은 모양을 마음대로 변형할 수 있는 쇠의 성질을 터득한 것이요, 산을 태우고 늪을 태운 것은 위로 타오르는 불의 덕을 터득한 것이요, 하류를 터서 물을 끌어들인 것은 적시고 내려가는 물의 공을 터득한 것이니 백성과 만물이 살 수 있도록 서로 도움을 받은 것이 이렇듯 막대하다. 무릇 오행이란 하늘이 부여한 것이요 땅이 소장한 것으로, 사람들이 이에 힘입어 살아 나가는 것이다. 오행이 하는 일은 정덕(正德), 이용(利用), 후생(厚生)의 도구에 지나지 않는다. 오행의 쓰임을 통해 정치 도덕의 이치는 쉽게 파악할 수 있으니 이용이 있은 후에라야 후생할 수 있고, 후생한 후에라야 정덕할 수 있기 때문이다.

보기

ㄱ. 물질적 풍요로움의 실현을 학문의 궁극적인 목적으로 삼아야 한다.
ㄴ. 올바른 덕(德)을 이루기 위해 경제적 안정과 사회 복지를 보장해야 한다.
ㄷ. 혼란한 사회를 수습하기 위해 성리학의 이기(理氣) 논변에 몰두해야 한다.
ㄹ. 민생 문제를 해결하기 위해 서양의 과학 기술을 비판적으로 수용해야 한다.

① ㄱ, ㄷ
② ㄱ, ㄹ
③ ㄴ, ㄹ
④ ㄱ, ㄴ, ㄷ
⑤ ㄴ, ㄷ, ㄹ

03

▸ 25057-0051

(가)의 근대 한국 사상가 갑, 을의 입장을 (나) 그림으로 탐구하고자 할 때, A~C에 들어갈 질문으로 옳은 것은?

(가)	갑: 서양 오랑캐의 재앙이 오늘날에 이르러 홍수나 맹수보다도 더 심합니다. 전하께서 밤낮없이 염려하며 두려워하고 계신데, 안으로는 사학(邪學)의 무리를 잡아 주벌하고 밖으로는 바다로 들어간 도적들을 정벌하도록 하여야 할 것입니다. 사람이 되느냐 짐승이 되느냐 하는 관건과 살아남느냐 망하느냐 하는 기틀이 호흡지간에 달려 있으니 실로 조금도 늦출 수 없습니다. 서양의 요기(妖氣)를 쓸어 없애는 일의 근본은 전하의 한 마음에 달려 있습니다. 을: 서양 사람들은 천주의 가르침에 따라 부귀는 취하지 않는다고 하면서, 한편으로는 군대를 보내어 중국을 공격하여 점령하고, 교당을 세우고 가르침을 펼친다는 말을 들었다. 과연 옳은 일인가 하는 의심이 들고 마음과 몸이 스스로 진정할 수 없는 상태를 겪게 되었다. 바로 이때 한울님의 신령한 처방을 받아 보니, 몸이 윤택해지고 더욱 건강해짐을 느끼게 되었다. 지금 세상은 서양의 침공으로 어려움에 놓여 있다. 보국안민(輔國安民)의 계책을 장차 어떻게 마련할 수 있을까. 참으로 걱정이다.
(나)	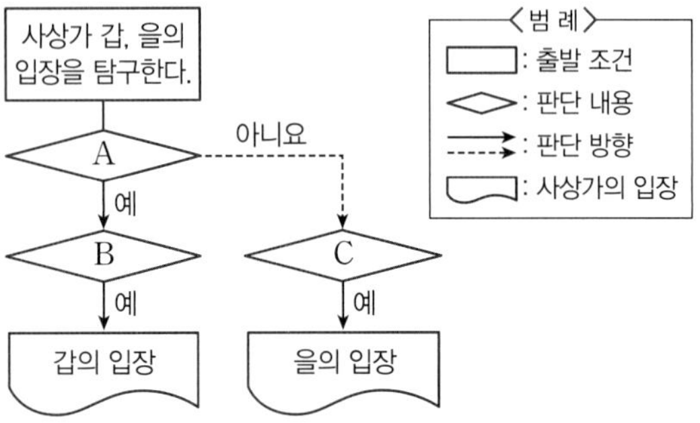

① A: 외세의 침략을 물리치고 백성을 편안하게 해야 하는가?
② A: 참된 도(道)를 기반으로 서양의 종교를 배척해야 하는가?
③ B: 성리학을 중심으로 나라의 규범과 질서를 수습해야 하는가?
④ C: 경천(敬天)사상을 극복하여 만민 평등을 실현해야 하는가?
⑤ C: 서학(西學)에 대항하여 모든 유교적 가치를 배제해야 하는가?

04

▸ 25057-0052

다음을 주장한 근대 한국 사상가의 입장으로 옳은 것만을 〈보기〉에서 있는 대로 고른 것은?

> 이른바 참되고 지극한 의리란 것과 천리의 정당함이란 것은 과연 소와 말이나 개나 닭에서 찾을 수 있는 것인가? 천지 만물로서 무릇 사람의 일에 관계될 수 있는 것은 그 이치가 원래 다 물(物)에 정해 있어서 사람이 그것에 따라 배울 수 있는 것이 아니다. 개개의 사물에 따라 하나하나 결정하고 그때그때에 따라 사물을 처리하는 것은 실로 오직 나의 한마음에 있는 것이다. 어찌 마음 밖에서 달리 구할 만한 이치란 것이 있겠는가? 만약 밭을 갈고 달릴 수 있는 이치가 소와 말에 있는 것만 보고 거기에 가서 이치를 구하려 한다면 실로 망연하기 끝이 없으니, 이야말로 외물을 따라다니는 병통에 걸리는 것이다.

보기

ㄱ. 영명한 정신으로서의 생리(生理)는 인간의 마음에서만 존재한다.
ㄴ. 사물의 이치를 탐구할 때 하늘의 이치[天理]는 마음의 본성과 연결된다.
ㄷ. 도덕적 실천의 주체인 인간은 선행을 실천하여 인의예지를 형성하게 된다.
ㄹ. 인간은 배움 없이도 저절로 시비를 알 수 있는 능력[良知]을 지니고 있다.

① ㄱ, ㄷ　② ㄱ, ㄹ　③ ㄴ, ㄹ
④ ㄱ, ㄴ, ㄷ　⑤ ㄴ, ㄷ, ㄹ

05

▸ 25057-0053

근대 한국 사상가 갑, 을의 입장에 대한 설명으로 옳은 것만을 〈보기〉에서 있는 대로 고른 것은?

갑: 삼계공사(三界公事)는 곧 천(天) · 지(地) · 인(人)의 삼계를 개벽(開闢)함이요, 이 개벽은 새로 만들어지는 것이니 다만 상제에 의해 지어져야 되는 일이로다. 선천(先天)의 도수(度數)를 뜯어고치고 후천(後天)의 무궁한 선경의 운로를 열어서 선천에서의 상극에 따른 모든 원한을 풀고 상생(相生)의 도(道)로써 세계의 창생을 건지려는 상제의 뜻은 이미 세상에 널리 알리었다. 그리하여 상제께서 하늘도 뜯어고치고 땅도 뜯어고쳐서 신명이 사람에게 드나들 수 있게 하셨다.

을: 일원상(一圓相)을 모시는 것은 과거 불가에서 불상을 모시는 것과 같으나, 불상은 부처님의 형체(形體)를 나타낸 것이요, 일원상은 부처님의 심체(心體)를 나타낸 것이다. 형체라 하는 것은 인형에 불과한 것이요, 심체라 하는 것은 광대 무량하여 능히 유(有)와 무(無)를 총섭하고 삼세를 관통하였나니, 곧 천지 만물의 본원이다. 우리는 일원상의 진리로써 우리의 현실 생활과 연락시키는 표준을 삼았으며, 또는 신앙과 수행의 두 문을 밝히었다.

보기

ㄱ. 갑은 상극에 의한 선천의 원한을 풀어 상생의 후천을 건설해야 한다고 본다.
ㄴ. 을은 시대에 따라 도학과 과학을 함께 발달시켜 정신을 개벽해야 한다고 본다.
ㄷ. 을은 갑과 달리 신분 차별이 사라진 인간 존중의 사회를 실현해야 한다고 본다.
ㄹ. 갑과 을은 생활 속에서 보은을 실천하여 세상의 혼란에서 벗어나야 한다고 본다.

① ㄱ, ㄴ　② ㄱ, ㄷ　③ ㄷ, ㄹ
④ ㄱ, ㄴ, ㄹ　⑤ ㄴ, ㄷ, ㄹ

06

▸ 25057-0054

다음 가상 대화에서 대답을 하는 근대 한국 사상가의 입장에만 모두 '✓'를 표시한 학생은?

질문자: 내 마음이 곧 네 마음이라는 '오심즉여심(吾心卽汝心)'은 한울님 마음이 곧 사람의 마음이라는 가르침입니다. 사람의 마음이 한울님 마음인데, 어찌하여 사람의 행함에 선(善)과 악(惡)의 구별이 있습니까?

사상가: 한울님은 귀한 사람이 되고 천한 사람이 되는 표준(標準)만을 정해 줄 뿐입니다. 또한 사람이 살아가면서 겪는 고락(苦樂)의 이치만을 정해 줄 뿐입니다. 그러나 군자의 덕은 기운이 바르고 한울님 마음을 변함없이 실천하는 삶을 살아가므로 천지와 더불어 그 덕이 합일됩니다. 소인의 덕은 기운이 바르지 않고 마음이 이리저리 바뀌는 까닭으로 천지와 더불어 그 명(命)이 어긋나는 것입니다. 세상 사람들이 이와 같은 군자의 덕을 쌓느냐, 그렇지 않으면 소인의 삶을 사느냐에 따라, 이 세상이 성운(盛運)을 맞이하느냐 쇠운(衰運)을 맞이하느냐가 결정됩니다. 이러함이 성운과 쇠운이 갈아드는 그 이치인 것입니다.

입장 \ 학생	갑	을	병	정	무
사회 개혁을 이루기 위해 서양의 문물을 받아들여야 한다.	✓	✓		✓	
한울님의 뜻에 따라 현실 속에서 이상 사회를 이룩할 수 있다.	✓		✓		✓
시천주를 실천하기 위해 성(誠), 경(敬), 신(信)의 수양이 필요하다.		✓		✓	✓
한울님의 가르침을 실천하는 사람은 만민 평등 정신을 갖추고 있다.			✓	✓	✓

① 갑　② 을　③ 병　④ 정　⑤ 무

[07~08] (가), (나)는 동양 사상이다. 물음에 답하시오.

> (가) 성인(聖人)은 살아감에 있어서는 자연의 운행을 따르고 죽음에 있어서는 만물과 함께 변화한다. 고요히 있으면 음(陰)과 같은 덕(德)이 되고, 움직이면 양(陽)과 같은 물결을 이룬다. 지혜와 기교를 버리고 자연의 이치를 따른다. 그의 삶은 물 위에 떠돌아다니는 듯하며 그의 죽음은 휴식과 같은 것이다. 생각하고 염려하지 않고 미리 일을 계획하지 않는다. 빛은 있지만 겉으로 빛나지 않고 믿음이 있지만 일을 고집하지 않는다. 그들의 정신은 순수하며 그의 영혼은 지치지 않는다. 허무하고 담담함으로써 바로 자연의 덕과 합치되는 것이다.
>
> (나) 보살은 한 중생의 마음 바다를 알기 위하여 보리심(菩提心)을 내는 것이 아니다. 왜냐하면 보살은 모든 중생의 번뇌 바다를 모두 멸하여 남음이 없이 하려고 보리심을 내며, 모든 중생을 번뇌의 버릇에서 구해 내어 남음이 없이 하려고 보리심을 내기 때문이다. 그러므로 보살은 온갖 것을 아는 지혜를 성취하기 위하여, 보살의 행(行)을 따라가기 위하여, 모든 세계를 깨끗이 장엄하게 하기 위하여 모든 법(法)을 용맹하게 구하고 게으르지 않는 것이다. 저 보살들의 헤아릴 수 없는 계행(戒行)과 선정(禪定)과 끝없는 법 바다의 공덕과 행을 내가 어떻게 알며 어떻게 말하겠는가.

07

▸ 25057-0055

(가), (나)의 입장으로 적절한 것만을 〈보기〉에서 있는 대로 고른 것은?

> 보기
>
> ㄱ. (가): 세속의 구속에서 벗어나 자연의 섭리와 합일된 삶을 살아야 한다.
> ㄴ. (나): 모든 존재와 현상은 결코 영원할 수 없다는 것을 통찰해야 한다.
> ㄷ. (나): 타인의 고통을 자신의 고통으로 느끼고 적극적으로 해결해야 한다.
> ㄹ. (가)와 (나): 자기 생명만을 가장 소중하게 여기며 소박하게 살아야 한다.

① ㄱ, ㄷ ② ㄱ, ㄹ ③ ㄴ, ㄹ
④ ㄱ, ㄴ, ㄷ ⑤ ㄴ, ㄷ, ㄹ

08

▸ 25057-0056

다음 사상의 입장에서 (가), (나) 사상에 대해 제기할 수 있는 비판으로 가장 적절한 것은?

> 선비는 뜻을 숭상하는 것을 일로 삼는다. 무엇을 뜻을 숭상하는 것이라고 말하는가 하면 인(仁)과 의(義)일 뿐이다. 한 사람이라도 죄 없는 사람을 죽이는 것은 인이 아니며, 자신이 갖고 있는 것이 아닌데 그것을 취하는 것은 의가 아니다. 사는 곳은 어디에 있어야 하겠는가? 인한 곳이 그곳이다. 길은 어디에 있어야 하겠는가? 의가 그 길이다. 인에 살고 의를 따른다면 대인의 일이 갖추어진 것이다.

① (가)는 시비선악의 분별을 통해 참된 지혜를 갖춰야 함을 간과한다.
② (가)는 이상적인 삶을 위해 도(道)와 덕(德)에 따라야 함을 간과한다.
③ (나)는 욕심을 줄이고 본심을 보존하기 위해 노력해야 함을 간과한다.
④ (나)는 자기중심적인 관점에서 벗어나 만물을 통찰해야 함을 간과한다.
⑤ (가)와 (나)는 누구나 수양을 통해 참된 본성을 형성할 수 있음을 간과한다.

09

▸ 25057-0057

고대 동양 사상가 갑, 근대 한국 사상가 을의 입장으로 옳은 것만을 〈보기〉에서 있는 대로 고른 것은?

갑: 만일 온갖 착한 법이 생긴다면 그것은 밝음[明]이 근본이 되기 때문이다. 왜냐하면 밝음은 착한 것과 착하지 않은 법, 인연인 것과 인연이 아닌 것 등을 사실 그대로 다 아는 것이다. 사실 그대로 다 안다는 것은 곧 바른 견해를 이르는 말이다. 바른 견해란 바른 뜻·바른말·바른 행위·바른 생활·바른 방편·바른 생각·바른 선정을 일으키는 것이다. 바른 선정이 일어나면 거룩한 제자는 탐욕·성냄·어리석음에서 바르게 해탈하고, 탐욕·성냄·어리석음에서 바르게 해탈하게 되면 거룩한 제자는 바른 견해를 얻어, 자신의 생은 이미 다하였고 범행(梵行)은 이미 섰으며, 할 일을 이미 다 마쳐 후세에는 몸을 받지 않음을 스스로 안다.

을: 일원상을 수행의 표본으로 하고 그 진리를 본받아서 자기의 인격을 양성하나니 일원상의 진리를 깨달아 천지 만물의 시종(始終) 본말(本末)과 인간의 생로병사와 인과보응(因果報應)의 이치를 걸림 없이 알자는 것이며, 일원과 같이 마음 가운데 아무 사심(私心)이 없고 애욕에 기울고 굽히는 바 없이 항상 뚜렷한 성품을 양성하자는 것이며, 일원과 같이 모든 경계를 대하여 마음을 쓸 때 희로애락과 원·근·친·소에 끌리지 아니하고 모든 일을 오직 바르고 공변되게 처리하자는 것이다. 일원의 진리를 깨닫는 것은 견성(見性)이요, 일원의 체성을 지키는 것은 양성(養性)이요, 일원과 같이 원만한 실행을 하는 것은 솔성(率性)이다. 부처님이 말씀하신 계정혜(戒定慧) 삼학(三學)도 이것이다.

보기

ㄱ. 갑: 바르게 수행하여 무명(無明)에서 벗어나면 윤회를 끊어 낼 수 있다.
ㄴ. 을: 현실의 삶에서 벗어나 깨달음을 위한 영적인 수행에 몰두해야 한다.
ㄷ. 갑과 을: 원인과 결과의 이치를 바르게 알게 되면 번뇌에서 벗어날 수 있다.
ㄹ. 갑과 을: 삼학을 수행하여 집착을 버리고 본래 청정한 마음을 깨달아야 한다.

① ㄱ, ㄴ ② ㄱ, ㄷ ③ ㄴ, ㄹ
④ ㄱ, ㄷ, ㄹ ⑤ ㄴ, ㄷ, ㄹ

10

▸ 25057-0058

다음 글에 담겨 있는 한국 고유 사상의 특징으로 옳은 것만을 〈보기〉에서 있는 대로 고른 것은?

나라에 현묘(玄妙)한 도(道)가 있는데, 풍류(風流)라고 이른다. 교화를 행하는 근원에 대해서는 선사(仙史)에 자세하게 갖추어 있다. 실로 이에 삼교(三敎)를 포함하여 중생(衆生)을 교화하였다. 집에 들어와서는 집안에서 부모에게 효도하고, 나가면 나라에 충성하라고 하는 것은 공자의 가르침이다. 무위(無爲)의 일에 처하고 불언(不言)의 가르침을 행하는 것은 노자의 본뜻이다. 갖가지 악(惡)을 행하지 말고 갖가지 선(善)을 받들어 행하라고 하는 것은 석가의 교화이다.

보기

ㄱ. 도덕규범을 통해 사람들을 교화하고자 하는 생각이 제시되어 있다.
ㄴ. 인본주의 정신을 바탕으로 신분 차별 제도의 폐지를 강조하고 있다.
ㄷ. 서로 다른 다양한 생각을 포용함으로써 화합하는 정신이 담겨 있다.
ㄹ. 평화를 애호하고 자연 친화를 추구하는 사상적 전통 형성에 도움을 주었다.

① ㄱ, ㄴ ② ㄱ, ㄷ ③ ㄴ, ㄹ
④ ㄱ, ㄷ, ㄹ ⑤ ㄴ, ㄷ, ㄹ

07 서양 윤리 사상의 연원과 덕 있는 삶

1 서양 윤리 사상의 연원

(1) 고대 그리스 사상과 헤브라이즘

① 고대 그리스 사상

특징	• 자연 철학자들의 등장 → 세계의 기원과 자연의 변화에 대해 이성적으로 설명하고자 함 • 아테네의 직접 민주주의 발전 → 인간의 삶과 사회에서의 선(善)과 옳음에 대한 관심과 토론이 활발하게 일어남 • 이성적이고 합리적인 사고와 논변을 중시함
영향	인간의 이성, 선한 삶, 행복 등의 탐구에 영향을 줌

② 헤브라이즘

특징	• 유일무이한 신의 은총과 신앙 강조 → 인간의 힘만으로는 구원과 행복에 이를 수 없다고 봄 • 이웃 사랑과 정의 실현 등 보편적인 윤리가 신의 명령으로서 강조됨
영향	신과 인간의 관계에 기초한 인간 삶의 원리 탐구에 영향을 줌

(2) 소피스트의 윤리적 상대주의

① 특징

• 윤리적 상대주의: 보편타당한 윤리의 존재를 부정함

• 인간의 감각적 경험을 지식과 도덕의 근원으로 봄

• 부와 명예 등 세속적 가치를 중시하고, 그런 것들을 얻기 위한 수사학(수사술) 등을 가르침

② 대표 사상가

프로타고라스	• 각 개인을 진위 판단의 기준으로 봄 • "인간은 모든 것의 척도이다."
고르기아스	• 회의주의적 관점에서 절대적 존재와 진리, 그것들에 대한 객관적 인식을 부정함 • "아무것도 존재하지 않는다. 존재하더라도 우리는 그것을 알 수 없다. 알 수 있더라도 다른 사람에게 전달할 수 없다."
트라시마코스	• 강자들은 자신들의 이익을 위해 법률을 제정한다고 봄 • "정의는 강자 및 통치자의 이익이다."

(3) 소크라테스의 윤리적 보편주의

① 윤리적 보편주의

• 소피스트의 윤리적 상대주의를 비판하면서 보편적인 윤리가 존재한다고 주장함

• 인간은 이성을 통해 보편적인 윤리를 파악할 수 있다고 봄

② 주지주의(主知主義)

• 지식은 모든 덕과 행복의 원천임

• 모든 덕은 참된 앎에서 나오고, 모든 악은 무지에서 비롯됨

• 무지의 자각을 진리 탐구의 기본 조건으로 봄

③ 지행합일설(知行合一說): 인간은 본성상 선이 무엇인지 알면서 자발적으로 악을 행할 수 없음

④ 지덕복합일설(知德福合一說): 참된 앎은 덕이고 덕은 행복이므로 덕이 있는 사람은 진정한 행복을 누릴 수 있음 → 앎과 덕과 행복은 하나로 합치됨

⑤ 대화법(문답법) 강조: 대화(논박)를 통해 상대방으로 하여금 자기가 알고 있다고 생각하는 것에 대해 의문을 갖게 하고 스스로 진리를 찾도록 함 → 산파술

⑥ 영혼의 돌봄 강조: 인간에게 가장 중요한 일은 각자의 영혼을 최상의 상태로 가꾸는 것임 → 이성을 바탕으로 한 도덕적 성찰과 선한 삶을 강조함

2 덕 있는 삶

(1) 플라톤의 이상주의 윤리 사상

① 이데아론

• 세계는 현상계와 이데아계로 구분되며 서로 분리되어 있음

• 이데아계는 완전한 세계이며 오직 이성에 의해서만 파악되는 반면, 현상계는 이데아계를 모방한 불완전한 세계이며 감각적 경험에 의해 파악됨

• 이데아(Idea)란 사물의 완전하고 이상적인 원형임

• 이데아 중에서 최고의 이데아는 선(좋음)의 이데아임

자료와 친해지기 소크라테스의 지식에 대한 입장

프로타고라스님, 지식에 대한 당신의 견해는 어떤 것입니까? 사람들은 흔히 지식에는 강한 힘이나 다스리고 지도하는 능력이 없는 것으로 알고 있습니다. 지식에 대하여 검토할 때 그들은 사람이 지식을 가지고 있어도 사람을 지배하는 것은 흔히 지식이 아닌 다른 것들, 즉 격정이라든지 쾌락이라든지 또는 사랑의 정열이라든지 공포 같은 것이라고 생각하고 있습니다. 그들은 지식이란 노예와 마찬가지로 다른 모든 것의 지배를 받는 것이라고 생각하고 있습니다. 당신도 지식을 이렇게 무력한 것으로 보십니까? 아니면 지식이란 훌륭한 것이고 사람을 지배할 수 있다고 생각하십니까? 사람이 선악을 식별할 수 있다면 다른 무엇에 굴하거나 지식이 명하지 않는 행위를 할 리가 없고, 지식은 사람을 도울 수 있는 큰 힘을 가지고 있다고 생각하십니까?

– 플라톤, 『프로타고라스』 –

소크라테스는 누구든지 좋은 것들과 아름다운 것들을 알기만 한다면 앎이 지시하는 것과는 다른 것들을 행하지 않을 것이라고 보았다. 그는 선이 무엇인지 알면서 자발적으로 악을 행하는 사람은 없으며, 지식이 있으면 쾌락이나 다른 것들에 굴하지 않을 수 있다고 보았다. 그에 따르면 지식은 훌륭한 것이고 사람을 지배할 수 있다.

• 선의 이데아를 인식하는 것은 이상적인 삶을 위해 필요함

② 영혼론과 덕론

• 인간의 영혼은 이성, 기개, 욕구 세 부분으로 이루어져 있음
• 영혼의 이성적인 부분은 기개와 욕구를 잘 다스려야 하고, 기개와 욕구는 이성을 잘 따라야 함
• 영혼의 각 부분에 해당하는 덕은 지혜, 용기, 절제임 → 절제는 영혼의 세 부분이 모두 갖추어야 할 덕임
• 영혼의 정의란 영혼의 각 부분이 각자의 덕을 갖추어 전체적으로 조화를 이룬 상태임

③ 이상 국가론

• 영혼이 이성, 기개, 욕구 세 부분으로 구성되듯이 국가도 통치자, 방위자, 생산자 계층으로 구성됨
• 통치자, 방위자, 생산자 계층의 사람들이 각각 다른 계층의 일에 간섭하지 않고 각자의 직분을 충실히 수행할 때 올바른(정의로운) 나라가 실현됨
• 선의 이데아를 인식하여 지혜의 덕을 갖추고 인격과 실무적 경험을 갖춘 철학자가 통치하지 않는 한 악은 사라지지 않음

(2) 아리스토텔레스의 현실주의 윤리 사상

① 현실주의

• 플라톤의 이원적 세계관을 비판함 → 이 세상을 개별적인 실체들로 이루어진 하나의 세계로 봄
• 선(좋음)은 이데아의 세계가 아니라 현실 세계에 존재하며 현실 세계에서 실현되어야 함

② 행복론

• 인간의 모든 행위는 선(좋음)을 목적으로 추구함
• 인간 행위의 궁극적인 목적, 즉 최고선(最高善)은 행복임
• 행복(eudaimonia)이란 덕에 따르는 정신(영혼)의 활동임

③ 덕론

• 덕(탁월성): 인간의 고유한 기능인 이성이 탁월하게 발휘되는 영혼의 상태

• 덕의 두 가지 유형

지성적 덕 (지적 덕)	• 영혼의 이성적인 부분과 관련된 덕임 • 주로 교육을 통해 얻어지고 길러짐 • 좋음에 대한 숙고와 진리를 파악하는 것을 가능하게 함 • 철학적 지혜, 실천적 지혜 등
품성적 덕 (도덕적 덕)	• 영혼의 감정이나 욕구 부분과 관련된 덕임 • 중용에 해당하는 행동들을 반복적으로 실천할 때 형성됨 • 일상생활에서 올바른 행위를 가능하게 함 • 용기, 절제, 온화 등

④ 중용

• 실천적 지혜를 통해 파악할 수 있음 → 중용에 해당하는 행동들을 반복적으로 실천할 때 품성적 덕을 갖출 수 있음
• 지나침과 모자람의 중간 상태로, 산술적 중간이 아니라 각각의 상황에서 가장 적절한 상태임
• 그 자체로 나쁜 감정이나 행동(예 질투, 절도)에는 중용이 없음

⑤ 실천적 지혜

• 지성적 덕으로 중용의 상태에 대한 앎임
• 품성적 덕의 형성과 발휘에 필수적으로 요구됨

⑥ 의지의 나약함(자제력 없음)

• 의지가 나약한 사람은 좋은 것인 줄 알면서도 그것을 행하지 않거나, 나쁜 것인 줄 알면서도 그것을 행함
• 덕 있는 행위가 습관화되면 실천을 방해하는 의지의 나약함이 줄어들기 때문에 덕 있는 행위를 자연스럽게 할 수 있음

⑦ 아리스토텔레스 사상과 현대 덕 윤리

• 현대 덕 윤리의 특징: 행위자의 품성과 덕을 중시하고 공동체를 인간 본성에 따라 형성된 것으로 본 아리스토텔레스의 사상을 계승함 → 행위자 중심의 윤리를 전개하고 공동체적 삶을 중시함
• 매킨타이어의 덕 윤리: 개인의 자유와 선택보다는 공동체의 전통과 역사를 더 중시함 → 개인의 행위를 공동체의 구체적 맥락에서 평가함

자료와 친해지기 아리스토텔레스의 덕론

• 행복은 덕에 따르는 정신의 활동이다. 덕은 인간의 고유한 기능인 이성을 탁월하게 발휘한 상태이다. 덕에는 두 종류가 있는데 하나는 지성적 덕이고, 다른 하나는 품성적 덕이다. 철학적 지혜, 실천적 지혜, 이해력 등은 지성적 덕이고, 절제, 용기, 정의 등은 품성적 덕이다. 지성적 덕은 교육을 통해 얻어지고 길러진다. 반면 품성적 덕은 습관의 결과로 생겨난다.
• 품성적 덕은 본성적으로 생겨나는 것도 아니요, 본성에 반하여 생겨나는 것도 아니다. 오히려 우리가 본성적으로 품성적인 덕을 받아들이도록 되어 있으며, 습관에 의해 완전하게 되는 것이다. 즉 품성적 덕을 획득하게 되는 것은 먼저 실천함으로써 이루어진다. 우리는 정의로운 일들을 행함으로써 정의로운 사람이 되고, 절제 있는 일들을 행함으로써 절제하는 사람이 되며, 용감한 일들을 행함으로써 용감한 사람이 되는 것이다.

– 아리스토텔레스, 『니코마코스 윤리학』 –

아리스토텔레스는 철학적 지혜, 실천적 지혜와 같은 지성적 덕은 주로 교육을 통해 얻어지고 길러지는 데 비해, 관대함이나 절제와 같은 품성적 덕은 중용에 해당하는 행동들을 반복적으로 실천하고 습관화함으로써 형성된다고 보았다.

정답과 해설 17쪽

01

▸ 25057-0059

다음 가상 편지를 쓴 고대 서양 사상가의 입장으로 옳은 것은?

> ○○에게
> 자네가 선이 무엇인지 알아도 자발적으로 악을 행할 수 있는지 물었기에 이렇게 답장을 쓰네. 누구든지 좋은 것들과 아름다운 것들을 알기만 한다면, 앎이 지시하는 것과는 다른 것들을 행하지 않을 것이네. 지식은 훌륭한 것이고 사람을 지배할 수 있다네. 선악을 식별할 수 있다면 다른 무엇에 굴하거나 지식이 명하지 않는 행위를 할 리가 없네. 지식이 있으면 쾌락이나 다른 것도 이길 수 있다네. 잘못된 행위는 무지에서 비롯되므로 쾌락에 진다는 것은 무지의 소치라고 볼 수 있네. 따라서 선이 무엇인지 알면서 스스로 악이나 또는 악이라고 생각되는 것을 향해 가는 사람은 한 사람도 없을 것이라는 점을 명심하게.

① 덕을 갖추기 위해 지식보다 실천 의지를 중시해야 한다.
② 무지에 대한 자각을 통해 상대적인 진리를 추구해야 한다.
③ 인간의 삶이 아니라 자연의 이치를 알기 위해 탐구해야 한다.
④ 감각적 경험보다 이성적 사유를 토대로 한 성찰을 중시해야 한다.
⑤ 참된 앎을 토대로 정신적 가치보다 세속적 가치를 추구해야 한다.

02

▸ 25057-0060

고대 서양 사상가 갑, 을의 입장으로 옳은 것은?

> 갑: 인간은 만물의 척도이다. 존재하는 것들에 대해서는 그것들이 존재한다는 척도이고, 존재하지 않는 것들에 대해서는 그것들이 존재하지 않는다는 척도이다. 사물에 대한 판단 기준은 각 개인의 감각과 경험에 달려 있다고 보아야 한다.
> 을: 각자가 자신의 지각에 의해 판단하는 것이 모두 옳고 참이라면, 누군가의 견해가 거짓이라고 생각하는 사람들의 견해도 참이 된다. 결국 자신이 옳다고 생각하는 견해는 자기 자신에게도 참이 되지 못한다. 우리는 먼저 자신의 무지를 자각해야 한다.

① 갑: 가치에 대한 판단은 항상 객관적으로 이루어진다.
② 갑: 옳음과 그름에 대한 판단은 개인에 따라 다를 수 없다.
③ 을: 진리는 존재하지 않으며 존재하더라도 알 수 없다.
④ 을: 영혼의 수련을 통해서 얻어지는 깨달음이 참된 앎이다.
⑤ 갑과 을: 이성에 의한 지식보다 경험에 의한 지식을 추구해야 한다.

03

▸ 25057-0061

다음은 고대 서양 사상가 갑, 을의 가상 대화이다. 갑은 부정, 을은 긍정의 대답을 할 질문으로 옳은 것은?

양을 치는 이들이나 소를 치는 이들이 양이나 소를 기를 때 자신들의 이익이 아닌 다른 어떤 것을 염두에 두는 것은 아닙니다. 통치자도 피치자를 대할 때 자신의 이익을 생각합니다. 정의는 통치자와 더 강한 자의 이익이며, 복종하며 섬기는 자에게는 해가 되는 것입니다.
의사는 환자에게 이익이 되는 것을 생각하고 지시를 내리며, 배의 선장은 선원들에게 이익이 되는 것을 생각하고 지시를 내립니다. 정의가 무엇인지 아는 참된 통치자는 자신에게 이익이 되는 것을 생각하지 않고, 피통치자에게 이익이 되는 것을 생각하고 지시를 내립니다.
갑
을

① 정의에 대한 판단 기준은 상황에 따라 달라야 하는가?
② 정의는 피통치자와 약한 자에게 이익이 되는 덕인가?
③ 통치자는 자신에게 이익이 되는 법을 정의롭다고 공포하는가?
④ 정의의 실현을 통해 이익을 얻는 국가의 구성원이 존재하는가?
⑤ 통치자는 정의에 대한 앎이 없어도 올바르게 통치할 수 있는가?

04

▸ 25057-0062

다음을 주장한 고대 서양 사상가의 입장으로 옳은 것만을 〈보기〉에서 있는 대로 고른 것은?

올바른 사람은 영혼의 세 부분인 이성, 기개, 욕구가 서로에게 참견하지 않도록 하고, 진정으로 자기에게 고유한 일들을 잘 정하며, 자신을 스스로 다스린다. 그리고 영혼의 세 부분을 저음과 중간 음 그리고 고음과 같이 화음을 이루는 절대적인 세 음정처럼 조화시키고, 이들 사이에서 어떤 다른 것이 생겨나게 되면 모든 것들이 여럿에서 하나가 되도록 조화된 상태로 만든다. 올바른 사람은 이러한 상태를 보존시키고 실현되도록 도와주는 행위를 올바르고 아름다운 행위라고 생각하고, 이러한 행위를 관할하는 지식을 지혜라고 부른다. 반면 이 상태를 무너뜨리는 것을 불의한 행위라고 생각하고, 이러한 행위를 관할하는 의견을 무지라고 부른다.

보기

ㄱ. 인간은 육체적 쾌락으로 가득해지면 욕구가 이성과 기개를 지배하려 든다.
ㄴ. 영혼의 세 부분이 각자의 덕을 갖추어 조화를 이룰 때 정의가 실현될 수 있다.
ㄷ. 기개는 영혼 전체를 지키기 위해 이성에 복종하고 협력하는 역할을 해야 한다.
ㄹ. 지혜는 영혼 전체가 아니라 영혼의 각 부분을 위해 무엇이 유익한지 아는 덕이다.

① ㄱ, ㄷ　② ㄱ, ㄹ　③ ㄴ, ㄹ
④ ㄱ, ㄴ, ㄷ　⑤ ㄴ, ㄷ, ㄹ

05

▸ 25057-0063

(가)의 고대 서양 사상가 갑, 을의 입장을 (나) 그림으로 표현할 때, A~C에 해당하는 적절한 진술만을 〈보기〉에서 있는 대로 고른 것은?

(가)

갑: 인식되는 것들에 진리를 제공하고 인식하는 자에게 힘을 주는 것이 '좋음의 이데아'이다. 이 이데아는 인식과 진리의 원인이지만, 인식되는 것이기도 하다. 빛과 시각을 태양과 닮은 것으로 간주하는 것은 옳지만 태양으로 믿는 것은 옳지 않듯이, 인식과 진리를 '좋음'을 닮은 것으로 간주하는 것은 옳으나 '좋음'이라 믿는 것은 옳지 않다.

을: 좋음은 무엇임에 있어서도, 어떠함에 있어서도, 관계에 있어서도, 그리고 다른 것들에 대해서도 다른 방식으로 이야기된다. 그렇기에 좋음이 어떤 공통적이고 단일한 보편자로 존재하지 않을 것이라는 점은 분명하다. '좋음 자체'나 '좋음'은 좋음인 한에서 아무 차이가 없다.

(나)

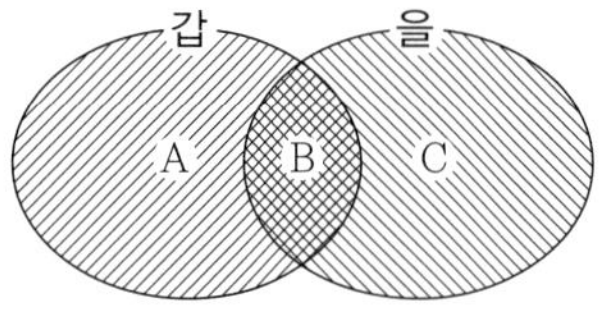

〈범 례〉
A: 갑만의 입장
B: 갑과 을의 공통 입장
C: 을만의 입장

보기

ㄱ. A: 좋음의 이데아는 가변적이며 독자적으로 존재한다.
ㄴ. B: 인간이 좋음의 본질을 인식하는 것은 가능하다.
ㄷ. B: 이데아계에 존재하는 좋음의 이데아를 지향해야 한다.
ㄹ. C: 개별적인 실체들로 이루어진 하나의 세계만이 존재한다.

① ㄱ, ㄴ　② ㄱ, ㄷ　③ ㄴ, ㄹ
④ ㄱ, ㄷ, ㄹ　⑤ ㄴ, ㄷ, ㄹ

06

▸ 25057-0064

다음을 주장한 고대 서양 사상가의 입장에만 모두 '✓'를 표시한 학생은?

- 신은 통치자에게는 태어날 때 황금을 섞고, 방위자에게는 은을 섞었다. 하지만 생산자에게는 쇠와 청동을 섞었다. 사람들 대부분은 자신을 닮은 자손을 낳지만, 황금의 자손에서 은의 자손이, 은의 자손에서 황금의 자손이, 그리고 그 밖의 모든 자손이 서로의 자손에서 태어나는 때가 있다.
- 참으로 지혜를 사랑하는 사람들이 한 나라에서 최고 지배자들이 되어 세속적인 명예들을 저속하며 아무런 가치도 없는 것들이라 생각하는 한편, 올바른 것을 가장 중대하고 필요한 것으로 보고, 이를 받들고 증대시켜서 자신들의 나라를 질서 잡게 할 때 올바른 국가와 정체가 실현될 수 있다.

입장 \ 학생	갑	을	병	정	무
방위자는 이성의 지시를 받지 않는 용기의 덕을 갖추어야 한다.	✓			✓	✓
생산자 계층과 달리 통치자 계층은 사유 재산을 가져서는 안 된다.		✓	✓	✓	
정의로운 국가를 실현하기 위해 정치권력과 철학이 결합되어야 한다.	✓	✓			✓
다른 계층과 직분을 교환할 수 있도록 계층 간 이동이 자유로워야 한다.			✓	✓	✓

① 갑　② 을　③ 병　④ 정　⑤ 무

07

▸ 25057-0065

다음을 주장한 고대 서양 사상가의 입장으로 옳지 않은 것은?

• 인간만이 지닌 특별한 기능은 정신의 이성적 활동 능력이다. 인간의 기능을 훌륭하게 수행하는 것은 바로 이성적 활동을 잘 수행하는 것이다. 어떠한 활동이 잘 수행되는 것은 그것에 알맞은 덕을 가지고 수행될 때이다. 그러므로 행복이란 덕에 따르는 정신의 활동이라고 할 수 있다.
• 우리는 덕 중 한 부분을 지성적 덕으로, 다른 한 부분을 품성적 덕으로 부른다. 철학적 지혜나 이해력, 실천적 지혜는 지성적 덕으로, '자유인다움'이나 절제는 품성적 덕으로 부른다. 어떤 사람의 품성에 대해서 말할 때 우리는 그가 지혜롭다거나 이해력이 있다고 하지 않고, 온화하다거나 절제 있다고 말한다.

① 행복은 완전하고 자족적이며 모든 행위의 목적이다.
② 인간은 진리에 대한 관조 활동을 할 때 가장 행복할 수 있다.
③ 행복을 실현하기 위해 필요한 최고의 덕은 실천적 지혜이다.
④ 품성적 덕을 갖추기 위해서는 반드시 지성적 덕이 필요하다.
⑤ 품성적 덕은 영혼의 감정이나 욕구 부분과 관련한 탁월함이다.

08

▸ 25057-0066

(가)의 고대 서양 사상가 갑, 을의 입장을 (나) 그림으로 탐구할 때, A~C에 들어갈 질문으로 옳은 것은?

(가)
갑: 국가 안에 있는 것들과 똑같은 부류의 것들이 개개인의 영혼 안에도 있다. 영혼은 이성, 기개, 욕구의 세 부분으로 구성된다. 국가에서 통치자들이 지혜라는 덕을 필요로 하는 것과 마찬가지로 영혼 중 이성적 부분은 지혜를 갖출 때 탁월하게 자신의 역할을 수행하게 된다.
을: 지성적 덕은 그 기원과 성장을 주로 교육에 두고 있다. 그런 까닭에 경험과 시간을 필요로 한다. 반면 품성적 덕은 습관의 결과로 생겨난다. 품성적 덕은 어떤 것도 본성적으로 생기는 것은 아니다. 본성적으로 생기는 것이라면, 본성과 다르게 습관을 들일 수 없기 때문이다.

(나)
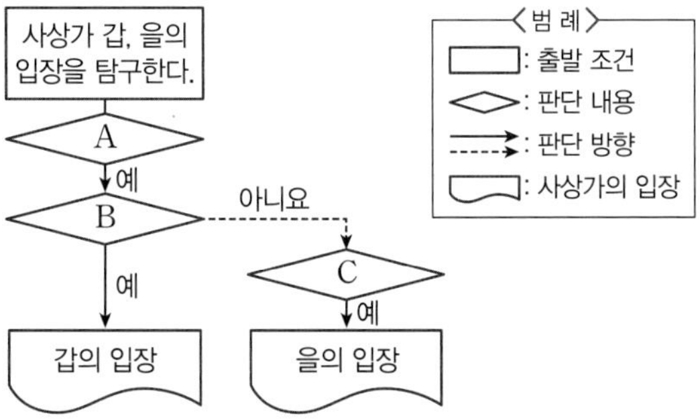

① A: 도덕적 진리의 근원은 현실 세계에 존재하는가?
② B: 올바른 삶을 살기 위해서는 지혜의 덕을 갖추어야 하는가?
③ B: 지혜는 이성, 기개, 욕구가 공통적으로 갖추어야 할 덕인가?
④ C: 모든 덕은 중용을 지속적으로 습관화하여 형성되는 것인가?
⑤ C: 품성적 덕을 갖추면 감정이나 욕구가 이성의 명령을 따를 수 있는가?

09

▸ 25057-0067

다음을 주장한 고대 서양 사상가가 긍정의 대답을 할 질문으로 옳은 것은?

> 실천적 지혜가 있으면서 자제하지 못할 수는 없다. 왜냐하면 실천적 지혜가 있는 사람은 그저 알기만 해서 되는 것이 아니고 실천할 수 있어야 하기 때문이다. 그러나 자제력이 없는 사람은 실천할 힘이 없다. 물론 영리한 사람이라도 자제력이 없는 사람이 될 수 있다. 영리함과 실천적 지혜는 추리에 있어서는 서로 비슷하지만 그 목적에 있어서는 서로 다르다. 자제력이 없는 사람은 진리를 알며 살펴보는 사람과 비슷하지 않고 오히려 잠자거나 술에 취한 사람과 비슷하다. 그는 자발적으로 행동하지만 그렇다고 해서 나쁜 사람은 아니다. 그의 합리적 선택 자체는 훌륭한 것이므로 그는 반쯤 나쁜 사람이다. 그리고 그는 부정의한 사람도 아니다. 미리 악의를 품고 행동하지는 않기 때문이다.

① 자제력이 없는 사람은 방종한 사람처럼 뉘우칠 줄 모르는가?
② 자제력이 없는 사람은 좋은 것인 줄 알면 무조건 그것을 행하는가?
③ 실천적 지혜를 가지고 있으면서도 자제력이 없는 사람이 될 수 있는가?
④ 자제력이 없는 사람은 정념과 상관없이 올바른 이치에 어긋나는 행위를 하는가?
⑤ 덕 있는 행위를 습관화하면 실천을 방해하는 의지의 나약함을 극복할 수 있는가?

10

▸ 25057-0068

고대 서양 사상가 갑, 현대 서양 사상가 을의 입장으로 옳은 것만을 〈보기〉에서 있는 대로 고른 것은?

> 갑: 품성적 덕은 감정과 행위에 관계하고, 이 감정과 행위 속에 과도와 부족 및 중용이 있다. 예를 들어 두려움과 대담함, 분노나 연민, 쾌락과 고통을 느끼는 일을 너무 많이 또는 너무 적게 할 수 있는데, 양쪽 모두 잘하는 것이 아니다. 반면, 이것들을 마땅한 때에, 마땅한 일에 대해, 마땅한 사람들에 대해, 마땅히 추구해야 할 목적을 위해, 그리고 마땅한 방식으로 느끼는 것이 바로 중용이자 최선이고, 이것이 덕의 특징이다.
> 을: 덕은 인간의 획득된 자질이다. 덕을 소유하고 발휘함으로써 실천에 내재된 선을 성취할 수 있게 되며, 덕을 갖추지 않았을 때는 그러한 선을 성취할 수 없게 된다. 실천은 사회적으로 확립된 복합적인 형식의 협동적인 인간 활동이다. 모든 실천은 역사를 지니며, 실천의 역사는 그것이 편입되어 있는 전통의 역사를 통해 이해할 수 있다.

| 보기 |
ㄱ. 갑: 모든 감정과 행위에 중용이 존재하는 것은 아니다.
ㄴ. 을: 덕의 발휘는 사회적 맥락과 무관하게 이루어져야 한다.
ㄷ. 을: 행위자의 품성보다 행위 자체의 옳음을 중시해야 한다.
ㄹ. 갑과 을: 덕의 소유와 발휘는 훌륭한 삶을 영위하기 위한 필수 조건이다.

① ㄱ, ㄴ　② ㄱ, ㄹ　③ ㄴ, ㄷ
④ ㄱ, ㄷ, ㄹ　⑤ ㄴ, ㄷ, ㄹ

THEME 08

행복 추구와 신앙

1 행복 추구의 방법

(1) 헬레니즘 시대의 윤리 사상

① 기원전 4세기경 알렉산드로스 대왕의 정복 전쟁 → 도시 국가(polis)의 붕괴와 대제국의 출현

② 사람들이 도시 국가의 시민에서 제국의 신민(臣民)으로 전락 → 시민으로서 지니던 일체감 상실, 정치적 무기력에 빠짐

③ 개인의 평온한 삶이 주요 탐구 주제로 부각됨

④ 대표 사상: 에피쿠로스학파와 스토아학파

(2) 에피쿠로스학파의 쾌락주의

① 쾌락의 추구

쾌락주의	쾌락은 모든 가치를 평가하는 최고선이요, 행복한 삶의 시작이자 끝임
진정한 쾌락	• 감각적이고 순간적인 쾌락이 아닌 정신적이고 지속적인 쾌락을 추구함 • 적극적인 욕망의 충족에 따른 쾌락이 아니라 고통을 제거함으로써 주어지는 쾌락을 추구함 • 아타락시아(ataraxia): 참된 쾌락은 몸의 고통과 마음의 불안이 모두 소멸된 상태, 즉 평정심임

② 평정심에 이르는 방법

- 자연적이고 필수적인 욕구만을 최소한으로 충족하고, 자연적이지 않거나 필수적이지 않은 욕구는 극복해야 함

자연적이고 필수적인 욕구	음식, 수면 등 의식주에 대한 기본적인 욕구
자연적이지만 필수적이지 않은 욕구	성(性), 식도락 등에 대한 욕구
자연적이지도 필수적이지도 않은 욕구	부, 명예, 권력 등에 대한 욕구

- 이성으로써 욕구를 분별하고 절제하며 검소한 삶을 살아야 함
- 신, 운명, 죽음 등에 대한 잘못된 믿음을 제거하여 두려움에서 벗어나야 함
- 공적인 삶보다는 은둔적 생활 속에서 친구와 우정을 나누며 살아야 함 → 정의는 서로 피해를 주고받지 않기 위해 필요함

③ 한계와 영향

- 한계: 개인적 쾌락을 중시하여 이타적인 공공 생활을 경시함
- 영향: 감각적 경험을 중시한 근대 경험론과 쾌락을 최고선으로 본 공리주의에 영향을 줌

(3) 스토아학파의 금욕주의

① 금욕의 추구

금욕주의	욕망, 공포, 쾌락, 슬픔 등과 같은 비이성적이고 비자연적 정념에서 벗어나야 함 → 자식에 대한 부모의 사랑, 인류애와 같은 이성에 기초한 자연스러운 감정은 인정함
이상적 상태	아파테이아(apatheia): 어떤 상황에서도 동요하지 않는 정신 상태, 즉 정념의 지배로부터 벗어난 상태인 부동심임

② 부동심에 이르는 방법

이성에 따르는 삶	• 이성(logos)이란 우주 만물의 본질이자 만물의 생성과 변화를 이끌어 가는 힘임 → 이성은 신과 자연과 인간의 공통된 본성임 • 자연의 일부인 인간은 신적 이성을 나누어 가지고 있음 → 인간은 이성으로써 자연의 필연적 질서를 파악하고 따를 수 있음
운명을 받아들이는 삶	• 자연 안에서 일어나는 모든 일은 신에 의해 운명 지어진 것으로 바꿀 수도 없고, 바꿀 필요도 없음 • 자신에게 주어진 조건과 상황을 변화시키기보다 자신의 운명으로 받아들여야 함
자연법에 따르는 삶	• 자연법이란 우주를 지배하는 이성의 명령이자 자연법칙임 • 가족, 친구, 동료 시민, 인류 전체에 대한 사랑을 내용으로 함 → 이성을 가진 모든 인간은 평등하다는 세계 시민주의 사상으로 발전됨

③ 한계와 영향

- 한계: 자연의 필연적 질서를 강조한 나머지, 도덕적 삶에서 개인의 의지와 정서의 역할을 간과함
- 영향: 자연법을 강조한 아퀴나스와 근대 사상가들, 정념의 예속으로부터의 자유를 강조한 스피노자, 이성에 부합한 삶을 강조한 칸트에게 영향을 줌

자료와 친해지기 바람직한 삶에 대한 에피쿠로스와 에픽테토스의 입장 비교

- 내가 말하는 쾌락은 방탕한 자들의 쾌락이나 육체적인 쾌락이 아니라 몸의 고통과 마음의 불안으로부터의 자유이다. 왜냐하면 넘칠 만큼의 음식이나 맛있는 생선 요리와 같이 풍성하게 차려진 식탁에 있는 것들이 쾌락적인 삶을 만들어 주는 것은 아니기 때문이다. 오히려 모든 욕구와 회피의 근거를 파악하고 영혼을 회오리바람처럼 뒤흔드는 광기를 몰아내는 명료한 사고만이 쾌락적인 삶을 만들어 준다. – 에피쿠로스, 『쾌락』 –
- 모든 존재하는 것들 가운데 우리에게 달려 있는 것들은 판단, 욕구, 혐오 등 우리 자신이 행하는 모든 일이고, 우리에게 달려 있지 않은 것들은 육체, 명성, 지위 등 우리 자신이 행하지 않는 모든 일이다. 너의 것만을 너 자신의 것으로 생각하고 다른 사람에 의해 좌우되는 것은 다른 사람에게 속하는 것으로 생각해야 한다. – 에픽테토스, 『엥케이리디온』 –

에피쿠로스는 몸에 고통이 없고 마음에 불안이 없는 평정심을 참된 쾌락으로 보았다. 그는 평정심을 이루기 위해 이성을 통해 욕구들을 잘 분별하는 삶을 살아야 한다고 주장하였다. 에픽테토스는 인간이 바꿀 수 있는 것은 자신의 생각과 태도이고, 육체와 명성 등은 인간의 조절 능력을 넘어서는 것으로 보았다. 그는 신에 의해 정해진 운명에 순응하는 삶을 살아야 한다고 주장하였다.

2 신앙

(1) 그리스도교의 기원과 발전

① 그리스도교의 기원

유대교	• 여호와를 유일신이자 창조주로 믿으며 메시아의 도래와 심판을 믿는 이스라엘의 민족 종교 • 유대인만이 신에게 선택받았다는 선민사상과 율법의 엄격한 준수를 강조하는 율법주의를 특징으로 함
예수의 사상	• 사랑의 윤리: 유대교의 선민사상과 율법주의 비판 • 보편 윤리: '남에게 대접받고자 하는 대로 너희도 남을 대접하라.'(황금률) → 보편적이고 도덕적인 의무로서 이웃 사랑 강조

② 그리스도교의 발전

- 그리스도교가 헬레니즘 문화권으로 전파되는 과정에서 이성 중심의 그리스 사상과 만나게 됨 → 교리를 체계화함으로써 그리스도교가 세계 종교로 발전하게 됨
- 교부 철학: 중세 초기 그리스도교의 교리를 체계화함 → 대표 사상가 아우구스티누스
- 스콜라 철학: 중세 후기 그리스도교의 교리를 철학적으로 논증함 → 대표 사상가 아퀴나스

(2) 아우구스티누스와 사랑의 윤리

① 플라톤 사상 수용

- 이데아론을 수용해 완전하고 영원한 천상의 나라와 불완전하고 유한한 지상의 나라를 구분함
- 신을 선의 이데아와 같이 인간이 추구해야 할 최고선으로 봄

② 플라톤 사상과의 차이점

- 신을 이성적 인식을 넘어서 실존적으로 만나야 할 인격적 존재로 봄
- 참된 행복의 실현은 계시를 통해 신의 은총을 받아야만 가능하다고 봄

③ 사랑의 윤리

- 신은 최고선이며, 신을 사랑하는 사람만이 선을 실현할 수 있음
- 종교적 덕(믿음, 소망, 사랑) 중 최고의 덕은 사랑임
- 플라톤의 사주덕(지혜, 용기, 절제, 정의)도 사랑의 다른 표현임

④ 원죄론

- 모든 인간은 자유 의지의 남용으로 인한 원죄를 갖고 불완전한 상태로 태어남
- 악은 선에 반대되는 실체가 아니라 선의 결여이며 신의 창조물이 아니라 인간 행위의 결과임

⑤ 구원론

- 원죄로부터의 구원은 오직 신의 은총에 의해서만 가능함
- 신앙으로써 신에게 귀의하여 신과 하나가 될 때, 신과 이웃을 온전히 사랑할 수 있게 됨

(3) 아퀴나스와 자연법 윤리

① 아리스토텔레스 사상 수용

- 아리스토텔레스와 같이 인간의 궁극적인 목적은 행복이며, 행복은 덕에 의해 실현된다고 봄
- 아리스토텔레스의 주요 개념들을 활용하여 신의 존재를 이성적인 논증을 통해 증명함

② 아리스토텔레스 사상과의 차이점

- 자연적인 덕(지성적 덕과 품성적 덕)을 현세에서의 행복을 위한 것이며 최고의 행복으로 나아가는 예비적 단계의 덕으로 봄 → 신에게로 인도해 주는 종교적 덕(믿음, 소망, 사랑)이 필요함
- 최고의 행복은 신과 하나가 되는 것이며, 이것은 신의 은총에 의해 내세에서 가능하다고 봄

③ 자연법 윤리

- 자연법은 인간의 이성에 의해 인식된 영원법임 → 이성을 가진 인간이라면 지켜야 하는 보편적인 도덕 법칙임
- 제1원리는 '선을 행하고 악을 피하라.'임 → 자기 생명을 보존하려는 성향, 종족을 보존하려는 성향, 신에 대해 알고자 하는 성향, 사회적 삶을 살고자 하는 성향 등으로 구체화됨

(4) 프로테스탄티즘

① 루터의 사상

- '오직 믿음, 오직 은총, 오직 성서': 구원은 교회 의식이나 선행이 아니라 신의 은총과 신앙에 의해 가능하며, 그리스도교의 진리는 교회나 교황이 아니라 성서에 있음
- 만인 사제주의: 모든 신앙인은 성직자이자 사제로서 신과 직접 대화할 수 있음

② 칼뱅의 사상

- 예정설: 인간의 구원은 신에 의해 미리 정해져 있음
- 직업 소명설: 직업은 신이 각 개인에게 내린 소명이며 지상에서 이웃 사랑과 신의 영광을 실현하는 수단임

자료와 친해지기 아퀴나스와 종교적 덕

종교적 덕들은 다른 덕들보다 반드시 선행한다. 왜냐하면 그들의 대상이 종극의 목적, 즉 모든 실천적인 주제들에 있어서 행위의 원리가 되는 목적이기 때문이다. 더욱이 궁극적 목적 자체는 의지에 있기 이전에 지성에 있어야 한다. 왜냐하면 의지는 지성에 의해 먼저 이해되는 어떤 것을 의도할 수 없기 때문이다. 그러므로 신앙은 첫째 덕이어야 한다. 궁극적 목적은 신앙을 통해 지성에 있고, 소망과 사랑을 통해 의지에 있게 된다. 자연적 덕으로는 소망과 사랑에 의해 추구되는 행복의 대상인 신을 얻을 수 없다.

– 아퀴나스, 『신학대전』 –

아퀴나스는 자연적인 덕(지성적 덕과 품성적 덕)을 현세에서의 행복을 위한 것이며 최고의 행복으로 나아가는 예비적 단계의 덕으로 보았다. 그에 따르면 최고의 행복을 누리기 위해서는 자연적인 덕을 지니는 것만으로는 부족하며 믿음, 소망, 사랑이라는 종교적 덕이 필요하다.

01

▶ 25057-0069

그림의 강연자가 지지할 주장으로 옳은 것은?

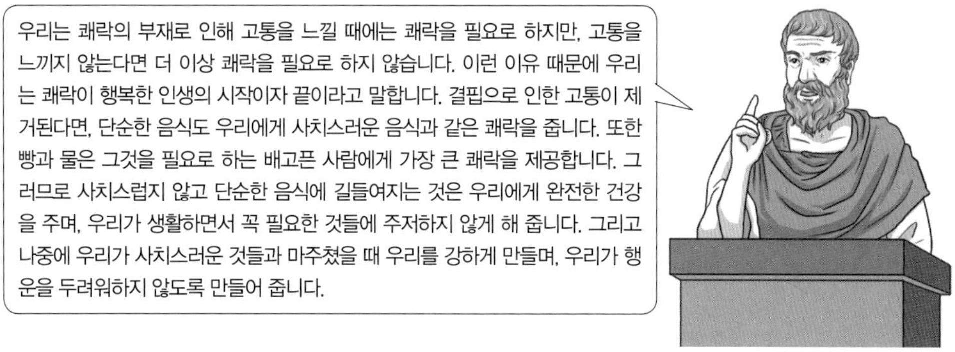
우리는 쾌락의 부재로 인해 고통을 느낄 때에는 쾌락을 필요로 하지만, 고통을 느끼지 않는다면 더 이상 쾌락을 필요로 하지 않습니다. 이런 이유 때문에 우리는 쾌락이 행복한 인생의 시작이자 끝이라고 말합니다. 결핍으로 인한 고통이 제거된다면, 단순한 음식도 우리에게 사치스러운 음식과 같은 쾌락을 줍니다. 또한 빵과 물은 그것을 필요로 하는 배고픈 사람에게 가장 큰 쾌락을 제공합니다. 그러므로 사치스럽지 않고 단순한 음식에 길들여지는 것은 우리에게 완전한 건강을 주며, 우리가 생활하면서 꼭 필요한 것들에 주저하지 않게 해 줍니다. 그리고 나중에 우리가 사치스러운 것들과 마주쳤을 때 우리를 강하게 만들며, 우리가 행운을 두려워하지 않도록 만들어 줍니다.

① 최고의 쾌락을 누리기 위해 명예와 권력을 추구해야 한다.
② 불필요한 욕심을 버리고 절제하며 검소하게 살아가야 한다.
③ 필수적이지 않지만 자연적인 욕구를 최대한 충족해야 한다.
④ 공적인 삶을 살기 위해 사회 활동에 적극적으로 참여해야 한다.
⑤ 고통에서 벗어나기 위해 감각적이고 순간적인 쾌락을 추구해야 한다.

02

▶ 25057-0070

고대 서양 사상가 갑, 을의 입장으로 옳은 것만을 〈보기〉에서 있는 대로 고른 것은?

갑: 우리는 쾌락을 첫 번째 선이라고 인식한다. 하지만 모든 쾌락을 선택하는 것은 아니며, 어떤 때는 쾌락의 결과로 더 큰 불편이 생겨날 때 많은 쾌락들을 그냥 지나친다. 이와 마찬가지로 고통이 비록 나쁜 것이지만 어떤 때는 고통을 쾌락보다 더 낫다고 생각하기도 한다. 왜냐하면 오랫동안 고통을 참았을 때 더 큰 쾌락이 오는 경우가 있기 때문이다. 따라서 우리는 쾌락과 고통을 비교하여 이득이 되는 것과 해가 되는 것을 고려해야 한다.

을: 어떤 쾌락의 인상에 사로잡혔을 때, 다른 인상들의 경우에서와 마찬가지로 그것에 의해서 휩쓸리지 않도록 자기 자신을 경계해야 한다. 그리고 쾌락을 즐길 때와 쾌락을 즐긴 다음에 후회하고 자기 자신에 대해서 비난하게 될 때를 비교해야 한다. 쾌락을 취할 적절한 때가 온 것처럼 보일 때에도 유혹과 이끌림에 굴복하지 않도록 주의해야 하며 이성에 따르는 금욕적인 삶을 추구해야 한다.

보기

ㄱ. 갑: 고통을 제거하기보다 쾌락을 적극적으로 추구해야 한다.
ㄴ. 을: 부동심의 경지에 이르기 위해 모든 감정을 부정해야 한다.
ㄷ. 을: 자신에게 주어진 조건과 상황을 운명으로 받아들여야 한다.
ㄹ. 갑과 을: 행복한 삶을 영위하기 위해서는 이성적 판단이 필요하다.

① ㄱ, ㄴ　② ㄱ, ㄷ　③ ㄷ, ㄹ
④ ㄱ, ㄴ, ㄹ　⑤ ㄴ, ㄷ, ㄹ

정답과 해설 20쪽

03

▸ 25057-0071

(가)의 고대 서양 사상가 갑, 을의 입장을 (나) 그림으로 탐구하고자 할 때, A~C에 들어갈 질문으로 옳은 것은?

(가)

갑: 사려 깊고 정의롭게 살지 않고서 즐겁게 사는 것은 불가능하며, 반대로 즐겁게 살지 않고서 사려 깊고 정의롭게 사는 것도 불가능하다. 덕은 본성적으로 즐거운 삶과 연결되어 있으며, 즐거운 삶은 덕과 분리될 수 없다. 우리의 행동을 결정할 힘은 우리 안에 있다. 우리 힘에 의해 생겨나는 일은 다른 주체를 가지지 않는다.

을: 덕의 바탕은 욕구를 이성에 순종하게 하는 것인데, 이성은 신과 인간, 세계에 공통된 것이며 신 자신도 이성에 순종한다. 덕 중에서 지혜란 각 사물의 원인이 되는 것은 무엇인지, 즉 인과 관계를 인식하는 능력이다. 덕 중에서 인내란 혼란된 마음의 동요를 억제하고, 본능적인 욕구를 이성에 복종시키는 능력이다.

(나)

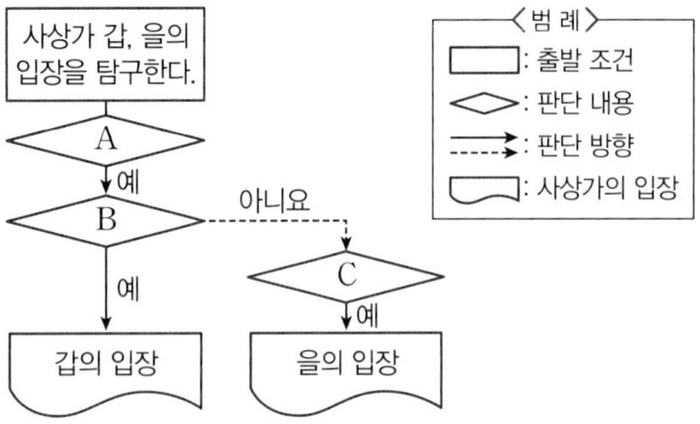

① A: 세상의 모든 일들은 신의 예정에 따라 일어나는가?
② B: 이성을 통해 자연의 필연적 질서를 파악할 수 있는가?
③ B: 즐거운 삶이 아니라 사려 깊고 정직한 삶을 추구해야 하는가?
④ C: 이성은 신과 자연에 존재하지 않는 인간의 고유한 본성인가?
⑤ C: 어떤 상황에서도 동요하지 않는 정신 상태를 추구해야 하는가?

04

▸ 25057-0072

다음을 주장한 고대 서양 사상가의 입장으로 옳은 것은?

불의를 행하는 자는 신을 거스르는 자이다. 왜냐하면 우주의 본성은 인간으로 하여금 그들의 공과에 따라서 서로 돕도록 만들어졌으며, 결코 서로 침범하도록 만들어진 것은 아니기 때문이다. 그러므로 자연의 의사를 해치는 사람은 분명히 최고의 신성을 모독하는 죄에 빠진다. 그리고 거짓말을 하는 자도 이런 죄를 범하게 된다. 왜냐하면 우주의 본성은 이성이며, 현재 있는 그대로의 사물의 본성이기 때문이다. 이성에 어긋나는 일을 위해 자기의 욕망을 움직이는 자는 진위를 분별하는 능력을 미리 자연으로부터 부여받았으면서도 게으름으로 인해 이를 분별하지 않기 때문에 우주의 법칙과 충돌하게 된다. 그리고 쾌락을 선으로 추구하고, 괴로움을 악으로 회피하는 것 또한 모독죄에 해당된다.

① 평온한 삶을 위해 쾌락을 최고선으로 추구해야 한다.
② 이성을 따르는 삶과 신의 섭리를 따르는 삶은 별개이다.
③ 자유 의지를 통해 자신에게 주어진 운명을 바꾸어야 한다.
④ 비자연적 정념이 아니라 자연적 정념의 지배를 받아야 한다.
⑤ 인간은 자연의 필연적 질서를 파악하고 따를 수 있는 존재이다.

05

▸ 25057-0073

다음을 주장한 중세 서양 사상가의 입장만을 〈보기〉에서 있는 대로 고른 것은?

- 하늘에서 대지에 이르기까지 정연하게 나누어진 모든 원소, 그리고 그 속에 존재하는 모든 물체와 양분을 흡수해 존재를 유지하는 식물, 감각을 지닌 동물, 지성으로써 인식하는 인간과 같은 모든 생명은 순수하게 존재하는 신 없이는 있을 수 없다.
- 두 개의 사랑이 두 개의 나라를 이루었다. 신을 멸시함에까지 이르는 자기 사랑이 지상의 나라를 만들었고, 자신을 멸시하면서까지 신을 사랑하는 사랑이 천상의 나라를 만들었다. 지상의 나라는 사람들에게서 영광을 구하고, 천상의 나라는 신을 가장 큰 영광으로 여긴다.

보기

ㄱ. 신이 만든 피조물 그 자체에 대한 사랑만이 올바른 사랑이다.
ㄴ. 신은 가장 완전하고 선한 존재이자 조화로운 자연 그 자체이다.
ㄷ. 천상의 나라는 최고선인 신의 법에 따라 사는 사람들의 나라이다.
ㄹ. 지상의 나라에 사는 인간도 신을 사랑하면 천상의 나라에 속할 수 있다.

① ㄱ, ㄴ ② ㄱ, ㄷ ③ ㄷ, ㄹ
④ ㄱ, ㄴ, ㄹ ⑤ ㄴ, ㄷ, ㄹ

06

▸ 25057-0074

다음은 고대 서양 사상가 갑, 중세 서양 사상가 을의 가상 대화이다. 을의 입장에서 갑의 입장에 대해 제기할 수 있는 비판으로 가장 적절한 것은?

갑: 개별적인 사물은 변화하며 우리가 눈으로 볼 수 있습니다. 그러나 이데아는 불변하며 오직 이성의 사유에 의해서만 파악될 수 있습니다. 각각의 사물에는 이데아가 있으며 최고의 이데아는 선(善)의 이데아입니다.

을: 이데아는 그것이 무엇이든, 어떤 방법으로 존재하든, 어떤 본성이든 존재하는 한 불변적으로 있기에 진정으로 존재하는 신을 통해서만 실존할 수 있습니다. 이데아는 만물을 창조한 신의 정신 안에 있습니다.

① 선의 이데아를 모방하고 지향하는 삶이 바람직함을 간과한다.
② 신에 대한 이성적 인식만으로 참된 행복을 실현할 수 있음을 간과한다.
③ 선의 이데아가 사물들 각각의 이데아가 존재하게 하는 원인임을 간과한다.
④ 이데아는 감각적 경험이 아니라 오직 이성을 통해서만 파악됨을 간과한다.
⑤ 이성만으로 진리를 온전히 인식할 수 없으며 신의 조명이 필수적임을 간과한다.

07

▸ 25057-0075

(가)의 고대 서양 사상가 갑, 중세 서양 사상가 을의 입장을 (나) 그림으로 표현할 때, A~C에 해당하는 적절한 진술만을 〈보기〉에서 있는 대로 고른 것은?

(가)

갑: 행복은 완전하고 자족적인 것으로 행위를 통해 성취할 수 있는 것들의 목적이다. 무엇이 행복인지를 알려면 인간의 기능에 대해서 생각해 보아야 한다. 인간의 기능은 이성을 동반하는 영혼의 활동과 행위로 규정할 수 있으며, 고유한 덕에 따라 수행될 때 완성된다. 따라서 행복은 덕에 따르는 영혼의 활동이라고 할 수 있다.

을: 종교적 덕들은 다른 덕들보다 반드시 선행한다. 왜냐하면 종교적 덕들의 대상이 궁극적 목적, 즉 모든 실천적인 주제들에 있어서 행위의 원리가 되는 목적이기 때문이다. 궁극적 목적은 신앙을 통해 지성에 있게 되고 소망과 사랑을 통해 의지에 있게 된다. 자연적 덕으로는 소망과 사랑에 의해 추구되는 행복의 대상인 신을 얻을 수 없다.

(나)

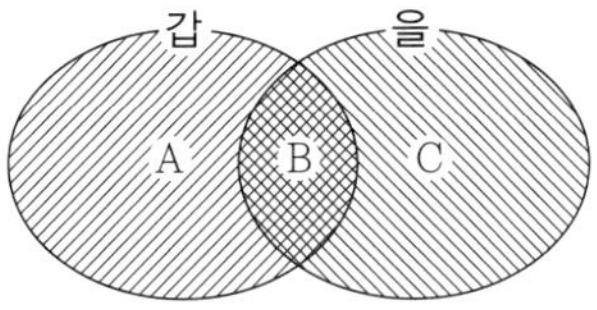

〈범 례〉
A: 갑만의 입장
B: 갑과 을의 공통 입장
C: 을만의 입장

보기

ㄱ. A: 행복을 위한 최고의 덕은 고귀한 대상에 대한 관조적 활동의 덕이다.
ㄴ. B: 완전한 행복은 내세가 아니라 현세에서 성취될 수 있다.
ㄷ. B: 인간의 궁극적 목적인 행복을 실현하려면 반드시 덕이 필요하다.
ㄹ. C: 이성과 신앙은 모순되지 않고 서로 간에 어떠한 우열도 없다.

① ㄱ, ㄷ ② ㄴ, ㄷ ③ ㄴ, ㄹ
④ ㄱ, ㄴ, ㄹ ⑤ ㄱ, ㄷ, ㄹ

08

▸ 25057-0076

다음을 주장한 중세 서양 사상가가 긍정의 대답을 할 질문만을 〈보기〉에서 고른 것은?

- 세계가 신의 섭리에 의해서 지배된다는 사실을 받아들인다면 우주의 모든 공동체가 신의 마음에 의해서 지배된다는 것은 자명하다. 신의 마음은 단지 시간상의 것이 아니라 영원한 개념이기 때문에 이로부터 생겨난 법 또한 영원하다고 할 수 있다.
- 자연적 성향들은 우리로 하여금 선을 향하게 하고 신이 우리에게 선한 것으로 규정한 목적들을 향하게 하는데, 또한 그것은 곧 인간의 본성을 완성하는 방법이기도 하다. 이러한 자연적 성향에 대하여 성찰함으로써 우리는 신이 우리에게 무엇을 원하는지를 깨닫게 되며, 신이 우리를 창조하면서 부여한 인간의 본질 또는 이상을 깨닫게 된다. 그리고 이러한 범위 안에서 우리는 신의 영원한 법칙을 인식할 수 있다.

보기

ㄱ. 영원법은 인간의 이성에 의해 인식된 자연법에 기초하는가?
ㄴ. 이성에 의해 파악된 자연적 성향을 따르는 것이 도덕적 의무인가?
ㄷ. 동식물과 달리 인간의 자연적 성향에만 영원법이 반영되어 있는가?
ㄹ. 인간에게는 사회적 공동체에서 살고자 하는 자연적 성향이 있는가?

① ㄱ, ㄴ ② ㄱ, ㄷ ③ ㄴ, ㄷ ④ ㄴ, ㄹ ⑤ ㄷ, ㄹ

09

▸ 25057-0077

중세 서양 사상가 갑, 을의 입장으로 옳은 것은?

갑: 신에게 맞서는 것은 자연적 본성이 아니라 결함이며, 그 결함은 악이므로 곧 선의 결여이다. 악한 의지가 원인이 되어 결함이 생긴 자연적 본성일지라도 결함이 많으면 많을수록 악하지만, 그 자연적 본성만은 선하다. 인간이 벌을 받는다는 것은 자연적 결함 때문이 아니라 의지적 결함, 악덕 때문이라고 할 수 있다. 습관이나 습성이 된 결함일지라도 그것은 자유 의지에서 태어난다.

을: 본성적 선은 덕으로 이끌리는 자연적 성향이다. 그런데 사람이 덕에 끌리는 이유는 사람이 이성적이기 때문이다. 이성에 일치하여 행동하려는 사람은 덕스럽게 행하고자 한다. 한편 사람은 이성적 본성 없이 죄를 지을 수는 없다. 하지만 죄는 사람으로부터 이성적 본성을 완전히 빼앗을 수 없다. 그러므로 덕으로 이끌리는 자연적 성향은 완전히 파괴될 수 없으며 자연법에 귀속된다.

① 갑: 인간과 달리 최고선인 신에게는 결함이 있을 수 없다.
② 갑: 신은 선악을 포함하여 만물을 창조한 절대적 존재이다.
③ 을: 자연의 모든 만물은 이성이라는 자연적 본성을 따른다.
④ 을: 자연적 성향은 이성에 의해 악으로 이해되고 회피의 대상이 된다.
⑤ 갑과 을: 인간은 원죄를 지니고 있으므로 자유 의지를 행사할 수 없다.

10

▸ 25057-0078

다음 가상 편지를 쓴 그리스도교 사상가의 입장으로 옳은 것은?

○○에게
자네가 며칠 전에 신이 부여한 소명(召命)이 무엇인지 궁금해하기에 이렇게 편지를 쓰네. 신은 일찍이 자신의 영원불변한 진리를 통해 구제하고자 하는 자들과 파멸에 이르고자 하는 자들을 결정했다네. 이 모든 것은 내밀하고 신의 섭리에 의해 이루어지며 정당하고 공평하다네. 그러므로 우리는 신이 그의 부름에 주목할 것을 명령하고 있다는 점을 기억해야 하네. 신은 여러 가지 삶의 계층과 삶의 양식들을 구분해 놓음으로써 각 사람이 해야 할 일의 순서를 정해 두고, 그 같은 삶의 양식들을 소명이라 명했다네. 그러므로 각 사람들은 자기 자신의 위치를 신이 정한 초소라고 생각해야 한다네.

① 신이 부여한 소명인 직업에는 귀천이 존재한다.
② 인간의 노동은 원죄로 인해 신이 내린 형벌일 뿐이다.
③ 인간은 선행의 실천을 통해 자신의 구원을 획득할 수 있다.
④ 직업은 지상에서 이웃 사랑과 신의 영광을 실현하는 수단이다.
⑤ 직업에서의 성공은 구원에 대한 신의 결정을 변화시킬 수 있다.

THEME 09

도덕적 판단과 행동의 근거: 이성과 감정

1 근대 서양 윤리 사상의 등장 배경

(1) **르네상스:** 인간의 개성을 존중하고 현실을 중시하며, 합리적 사고와 경험을 중시하는 사고방식을 확산시킴

(2) **종교 개혁:** 가톨릭의 권위주의적 전통을 무너뜨리고 개인의 신앙의 자유를 중시하는 분위기를 형성함

(3) **자연 과학의 발달:** 기존의 형이상학적이거나 신학적인 세계관을 대체하는 과학적 세계관을 제공함

2 근대 서양 사상의 두 유형

(1) 이성주의와 경험주의

구분	이성주의	경험주의
지식의 근원	이성 → 논리적 추론을 통해 얻은 지식을 중시함	경험 → 관찰이나 실험을 통해 얻은 지식을 중시함
진리 탐구 방법	연역법	귀납법
대표자	데카르트, 스피노자	베이컨, 흄

(2) 연역법과 귀납법

구분	연역법	귀납법
의미	일반적인 원리로부터 논리적 추론을 통해 개별적인 이치를 알아내는 방법	개별적인 사실들에 대한 관찰과 실험을 통해 일반적인 원리를 찾아내는 방법
한계	• 새로운 지식의 확장을 가져다주지 않음 • 경험적 검증을 경시함으로써 공허하거나 사변적인 추론이 될 수 있음	• 성급한 일반화의 오류에 빠질 수 있음 • 높은 개연성을 지닌 지식은 제공할 수 있으나 필연적 진리를 정립할 수 없음

3 데카르트와 베이컨

(1) **데카르트:** 근대 이성주의의 기초를 닦은 철학자

① 감각적 경험 비판: 감각적 경험을 통해 얻은 지식은 주관적이고 상대적이어서 명백한 진리로 믿을 수 없음 → 이성적 추론을 통해서 얻은 지식만이 확실하고 참된 지식임

② 방법적 회의(懷疑): 확실한 지식을 연역해 내기 위해서는 절대로 의심할 수 없는 명제를 그 출발점으로 삼아야 하며, 이러한 명제를 찾기 위해서는 의심할 수 있는 모든 것을 의심해 보아야 함

③ 철학의 제1원리: "나는 생각한다. 그러므로 나는 존재한다." → 모든 것을 의심할 수 있지만 의심(생각)하고 있는 내가 존재한다는 사실은 의심할 수 없는 확실한 것임

> 모든 지식이 더 이상 의심할 수 없는 가장 단순한 원리로부터 도출되어야 한다면 우선 그 출발점이 얼마나 확고한 기초 위에 서 있는가를 따져 보아야 할 것이다. 그렇다면 과연 무엇이 확실하다고 할 것인가? 이 문제를 좀 더 조심스럽게 다루기 위하여 일단 나는 그 어떤 것도 확실하다고 보지 않을 것이다. …(중략)… 그런데 내가 아무리 모든 것을 회의하는 데서 철학적 탐구를 시작한다고 할지라도 끝내 더 이상 의심할 수 없을 뿐만 아니라 오히려 의심하면 할수록 더욱 확실한 것으로 나타나는 것이 한 가지가 있다. 그것은 바로 내가 지금 이 순간에도 의심하고 있다는 것, 다시 말해 생각하고 있다는 것이다.
>
> – 데카르트, 『방법 서설』 –

(2) **베이컨:** 근대 경험주의의 선구자

① 자연 과학적 지식의 유용성 강조: 자연 과학적 지식을 참된 지식으로 보고, 이러한 지식을 통해 자연을 지배하고 인간의 생활 방식을 개선할 수 있다고 믿음 → '아는 것이 힘이다.'

② 새로운 진리 탐구 방법 주창: 실험과 지성을 중시하는 참된 귀납법을 제시함

자료와 친해지기 | 베이컨의 우상론

> 인간의 지성을 고질적으로 사로잡고 있는 우상과 그릇된 관념들은 인간의 정신을 혼미하게 할 뿐만 아니라, 우리가 얻을 수 있는 진리조차도 얻을 수 없게 만든다. 그러므로 인간이 모든 가능한 수단을 동원해 용의주도하게 그러한 우상들로부터 자신을 지키지 않는 한, 학문을 혁신하려고 해도 곤경에 빠지고 말 것이다. 인간의 정신을 사로잡고 있는 우상에는 네 종류가 있다. 이름을 짓자면 첫째는 '종족의 우상'이요, 둘째는 '동굴의 우상'이요, 셋째는 '시장의 우상'이요, 넷째는 '극장의 우상'이다. 이러한 우상들을 몰아낼 수 있는 유일한 대책은 참된 귀납법으로 개념과 공리를 형성하는 것이다. 그러나 그러한 우상들을 찾아내는 것만 해도 대단히 유익한 일이다. 소피스트의 궤변을 연구하면 논리학 공부에 도움이 되는 것처럼, 우상에 대한 올바른 연구 역시 자연에 대한 해석에 도움이 된다.
>
> – 베이컨, 『신기관』 –

베이컨은 인간이 참된 지식을 얻으려면 자연을 있는 그대로 바라보아야 한다고 보았다. 그는 참된 지식을 얻기 위해 인간이 지닌 선입견과 편견을 없애야 한다고 주장하였다. 선입견과 편견이 자연에 관한 참된 인식을 방해할 수 있기 때문이다. 베이컨은 이러한 선입견과 편견을 우상이라고 부르면서 이를 타파해야 한다고 강조하였다.

③ 우상론: 자연에 대한 참된 인식을 방해하는 선입견과 편견을 우상(偶像)에 비유하고 이를 타파할 것을 역설함

종족의 우상	인간성 그 자체, 즉 인간이라는 종족 그 자체에 뿌리를 박고 있는 편견 예 인간의 감각이 만물의 척도이다.
동굴의 우상	개인의 특수한 기질, 경험, 교육 등에서 비롯된 편견 예 내가 보건대, 참나무가 제일 단단하다.
시장의 우상	언어에 대한 잘못된 인식이나 오용에서 비롯된 편견 예 '인어'라는 말이 있는 걸 보니 인어는 있다.
극장의 우상	전통, 학설 등에 대한 무비판적인 믿음에서 비롯된 편견 예 위대한 플라톤의 주장에 의문을 제기해서는 안 된다.

4 스피노자의 이성 중심 윤리 사상

(1) 신에 대한 견해

① 신은 자연 바깥에 존재하는 초월적 창조자가 아니라 자연 그 자체라고 봄

② 신, 즉 자연은 유일한 실체(實體, substance)이고, 인간을 포함하여 자연의 개별 사물은 하나의 실체가 보여 주는 여러 가지 모습인 양태(樣態, mode)라고 주장함

> 생산하는 자연[能産的 自然(능산적 자연)]은 그 자체 안에 존재하며 그 자신에 의해서 파악되는 것, 또는 영원하고 무한한 본질을 표현하는 실체의 속성, 즉 신으로 이해되지 않으면 안 된다. 이에 비해 생산된 자연[所産的 自然(소산적 자연)]은 신의 본성이나 신의 각 속성의 필연성에서 생기는 모든 것, 즉 신 안에 존재하며 신 없이는 존재할 수도 파악될 수도 없는 것, 다시 말해 신의 속성의 모든 양태로 이해되어야 한다.
>
> – 스피노자, 『윤리학』 –

(2) 필연론

① 우주는 수학적 질서에 따라 움직이는 하나의 거대한 기계이며, 세계의 모든 일은 원인과 결과에 의해 필연적으로 연결되어 있다고 봄

② 필연성에서 벗어나 자유 의지를 가지는 것은 불가능하다고 봄

> 자연은 필연적 질서에 따라 움직이는 거대한 기계이다. 모든 것은 신의 본성에서 생기며, 자연의 영원한 법칙과 규칙에 따라 행해짐을 완전히 이해하는 사람은 어떤 사람도 연민의 대상으로 여기지 않을 것이다. 정념에 의해서는 우리가 선하다고 확실히 아는 어떤 것도 행하지 못할 뿐만 아니라 거짓된 눈물에 쉽게 속기 때문이다.
>
> – 스피노자, 『윤리학』 –

(3) 정념의 속박과 최고의 행복

① 정념에 속박된 사람은 외부 원인에 휘둘리고 수동적인 삶을 살게 되며, 자신에게 좋은 것을 알더라도 그것을 하지 못할 수 있다고 봄

② 정념의 속박에서 벗어나 자유로운 삶을 살기 위해서는 이성을 계발하고 이성이 인도하는 삶을 살아야 한다고 주장함

③ 최고의 행복: 이성을 온전히 사용하여 만물의 궁극적 원인인 신, 즉 자연과 이 원인으로부터 사물들이 발생하는 필연적인 인과 질서를 인식함으로써 도달하게 되는 마음의 안정과 평화가 최고의 행복임 → 모든 것을 이성적으로 인식하는 데서 최고의 행복을 누릴 수 있음

> 삶에서 무엇보다 유익한 것은 가능한 한 지성이나 이성을 완전하게 하는 것이며, 오로지 이것에 인간의 최상의 행복, 즉 지복(至福)이 존재한다. 지복이란 신의 직관적 인식에서 생기는 정신의 만족에 불과하다. 그리고 지성을 완전하게 하는 것은 신과 신의 본성의 필연성에서 생기는 활동을 파악하는 것에 불과하다. 그러므로 이성에 따라 인도되는 인간의 궁극 목적, 즉 그로 하여금 여타의 모든 욕망을 통솔하게끔 하는 최고의 욕망은 그 자신과 그의 인식에 속할 수 있는 모든 것을 타당하게 파악하도록 하는 욕망이다.
>
> – 스피노자, 『윤리학』 –

자료와 친해지기 스피노자의 덕에 대한 입장

> 이성은 자연에 반대되는 것을 아무것도 요구하지 않으므로 이성은 모든 사람들이 자기 자신을 사랑하거나 자기의 이익, 즉 자기에게 참으로 이익인 것을 추구하는 것 그리고 진실로 인간을 더 큰 완전성으로 이끌어 주는 모든 것을 욕구하거나 일반적으로 말해서 각자가 자기 안에 있는 한 가지의 존재를 유지하도록 노력하는 것을 요구한다. 이는 확실히 전체가 그것의 부분보다 더 크다는 사실과 마찬가지로 필연적으로 참이다. 다음으로 덕은 고유한 본성의 법칙에 따른 작용에 불과하며, 누구든지 고유한 본성의 법칙에 따라서만 자신의 존재를 유지하려고 하므로 이로부터 다음과 같은 결론이 나온다. 첫째, 덕의 기초는 고유한 존재를 유지하려는 노력 자체이며, 행복은 인간이 자신의 존재를 유지할 수 있는 것 안에서 성립한다. 둘째, 덕은 그 자체를 위해서 추구되어야 하며, 덕 자체보다 더 가치 있는 것 또는 우리들에게 덕보다 더 가치 있는 것, 그것 때문에 덕을 추구해야만 한다는 것은 결코 존재하지 않는다는 결론이 나온다.
>
> – 스피노자, 『윤리학』 –

스피노자는 인간이 자연의 일부로서 자연법칙에 따라 살고 있으며, 자연의 다른 존재와 마찬가지로 자기를 보존하기 위해 노력한다고 보았다. 따라서 덕은 자기 보존을 위한 노력이며, 행복은 자기 보존을 유지할 때 가능하다고 주장하였다.

5 흄의 감정 중심 윤리 사상

(1) 감정 중시

① 도덕적 가치: 덕과 부덕은 이성적으로 판단되는 것이 아니라, 어떤 사람의 행위나 품성을 바라볼 때 느끼는 시인(是認)의 감정이나 부인(否認)의 감정을 표현한 것임 → 인격과 행위에 대한 시인과 부인의 감정은 개인의 주관적 감정이 아니라 공통으로 느끼는 사회적 감정임

② 도덕적 실천의 동기: 감정은 도덕적 실천의 직접적 동기가 될 수 있지만 이성은 그렇지 못함 → 도덕적 판단과 행위에서 중요한 것은 이성이 아니라 감정임

> 인간 행위의 궁극적 목적들은 어떤 경우에도 이성으로 설명할 수 없고, 그 궁극적 목적들에 대한 설명은 지성의 능력에 전혀 의존하지 않는 인간의 정감과 감정에 전적으로 맡겨야 하는 것이 명백해 보인다. 왜 운동을 하느냐고 어떤 사람에게 물어보라. 그는 자기의 건강을 지키기 원하기 때문이라고 대답할 것이다. 그리고 이어서 왜 건강하기를 원하느냐고 묻는다면, 그는 아픈 것이 고통스럽기 때문이라고 곧바로 응답할 것이다. 당신이 계속해서 질문하여 왜 고통을 싫어하는지 이유를 알고 싶어 하면, 그는 어떤 이유도 제시할 수 없을 것이다. 이것은 궁극적인 목적이며, 어떠한 다른 대상에게서도 절대로 그 원인을 찾을 수 없다.
>
> – 흄, 『도덕 원리에 관한 연구』 –

③ 도덕성의 기초: 다른 사람의 행복과 불행을 함께 느낄 수 있는 공감(共感)의 능력에 기반한 시인과 부인의 감정이 도덕성의 기초임 → 사회적으로 유익한 것에 대해 사회적인 시인의 감정을 갖는 것은 공감 능력 때문임

> 도덕은 인류에게 공통적인 어떤 정서를 함축한다. 이 정서는 동일한 대상을 우리 모두가 시인하도록 만들며, 대상과 관련된 의견과 판단에 있어서 일치를 보이도록 만든다. 도덕은 매우 보편적이고 포괄적이어서 모든 인류에게 확장될 수 있는 정서를 함축하며, 우리로부터 가장 멀리 떨어져 있는 사람들의 행위조차도 우리의 칭찬이나 비난의 대상이 되도록 만든다.
>
> – 흄, 『도덕 원리에 관한 연구』 –

(2) 회의주의적 인식론

① 인과 관계는 우리가 반복적으로 관찰함으로써 알게 된 것일 뿐, 우리는 원인과 결과의 실제적 결합을 알 수 없음

② 자아에 대한 인식도 감각적 지각일 뿐, 우리는 자아 그 자체를 알 수 없음

> 언제나 함께 결합되어 있으면서 과거의 모든 사례들에서 분리될 수 없는 것으로 알려진 어떤 대상들을 제외하면, 우리는 원인과 결과에 대해서 전혀 알 수 없다. 우리는 그와 같은 결부(結付)의 이유를 꿰뚫어 볼 수 없다. 우리는 사물 자체를 관찰할 뿐이며, 언제나 항상적 결부로부터 상상력 안에서 대상들이 합일된다는 것을 발견한다. 즉 어떤 것의 인상이 우리에게 나타나게 될 때, 우리는 곧 그 인상을 늘 수반하는 것에 대한 관념을 형성한다. 그러므로 원인과 결과는 정신 안에 있는 대상들을 조합할 뿐이지, 그 대상들의 범위를 확장할 수는 없다.
>
> – 흄, 『인간 본성에 관한 논고』 –

(3) 영향: 사회적 차원의 이익을 부각시키는 계기를 제공함으로써 공리주의 윤리 사상의 모태가 됨

6 이성주의와 경험주의의 영향

(1) 이성주의의 영향

① 인간의 이성을 도덕과 행복의 기반으로 봄

② 실천 이성에 근거해서 보편적인 도덕 법칙을 수립하고자 노력한 칸트의 윤리 사상에 큰 영향을 줌

(2) 경험주의의 영향

① 도덕의 불변성이나 이상의 추구보다는 현실적 문제의 해결과 사회적 이익의 극대화를 추구하는 사상에 영향을 줌

② 사회적 행복에 유용한 행위를 강조한 흄의 윤리 사상은 공리주의의 사상적 뿌리가 되었고, 관찰과 실험을 중시하는 경험론의 관점은 실용주의 윤리 사상의 형성에 영향을 줌

자료와 친해지기 | 흄의 정의에 대한 입장

> 일상생활에서도 우리는 매 순간 공적 효용의 원리에 의지해 다음과 같이 묻는다. 만약 이러한 관행이 유지된다면, 세상이 어떻게 될 것인가? 어떻게 사회가 이러한 무질서 아래서 존속할 수 있겠는가? 만약 소유물의 구별이나 분할이 전혀 쓸모가 없었다면, 누가 그것이 언제나 사회에서 통용되었어야 한다고 생각할 수 있겠는가? 이리하여 우리는 여기서 역설한 원리의 위력을 대략 알게 된 듯하고, 공익과 효용에 대한 반성으로부터 어느 정도의 존경과 도덕적 승인이 나올지를 알아낼 수 있다. 사회 유지를 위한 정의의 필요성이 그 덕의 유일한 토대이다. 그리고 이 덕보다 더 높은 존경을 받는 도덕적 탁월성은 없으므로, 이 유용성이라는 여건이 일반적으로 우리의 감정에 가장 강력한 화력을 주고 아주 완전한 지배력을 지닌다는 결론을 내릴 수 있다. 따라서 유용성은 신의, 정의, 정직, 진실성 그리고 여타 존경할 만하고 쓸모 있는 성질과 원리에 대한 도덕적 승인의 유일한 원천인 것처럼, 그것은 필시 인간애, 자비심, 우정, 공공심 그리고 이러한 종류의 다른 사회적 덕들에 있다고 여기는 장점의 중요한 원천이기도 한다.
>
> – 흄, 『도덕 원리에 관한 연구』 –

흄은 인간이 정의와 같은 사회적 덕들에 대해 도덕적 시인(是認)을 하게 되는 것은 그러한 덕들이 가진 공적 효용 때문이라고 보았다. 그는 정의가 인간의 복리와 사회의 이익을 위한 규칙이라고 주장하였다.

수능 실전 문제

정답과 해설 22쪽

01

▶ 25057-0079

근대 서양 사상가 갑, 을의 입장으로 옳은 것은?

> 갑: 인간 인식의 범위 내에 있을 수 있는 모든 것들은 같은 방식으로 서로 이어져 있으므로 그것들을 서로 연역하는 데 필요한 순서를 항상 지키기만 한다면 마침내 도달하지 못할 정도로 멀리 떨어진 것은 있을 수 없고, 발견하지 못할 정도로 숨겨진 것은 있을 수 없다. 나는 진리를 탐구하려면 가장 단순하고 가장 인식하기 쉬운 것부터 시작해야 한다는 것을 알고 있었다. 그래서 먼저 철학의 확실한 원리를 수립하는 일에 힘써야 한다고 생각했다.
>
> 을: 내가 말하는 귀납법은 단순 나열의 유치한 귀납법이 아니다. 단순 나열의 귀납법은 보통 소수의 사례, 그것도 쉽게 얻을 수 있는 사례들 중 특히 두드러진 사례들만 가지고 판단하기 때문에 믿을 만한 결론을 내릴 수 없다. 그뿐만 아니라 단 하나라도 반대 사례가 나타나면 결론이 당장 무너지게 되는 위험성이 있다. 학문과 기술의 발견 및 증명에 유용한 참된 귀납법은 적절한 배제에 의해 자연을 분해한 다음, 부정적 사례를 필요한 만큼 수집한 후 긍정적 사례에 대해 결론을 내리는 것이다.

① 갑: 감각적 경험에 기반을 두지 않은 판단은 참된 지식이 아니다.
② 갑: 자명한 진리로부터 논리적 추리를 통해 각 사물의 진리를 찾아야 한다.
③ 을: 자연에 대해 객관적으로 탐구하기 위해 지성의 개입을 방지해야 한다.
④ 을: 우상(偶像)을 바탕으로 자연을 인식하고 인간의 생활 방식을 개선해야 한다.
⑤ 갑과 을: 편견 없이 자연을 있는 그대로 관찰하면 일반적 원리를 얻을 수 있다.

02

▶ 25057-0080

다음은 고대 서양 사상가 갑, 근대 서양 사상가 을의 가상 대화이다. 갑, 을의 입장으로 옳지 <u>않은</u> 것은?

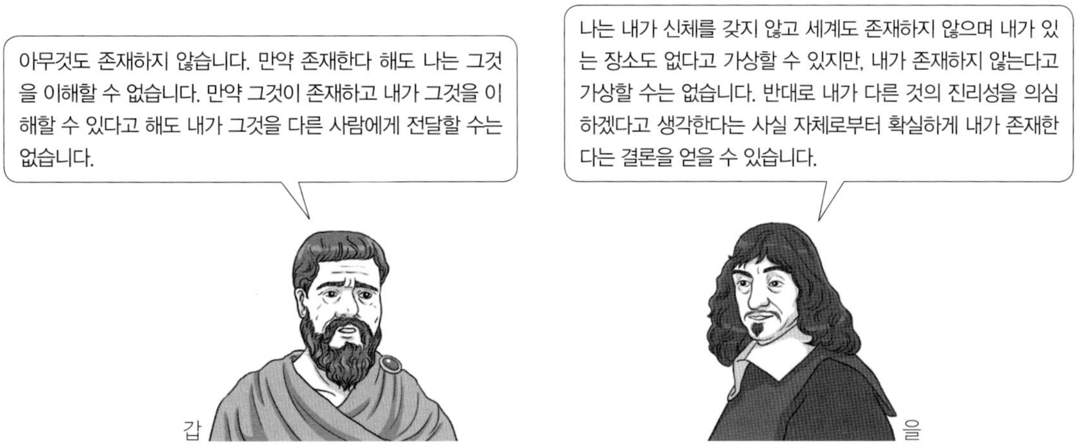
아무것도 존재하지 않습니다. 만약 존재한다 해도 나는 그것을 이해할 수 없습니다. 만약 그것이 존재하고 내가 그것을 이해할 수 있다고 해도 내가 그것을 다른 사람에게 전달할 수는 없습니다.
나는 내가 신체를 갖지 않고 세계도 존재하지 않으며 내가 있는 장소도 없다고 가상할 수 있지만, 내가 존재하지 않는다고 가상할 수는 없습니다. 반대로 내가 다른 것의 진리성을 의심하겠다고 생각한다는 사실 자체로부터 확실하게 내가 존재한다는 결론을 얻을 수 있습니다.
갑
을

① 갑: 지식의 존재 여부를 확실하게 증명할 방법은 찾을 수 없다.
② 갑: 다른 사람에게 자신이 인식한 지식을 전달하는 것은 불가능하다.
③ 을: 세계의 모든 것을 의심하더라도 부정할 수 없는 명제가 존재한다.
④ 을: 철학의 제1원리에서 탐구를 시작해야 방법적 회의를 실현할 수 있다.
⑤ 갑과 을: 지식의 인식 가능성에 대한 철학적 탐구가 필요하다.

03

▸ 25057-0081

고대 서양 사상가 갑, 근대 서양 사상가 을의 입장으로 옳은 것만을 〈보기〉에서 고른 것은?

> 갑: '인간 자체'나 '인간'에 있어서 하나의 동일한 설명, 즉 인간에 대한 설명이 적용되는 한, 그들의 '무엇 자체'가 도대체 무엇을 의미하는지에 대해 의문을 제기할 수 있다. 왜냐하면 '인간 자체'나 '인간' 모두 인간인 한에 있어서는 아무 차이가 없기 때문이다. 만약 그렇다고 한다면 '좋음 자체'나 '좋음' 역시 좋음인 한에서 아무 차이가 없을 것이다. 또한 좋음 자체가 영원하다는 이유는 더 좋은 것일 수도 없을 것이다.
> 을: 지성은 어떤 철학 체계에 동의하기에 앞서, 먼저 그 철학이 무절제한 것은 아닌지를 주의 깊게 살펴보아야 한다. 왜냐하면 그런 무절제한 철학들은 우상(偶像)을 고착화하고 영속화해서 그 우상으로부터 벗어나는 길을 차단하고 말기 때문이다. 이러한 무절제 중의 하나는 무엇이든 성급하게 결정을 내리는 바람에 학문을 단정적이고 독단적인 것으로 만들고 마는 사람들의 무절제이다.

보기

ㄱ. 갑: 인간이 추구하는 좋음에는 위계가 존재하지 않는다.
ㄴ. 을: 인간의 선입견은 자연에 관한 참된 인식의 바탕이 된다.
ㄷ. 을: 삼단 논법과 같은 추론으로는 새로운 지식을 획득할 수 없다.
ㄹ. 갑과 을: 인간이 경험할 수 있는 세계에 진리가 존재한다.

① ㄱ, ㄴ ② ㄱ, ㄷ ③ ㄴ, ㄷ ④ ㄴ, ㄹ ⑤ ㄷ, ㄹ

04

▸ 25057-0082

다음을 주장한 근대 서양 사상가의 입장만을 〈보기〉에서 있는 대로 고른 것은?

> 코나투스(conatus)가 정신에만 관계될 때에는 의지라고 일컬어지지만, 그것이 정신과 신체에 동시에 관계될 때에는 욕구라고 일컬어진다. 그러므로 욕구는 자기 보존에 유용한 것에서 생겨서, 인간으로 하여금 자기 보존에 유용한 것을 행하도록 하는 인간의 본질 자체이다. 욕구와 욕망의 차이는, 욕망은 자신의 욕구를 의식하는 한 주로 인간에게 관계된다는 것뿐이다. 따라서 욕망은 자신에 대한 의식을 가지고 있는 욕구로 정의될 수 있다. 그러므로 다음과 같은 사실이 분명해진다. 우리가 어떤 것을 향해 노력하고 그것을 원하고 욕구하고 욕망하는 것은 우리가 그것을 좋은 것[善]이라고 판단하기 때문이 아니다. 반대로 우리가 그것을 좋은 것이라고 판단하는 것은 우리가 그것을 위해 노력하고 그것을 원하고 욕구하고 욕망하기 때문이다.

보기

ㄱ. 인간이 이성적 삶을 향유하는 데 방해가 되는 것이 악이다.
ㄴ. 무한한 속성으로 이루어진 실체인 신은 다른 실체에서 산출될 수 없다.
ㄷ. 인간이 인간의 본질인 이성에 따라 살려면 감정과 욕구를 제거해야 한다.

① ㄱ ② ㄷ ③ ㄱ, ㄴ ④ ㄴ, ㄷ ⑤ ㄱ, ㄴ, ㄷ

05

▸ 25057-0083

(가)의 고대 서양 사상가 갑, 근대 서양 사상가 을의 주장을 (나) 그림으로 표현할 때, A~C에 해당하는 내용으로 적절한 것만을 〈보기〉에서 있는 대로 고른 것은?

(가)	갑: 만일 네가 너에게 속하는 것들 중에서 자연에 어긋나는 것들만을 회피한다면 너는 네가 회피한 것들에 결코 빠지지 않을 것이다. 그러나 질병 혹은 죽음 혹은 가난을 회피하려고 한다면, 너는 불행하게 될 것이다. 그러므로 우리에게 달려 있지 않은 것들을 혐오하기보다 우리에게 달려 있는 것들 가운데 자연에 어긋나는 것들을 혐오하도록 하라. 을: 정신은 모든 것이 필연적이라고 인식하며, 모든 것이 원인의 무한한 연쇄에 의해 존재하고 작용하도록 결정됨을 인식한다. 그러므로 정신은 사물에서 생기는 정서의 작용을 덜 받게끔, 정서에 대해서 덜 자극받게끔 할 수 있다. 말하자면 사물이 필연적이라고 하는 이 인식이 우리가 표상하는 사물에 확장될수록 정서에 대한 정신의 힘이 더 커진다.
(나)	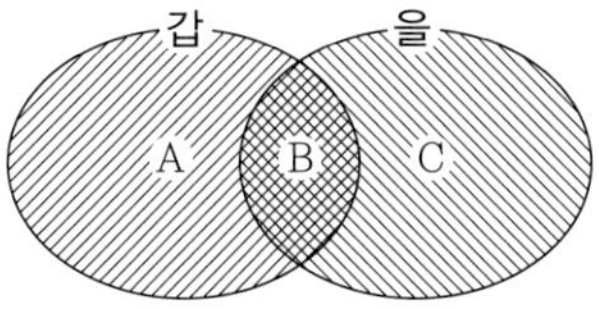 〈범 례〉 A: 갑만의 입장 B: 갑과 을의 공통 입장 C: 을만의 입장

보기

ㄱ. A: 행복한 삶은 신에 대한 직관적 인식만으로는 실현되지 않는다.
ㄴ. B: 인간은 자연의 공통된 질서에 맞서지 말고 순응해야 한다.
ㄷ. B: 인간은 이성에 따라 올바른 판단을 내릴 때 정념의 예속에서 벗어날 수 있다.
ㄹ. C: 자연의 일부인 인간은 자유 의지가 없으므로 자유로울 수 없다.

① ㄱ, ㄴ　② ㄱ, ㄹ　③ ㄷ, ㄹ
④ ㄱ, ㄴ, ㄷ　⑤ ㄴ, ㄷ, ㄹ

06

▸ 25057-0084

중세 서양 사상가 갑, 근대 서양 사상가 을의 입장으로 옳지 않은 것은?

갑: 지성적 실체들은 행복을 위해 요구되는 모든 선들이 가득하고 충분한 참된 행복을 신성한 예지에 의해서 얻는다. 그런데 현세의 삶에서는 진리, 즉 신을 관조하는 자의 삶만큼 완전한 지복(至福)과 닮은 것은 없다. 이런 연유로 지복에 대한 완전한 지식을 가질 수 없었던 철학자들은 이 현세의 삶에서 가능한 관조에 인간의 지복이 있다고 주장했던 것이다.
을: 삶에서 무엇보다 유익한 것은 가능한 한 지성이나 이성을 완전하게 하는 것이며, 오로지 이것에 인간의 최상의 행복, 즉 지복이 존재한다. 물론 지복이란 신의 직관적 인식에서 생기는 정신의 만족에 불과하다. 그리고 지성을 완전하게 하는 것은 또한 신, 신의 속성과 신의 본성의 필연성에서 생기는 활동을 파악하는 것에 불과하다.

① 갑: 인간의 궁극적인 행복은 신과 하나가 되는 데에 있다.
② 갑: 소망과 사랑은 인간을 신에게 인도하는 종교적 덕이다.
③ 을: 인간의 이성에 따라 규정되는 욕망은 선한 것이다.
④ 을: 인간은 지복을 누리는 상태에서 정념의 예속에서 벗어날 수 있게 된다.
⑤ 갑과 을: 신에 대한 인식은 현세에서 지복을 향유하기 위한 필수 조건이다.

정답과 해설 22쪽

07

▸ 25057-0085

고대 서양 사상가 갑, 근대 서양 사상가 을의 입장으로 적절한 것만을 〈보기〉에서 있는 대로 고른 것은?

갑: 한 나라가 용기 있는 것은 정의로운 나라의 어떤 한 부류에 의해서이다. 이 부류는 두려워할 것들에 대한 판단을 언제나 보전하는 능력을 지니고 있다. 여기서 두려워할 것이란, 입법자가 교육을 통해 이미 지시한 것 같은 것들이다. 즉 용기란 일종의 보전이다. 법에 의한 교육을 통해, 두려워할 것들이 무엇 무엇이며 또 어떠한 것들인지와 관련하여 생기게 된 판단의 보전이다. 그리고 이를 언제나 보전한다고 함은 고통에 처하여서도, 즐거움에 처하여서도, 그리고 욕망에 처하여서도, 공포에 처하여서도 이를 버리지 않고 끝끝내 보전하여 지님을 의미한다.

을: 정신이 슬픔을 느끼면 정신의 인식 능력, 즉 활동 능력은 감소하거나 방해받는다. 그러므로 정신이 활동하는 한 정신에는 어떤 슬픔의 정서도 관계될 수 없다. 정신이 활동하는 한 정신에 관계되는 기쁨과 욕망의 정서만이 정신에 관계될 수 있다. 정신이 인식하는 한, 정신에 관계되는 정서에서 생기는 모든 활동을 나는 정신력으로 여기며 그것을 용기[animositas]와 관용[generositas]으로 구분한다. 나는 용기를 각자가 오로지 이성의 명령에 따라 자신의 존재를 보존하고자 하는 욕망으로 이해한다. 반면에 나는 관용을 각자가 오로지 이성의 명령에 따라 다른 사람들을 돕고 그들을 우애로 결합시키려는 욕망으로 이해한다.

보기

ㄱ. 갑: 절제는 영혼의 지배받는 부분들만이 갖추어야 할 덕이다.
ㄴ. 을: 행복은 신에 관한 지적인 사랑의 상태에 이를 때 누릴 수 있다.
ㄷ. 을: 관용은 이성의 명령에 따라 행위자뿐만 아니라 타인을 도우려는 욕망이다.
ㄹ. 갑과 을: 용기는 이성의 명령에 따라 행위할 때 성취될 수 있다.

① ㄱ, ㄴ　② ㄱ, ㄷ　③ ㄷ, ㄹ　④ ㄱ, ㄴ, ㄹ　⑤ ㄴ, ㄷ, ㄹ

08

▸ 25057-0086

다음 가상 대화의 사상가가 지지할 주장으로 가장 적절한 것은?

① 덕은 관찰자에게 유쾌한 승인의 감정을 주는 정신적 활동이다.
② 악덕은 사실 관계에 대한 분석을 통해 정의되는 객관적 속성이다.
③ 인간의 모든 도덕감은 자기애의 원리에 의해서만 설명될 수 있다.
④ 감정과 달리 이성은 행위의 유용한 경향성에 대해 알려 주지 않는다.
⑤ 잔혹 행위에 대한 부인의 감정은 인간의 공감 능력과 무관한 감정이다.

09

▸ 25057-0087

(가)의 근대 서양 사상가 갑, 을의 입장을 (나) 그림으로 탐구하고자 할 때, A~C에 들어갈 적절한 질문만을 〈보기〉에서 있는 대로 고른 것은?

(가)

갑: 정신의 본질은 인식에 있고 이 인식은 신에 대한 인식을 포함한다. 또한 신에 대한 인식 없이는 존재할 수도 생각할 수도 없다. 그러므로 정신의 본질이 포함하는 신에 대한 인식이 클수록, 덕을 따르는 사람은 자신을 위한 선을 원할 뿐만 아니라 다른 사람을 위한 선도 원할 것이다.

을: 유용성은 유쾌한 것이고, 우리의 시인(是認)을 끌어낸다. 이것은 일상적인 관찰로 확인된 사실의 문제이다. 무엇을 위해서 유용한가? 당연히 누군가의 이익을 위해서이다. 그렇다면 누구의 이익인가? 우리 자신의 것만은 아니다. 왜냐하면 우리의 시인은 종종 더 멀리까지 확장되기 때문이다.

(나)

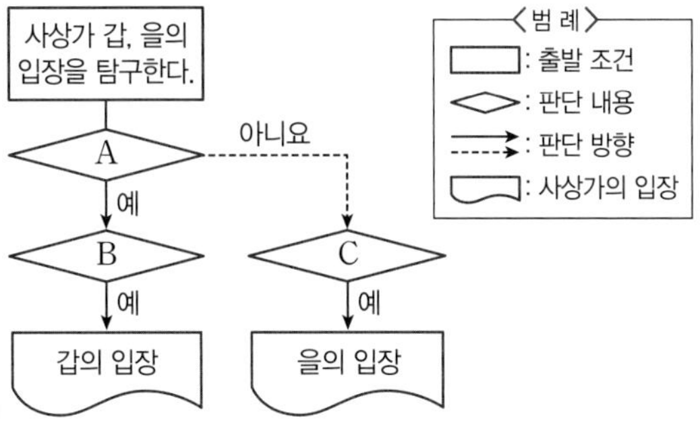

보기

ㄱ. A: 타인과 화합하여 살아가는 것은 선이 될 수 있는가?
ㄴ. A: 이성의 명령에 따라서 생활하는 것이 인간에게 가장 유익한가?
ㄷ. B: 슬픔 같은 부정적 감정에서 벗어나지 못하면 수동적인 삶을 살게 되는가?
ㄹ. C: 자신과 사회의 행복에 이바지하는 것은 시인의 대상이 되는가?

① ㄱ, ㄴ　② ㄱ, ㄹ　③ ㄷ, ㄹ
④ ㄱ, ㄴ, ㄷ　⑤ ㄴ, ㄷ, ㄹ

10

▸ 25057-0088

다음을 주장한 근대 서양 사상가가 부정의 대답을 할 질문으로 가장 적절한 것은?

어떤 사람들은 정의가 인간의 협정들로부터 생겨나 사람들의 자발적인 선택이나 동의나 연합에 의해 지속된다고 주장했다. 만약 여기서 협정이 약속을 뜻한다면, 이보다 더 어리석은 입장은 없을 것이다. 약속의 준수 자체가 정의의 가장 중요한 부분 중 하나이지만, 지키겠다고 약속했다고 해서 우리가 확실히 그 약속을 지키게 되는 것은 아니다. 그러나 만약 협정이 공동의 이익에 대한 감각을 뜻한다면, 각 사람이 자신의 마음에서 이러한 감각을 느끼고 자기 동료한테서 그것을 감지한다면, 그리고 그것이 그를 다른 사람들과 함께 공적 효용에 이로운 행동들의 일반적인 계획이나 체계를 따르게 한다면, 정의는 이러한 의미에서 인간의 협정들에서 나온다는 것을 인정하지 않을 수 없다.

① 정의의 덕이 가져올 공적 효용이 정의의 유일한 근원인가?
② 정의에 입각한 규칙은 인간의 복리와 사회의 유지를 위해 필요한가?
③ 정의를 통해 사회 질서를 지킴으로써 행복과 안전을 얻을 수 있는가?
④ 정의의 유용성은 감정이 아니라 이성에 의해 도덕적으로 시인되는가?
⑤ 정의로운 법으로 범죄자를 처벌하는 것은 사회의 이익을 위한 것인가?

[11~12] 갑은 고대 서양 사상가, 을은 근대 서양 사상가이다. 물음에 답하시오.

갑: 모든 선택과 회피의 원인들을 찾아내는 각성한 헤아림의 능력이 유쾌한 삶을 낳는다. 이 모든 것들의 출발점이자 가장 큰 선은 분별이다. 그렇기 때문에 분별은 철학보다도 귀중한 것이며, 분별로부터 나머지 모든 덕들이 자라나는 것이다. 분별 있게, 훌륭하게 그리고 정의롭게 살지 않고서는 유쾌하게 살 수 없으며, 유쾌하게 살지 않고서는 분별 있게, 훌륭하게 그리고 정의롭게 살 수 없다는 것을 분별이 가르쳐 주기 때문이다. 덕은 본성적으로 유쾌한 삶과 연결되어 있으며, 유쾌한 삶은 덕과 분리할 수 없다.

을: 악덕과 덕은 단순히 이성 또는 관념들의 비교에 의해 발견될 수 없기에 우리가 이것들 간의 차이를 구분할 수 있는 것은 그것들이 일으키는 어떤 인상 또는 감정에 의해서임이 틀림없다. 도덕적 청렴과 타락에 관한 우리의 결정들은 명백히 지각들이다. 그리고 모든 지각은 인상이거나 관념이기에, 하나의 제거는 다른 하나에 대한 확실한 논증이 된다. 그러므로 도덕성은 판단된다고 하기보다는 느껴진다고 말하는 것이 적절하다.

11

▸ 25057-0089

갑, 을의 입장으로 적절한 것만을 〈보기〉에서 고른 것은?

보기

ㄱ. 갑: 쾌락은 선이므로 누릴 수 있는 모든 쾌락을 선택해야 한다.
ㄴ. 을: 덕과 악덕에 대한 도덕적 판단은 이성을 통해 도출할 수 있다.
ㄷ. 을: 인류가 지닌 내적 감정에 의해 덕은 행복으로 여겨지게 된다.
ㄹ. 갑과 을: 쾌락의 유무가 인간에게 좋은 것을 분별하는 기준이 될 수 있다.

① ㄱ, ㄴ ② ㄱ, ㄷ ③ ㄴ, ㄷ ④ ㄴ, ㄹ ⑤ ㄷ, ㄹ

12

▸ 25057-0090

다음을 주장한 고대 서양 사상가가 을에게 제기할 수 있는 비판으로 가장 적절한 것은?

지혜를 사랑하는 사람의 영혼은 추론을 따르고, 참된 것과 신적인 것과 의견의 대상이 아닌 것을 관조한다. 그 영혼은 살아 있는 한에서는 그렇게 살아야 하며, 최후를 맞이하고 나면 같은 부류의 것이자 같은 성질을 지닌 것에게로 가서 인간적인 나쁜 것들로부터 해방될 것이다. 영혼이 몸으로부터 해방될 때 그것이 흩어지고 바람에 흩뿌려지고 흩날려 가 버려서 더 이상 아무것도 어딘가에 남아 있지 않게 될까를 두려워할 위험은 전혀 없다.

① 유덕한 인간은 이성의 지배에 따라 행위함을 간과한다.
② 도덕적 행동을 유발하는 직접적 동기는 감정임을 간과한다.
③ 인간이 좋음 자체에 관해 인식하는 것은 불가능함을 간과한다.
④ 이성은 부도덕한 인간에 대한 혐오를 제어할 수 없음을 간과한다.
⑤ 모든 관찰자에게 동일하게 나타나는 쾌락이 덕의 기준임을 간과한다.

THEME

10 옳고 그름의 기준: 의무와 결과

1 의무론

(1) 의미

① 인간이 언제 어디서나 지켜야 할 도덕 법칙이나 의무가 있고, 결과와 무관하게 이 도덕 법칙이나 의무를 따르는 행위는 옳고 위반하는 행위는 그르다고 보는 이론

② 옳고 그름의 기준은 시대와 장소를 초월하여 보편적 타당성을 지닌다고 보는 이론

(2) 특징

① 행위의 옳고 그름을 결과가 아니라 언제나 지켜야 할 행위의 근본 원칙이나 의무의 준수 여부에 따라 판단해야 한다고 봄

② 좋은 결과와 도덕 법칙 혹은 행복과 의무가 충돌할 경우, 도덕 법칙과 의무를 선택하는 것이 옳다고 봄

2 칸트의 윤리 사상

(1) 행복주의, 쾌락주의, 경험주의 비판

① 행복주의 비판: 도덕은 행복이나 다른 무엇을 실현하기 위한 수단이 아니라 그 자체가 목적임

② 쾌락주의와 경험주의 비판: 쾌락을 추구하는 자연적 경향성이나 동정심 등은 도덕의 기반이 될 수 없음

(2) 선의지

① 동기 중시: 행위의 선악을 결정하는 것은 행위의 결과가 아니라 행위의 동기인 의지임

② 선의지: 어떤 행위가 오직 옳다는 이유만으로 그 행위를 실천하려는 그 자체로 선한 의지이며, 도덕 법칙을 따르려는 의지임

(3) 의무

① 인간은 선의지를 지니지만, 다른 한편으로는 자연적 경향성을 지님. 따라서 도덕 법칙은 유한한 인간에게 의무의 형태를 띠게 됨

② 의무: 도덕 법칙에 대한 존경심으로 인해 그 도덕 법칙이 명령하는 행위를 하지 않을 수 없는 필연성임

(4) 도덕 법칙과 정언 명령

① 도덕 법칙: 이성적 존재가 따라야 할 절대적이고 보편타당한 실천 법칙. 우리 안의 실천 이성이 자율적으로 수립한 법칙으로, 정언 명령의 형식으로 나타남

② 대표적인 도덕 법칙

보편주의	네 의지의 준칙(격률)이 언제나 동시에 보편적 입법의 원리가 될 수 있도록 행위하라.
인격주의	너 자신과 다른 모든 사람의 인격을 결코 단순히 수단으로만 대하지 말고 언제나 동시에 목적으로 대하도록 행위하라.

(5) 도덕적 행위

① 도덕적 가치가 없는 행위

- 자기 이익이나 행복 추구를 위해 행위했으나 의무에 맞는 행위
- 동정심과 같은 경향성에 따라 행위했으나 의무에 맞는 행위

② 도덕적 행위: 선의지의 지배를 받는 행위, 실천 이성의 명령을 따르는 행위, 의무에서 비롯된 행위 또는 의무 의식이 동기가 된 행위, 도덕 법칙에 대한 자발적 존중에서 비롯된 행위, 정언 명령을 따르는 행위

(6) 도덕과 행복

① 도덕과 행복은 양립 가능하지만 행복은 도덕의 목적이 될 수 없음

② 자신의 행복을 증진하는 것은 인간의 직접적인 의무일 수 없음

(7) 칸트 윤리 사상에 대한 평가

① 긍정적 평가

도덕의 중요성을 강조함	• 도덕을 인간다움의 핵심 요소로 봄 • 자연적 경향성을 극복하고 도덕 법칙에 따를 때 인간다운 인간이 될 수 있음을 강조함
도덕의 기초를 다짐	• 모든 사람을 동등하게 고려해야 한다는 보편주의 정신과 인격을 지닌 인간을 그 자체로 존중해야 한다는 인격주의 정신을 강조함 • 인간의 자율적 의지를 통해 도덕적 이상을 구현하려고 함

자료와 친해지기 칸트의 도덕에 대한 입장

어떤 행위가 도덕적으로 선하기 위해서는 행위가 도덕 법칙에 합치하는 것만으로는 충분하지 않고, 도덕 법칙 자체 때문에 일어나야 한다. 그렇지 않다면 도덕 법칙에 합치한다는 것은 그야말로 아주 우연적이고 불확실할 뿐이다. 도덕적이지 못한 근거가 이따금 법칙에 합치하는 경우도 있지만, 종종 법칙에 반하는 행위들을 야기하기 때문이다. 그런데 순수하고도 진정한 도덕 법칙은 순수 철학 이외의 다른 어디에서도 발견할 수 없다. 그렇기 때문에 순수 철학이 앞서 있어야 하며, 순수 철학이 존재하지 않는다면 정말이지 어떤 도덕 철학도 존재할 수 없다. 저 순수 원리를 경험적 원리에 뒤섞은 것에는 철학이라는 이름마저 붙일 수 없다. 이러한 것에는 도덕 철학이라는 이름은 더더욱 붙일 수 없다. 바로 이러한 뒤섞음으로 그것은 도덕 자체의 순수성마저도 훼손할 뿐만 아니라 도덕 자신의 고유한 목적에도 반하는 방향으로 나아가기 때문이다.

– 칸트, 『도덕 형이상학 정초』 –

칸트는 도덕 법칙에 합치하는 행위는 합법성을, 도덕 법칙 자체로부터 일어난 행위는 도덕성을 지닌다고 보았다. 따라서 칸트에게 도덕 법칙에 대한 자발적 존중에서 나온 행위가 도덕적 행위이다. 또한 칸트는 도덕이 경험적 원리의 영향을 받아서는 안 된다고 강조하였다. 왜냐하면 그는 경험적 원리가 도덕 그 자체를 목적으로 삼게 하기보다 행복을 목적으로 삼게 할 수 있다고 보았기 때문이다.

② 부정적 평가

형식적임	도덕적인 결정을 내려야 하는 사람에게 구체적인 행위 지침을 제공하지 못함
지나치게 엄격함	도덕 법칙의 적용에 어떤 예외도 허용하지 않음
의무 간의 상충 문제	두 가지 이상의 의무가 상충할 때 적절한 해결책을 제시하기 어려움

3 현대 칸트주의와 그 의의

(1) 현대 칸트주의: 로스의 조건부 의무론

① 칸트 윤리 사상의 핵심인 의무론을 계승하면서도 난점으로 지적되는 절대적인 도덕적 의무들 간의 상충 문제를 해결하고자 함

② 조건부 의무(직견적 의무)

- 어떤 상황에서 우선적으로 머릿속에 떠오르는 '아무래도 ~하지 않을 수 없다.'라는 직관적 의무
- 정언 명령보다는 느슨하게 적용되는 원칙으로, 절대적으로 보이는 의무도 인간의 직관과 상식에 따라 유보될 수 있음

③ 조건부 의무의 적용

- 하나의 의무는 또 다른 의무와 갈등하기 전까지는 우리를 잠정적으로 구속함
- 의무들 사이에 갈등이 발생할 경우 상대적으로 약한 의무는 유보되고 강한 의무가 우리의 실제적인 의무가 됨

④ 조건부 의무의 예: 약속 지키기, 성실, 호의에 대한 감사, 선행, 정의, 자기 계발, 해악 금지

(2) 현대 칸트주의의 의의

① 도덕의 확고한 토대를 마련하는 데 도움을 줌: 이성을 통해 파악할 수 있는 의무를 옳고 그름을 판단하는 기준으로 제시함

② 인권 사상의 형성 및 민주주의 발전에 이바지함: 개인의 자율성과 인격에 대한 존중을 강조하여 인권 사상의 형성에 기여하고 현대 민주주의 발전에 이바지함

4 결과론

(1) 의미

① 행위의 옳고 그름을 행위의 결과에 따라 판단하려는 이론

② 행위의 결과가 좋다면 행위의 동기나 종류와 상관없이 그 행위를 옳다고 보는 이론

(2) 특징

① 행위 자체는 본질적 가치를 지니지 않으며, 좋은 결과를 얻기 위한 수단으로서의 가치를 가진다고 봄

② 대체로 행복을 좋은 결과로, 고통이나 불행을 나쁜 결과로 봄

(3) 대표 사상: 공리주의

① '최대 다수의 최대 행복'을 도덕의 기본 원리로 봄

② 대표자: 벤담, 밀

③ 기본 입장

인간관	인간은 누구나 쾌락을 추구하고 고통을 피하려는 존재임
윤리관	쾌락은 선이고 고통은 악이며, 행복이 삶의 목적임
도덕의 원리	'공리의 원리' 또는 '최대 행복의 원리'

5 벤담의 양적 공리주의

(1) 기본 입장

① 쾌락을 추구하고 고통을 피하고자 하는 인간의 경향을 바탕으로 윤리를 정립함

② 개인적 차원의 행복주의를 사회적 차원으로 확대함: 행위의 옳고 그름을 판단할 때 관련된 이해 당사자들에게 최대의 행복을 가져오는 행위를 승인하는 공리의 원리가 기준이 되어야 함

③ '최대 다수의 최대 행복'을 추구하는 공리의 원리를 도덕과 입법의 원리로 제시함

④ 양적 공리주의

- 모든 쾌락에는 질적인 차이가 없고 양적인 차이만 있음
- 쾌락의 양을 측정하고 계산하기 위한 기준에는 강도, 지속성, 확실성, 근접성, 다산성, 순수성, 범위가 있음

(2) 특징

① 이해 당사자들의 행복을 공평하게 고려할 것을 강조하여 개인의 행복과 사회 전체의 행복을 조화하려고 함

② 노예 제도, 여성에 대한 불평등한 대우, 동물 학대 등을 비판하고 그것들을 공리의 원리에 맞게 개혁할 것을 요구함

③ 쾌락의 질적 차이를 무시함으로써 '배부른 돼지의 철학'을 추구하는 천박한 철학이라는 비판을 받기도 함

자료와 친해지기 공리의 원칙을 거스르는 원칙에 대한 벤담의 입장

- 금욕주의의 원칙이란 공리의 원칙과 마찬가지로 이해 당사자의 행복을 증대시키거나 감소시키는 듯 보이는 경향에 따라서 어떤 행동을 승인하거나 불승인하는 원칙을 의미한다. 그러나 공리의 원칙과는 정반대의 방식이다. 행동들이 그의 행복을 감소시키는 경우에만 그것들을 승인하고, 그의 행복을 증대시키는 경우에는 그것들을 불승인한다.
- 공감과 반감의 원칙은 이해 당사자의 행복을 증대시키거나 감소시키는 경향이 있어서가 아니라 단지 어떤 사람이 승인하거나 불승인하고 싶다고 느끼기 때문에 어떤 행동을 승인하거나 불승인하는 원칙을 의미한다. 즉 그런 승인이나 불승인의 감정을 그 자체만으로 충분한 이유로 내세우면서 외재적인 이유를 살펴볼 필요를 완전히 부정하는 원칙을 의미한다.

– 벤담, 『도덕과 입법의 원칙에 대한 서론』 –

벤담은 금욕주의의 원칙과 공감과 반감의 원칙이 공리의 원칙을 거스르는 원칙이라고 보았다. 벤담에 따르면, 금욕주의의 원칙은 행위자의 행복, 즉 쾌락을 감소시키는 행위만을 승인하기에 공리의 원칙과 다르다. 그리고 공감과 반감의 원칙은 어떤 행위에서 얻는 개인의 느낌에 따라 행위를 승인하거나 비난하기 때문에 공리의 원칙과 다르다.

6 밀의 질적 공리주의

(1) 기본 입장

① 벤담의 입장(쾌락주의, 행복주의, 공리의 원리 등)을 계승함

② 질적 공리주의

• 쾌락에는 질적인 차이가 있으며 쾌락의 양뿐만 아니라 질적 차이도 고려해야 함

질이 낮은 쾌락	먹는 것, 성(性), 휴식 등 단순하고 감각적인 쾌락
질이 높은 쾌락	지성, 상상력, 도덕적 정서 등 내적 교양이 뒷받침된 정신적 쾌락

• 질이 높은 쾌락은 질이 낮은 쾌락보다 더 가치 있으며, 정상적인 인간이라면 누구나 쾌락의 질적 차이를 분별하고 질이 높고 고상한 쾌락을 추구함

• 쾌락 간의 질적 차이를 구분할 때는 질적으로 서로 다른 쾌락을 모두 경험한 사람들의 판단을 존중해야 함

(2) 특징

① 공리주의를 사회 체제에 적용하여 자유 민주주의를 정당화함

• 타인에게 피해를 주지 않는 범위에서 개인의 자유를 최대한 보장하는 자유 민주주의가 최대 다수의 최대 행복을 가져오는 데 가장 적합하다고 봄

• 개인의 권리를 보호하고 다수의 횡포를 방지할 것을 강조함

• 여성이 남성에게 종속되는 것을 비판하고 여성의 권리 보장을 강조함

② 공리주의의 뿌리인 쾌락주의 자체를 위협한다는 비판을 받기도 함

7 벤담과 밀의 고전적 공리주의 윤리 사상에 대한 평가

긍정적 평가	• 사익과 공익의 조화 문제에 하나의 해법을 제시함 • 변화에 탄력적으로 대처할 수 있는 융통성을 지님
부정적 평가	• 쾌락이나 결과를 정확하게 계산하기 어려움 • 공리의 원리가 소수자의 인권 침해까지 정당화할 수 있음

8 현대 공리주의

(1) 행위 공리주의의 의미와 문제점

의미	공리의 원리를 개별 행위에 직접 적용하여 최대 행복을 산출하는 행위가 옳은 행위라고 보는 공리주의
문제점	• 개별 행위가 가져올 공리를 계산하기가 어려움 • 도덕적 상식에 어긋나는 행위를 정당화할 수 있음

(2) 현대 규칙 공리주의

① 공리의 원리를 개별 행위가 아닌 행위의 규칙에 적용함

② 행위의 옳고 그름은 최대 행복을 산출하는 규칙과의 일치 여부에 따라 결정된다고 봄 → 개별 행위의 유용성을 계산해야 하는 행위 공리주의에 비해 경제적임

③ 공리의 원리에 따라 채택된 규칙은 상식적 도덕이나 사회의 전통, 도덕적 직관 등과 일치할 가능성이 높음

(3) 현대 선호 공리주의

① 행복을 쾌락으로 한정한 고전적 공리주의와 달리 더 포괄적인 의미인 선호(選好)를 통해 행복을 설명함

② 행위의 영향을 받는 당사자들의 선호를 최대한 만족시키는 행위가 옳다고 봄

(4) 현대의 대표적 공리주의자: 싱어

① '이익 평등 고려의 원칙'을 제시함: 쾌락과 고통을 느낄 수 있는 모든 개체의 이익을 평등하게 고려해야 함

② 인간뿐만 아니라 쾌락과 고통을 느낄 수 있는 동물에게도 공리의 원리를 적용해야 한다고 주장함

③ 쾌락과 고통을 느낄 수 있는 동물의 이익 관심을 고려함으로써 도덕적 배려의 범위를 동물로 확대하는 데 중요한 지침을 제공함

(5) 현대 공리주의의 의의

① 도덕적 관심의 확대: 사람과 동물의 이익과 행복을 증진하고 고통을 완화하는 데 이바지함

② 공적 도덕의 기준: 사회의 관습, 정책, 제도의 도덕성을 평가하는 기준으로 받아들여짐

자료와 친해지기 밀의 공리주의

공리주의가 도덕 행위자들로 하여금 언제나 세계 일반이나 사회 전체의 이익에 관심을 쏟아야 한다고 요구한다고 생각하는 것은 공리주의에 대한 오해이다. 대부분의 선한 행동은 세계나 사회의 이익이 아니라 개인의 행복을 위해 의도된 것이고, 세계나 사회의 행복은 이런 개인의 행복으로 이루어진다. 가장 유덕한 사람의 생각은 이런 경우에 있어서 그의 행동과 관련된 특정한 사람들을 이롭게 하는 경우에, 그 행동에 의해서 그가 특정한 사람들이 다른 사람들의 권리들을, 즉 다른 사람들의 적법하고 권위 있는 기대들을 위반하지 않는지를 확인하기 위해서 필요한 정도가 아니라면, 특정한 사람들을 넘어서서 더 일반적으로 생각할 필요가 없다. 공리주의 윤리에 의하면 행복을 증진하는 것이 덕의 목적이다. 그런데 천 명에 한 명 정도의 예외를 빼고, 어떤 사람이 그렇게 대규모로 행복을 증진하는 것은, 다른 말로 해서 공적인 시혜자가 되는 것은 예외적인 경우이다. 이런 경우에만 그는 공적인 공리를 고려하도록 요청된다.

– 밀, 『공리주의』 –

밀은 사회 전체의 행복은 개인의 행복을 합친 것이라고 보았다. 따라서 개인의 행복을 증진하는 행위도 도덕적 행위가 될 수 있다. 밀은 도덕 행위자는 자신의 행위가 타인이나 세계, 사회 전체와 관련이 있는 경우에 관련 당사자나 세계, 사회 전체를 고려해야 한다고 보았다.

01
▸ 25057-0091

그림의 강연자가 지지할 주장으로 옳지 않은 것은?

도덕 철학이 있어야 하는 것은 의무와 도덕 법칙에 관한 통상적인 이념으로부터 자명합니다. 어떤 법칙이 도덕적으로, 즉 구속성의 근거로 타당하려면, 누구나 그 법칙이 절대적 필연성을 지녀야 함을 인정해야만 합니다. 예를 들어 “너는 거짓말을 해서는 안 된다.”라는 지시 명령은 인간에게만 적용되는 것이 아니라, 다른 이성적 존재자들이 이에 구애받을 필요가 없다고 해도 이들에게도 적용됨을, 또한 이외의 모든 본래적인 도덕 법칙도 그러함을 누구나 인정해야 합니다. 따라서 여기서 우리는 구속성의 근거를 인간 본성이나 인간이 처해 있는 세계 상황에서 찾으려고 해서는 안 되며, 오로지 순수 이성의 개념에서만 경험과 무관하게(a priori) 찾아내려고 해야 한다는 것 또한 인정해야만 합니다.

① 도덕 법칙은 인간 이외의 다른 이성적 존재에게도 적용된다.
② 의지의 선악을 평가할 때는 그 어떤 유용성도 고려하지 말아야 한다.
③ 모든 인간이 행복으로 향하는 경향성을 지니고 있는 것은 아니다.
④ 행위의 주체는 의무에 맞는 행위를 하려는 경향성을 지닐 수 있다.
⑤ 경험 원리에만 기초한 준칙은 실천적 규칙일 뿐 도덕 법칙은 아니다.

02
▸ 25057-0092

중세 서양 사상가 갑, 근대 서양 사상가 을의 입장으로 가장 적절한 것은?

갑: 실천 이성에 최초로 포함되는 것은 선(善)인데, 그것은 행위로 질서 짓는 것이다. 왜냐하면 목적 때문에 행동하는 모든 사람은 선이라는 개념을 가지고 있기 때문이다. 따라서 실천 이성에 있어 제1원리는 선이라는 개념 위에 기초 지어지는데, 그것은 “선은 모든 것이 추구하는 것이다.”이다. 따라서 법의 일차적 계명은 “선은 행해야 하고 추구해야 하는 것이고, 악은 피해야 하는 것이다.”이다. 그리고 이것 위에 자연법의 다른 모든 계명이 기초 지어진다.

을: 실천 이성의 경험주의는 선악이라는 실천적 개념을 순전히 경험의 결과에, 흔히들 말하는 행복에 둔다. 물론 행복이 그리고 자기애에 따라 규정된 의지의 무한하고도 유용한 결과가, 도덕적으로 선한 것에 전적으로 적합한 전형으로 쓰일 수는 있다. 자기애에 따라 규정된 의지가 자신을 동시에 보편적 자연법칙으로 삼을 경우 말이다. 그러나 이런 의지의 유용한 결과는 도덕적으로 선한 것과 같은 종류가 아니다.

① 갑: 자연법은 신의 의지나 신적인 섭리의 기초가 된다.
② 갑: 모든 법은 신의 이성적 의지에서 나온 것이므로 변하지 않는다.
③ 을: 자신의 행복을 확보하는 것은 간접적으로도 의무가 될 수 없다.
④ 을: 도덕 법칙에 대한 존경심은 경향성에 따라 일어난 감정과 구별된다.
⑤ 갑과 을: 인간이 자연적 성향으로 인해 지향하는 모든 것은 선으로 파악된다.

03

▸ 25057-0093

근대 서양 사상가 갑, 을의 입장으로 옳은 것만을 〈보기〉에서 고른 것은?

갑: 권력, 부, 명예, 건강 그리고 행복이라는 이름으로 갖는 전적인 안녕과 자기 처지에 대한 만족도, 이것들이 마음에 미치는 영향을 올바르게 하고, 이렇게 함으로써 행해야 할 원칙 전체를 바로잡아 이 원칙을 보편적이고 합목적적이도록 만드는 선의지가 없는 경우에는 용기를 부추기고 그로써 자주 오만하도록 만들기도 한다. 이성적이고 공평하게 바라보는 사람은 순수하고 선한 의지의 어떤 특징도 갖추지 못한 존재자가 줄곧 안녕을 누리는 것을 보면 흡족해할 수 없다. 그래서 선의지는 행복을 누릴 만한 자격에서 없어서는 안 되는 조건인 것 같다.

을: 미덕은 원초적인 쾌락들보다 더 가치 있는 쾌락의 원천이 될 수 있다. 그런데 유덕하고자 하는 의지가 아직 약한 사람에게 어떻게 유덕하고자 하는 의지를 심거나 일깨울 수 있을까? 그것은 오직 그 사람이 미덕을 욕구하게 함으로써 가능하다. 즉 그가 미덕은 쾌락을 주는 것으로, 미덕의 결핍은 고통을 주는 것으로 생각하게 함으로써만 가능하다. 옳은 일을 하는 것과 쾌락, 나쁜 일을 하는 것과 고통 사이의 연상 관계를 확립함으로써 쾌락이나 고통을 생각하지 않고도 유덕하게 행동하려는 의지가 함양될 수 있다.

보기

ㄱ. 갑: 행복을 누릴 만한 자격은 저절로 주어지지 않는다.
ㄴ. 갑: 사람은 어떤 경우에도 의무를 위반하려는 욕구를 지니지 않는다.
ㄷ. 을: 유덕하고자 하는 의지는 선을 위한 수단일 뿐이지 의지 자체가 선인 것은 아니다.
ㄹ. 갑과 을: 개별 행위자마다 도덕 원리를 각기 다르게 적용해야 한다.

① ㄱ, ㄴ　② ㄱ, ㄷ　③ ㄴ, ㄷ　④ ㄴ, ㄹ　⑤ ㄷ, ㄹ

04

▸ 25057-0094

근대 서양 사상가 갑은 부정, 을은 긍정의 대답을 할 질문으로 가장 적절한 것은?

갑: 중요한 여건이 아직 알려지지 않았거나 의문스럽다면, 우리는 우선 우리의 탐구 혹은 지적 기능들을 사용해 그것을 확인해야 한다. 그리고 잠시 도덕적 결정이나 감정을 모두 중단해야 한다. 어떤 사람이 공격자인지 아닌지 모르면서, 어떻게 공격자가 죄인인지 결백한지를 결정할 수 있겠는가? 그러나 여건과 관계가 모두 알려진 다음에는, 지성은 더 이상 작동할 여지가 없고 관여할 대상이 없다. 그다음에 일어나는 시인(是認)이나 부인(否認)은 판단력이 아니라 마음의 일이다. 그것은 사변적 명제나 단언이 아니라 활동적 느낌이나 감정이다.

을: 지혜에도 학문이 필요하다. 그러나 이것은 학문에서 무언가를 배우기 위함이 아니라 오히려 지혜의 훈계를 수용하고 지속하기 위함이다. 인간은 자신 안에서 이성이 자신에게 매우 존경할 만한 것이라고 제시해 주는 의무의 모든 지시 명령에 맞서는 강력한 저항을 자기 욕구와 경향성에서 느낀다. 인간은 이런 욕구와 경향성의 충족 전체를 모두 합쳐 행복이라고 한다. 그런데 이성은 여기서 경향성에 어떤 것도 약속하지 않으며 단호하게, 마치 아주 강렬하면서도 너무나 당연해 보이는 저 경향성의 요구를 무시하고 경멸하듯, 자신의 훈계를 지시 명령한다.

① 사회의 행복에 기여하는 모든 행위는 도덕성을 지니게 되는가?
② 행위의 도덕성은 판단이 아니라 내적인 감정에 따라 달라지는가?
③ 공감 능력에서 비롯된 행위일 때만 도덕적 가치를 지닐 수 있는가?
④ 이성이 자율적으로 수립한 도덕규범은 절대적인 명령의 형식으로 주어지는가?
⑤ 도덕적 분별을 하기 전에 이성을 통해 사건의 진상을 파악해야 하는 경우가 있는가?

05

▸ 25057-0095

다음은 근대 서양 사상가 갑, 현대 서양 사상가 을의 가상 대화이다. 갑, 을의 입장으로 옳은 것만을 〈보기〉에서 있는 대로 고른 것은?

갑: 거짓 약속이 의무에 합치하는지에 대해 다음과 같이 자문해 보아야 합니다. 우리는 곤경에서 달리 벗어날 길이 없을 경우 누구나 거짓 약속을 해도 된다고 자신에게 말할 수 있을까요? 결국 우리는 거짓말하는 것을 보편적 법칙으로 삼을 수 없음을 알게 됩니다. 거짓말하는 것을 보편적 법칙으로 삼을 경우 어떤 약속도 전혀 있을 수 없기 때문입니다.

을: 약속은 그 자체만으로 조건부로 지켜져야만 할 어떤 것임은 자명해 보입니다. 어떤 약속을 지키게 되면 다른 약속을 어기게 되는 난관에 봉착한 사람은 두 약속 중 보다 적절한 것을 지킬 것입니다. 조건부 의무는 그것이 다른 조건부 의무들과 상충하지 않는 한 지켜져야 합니다. 그러나 조건부 의무들이 상충할 경우에는 보다 긴박한 조건부 의무에 부합하는 행위가 우리의 의무가 됩니다.

갑 　　　　　　　　　　　　　　　　　　　　을

보기

ㄱ. 갑: 개인의 주관적 행위 원리는 도덕 법칙이 될 수 없다.
ㄴ. 을: 약속 이행의 의무는 인간에게 정언 명령으로 부과된다.
ㄷ. 을: 옳은 의무도 상충하는 다른 의무에 의해 유보될 수 있다.
ㄹ. 갑과 을: 행위자가 처한 상황에서 준수해야 할 의무가 존재한다.

① ㄱ, ㄴ　② ㄱ, ㄷ　③ ㄷ, ㄹ
④ ㄱ, ㄴ, ㄹ　⑤ ㄴ, ㄷ, ㄹ

06

▸ 25057-0096

다음을 주장한 근대 서양 사상가의 입장으로 옳은 것만을 〈보기〉에서 있는 대로 고른 것은?

도덕성의 원리는 순전히 인간에게만 국한되지 않고 이성과 의지를 갖는 모든 유한한 존재자에게까지 미치며, 더 나아가 심지어 최상의 예지적 존재인 무한한 존재자까지도 포괄한다. 그러나 인간의 경우 법칙은 명령의 형식을 띤다. 이성적 존재자인 인간에서 전제할 수 있는 의지는 순수한 의지이기는 하지만, 결핍과 감성적 동인으로 촉발되는 존재자인 인간에서 전제할 수 있는 의지는 신성한 의지, 즉 도덕 법칙에 저항하는 준칙을 만들어 낼 능력이 없는 의지가 결코 아니기 때문이다. 그러므로 인간의 경우 도덕 법칙은 정언적으로 명하는 명령이다. 이 법칙이 무조건적이기 때문이다.

보기

ㄱ. 선의지는 경험의 영향에서 자유롭기 때문에 본래적 가치를 지닌다.
ㄴ. 모든 이성적 존재는 실천 이성의 객관적 원리에 반하는 준칙을 의욕할 수 있다.
ㄷ. 의무는 모든 이성적 존재자에게 타당해야 하며 모든 인간의 의지에 대해서도 법칙이어야 한다.

① ㄱ　② ㄴ　③ ㄱ, ㄷ　④ ㄴ, ㄷ　⑤ ㄱ, ㄴ, ㄷ

07

▸ 25057-0097

(가)의 근대 서양 사상가 갑, 을의 주장을 (나) 그림으로 표현할 때, A~C에 해당하는 내용으로 적절한 것만을 〈보기〉에서 있는 대로 고른 것은?

(가)	갑: 한편으로 모든 쾌락의 가치를 합산하고, 다른 한편으로 모든 고통의 가치를 합산하라. 만약 저울이 쾌락 쪽으로 기울면, 이것은 그 개인의 이익과 관련하여 대체로 그 행위의 좋은 경향을 말해 줄 것이다. 만약 저울이 고통 쪽으로 기울면, 이것은 대체로 그 행위의 나쁜 경향을 말해 줄 것이다. 을: 한 종류의 쾌락이 다른 종류의 쾌락보다 쾌락으로서 더 가치 있게 만드는 것이 무엇인지 묻는다면 단 하나의 답변만이 가능하다. 두 가지 쾌락 모두를 경험한 사람들이 도덕적 의무에 대한 감정과는 독립적으로 두 가지 쾌락 중에서 어떤 한 종류의 쾌락을 확실히 더 선호한다면 그것이 보다 바람직한 쾌락이다.
(나)	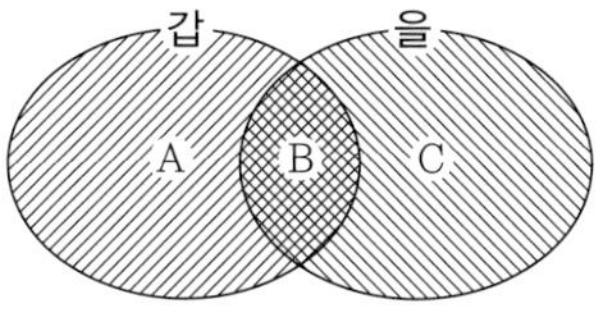 〈범 례〉 A: 갑만의 입장 B: 갑과 을의 공통 입장 C: 을만의 입장

보기

ㄱ. A: 행위와 관련된 모든 사람들의 최대 행복을 산출할 행위를 선택해야 한다.
ㄴ. B: 공리의 원리가 도덕의 기본 원리이며 도덕적 의무의 원천이 된다.
ㄷ. B: 도덕적 행위의 규칙은 행위 목적인 쾌락에 따라 규정될 수밖에 없다.
ㄹ. C: 행위가 낳는 쾌락의 질적 차이를 평가하는 데 적합한 사람들이 존재한다.

① ㄱ, ㄷ　② ㄱ, ㄹ　③ ㄴ, ㄹ
④ ㄱ, ㄴ, ㄷ　⑤ ㄴ, ㄷ, ㄹ

08

▸ 25057-0098

다음을 주장한 근대 서양 사상가가 부정의 대답을 할 질문으로 가장 적절한 것은?

쾌락이나 고통의 가치를 그것을 산출하는 어떤 행위의 경향을 평가할 목적으로 고찰하는 경우에는 두 가지 다른 상황을 고려해야 한다. 그것의 다산성, 혹은 동일한 종류의 감각을 연달아 일어나게 할 가능성, 즉 그것이 쾌락이라면 여러 쾌락을, 혹은 그것이 고통이라면 여러 고통을 일어나게 할 가능성을 고려해야 한다. 그것의 순수성, 혹은 정반대의 감각을 연달아 일어나게 하지 않을 가능성, 즉 그것이 쾌락이라면 여러 고통을, 혹은 그것이 고통이라면 여러 쾌락을 일어나게 하지 않을 가능성을 고려해야 한다.

① 쾌락과 고통은 입법자가 고려해야 할 입법의 기준인가?
② 쾌락 향유에 따라 여러 고통이 산출되는 행위는 순수성이 높은가?
③ 쾌락의 증대와 고통의 감소를 추구하는 본성이 도덕 원리의 토대인가?
④ 쾌락을 소유하는 시점의 멀고 가까움에 따라 쾌락의 가치가 달라지는가?
⑤ 쾌락의 가치를 측정할 때 행위의 영향을 받는 인원수를 고려해야 하는가?

09

▸ 25057-0099

(가)의 근대 서양 사상가 갑, 을의 입장을 (나) 그림으로 탐구하고자 할 때, A~C에 들어갈 적절한 질문만을 〈보기〉에서 있는 대로 고른 것은?

(가)

갑: 자기애의 원리로 모든 도덕 감정을 설명하려는 이론을 버려야 한다. 우리는 더 공적인 감정을 택해야 하고, 사회의 이익은 그 자체만으로 우리와 완전히 무관하지 않다는 점을 인정해야 한다. 유용성은 어떤 일정한 목적을 향하는 경향일 뿐이다. 그리고 어떤 목적이 우리에게 아무런 영향을 미치지 않는데도 그 목적을 위한 수단인 무언가가 우리에게 기쁨을 준다는 말은 용어상의 모순이다.

을: 공동체의 이익이란 무엇인가? 그것을 구성하는 여러 구성원의 이익의 총합이다. 개인의 이익이 무엇인지 이해하지 못하고 공동체의 이익을 이야기하는 것은 헛수고이다. 어떤 것이 한 개인의 쾌락의 총합을 증가시키는 경향이 있다면, 혹은 같은 말로 그의 고통의 총합을 감소시키는 경향이 있다면, 그것은 그의 이익을 증진한다거나 그의 이익을 위하는 것이라고 말한다.

(나)

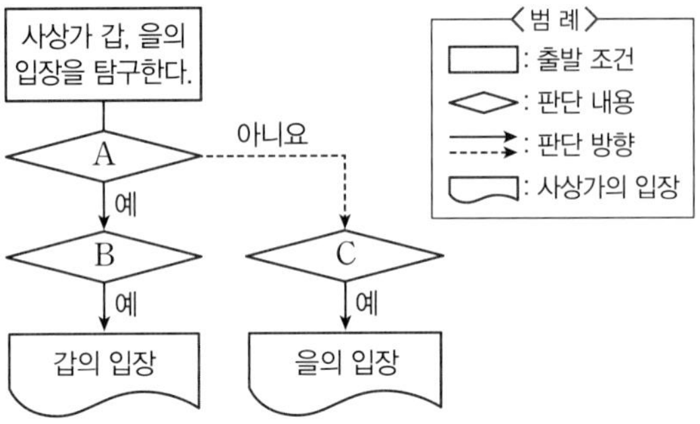

보기

ㄱ. A: 사회적 이익을 증가시키는 행위는 도덕적 행위가 될 수 있는가?
ㄴ. B: 덕과 악덕은 대상이 가지는 객관적 속성으로서 판단의 대상인가?
ㄷ. B: 인간이 도덕적 행위를 할 수 있는 것은 공감의 원리에 의해 가능한 것인가?
ㄹ. C: 행위가 산출하는 쾌락의 양은 객관적으로 측정할 수 있는가?

① ㄱ, ㄴ　② ㄱ, ㄹ　③ ㄷ, ㄹ
④ ㄱ, ㄴ, ㄷ　⑤ ㄴ, ㄷ, ㄹ

10

▸ 25057-0100

다음을 주장한 근대 서양 사상가의 입장으로 옳지 <u>않은</u> 것은?

자신이 속한 사회가 고귀한 감정을 위한 고급 능력을 사용하는 것에 호의적이지 않다면 젊은이들 대부분은 그 능력을 이르게 잃어버릴 수 있다. 사람들은 그들의 지적인 취미를 잃으면서 그들의 높은 희망도 잃어버리는데, 그 이유는 그들이 그것들을 즐길 시간이나 기회가 없기 때문이다. 그들은 저급한 쾌락에 중독되게 되는데 그들이 의도적으로 그런 쾌락을 선호해서가 아니라 그런 쾌락이 그들이 접근할 수 있는 유일한 것이거나 그들이 아직도 즐길 수 있는 능력을 가진 유일한 쾌락이기 때문이다.

① 쾌락의 질을 측정하는 기준은 쾌락을 경험한 유능한 관찰자의 선호이다.
② 최대 행복의 원리가 고통과 쾌락을 느낄 수 있는 모든 존재에게 적용될 수 있다.
③ 세계의 행복 양을 증가시키기 위해 자기 행복을 포기하는 것은 정당화될 수 있다.
④ 인간은 후천적 요인에 의해 질 높은 쾌락을 즐길 수 있는 능력을 상실할 수 있다.
⑤ 도덕적 행위는 언제나 세계 일반이나 사회 전체의 이익에 대한 관심에서 일어난다.

11

▸ 25057-0101

(가)의 갑은 고대 서양 사상가, 을과 병은 근대 서양 사상가들이다. 갑, 을, 병의 입장에서 서로에게 제기할 수 있는 비판을 (나) 그림으로 표현할 때, A~F에 해당하는 내용으로 가장 적절한 것은?

(가)

갑: 행복하길 원한다면, 일을 적게 하라는 말이 있다. 하지만 이것이 낫지 않을까? 자연에 따르는 시민적 삶을 영위하기 위해 태어난 사람의 이성이 요구하는 일을 이성이 요구하는 방식으로 하라. 왜냐하면 이것은 적게 일하는 데서 오는 편안함뿐만 아니라 좋은 일을 하는 데서 오는 편안함도 가져다주기 때문이다.

을: 행복, 이익, 쾌락, 좋음을 이해 당사자에게 산출하거나 불행, 해악, 고통, 악의 발생을 막는 경향을 가진 어떤 대상의 속성이 공리이다. 만약 이해 당사자가 공동체 전체라면 그 공동체의 행복을 의미하고, 특정 개인이라면 그 개인의 행복을 의미한다.

병: 행복이 아니라 도덕 법칙이 의지의, 즉 최고선을 촉진하라고 지시받는 의지의 규정 근거이다. 그렇기 때문에 도덕도 원래 우리가 어떻게 자신을 행복하게 만들지에 관한 가르침이 아니라 어떻게 행복할 자격을 갖추어야만 하는지에 관한 가르침이다.

(나)

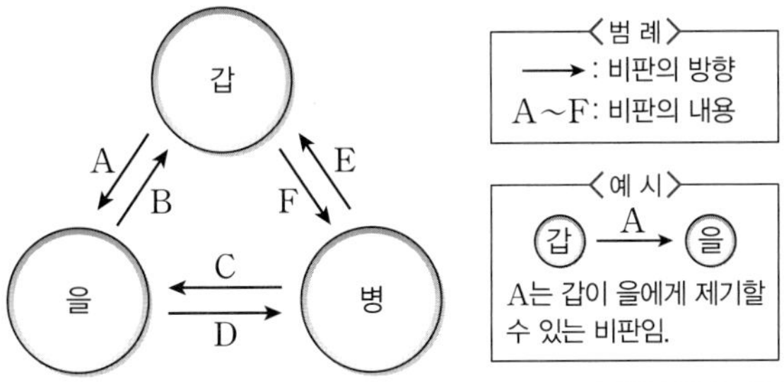

① A: 이성과 법을 통해 인간이 행복한 사회 체계를 만들 수 있음을 간과한다.
② B: 다수가 금욕주의 원칙을 일관되게 따르면 사회 전체의 행복을 감소시킬 수 있음을 간과한다.
③ C: 인간은 보편적인 도덕 원리를 일관되게 추구해야 함을 간과한다.
④ D와 F: 행복한 삶을 사는 것이 인간 행위의 목적일 수 없음을 간과한다.
⑤ E: 인간은 자유 의지를 바탕으로 이성의 명령에 따를 수 있음을 간과한다.

12

▸ 25057-0102

고대 서양 사상가 갑, 근대 서양 사상가 을의 입장으로 옳은 것만을 〈보기〉에서 있는 대로 고른 것은?

갑: 산 자에게는 죽음이 존재하지 않고, 죽은 자는 더 이상 존재하지 않는다. 그러나 많은 사람들은 죽음을 가장 나쁜 것으로 여겨 피하거나 삶 속의 나쁜 것들로부터의 휴식으로 여겨 선택한다. 그러나 현자(賢者)는 삶을 피하지도 않고 삶의 중단을 두려워하지도 않는다. 사람이 먹을 것을 택할 때 무조건 더 많은 것을 택하는 것이 아니라 가장 맛있는 것을 택하는 것과 마찬가지로, 현자는 시간을 즐길 때 가장 긴 시간을 즐기는 것이 아니라 가장 유쾌한 시간을 즐긴다.

을: 만일 사람과 돼지의 쾌락의 원천이 정확하게 동일하다면 한쪽을 위한 삶의 규칙이 다른 쪽을 위해서도 충분히 좋을 것이다. 돼지의 삶과 비교하는 것이 어떤 철학자들의 삶을 격하시키는 것으로 느껴지는 것은 돼지의 쾌락이 사람의 행복 개념을 충족시키지 못하기 때문이다. 사람은 동물의 본능보다 높은 능력을 지니고 있어서 사람이 일단 그런 능력을 의식하게 되면 그런 높은 능력의 만족을 포함하지 않는 것은 행복으로 여기지 않게 된다.

보기

ㄱ. 갑: 자연적이고 필수적인 욕망 중에 삶 자체를 위해 필요한 욕망은 없다.
ㄴ. 을: 한 인간의 행복은 다른 인간의 행복과 평등하게 계산되어야 한다.
ㄷ. 을: 인간이 덕을 욕구하는 것은 덕이 관련된 사람들에게 가져다주는 혜택 때문이다.
ㄹ. 갑과 을: 정신적 쾌락을 누리기 위해 감각적 쾌락을 선택하지 않을 수 있다.

① ㄱ, ㄷ　② ㄱ, ㄹ　③ ㄴ, ㄹ
④ ㄱ, ㄴ, ㄷ　⑤ ㄴ, ㄷ, ㄹ

THEME

11 현대의 윤리적 삶: 실존과 실용

1 실존주의의 등장 배경 및 특징

(1) 실존주의의 등장 배경

① 근대 이성주의의 한계: 근대 이성주의는 과학 기술의 발전과 물질적 풍요의 토대가 되었지만 비인간화, 인간 소외와 같은 문제를 초래하였으며, 객관적이고 보편적인 지식이나 도덕을 강조하여 개인이 겪는 구체적인 삶의 문제 해결에 도움을 주지 못함

② 두 차례의 세계 대전: 사람들에게 심각한 불안과 이성에 대한 불신을 갖게 함

(2) 실존주의의 특징

① 근대 이성 중심적 사고를 비판하면서 인간의 실존 문제를 중시함

② 개별적 인간이 처한 구체적인 문제 상황에서 자신의 선택과 결단을 통해 삶의 의미를 회복할 것을 강조함

2 실존주의 사상

(1) 키르케고르의 실존주의

① 실존: '이것이냐 저것이냐'를 선택해야 하는 구체적 상황에 처한 개인

② '죽음에 이르는 병': 인간은 선택의 상황에서 늘 불안을 느끼는데, 이때 주체적 결정을 회피하면서 빠져드는 '절망'을 말함

③ '주체성이 진리': 실존적 상황에서는 객관성이 아니라 주체성만이 답을 줄 수 있음. 진리는 개별적이고 주관적인 것임

④ 참된 실존에 이르는 과정: 심미적 실존 단계 → 윤리적 실존 단계 → 종교적 실존 단계

⑤ 종교적 실존 단계에서 인간은 신 앞에 홀로 서서 모든 것을 초월적 신에게 맡기고 살아가기로 주체적으로 결단함

(2) 야스퍼스의 실존주의

① 한계 상황: 죽음, 고통, 전쟁 등 인간이 이성이나 과학의 힘 등 어떤 방법으로도 해결할 수 없고, 피하거나 변화시킬 수 없는 상황

② 한계 상황에 직면한 인간은 절망과 좌절을 경험하지만, 자신의 유한성을 자각하는 순간 스스로의 결단을 통해 초월자의 존재를 수용하고 참된 실존을 회복할 수 있음

(3) 하이데거의 실존주의

① 인간을 지금, 여기에 있는 현실적 인간 존재인 '현존재'로 규정함

② 인간은 '죽음에 이르는 존재': 인간만이 자신의 죽음을 예견하고 존재의 의미를 물을 수 있음 → 죽음의 가능성을 회피하기보다는 수용하는 주체적 결단을 내림으로써 참된 실존을 회복할 수 있음

③ 현존재의 의미, 실존에 대한 성찰을 통해 자신의 가능성을 파악하고 스스로 삶을 기획하는 능동적 존재가 되어야 함

(4) 사르트르의 실존주의

① 인간의 본질이나 목적을 정해 줄 신은 존재하지 않음

② "실존은 본질에 앞선다.": 인간은 '이 세상에 내던져진 존재'로 먼저 실존한 후에 주체적 선택을 통해 자신을 형성해 가는 존재임

③ 인간은 자유롭도록 운명 지워진 존재임: 인간은 선택할 수 있는 자유를 가지지만 자유 자체는 선택할 수 없음

④ 인간은 신에게 의지하지 않고 주체적으로 자신의 모든 것을 선택하고 그에 대한 책임을 져야 하는 존재임

⑤ 불성실: 자유, 책임을 포함한 실존의 상황은 불안을 가져오는데, 실존의 불안에 빠진 인간이 자유로운 선택으로부터 도망치는 것

⑥ 불성실에서 벗어나 주체적인 선택과 결단을 통해 스스로 자신의 삶을 만들어 나가고 그 결과에 책임지는 삶을 살아야 함

3 실존주의의 현대적 의의와 한계

의의	• 개별성을 상실하고 획일화되어 가는 삶에서 벗어나 주체적이고 개성 있는 삶을 살기 위해 노력할 것을 강조함 • 실존적 삶을 사는 현재의 자신이 존엄하다고 주장함으로써 인간의 존엄성에 대한 새로운 성찰의 계기를 줌 • 다른 사람도 나와 마찬가지로 존엄한 존재임을 깨닫게 해 주어 상호 존중과 연대의 의미를 일깨워 줌
한계	• 인간의 개별성을 지나치게 강조함으로써 보편적 도덕규범을 경시할 우려가 있음 • 주관적 의견을 도덕의 기준으로 삼는 주관주의로 귀결될 가능성이 있음

자료와 친해지기 키르케고르의 선택에 대한 입장

그대는 선택을 하였다. 그러나 실제로는 그대는 전혀 선택을 하지 않았거나, 혹은 말의 비본래적 의미에서 선택을 한 것이다. 그대의 선택은 하나의 심미적인 선택이다. 그러나 심미적인 선택이란 선택이라고는 할 수가 없다. 선택하는 행위는 본질적으로 윤리적인 것의 고유하고 절박한 표현이다. 보다 엄밀한 의미에서 이것이냐 저것이냐가 문제가 되고 있는 곳에서는 어디에나 윤리적인 것이 내포되어 있다고 우리는 언제라도 확신할 수 있다. 유일하게 절대적인 이것이냐 저것이냐는 선과 악 사이에서 어느 한쪽을 택하는 선택이지만, 이것 역시 절대적으로 윤리적이다. 심미적인 선택은 전적으로 직접적이어서 그런 한에 있어서 선택이 아니거나, 혹은 그 선택이 다양성 속에서 자신을 잃어버리게 되거나 둘 중의 하나이다.

– 키르케고르, 『이것이냐 저것이냐』 –

키르케고르는 심미적 실존 단계에 있는 사람은 진정한 의미의 선택을 하지 않는다고 보았다. 심미적 실존 단계에 있는 사람에게 선택은 기호(嗜好)의 문제이며 어느 것을 선택해도 좋은 것이다. 그에게 선악은 문제가 되지 않는다. 키르케고르에 따르면, 선악의 선택에 의미를 두는 사람이 윤리적 실존 단계에 있는 사람이다.

4 실용주의의 등장 배경 및 특징

(1) 실용주의의 등장 배경

① 19세기 말 미국 사회: 산업화와 도시화가 빠르게 진행되면서 다양한 사회 문제와 갈등에 직면함

② 산업화에 따른 과학적 사고방식의 확산: 사람들은 경험적이고 과학적인 방법을 중시하는 세계관을 가지게 됨

(2) 실용주의의 특징

① 영국의 경험론을 계승하고 다윈의 진화론의 영향을 받음

② 실생활에 유용한 지식을 추구: 옳고 그름의 절대적인 기준을 강조한 기존의 사상으로는 사회 문제나 갈등을 해결할 수 없다고 봄

③ 영원한 진리나 보편타당한 가치는 존재하지 않는다고 봄

5 실용주의 사상

(1) 퍼스의 실용주의

① 실용주의(pragmatism)라는 용어를 최초로 사용함

② 실용주의 준칙(pragmatic maxim): 어떤 것이 옳으려면 그것이 반드시 쓸모 있는 실제적 성과를 만들어 내야 함

③ 이론은 구체적인 실험을 통해 쓸모가 있음이 입증되어야 함

(2) 제임스의 실용주의

① 현금 가치: 마치 현금처럼 실생활에서 쓸모가 있는 유용성을 지닌 가치

② 지식은 그 자체로서 가치를 지니는 것이 아니라, 우리의 삶에 이롭고 유용할 때 비로소 현금 가치를 지님

③ 실용적인 학문뿐만 아니라 문학과 철학과 같은 학문도 사람들이 의미 있는 삶을 사는 데 기여하므로 현금 가치를 지님

④ 진리란 현실 생활을 이롭게 하는 것이며 고정적이고 절대적인 진리는 존재하지 않음

(3) 듀이의 실용주의

① 도구주의

• 인간은 환경과 상호 작용하는 과정에서 끊임없이 문제 상황에 직면하며, 이 문제 상황을 해결하는 과정에서 습득한 경험이 축적되어 이론, 학문 등의 지식을 형성함

• 지식은 그 자체가 목적이 아니라 인간이 직면한 문제를 해결하여 환경에 적응하는 데 유용한 수단이나 도구임

② 지성적 탐구

• 지성: 근대 과학이 보여 준 실험적이며 실천적인 지적 태도 → 문제 상황에서 올바른 선택을 할 수 있도록 안내하는 역할을 함

• 지성적 탐구의 의의: 지성적 탐구를 통해 상황에 맞게 지식이나 이론을 수정하고 발전시켜 문제 상황을 교정하려고 노력할 때, 개인의 삶이 개선되고 사회가 성장하고 진보할 수 있음

• 민주주의는 지성적인 방식의 문제 해결을 보장하는 정치 제도이며, 교육의 역할은 창조적 지성을 갖춘 시민을 양성하는 것임

③ 도덕

• 도덕이나 윤리도 시대나 상황에 따라 변화하고 성장하기 때문에, 고정적이고 절대적인 가치는 존재하지 않음

• 도덕적 가치나 지식은 유용한 결과가 예상되는 일종의 가설이므로 언제든지 수정되고 재구성될 수 있음

• 도덕적 인간: 고정불변하는 최고선을 지닌 사람이 아니라 도덕적으로 성장하는 과정에 있는 사람이며, 지성을 발휘하여 옳은 선택을 하려고 노력하는 사람임. 또한 자신의 삶을 개선하거나 사회를 진보시킬 수 있는 도덕 판단과 행위를 하려고 노력하는 사람임

6 실용주의의 현대적 의의와 한계

(1) 실용주의의 의의

① 현대 사회에서 발생하는 다양한 사회 문제를 해결할 수 있는 최선의 대안을 지성적인 방식으로 마련하는 데 기여할 수 있음

② 가치의 다양성과 인간의 오류 가능성을 인정하고 관용을 강조함으로써 현대 사회의 다양한 도덕적 갈등 문제에 유연하게 대처하고 다원화된 현대 민주주의 사회가 정착하는 데 도움을 줄 수 있음

(2) 실용주의의 한계

① 지식의 도구적 가치인 유용성을 지나치게 강조한 나머지 본래적 가치의 존재를 간과할 수 있음

② 보편적인 도덕규범이나 원리의 존재와 가치를 부정함으로써 윤리적 상대주의에 빠질 수 있음

③ 유용성의 관점에서 비도덕적 행위를 합리화할 수도 있음

자료와 친해지기 | 듀이의 공리주의에 대한 입장

공리주의는 분명한 장점을 가지고 있었다. 공리주의는 모호한 일반성으로부터 벗어나 특별하고 구체적인 것으로 내려올 것을 일관되게 주장했다. 공리주의는 인간을 외적인 법칙에 종속시키는 대신 법칙을 인간의 성취에 종속시켰다. 그것은 제도가 인간을 위해 만들어진 것이지 인간이 제도를 위해 존재하는 것은 아니라고 가르쳤다. 공리주의는 개혁의 모든 문제들을 적극적으로 촉진시켰다. 그것은 도덕적인 선을 자연적이며 인간적인 선으로, 삶의 자연적인 선과 조화를 이루는 것으로 만들었다. 공리주의는 현세적이지 않은 피안의 도덕성에 반대했다. 무엇보다도 공리주의는 사회적 복지라는 관념을 인간의 상상력 안에서 익숙해지도록 했다. 그러나 공리주의는 근본적인 점에서 낡은 사고방식에 의해 여전히 깊이 영향받고 있었다. 공리주의는 고정된, 최종적인, 최상의 목적이라는 관념을 결코 문제 삼지 않았다. 공리주의는 단지 그런 목적의 본성에 관한 당시의 개념만을 문제 삼았을 뿐이다. 그리고 고정된 목적의 자리에 쾌락 및 쾌락의 가능한 최대량을 삽입시켰을 뿐이다.

– 듀이, 『철학의 재구성』 –

듀이는 공리주의가 현실의 문제를 다루고 사회적 복지를 중시한다는 점 등을 긍정적으로 보았다. 하지만 듀이는 쾌락 및 쾌락의 가능한 최대량을 고정된 목적으로 삼는 것은 적절하지 않다고 비판하였다.

정답과 해설 27쪽

01

▸ 25057-0103

다음을 주장한 현대 서양 사상가가 부정의 대답을 할 질문으로 가장 적절한 것은?

> 오직 신에 대한 무한한 관계에 의해서만 비로소 의심은 진정되고, 오직 신에 대한 무한한 자유로운 관계에 의해서만 비로소 인간의 불안은 기쁨으로 바뀔 것이다. 그가 신은 항상 옳다고 인정할 때만 그는 신에 대하여 무한한 관계에 서게 된다. 그가 그 자신이 항상 옳지 못하다는 것을 인정할 때만 그는 신에 대해서 무한히 자유로운 관계에 있게 된다. 그러므로 이렇게 되어야만 의심은 저지된다. 왜냐하면 의심의 운동은 어떤 순간에는 그가 옳을 수 있고, 어느 정도까지는 옳지 못할 수 있다고 하는 바로 그 사실에 성립되는 것이고, 이것이 곧 신에 대한 그의 관계를 말해 주고 있기 때문이다.

① 참된 실존을 자각하기 위해서는 종교적 실존으로의 도약이 필요한가?
② 실존이 처한 불안과 절망은 윤리적 행위의 지속적 실천만으로 극복되는가?
③ 죽음에 이르는 병인 절망은 진정한 자기 자신이 되기를 포기하는 것인가?
④ 진리를 학문이 아니라 자신의 문제로 수용하고 현실 안에서 살아야 하는가?
⑤ 선택해야 하는 상황에 처한 인간은 주체적 결단을 회피하지 말아야 하는가?

02

▸ 25057-0104

현대 서양 사상가 갑, 을의 입장으로 옳지 <u>않은</u> 것은?

> 갑: 그리스도교적인 영웅주의란 감히 온전히 인간 자신이 되려고 하는 것이다. 신 앞에 홀로 서는 이 인간은 열심히 노력하고 철저하게 책임지면서 오직 홀로 섬으로써 특정한 단독자가 되려고 하는 것이다. 그러나 순수한 인간이란 말에 속임을 당하거나 세계사라는 놀라운 장난감을 가지고 장난하는 일 따위는 결코 그리스도교적인 영웅주의가 아니다. 그리스도교적인 인식의 일체는 그 형식이 아무리 엄밀하다고 해도 근심에 찬 것이어야만 한다.
>
> 을: 실존이 본질에 앞선다면, 인간은 자신이 지금 어떤 것인가에 대해서 책임이 있다. 이리하여 실존주의의 첫걸음은 모든 인간으로 하여금 자신이 지금 어떤 것인가에 대해서 주인이 되도록 하는 것, 그리하여 모든 인간으로 하여금 자신의 실존에 대해서 전적인 책임을 지도록 하는 것이다. 그리고 우리가 인간은 자기 자신에 대해서 책임이 있다고 말할 때, 이 말은 인간은 자신의 엄격한 개별성에 대해서만 책임이 있다는 것이 아니라 모든 인간에 대해서 책임이 있다는 뜻이다.

① 갑: 선택을 보류하다 보면 절망에서 벗어날 수 없게 된다.
② 갑: 선악의 문제에 대해 인간이 선택할 때 윤리적인 실존이 정립된다.
③ 을: 인간은 먼저 세계 속에 실존한 후에 자신을 스스로 만들어 간다.
④ 을: 인간은 자유 그 자체에서 벗어나 자신을 스스로 발명할 수 있다.
⑤ 갑과 을: 주체적인 결단은 참된 실존을 회복하기 위한 전제 조건이다.

03

▸ 25057-0105

다음을 주장한 현대 서양 사상가의 입장으로 옳은 것은?

• 우리는 세상 사람(das Man)이 즐기듯이 즐기고 만족스러워하며, 세상 사람이 보고 비평하듯이 문학과 예술에 관해 읽고 보며 비평한다. 세상 사람이 세상을 피하듯 우리도 군중으로부터 몸을 도사리고, 세상 사람이 격분하듯이 우리도 격분한다. 세상 사람은 특정한 사람이 아니며, 총계라는 의미에서가 아닌 모든 사람이다. 이 세상 사람이 일상성의 존재 양식을 지배한다.

• 죽음으로의 선구(先驅)는 현존재가 세상 사람 속에 상실되어 있음을 드러내면서 현존재를 세상 사람으로부터 끌어낸다. 이와 함께 그것은 현존재를 그 자신으로 있을 수 있는 가능성 앞에 직면시킨다. 이 경우 현존재 자신이란, 세상 사람의 환상으로부터 해방된 정열적이고 현사실적이며 자기 자신을 확신하면서 불안해하는 '죽음을 향한 자유' 가운데 있는 자신이다.

① 현존재는 죽음으로의 선구를 통해 세상 사람의 지배를 받게 된다.
② 현존재의 삶에서 죽음은 삶의 마지막 순간에 비로소 문제가 된다.
③ 참된 실존을 자각하지 못한 현존재는 세상 사람의 판단과 결정에 따른다.
④ 세계의 모든 존재는 자신의 삶과 죽음에 대해 의식하고 고뇌하는 존재이다.
⑤ 현존재는 자신의 무한함을 깨달을 때 자신의 미래를 기획하고 창조할 수 있다.

04

▸ 25057-0106

다음을 주장한 현대 서양 사상가의 입장으로 적절한 것만을 〈보기〉에서 있는 대로 고른 것은?

인간은 행해야 할 선택으로서 등장한다. 인간은 무엇보다도 먼저 현재라는 순간에서의 인간 자신의 실존을 말한다. 또한 인간은 자연적인 결정론을 벗어나 있다. 왜냐하면 인간은 인간 자신에 앞서서 미리 정의되는 것이 아니라, 인간 자신의 개별적 현재를 따라서 정의되기 때문이다. 인간보다 위에 있는 인간 본성이란 존재하지 않는다. 어떤 특별한 실존이 어떤 주어진 순간에 인간에게 주어지는 것이다.

보기

ㄱ. 인간은 미래를 향해 자신을 기획하는 존재이기 때문에 주체적이다.
ㄴ. 개인의 선택은 자신뿐만 아니라 모든 사람을 위해서도 선한 것이어야 한다.
ㄷ. 비겁한 사람은 비겁하게 태어난 것이 아니라 자신의 비겁한 행위 때문에 비겁한 것이다.

① ㄱ ② ㄷ ③ ㄱ, ㄴ ④ ㄴ, ㄷ ⑤ ㄱ, ㄴ, ㄷ

05

▶ 25057-0107

중세 서양 사상가 갑, 현대 서양 사상가 을의 입장으로 가장 적절한 것은?

갑: 신이 존재한다는 것은 논증될 수 있는가? 신이 존재한다는 것은 우리에게 있어 자명한 것이 아니지만 우리에게 알려진 결과를 통해 논증될 수 있다. 신이 존재한다는 것은 다섯 가지 길로 논증될 수 있다. 그중 하나는 다음과 같다. 어떤 영역에 있어서 최고도의 것으로 불리는 것은 그 영역에 속하는 모든 것의 원인이다. 예컨대 최고도로 더운 불은 모든 더운 것의 원인이다. 그러므로 어떤 사물의 경우이든 그 존재의 선성(善性)과 모든 완전성의 원인인 어떤 것이 있는 것이다. 이런 존재를 우리는 신이라 부른다.

을: 한계 상황에 직면했을 때 초월자가 없으면 실존은 결실이 없고 사랑이 없는 악마적 반항이 된다. 실존은 이성에 의존하면서 이성의 밝음에 의해 비로소 불안과 초월자의 요구를 경험하고 이성의 질문의 가시에 의해서 비로소 본래적인 운동을 일으키게 된다. 이성이 없으면, 실존은 활동하지 못하고 잠을 자며, 마치 없는 것과 같다. 그러므로 이성과 실존은 서로 결전을 위해 싸우는 두 개의 대립적인 힘이 아니다. 각각에 의해 비로소 존재하게 된다. 이성과 실존은 상호 관계 속에서 향상한다.

① 갑: 인간은 이성을 통해 신의 본질과 능력을 모두 인식할 수 있다.
② 갑: 신은 세계의 내재적 원인으로서 모든 실체를 산출하는 양태이다.
③ 을: 한계 상황을 스스로 변화시켜야만 진정한 실존을 이해할 수 있다.
④ 을: 다른 사람과의 연대에서 벗어나 독립적이고 주체적으로 살아야 한다.
⑤ 갑과 을: 초월적인 존재가 있음을 수용하는 과정에서 이성이 역할을 한다.

06

▶ 25057-0108

다음 가상 대화의 사상가가 지지할 주장으로 가장 적절한 것은?

① 참된 지식은 경험을 초월해야 하며 합리적 추론의 결과여야 한다.
② 형이상학적 개념은 현금 가치를 지닐 수 없으므로 배제해야 한다.
③ 어떤 관념이 참인지를 판단할 때 실생활에서의 검증은 필요하지 않다.
④ 다양한 이론들은 당면한 문제를 해결하는 도구일 뿐 불변의 진리가 아니다.
⑤ 관념의 진리 여부는 관념의 유용성이 아니라 관념에 내재한 속성에 따라 결정된다.

07

▸ 25057-0109

다음을 주장한 현대 서양 사상가의 입장으로 적절한 것만을 〈보기〉에서 고른 것은?

• 공리주의의 비판자들은 쾌락주의와 공리주의를 일치시킨 것이 공리주의를 기이한 모순에 빠지게 했다고 지적하였다. 욕구와 동기에 대한 이러한 개념에 따르면, 모든 행위의 유일한 대상과 목표는 개인적 쾌락의 획득이다. 그렇지만 행위의 도덕성을 판단하는 타당한 기준은 아무래도 타인들의 쾌락에 대한 기여이다. 이렇게 해서 공리주의는 철저히 개인적이고 자기중심적 특성을 지닌 행위 과정의 동기와 광범위하며 사회적이며 박애주의적인 특성을 지닌 승인 기준 간의 갈등 문제에 직면한다.
• 자아는 무언가가 되어 가는 과정이며, 또 더 좋은 것 아니면 더 나쁜 것이 되어 가는 과정이다. 무엇인가가 되어 가는 과정의 질(質)성에서 비로소 덕성은 생긴다. 우리는 도달하려는 이러저러한 목적을 설정하지만 진짜 목적은 성장 발전 그 자체이다.

보기

ㄱ. 도덕적 혼란을 막기 위해 도덕을 불변하는 규범으로 받아들여야 한다.
ㄴ. 고정되고 단일한 최고선을 목적으로 추구하는 윤리학은 재구성되어야 한다.
ㄷ. 형식주의에 따라 규정된 도덕 원리를 개별 상황마다 예외 없이 적용해야 한다.
ㄹ. 도덕적 과정은 나쁜 경험에서 더 나은 경험으로 나아가는 연속적 경험의 과정이다.

① ㄱ, ㄴ ② ㄱ, ㄷ ③ ㄴ, ㄷ ④ ㄴ, ㄹ ⑤ ㄷ, ㄹ

08

▸ 25057-0110

(가)의 근대 서양 사상가 갑, 현대 서양 사상가 을의 주장을 (나) 그림으로 표현할 때, A~C에 해당하는 내용으로 가장 적절한 것은?

(가)

갑: 인간의 지성은 무엇이든 추상화시키는 본성이 있어서, 끊임없이 변화하는 것을 고정불변의 것으로 여긴다. 그러나 자연을 그와 같이 추상화하기보다는 분해하는 편이 더 낫다. 데모크리토스 학파가 다른 학파들보다 깊이 자연을 탐구할 수 있었던 것도 바로 자연을 분해하는 방법 덕분이다. 사물의 형상(形相)은 인간의 정신이 만들어 낸 허구에 지나지 않는다. 바로 이런 것들이 우리가 종족의 우상(偶像)이라고 부른 것이다.
을: 도덕에 적용된 실험적인 논리학은, 판단되는 성질이 현존하는 악을 개선하는 데 기여하는 한 그것을 선한 것으로 간주한다. 그렇게 하면서 그것은 자연 과학의 도덕적 의미를 강화한다. 물리학, 화학, 생물학, 의학이 구체적인 인간의 비애를 간파하는 데 기여하고 그것을 치유함으로써 인간의 지위를 구제하려는 계획을 발전시키는 데 기여할 때, 그것들은 도덕적이 된다.

(나)

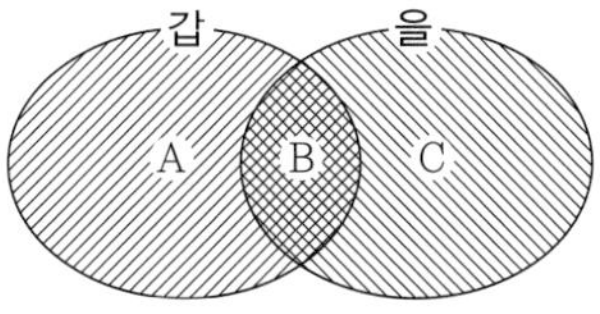

〈범 례〉
A: 갑만의 입장
B: 갑과 을의 공통 입장
C: 을만의 입장

① A: 지식이나 이론도 문제를 해결하기 위한 도구에 불과하다.
② A: 최선의 결과를 산출하는 행위를 찾기 위해 지성을 활용해야 한다.
③ B: 한 상황에서 효과가 검증된 가설을 최종적인 해결책으로 수용해야 한다.
④ B: 관찰과 실험을 통해 인간의 문제를 해결할 수 있는 지식을 얻을 수 있다.
⑤ C: 자연 과학적 지식을 바탕으로 자연을 활용하고 인간의 삶을 개선해야 한다.

[09~10] 갑은 고대 서양 사상가, 을은 현대 서양 사상가이다. 물음에 답하시오.

갑: 건강과 부는 유익할 때도 있지만 유해할 때도 있다. 영혼의 모든 노력은 지혜의 인도를 받으면 행복으로 끝나지만, 어리석음의 인도를 받으면 반대이다. 만약 덕이 영혼의 자질 가운데 하나이고 필연적으로 유익한 것이라면 덕은 지혜여야 한다. 영혼의 모든 자질은 그 자체로는 유익한 것도 유해한 것도 아니며, 지혜나 어리석음과 결합할 때 유익하거나 유해해지기 때문이다.

을: 건강과 부와 마찬가지로 정직과 정의도, 마치 그것들이 획득해야 할 고정된 목표를 표현하는 것인 양 소유되어야 할 선들은 아니다. 그것들은 경험의 질적인 변화의 방향이다. 성장 자체는 유일한 도덕적 목적이다. 악의 문제는 더 이상 신학적, 형이상학적 문제가 아니며, 삶의 악을 가능한 한 제거할 수 있게 그것을 축소하고 경감하는 실천적 문제이다.

09

▸ 25057-0111

갑, 을의 입장을 다음 그림으로 탐구하고자 할 때, A~C에 들어갈 적절한 질문만을 〈보기〉에서 있는 대로 고른 것은?

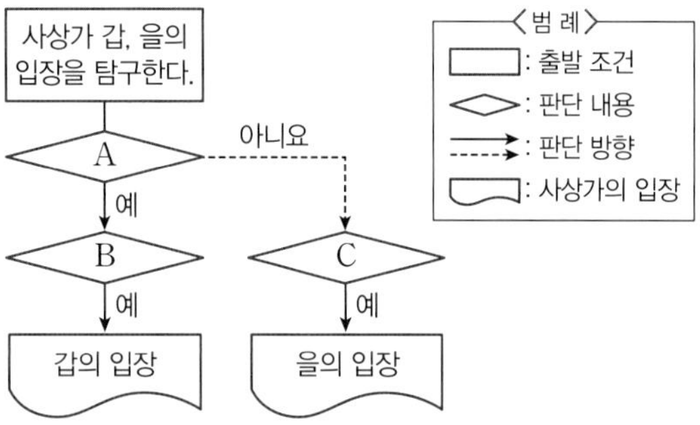

보기

ㄱ. A: 인간의 도덕적 삶에 대한 지침을 경험으로부터 얻어야 하는가?
ㄴ. A: 참된 지식은 상황이나 시대에 따라 달라지지 않는 보편적인 것인가?
ㄷ. B: 덕에 대해 바르게 알게 되면 인간은 행복한 삶을 살게 되는가?
ㄹ. C: 상황에 맞게 지식을 수정하여 절대적인 가치를 획득해야 하는가?

① ㄱ, ㄴ　② ㄱ, ㄹ　③ ㄴ, ㄷ
④ ㄱ, ㄷ, ㄹ　⑤ ㄴ, ㄷ, ㄹ

10

▸ 25057-0112

을이 다음을 주장한 근대 서양 사상가에게 제기할 수 있는 비판으로 가장 적절한 것은?

도덕 형이상학은 없어서는 안 되는 필수 불가결한 것이다. 그것은 우리 이성에 선험적으로 놓여 있는 실천적 원칙들의 원천을 탐구하기 위한 사변적 동인에서 그러하다. 또한 도덕 자체가 자신을 올바르게 판정할 실마리와 최상의 규범을 갖추지 못하는 한 온갖 종류의 타락에 빠져들기 때문이기도 하다. 자고로 어떤 행위가 도덕적으로 선하기 위해서는 행위가 도덕 법칙에 합치하는 것만으로는 충분하지 않고, 도덕 법칙 자체 때문에 일어나야 한다. 그렇지 않다면 도덕 법칙에 합치한다는 것은 그야말로 아주 우연적이고 불확실할 뿐이다. 도덕적이지 못한 근거가 이따금 법칙에 합치하는 경우도 있지만, 종종 법칙에 반하는 행위들을 야기하기 때문이다.

① 모든 사람을 목적 그 자체로서 동등하게 대우해야 함을 간과한다.
② 현실의 문제 상황을 해결하는 지식은 도구가 될 수 없음을 간과한다.
③ 정의와 정직은 인간이 획득해야 하는 좋음이며 최종 목적임을 간과한다.
④ 도덕은 다른 목적을 실현하기 위한 수단이 아니라 목적 그 자체임을 간과한다.
⑤ 개별 사례의 선을 고정된 원리가 아니라 지성적 탐구를 통해 찾아야 함을 간과한다.

THEME

12 사회사상과 이상 사회

1 인간의 삶과 사회사상의 지향

(1) 인간의 삶과 사회사상

① 인간은 자기 삶을 살아가는 존재이면서 동시에 사회에서 다른 사람들과 다양한 관계를 맺으며 살아가는 사회적 존재임

② 사회 속에서 인간은 다른 사람들과 교류하며 생존에 필요한 것을 얻을 뿐만 아니라 더 나은 삶을 추구하며 살아감

③ 사회는 인간 삶의 바탕이 되기 때문에 인간은 사회에 관심을 가지고 사회를 개선하기 위해 노력해 왔으며 이러한 과정에서 다양한 사회사상이 형성됨

(2) 사회사상의 특징과 지향

① 사회사상의 특징

- 사회사상: 사회 현상을 설명하고 해석하여 바람직한 사회의 모습과 그것의 구현 방법 및 운영 방안을 체계화한 사유
  예 자유주의, 공화주의, 민주주의, 자본주의, 사회주의 등
- 다양한 사회 현상을 설명하고 이해하는 데 도움이 되는 이론적 틀을 제공함
- 현실의 부조리가 개선된 더 나은 사회의 모습과 그 실현 방안을 제시함
- 사회를 더 바람직하게 변화시키고자 하며 실천적인 성격이 강함
- 사회 구성원으로서의 역할을 이해하게 하고 의무를 안내해 줌

② 사회사상이 지향하는 목표

- 현 사회의 문제점을 지적하여 개선하고 인류의 보편적인 가치를 찾아서 실현하고자 함
- 바람직한 사회의 조건과 실현 방법을 제시함으로써 누구나 인간다운 삶을 살 수 있는 사회를 지향함
- 이상 사회를 제시하여 갈등과 대립을 넘어선 바람직한 공동체를 실현하고자 함

2 동서양의 이상 사회론

(1) 이상 사회의 의미

① 사람들이 공동으로 추구하는 목표와 이상이 실현된 사회

② 동서양의 여러 사상가는 현실 사회의 문제점과 한계를 개선하기 위해 다양한 이상 사회를 제시함

③ 이상적인 인간의 모습을 함께 제시하여 바람직한 이상 사회의 구현과 바람직한 인격의 형성이 밀접한 관계가 있음을 보여 줌

④ 다양한 이상 사회가 제시된 이유

- 시대마다 사람들이 바라고 지향하는 사회의 모습이 다름
- 여러 사상가들이 파악한 현실 사회의 모순과 부패의 원인이 각기 다름

(2) 동양의 이상 사회론

① 공자의 대동(大同) 사회

- 성인(聖人)이 다스리며 현명하고 유능한 사람이 등용되는 사회
- 구성원들이 가족과 같은 친밀한 관계를 맺으며, 누구나 인간다운 생활을 영위할 수 있도록 복지가 실현됨
- 재화가 고르게 분배되고 사람들이 재물을 자신의 이익만을 위해 사용하지 않으며 사회적 약자를 함께 보호함
- 가족 이기주의에서 벗어나 타인을 배려하는 도덕 공동체임

② 노자의 소국 과민 사회

- 작은 영토에 적은 수의 사람들로 구성된 사회
- 인간의 자유로운 삶을 제약하는 인위적 규범과 문명의 이기(利器)에 무관심함
- 분별적 지식을 추구하지 않고 과도한 욕심이 없는 구성원들이 자연스러운 본성에 따라 소박하게 살아감
- 자연의 순리에 따라 생명을 소중하게 여기며 평화롭게 살아가는 소규모 공동체임

자료와 친해지기 공자의 대동 사회

> 큰 도(道)가 행해질 때, 천하는 모두를 위한 것이 된다. 현명하고 유능한 자를 뽑아 다스리게 하니, 사람들은 자기 부모만을 부모로 여기지 않고 자기 자식만을 자식으로 여기지 않는다. 노인은 여생을 잘 마치게 되고 장년은 일자리가 있으며, 어린이는 잘 양육되고 홀로된 자와 병든 자도 모두 부양받는다. 남녀에게는 각자의 직분이 따로 있고, 재화가 헛되이 버려지지 않지만 힘을 다해 일하면서도 결코 자신만을 위해 그 힘을 쓰지 않는다. 그러므로 음모가 일어나지 않고 도적이 생기지 않기 때문에 바깥문을 닫을 필요가 없다. 이를 대동(大同)이라고 한다. -『예기』-

공자의 대동 사회는 성인(聖人)이 다스리는 사회이며, 현명하고 유능한 사람이 등용되는 사회이다. 대동 사회에서는 가족 이기주의에서 벗어나 서로를 배려하며, 누구나 인간다운 생활을 영위할 수 있다. 대동 사회는 재화가 고르게 분배되는 사회이며, 인(仁)의 정신이 모든 사람에게 확대된 도덕 공동체이다.

(3) 서양의 이상 사회론

① 플라톤의 정의로운 국가

- 국가를 구성하는 세 부류인 통치자, 방위자, 생산자 계층이 각자의 성향에 따라 지혜, 용기, 절제의 덕을 발휘하는 사회
- 각 계층의 사람들이 자신의 역할을 잘 수행하여 전체적으로 조화를 이룬 사회
- 오랜 교육과 훈련을 통해 선(善)의 이데아에 대한 참된 앎을 갖춘 철학자가 통치자가 되어 다스림

② 모어의 유토피아

- 사유 재산제를 폐지하고 생산과 소유의 평등이 실현된 사회
- 16세기 당시 심각한 사회적 불평등과 빈곤 등 영국 사회의 부조리한 현실을 비판하며 등장함
- 잉여 생산에 대한 욕망을 가질 필요가 없으므로 경제적으로 풍요롭고 도덕적으로 타락하지 않음
- 모든 구성원이 필요 이상의 노동을 하지 않고 정신적 자유와 문화생활을 누림

③ 베이컨의 뉴 아틀란티스

- 과학 기술이 발달하여 인간 생활이 풍요로워지고 복지가 증진되는 사회
- 과학 기술자가 주도하는 신비의 섬을 배경으로 함
- 인간의 지식과 새로운 과학 기술 및 문명의 발전에 대하여 무한한 신뢰를 보여 줌

④ 마르크스의 공산 사회

- 구성원이 자신의 능력에 따라 일하고 필요에 따라 분배받는 평등한 사회
- 물질만능주의와 같은 도덕적 타락, 자본의 소유에 따른 차별 등 자본주의 사회에서 발생하는 문제점을 비판하면서 등장함
- 경제적 불평등의 원인인 생산 수단의 사적 소유를 철폐함으로써 비인간적인 사회적 모순을 극복할 수 있음
- 생산력이 고도로 발전하고 경제적으로 안정됨
- 계급과 국가가 완전히 사라지고 누구나 자유롭게 자아를 실현함

⑤ 롤스의 정의로운 사회

- 구성원의 선을 증진해 주면서도 공공의 정의관에 의해 효율적으로 규제되는 사회
- 사회를 구성하는 다수에게 이익이 된다고 할지라도 그것이 소수의 자유를 빼앗는다면 정의롭지 않음을 지적하면서 등장함
- 구성원의 기본적 자유와 권리를 보장하면서 동시에 최소 수혜자의 이익을 극대화하도록 노력함

(4) 동서양 이상 사회론의 현대적 의의

① 이상 사회론의 의의

- 한 사회가 더 바람직한 모습으로 나아가기 위해 갖추어야 할 것에 대한 규범적 기준이 될 수 있음
- 이상 사회론을 통해 사회의 문제점을 이해하고 비판할 수 있으며 사회를 더 나은 방향으로 이끌기 위한 실천 지침을 얻을 수 있음

② 다양한 이상 사회론의 현대적 의의

- 자유와 평등의 보장 및 분배 정의 실현 가능: 누구나 공정한 삶의 기회를 누릴 수 있는 사회의 조건을 마련할 수 있음
- 물질만능주의와 비인간화 현상 극복 가능: 물질적인 풍요를 누리면서도 인간 존엄성의 가치를 존중하는 인간다운 사회를 꿈꿀 수 있음
- 개인의 이익과 권리만을 지나치게 추구하는 이기주의 풍토 극복 가능: 개인과 공동체의 조화를 바탕으로 사람들이 행복을 추구할 수 있는 여건을 제공함
- 평화롭고 안정된 세계를 지향: 동서양 모두 다툼과 분쟁이 없고, 폭력의 위협에서 벗어난 이상 사회의 모습과 조건을 제시함

자료와 친해지기 모어의 유토피아

- 모든 도시는 크기가 동일한 네 개의 지구로 구분된다. 각 지구의 중앙에는 모든 상품을 구비한 시장이 있다. 각 가구에서 생산한 물품은 모두 이곳에 반입된 다음 상품별로 정해진 자리에 보관된다. 한집안의 가장은 자신이나 가족에게 필요한 물품이 있을 경우 해당 물품이 있는 상점으로 가서 요청만 하면 된다. 그는 요청한 것이 무엇이든 돈이나 물품 등으로 값을 치르지 않고 가져간다. 또 누구도 어떤 물품이든 절대 모자랄 염려가 없다는 것을 알고 있기 때문에 아무도 필요 이상으로 요구하지 않는다. 결핍의 공포가 없다면 인간은 탐욕을 부리지 않는다. 그러나 인간은 허영심 때문에 탐욕을 부린다. 넘쳐날 만큼 남아도는 재산을 과시하면 다른 사람들보다 더 나아 보일 것이라는 생각 때문에 그렇게 하는 것이다. 하지만 유토피아에서는 그런 허영심을 부릴 이유가 전혀 없다.
- 유토피아에서는 모든 것이 공동의 소유로 되어 있으므로 공공의 창고가 비지 않는 한 누구도 필수품 부족에 대해 걱정할 필요가 없다. 분배는 그들에게 전혀 문제가 되지 않는다. 유토피아에서는 빈민도 걸인도 없다. 어느 누구도 소유하는 바가 없으므로, 모든 사람이 부자이다. 생계에 대한 근심이나 걱정이 없이 즐겁고 평화롭게 사는 것보다 더 큰 재산은 없다.

– 모어, 『유토피아』 –

모어에 따르면 유토피아는 생산과 소유의 평등이 실현된 사회이며, 경제적으로 풍요롭고, 도덕적으로 타락하지 않은 사회이다. 유토피아에서는 사유 재산이 인정되지 않으며 모든 필요가 충족되기 때문에, 사람들은 허영심을 갖지 않으며 생계에 대한 걱정 없이 행복하게 살아 간다.

01

▸ 25057-0113

(가)를 주장한 고대 동양 사상가의 입장에서 볼 때, (나)의 ㉠에 들어갈 진술로 가장 적절한 것은?

(가)	이곳에서는 비록 여러 가지 도구가 있어도 쓰지 않으며, 백성들은 생명을 중히 여겨 멀리 이사가는 일이 없다. 비록 배와 수레가 있어도 탈 곳이 없고, 갑옷과 무기가 있어도 내보일 일이 없다. 사람들은 다시 노끈을 매어 쓰도록 하고, 그들의 음식을 달게 여기고, 그들의 옷을 아름답게 여기며, 그들의 거처를 편안하게 여기고, 그들의 풍속을 즐기게 한다. 이웃 나라들이 서로 바라볼 수 있고, 닭과 개의 소리가 서로 들릴 수 있지만, 백성들은 늙어 죽을 때까지 서로 왕래하지 않게 한다.
(나)	제자: 이상 사회를 실현할 수 있는 방안은 무엇입니까? 스승: ___________㉠___________

① 인의(仁義)의 덕을 중시하고 정명(正名)을 구현해야 한다.
② 인위적으로 제정된 규범에서 벗어나 무위(無爲)를 추구해야 한다.
③ 백성을 위한 문명의 이기(利器)를 마련하고 법령을 강화해야 한다.
④ 시비와 선악을 명확하게 분별하고 사물을 평등하게 바라보아야 한다.
⑤ 도(道)에서 벗어나 옳고 그름을 구분하는 의로움[義]을 실천해야 한다.

02

▸ 25057-0114

다음을 주장한 고대 서양 사상가의 입장으로 적절한 것만을 〈보기〉에서 있는 대로 고른 것은?

철학자들이 군왕으로서 나라를 다스리지 않거나, 혹은 현재 군왕이나 최고 권력자로 불리는 이들이 진실로 그리고 충분히 철학을 하지 않는 한, 그래서 정치권력과 철학이 하나로 합쳐지지 않는 한, 나쁜 것들의 종식은 없을 것이라네. 그리고 다양한 성향들이 지금처럼 정치권력과 철학 둘 중의 어느 한쪽으로 따로따로 나아가는 상태가 강제적으로 저지되지 않는 한, 내 생각으로는 나라들에서는 물론이고 인류 전체에서도 나쁜 것들의 종식은 없을 것이라네.

보기

ㄱ. 통치자는 모든 계층의 의견을 반드시 받아들여 국가를 다스려야 한다.
ㄴ. 이상 국가를 구성하는 세 계층이 모두 갖추어야 할 공통의 덕이 존재한다.
ㄷ. 이상 국가의 구성원은 자신의 타고난 성향에 따라 사회적 직분을 담당해야 한다.
ㄹ. 방위자는 국가의 안녕에 헌신해야 하므로 최소한의 금전적 보상만을 받을 수 있다.

① ㄱ, ㄷ ② ㄱ, ㄹ ③ ㄴ, ㄷ
④ ㄱ, ㄴ, ㄹ ⑤ ㄴ, ㄷ, ㄹ

정답과 해설 29쪽

03

▸ 25057-0115

사회사상가 갑, 고대 서양 사상가 을의 입장으로 가장 적절한 것은?

> 갑: 이 섬의 사람들은 하루에 오직 여섯 시간만 일한다. 나머지 시간을 어떻게 사용하는가 하는 것은 개인의 재량에 달려 있다. 하루 여섯 시간만으로도 살아가는 데 꼭 필요한 모든 것을 충분히 만들어 낼 수 있기 때문에 물자가 풍족하며, 필요한 물품은 공동 창고에서 가져올 수 있기 때문에 물건을 숨기거나 지키려고 할 필요도 없다.
>
> 을: 이 나라의 사람들은 각각 자신에게 가장 알맞은 직업에만 전념해야 하며, 자신에게 주어진 임무를 적절히 수행하게 해야 한다. 통치자, 방위자, 생산자 세 계층으로 구분되며 서로의 일에 참견하지 않는다. 생산자는 국가의 물질적 필요를 충족시키고, 방위자는 국가를 보호하며, 통치자는 지혜롭게 국가를 이끌어야 한다.

① 갑: 재화의 공동 소유는 필요에 따른 분배를 어렵게 만드는 주된 원인이다.
② 갑: 이상 사회에서는 노동의 직접적인 대가로 금전적 수익이 주어져야 한다.
③ 을: 민주정(民主政)이 이상적인 국가의 통치 방식이 되어야 한다.
④ 을: 모든 계층이 공동체의 번영을 위해 지혜의 덕을 발휘해야 한다.
⑤ 갑과 을: 재산의 사적 소유는 도덕적 혼란이 생겨나는 원인이 될 수 있다.

04

▸ 25057-0116

그림의 강연자가 지지할 입장으로 적절하지 않은 것은?

> 프롤레타리아 계급이 살아갈 수 있는 것은 일거리가 있을 동안뿐이고, 일거리가 있는 기간은 노동이 자본을 살찌울 동안뿐입니다. 자신을 한 조각씩 잘라 팔아야 하는 이런 노동자는, 매매될 다른 모든 물건과 마찬가지로 하나의 상품이며, 따라서 경쟁의 모든 변동, 시장의 모든 변동에 통째로 노출되어 있습니다. 프롤레타리아의 노동은 기계화의 확대와 분업에 의해서 자립성을 상실했고, 노동자의 모든 매력을 상실하게 만듭니다. 노동자는 기계의 단순한 부속물이 되었고, 그에게 요구되는 것은 오직 보다 단순하고 보다 더 쉽게 익힐 수 있는 조작일 뿐입니다. 따라서 노동자에게 드는 비용은 기껏해야 그들이 생계를 유지하고 그들의 종족을 번식시키는 데 필요한 생존 수단 정도의 것에 지나지 않습니다.

① 이상 사회에서 인간은 노동을 통해 자아를 실현할 수 있다.
② 이상 사회가 실현되면 계급 지배와 노동의 욕구가 사라진다.
③ 노동의 본질 실현을 위해 생산 수단의 사적 소유를 철폐해야 한다.
④ 분업화된 노동에 의한 인간의 예속이 사라진 사회를 만들어야 한다.
⑤ 각자의 능력에 따라 일하고 필요에 따라 분배받는 사회를 실현해야 한다.

05

▸ 25057-0117

근대 서양 사상가 갑, 사회사상가 을의 입장으로 적절한 것만을 〈보기〉에서 있는 대로 고른 것은?

갑: 솔로몬 학술원의 목적은 사물의 숨겨진 원인과 작용을 탐구하는 데 있다. 그럼으로써 인간 활동의 영역을 넓히며 인간의 목적에 맞게 사물을 변화시키는 것이다. 우리는 자연의 현상과 법칙을 연구하고, 새로운 기계와 도구를 발명한다. 또한 의학과 건강을 연구하고 치료법을 개발하며, 화학 실험을 통해 새로운 화합물을 합성한다. 그 밖에도 천문학과 기상학, 사회 복지와 경제를 분석한다.

을: 유토피아에서는 관청이나 가정에서 사용하는 집기를 만들 때 금과 은을 사용하며, 노예를 결박하는 쇠사슬이나 족쇄도 금과 은을 사용한다. 중범죄를 지은 죄수들은 귀에 금귀고리를 달고 손가락에 금반지를 끼며 목에는 금목걸이를 걸고 머리에는 금띠를 두른다. 이런 방식으로 금과 은을 하찮은 것으로 만들기 때문에 이곳의 사람들은 금과 은을 내놓으라고 하면 아무 미련 없이 내준다.

보기

ㄱ. 갑: 사회의 발전을 위해 자연 과학 이외의 학문이나 종교는 배제되어야 한다.
ㄴ. 갑: 과학 기술의 발달을 통해 인간 생활이 풍요로워지고 복지가 증진될 수 있다.
ㄷ. 을: 누구나 노력한 만큼 사유 재산 축적이 가능한 풍요로운 사회를 지향해야 한다.
ㄹ. 갑과 을: 이상 사회를 통해 현실의 문제를 성찰하고 개선 방안을 모색해야 한다.

① ㄱ, ㄴ ② ㄴ, ㄹ ③ ㄷ, ㄹ
④ ㄱ, ㄴ, ㄷ ⑤ ㄱ, ㄷ, ㄹ

06

▸ 25057-0118

다음을 주장한 고대 동양 사상가의 입장에만 모두 '✓'를 표시한 학생은?

정치를 덕(德)으로 한다면, 이는 마치 북극성이 그 자리에 있어 많은 별들이 그를 따르는 것과 같다. 백성을 정치로 이끌고 형벌로 가지런히 하면, 백성들은 형벌을 면하려고만 할 뿐 부끄러움을 알지 못한다. 반면에 덕으로 이끌고 예(禮)로 가지런히 하면, 백성들은 부끄러움을 알고 바르게 된다. 또한 정직한 사람을 뽑아 비뚤어진 사람 위에 두면 백성이 복종할 것이며, 비뚤어진 사람을 뽑아 정직한 사람 위에 두면 백성이 복종하지 않을 것이다.

입장 \ 학생	갑	을	병	정	무
정치의 요체는 형벌에 의존해 백성을 조종하는 것이다.	✓	✓		✓	
군주는 도덕과 예의로 백성을 교화하는 정치를 펼쳐야 한다.	✓		✓		✓
구성원 각자가 자신의 신분과 지위에 알맞은 역할을 다해야 한다.			✓	✓	✓
군주는 재화가 고르지 못한 것보다는 부족한 것을 염려해야 한다.		✓		✓	✓

① 갑 ② 을 ③ 병 ④ 정 ⑤ 무

[07~08] 갑, 을은 사회사상가들이다. 물음에 답하시오.

갑: 프롤레타리아가 부르주아와의 투쟁 과정에서 하나의 계급으로 조직되고, 혁명을 통해 스스로를 지배 계급으로 만든다면, 그들은 강제로 옛 생산 조건을 폐지할 것이다. 이 조건들과 함께 계급 대립의 조건과 계급 자체의 존재 조건을 제거함으로써, 스스로의 계급으로서의 지배 또한 폐지하게 될 것이다.

을: *시포그란트의 주된 업무는 빈둥거리는 사람이 없게 하는 것과, 모든 사람이 자기 직업에서 열심히 일하는지 감독하는 것이다. 하지만 유토피아에서는 새벽부터 밤늦게까지 쉬지 않고 일을 해야 하는 사람은 없다. 이 나라를 제외한 세계의 거의 모든 곳에서 노동자는 노예보다 못한 삶을 살아간다.

* 시포그란트: 유토피아의 지역 행정을 책임지는 관리자로, 주민의 의견을 수렴하여 운영하는 역할을 담당함

07

▸ 25057-0119

갑, 을의 입장을 다음 그림으로 탐구하고자 할 때, A~C에 들어갈 적절한 질문만을 〈보기〉에서 있는 대로 고른 것은?

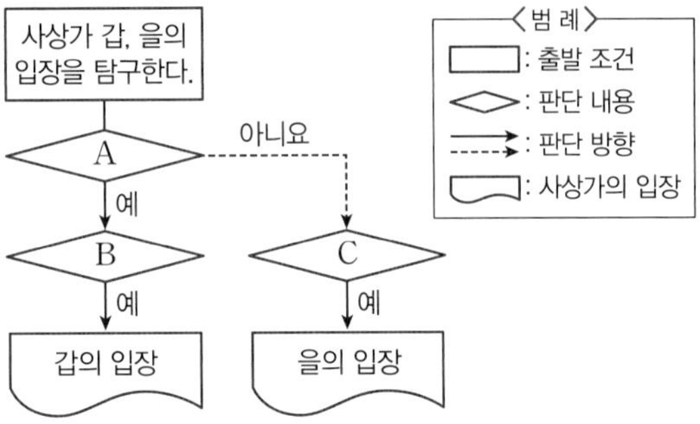

보기

ㄱ. A: 이상 사회는 국가에 의해 필요한 만큼의 분배가 이루어지는 사회인가?
ㄴ. B: 자본가와 노동자가 서로 연대할 때 노동 소외가 사라질 수 있는가?
ㄷ. B: 노동이 자아실현의 계기가 되려면 자본주의식 분업이 사라져야 하는가?
ㄹ. C: 이상 사회는 경제적으로 풍요로우며 사치와 낭비도 없는 사회인가?

① ㄱ, ㄴ ② ㄱ, ㄷ ③ ㄷ, ㄹ
④ ㄱ, ㄴ, ㄹ ⑤ ㄴ, ㄷ, ㄹ

08

▸ 25057-0120

다음을 주장한 사회사상가의 입장에서 갑, 을에게 제기할 수 있는 비판으로 가장 적절한 것은?

재산 소유 민주주의는 각 기간의 마지막에 덜 가진 이들에게 소득을 분배하는 것이 아니라 공정한 기회균등을 배경으로 각 기간의 시작점에서 생산적 자산과 인적 자본의 광범위한 소유를 보장함으로써 사회의 작은 부분이 경제와 정치를 통제하는 것을 막는다. 이를 통해 최소 수혜자들은 불운한 사람이거나 동정의 대상이 아니라 자유롭고 평등한 시민들 사이에서 호혜적으로 살아가는 사람들이 될 수 있으며 자신의 완전한 몫을 다할 수 있다.

① 갑에게: 생산 수단의 공유를 통해 경제적 불평등에서 벗어날 수 있음을 간과한다.
② 갑에게: 이상적인 사회는 생산력이 고도로 발전하여 경제적으로 안정된 사회임을 간과한다.
③ 을에게: 이상적인 사회는 누구나 가치 있는 일에 종사하는 사회임을 간과한다.
④ 을에게: 생산과 소유의 평등이 실현된 풍요로운 사회가 이상적인 사회임을 간과한다.
⑤ 갑과 을에게: 이상적인 사회에서는 모두에게 사유 재산을 가질 권리가 평등하게 부여되어야 함을 간과한다.

THEME
13 국가와 시민

1 국가와 윤리

(1) 국가의 기원과 본질에 대한 관점

① 유교
- 국가는 가족의 질서가 확장된 공동체임 → 효제(孝悌)를 국가적 차원으로 확대하여 인의(仁義)를 실현하고자 함
- 백성을 국가의 근본으로 여김 → 군주는 백성의 마음을 하늘의 마음으로 여기고 백성의 목소리에 귀를 기울여야 함

② 아리스토텔레스
- 국가는 인간의 정치적 본성에 의해 자연스럽게 형성된 공동체임
- 국가는 구성원의 인간다운 삶을 실현할 수 있는 최고의 공동체임

③ 공화주의
- 국가는 공동선에 합의하고 이를 구현하는 시민이 모인 공동체임
- 국가는 시민이 공공의 일에 관심을 가지고 법을 지키며 정치에 참여할 때 유지될 수 있음

> 국가는 인민의 것이다. 인민은 무작정 모인 사람들의 집합이 아니라 정의와 공동선을 위해 협력한다고 동의한 다수의 결사이다.
> – 키케로, 『국가론』 –

④ 사회 계약론
- 국가는 자연 상태에서 살던 인간이 합의를 통해 만든 것임
- 국가는 인간이 자신의 생명과 평화로운 삶 등을 보장받기 위해 만든 수단임

홉스	만인에 대한 만인의 투쟁 상태인 자연 상태에서 벗어나기 위해 구성원이 사회 계약을 맺으며 국가가 발생함
로크	개인은 자연 상태에서 비교적 평화로운 삶을 누리지만 개인의 기본권을 더 확실하게 보장받기 위해 사회 계약을 통해 국가를 구성함
루소	자연 상태에서 인간은 자유롭고 평등하지만 사회 상태로 옮겨 가면서 불평등과 예속의 상태에 처하게 되었고, 자유와 평등을 보장받기 위해 사회 계약을 통해 국가를 구성함

⑤ 마르크스
- 국가는 지배 계급이 피지배 계급을 통제할 목적으로 만든 것임 → 사유 재산이 생겨나고 계급이 분화하기 시작하면서 지배 계급의 수단으로 국가가 등장함
- 국가는 지배 계급이 피지배 계급을 억압하고 착취하기 위한 수단이자 지배 계급의 이익을 대변하는 도구임 → 역사의 필연적인 발전 단계에 따라 국가가 소멸할 것으로 봄

(2) 국가의 역할과 정당성에 대한 관점

① 유교
- 민본주의 사상에 근거하여 국가의 역할과 정당성을 설명함 → 백성의 뜻은 곧 하늘의 뜻이므로 군주는 위민(爲民) 정치를 펼쳐야 함
- 국가는 백성을 도덕적으로 교화하는 역할을 해야 함 → 국가를 백성들의 도덕적 삶을 위한 도덕 공동체로 인식하고, 군주가 덕으로 백성을 교화하는 덕치의 실현을 강조함
- 맹자: 군주가 제 역할을 하지 못하여 통치의 정당성이 무너지면 군주를 교체할 수 있음

② 아리스토텔레스
- 국가의 역할은 시민이 행복한 삶을 살도록 이끌어 주는 것임 → 행복을 실현하기 위해 양질의 교육을 받고 좋은 습관을 길러 영혼의 탁월성을 온전히 발휘해야 함
- 국가는 시민이 정치에 참여할 수 있도록 제도를 마련해야 함

> 국가 전체는 하나의 목적을 가지므로, 교육은 모두에게 똑같이 이루어져야 한다. 또한 그것은 공적이어야 한다. 모두가 자기 아이를 개별적으로 보살피고 자기가 최고라고 가르치는 지금의 교육처럼 개인적이어서는 안 된다. 공익을 위해 필요한 것에 대한 훈련은 모두에게 똑같아야 한다.
> – 아리스토텔레스, 『정치학』 –

자료와 친해지기 홉스의 자연 상태

- 인간은 그들 모두를 위압하는 공통의 권력이 존재하지 않는 곳에서는 전쟁 상태로 들어가게 된다. 이 전쟁은 만인에 대한 만인의 전쟁이다. 이 상태에서 살아가는 사람들에게 무엇보다 나쁜 것은 폭력에 의한 죽음에 대한 끊임없는 두려움과 공포이다. 이러한 삶과 죽음의 갈림길에서 인간의 삶은 외롭고, 가난하고, 비참하고, 잔인하고, 짧다.
- 만인이 만인에 대하여 전쟁을 하는 상황에서는 그 어떤 것도 부당한 것이 될 수 없다. 옳고 그름의 관념, 정의와 불의의 관념은 존재하지 않기 때문이다. 공통의 권력이 존재하지 않는 곳에는 법도 존재하지 않으며, 불법도 존재하지 않는다. 전쟁에서 요구되는 것은 오직 폭력과 속임수이다.

– 홉스, 『리바이어던』 –

홉스에 따르면 만인에 대한 만인의 투쟁 상태인 자연 상태는 개인 간의 분쟁을 해결해 줄 수 있는 공통의 권력이 부재한 상태이므로 인간은 끊임없이 죽음의 공포 속에서 살아가게 된다. 또한 자연 상태는 공통의 규범과 객관적인 도덕 판단의 기준이 존재하지 않기 때문에 정의와 불의가 존재할 수 없다.

③ 공화주의
- 국가의 역할은 공동선을 실현하는 것임 → 국가는 구성원이 시민적 덕성을 기르도록 돕고 공적인 의사 결정에 적극적으로 참여할 수 있도록 제도와 질서를 마련해야 함
- 소수가 국가의 권력을 독점하고 사적 이익을 추구하는 것을 경계함 → 소수가 국가 권력을 독점할 때 국가는 정당성을 상실함

④ 사회 계약론
- 국가의 역할은 구성원의 생명과 자유 등을 보장하는 것이며, 정당성 역시 이 역할을 제대로 수행했는지에 달려 있음
- 로크: 정부가 시민의 권리를 심각하게 침해하거나 공동선을 해칠 경우 시민들은 정치적 저항권을 행사할 수 있음

⑤ 마르크스
- 국가는 지배 계급의 이익을 대변하는 수단임 → 사람들이 기존의 계급 구조를 정당한 것으로 받아들이도록 국가가 법과 제도를 만듦
- 국가 자체를 부정적인 것으로 보고 정의로운 국가라는 관념도 사라질 것이라고 봄 → 국가 소멸 후 각자의 자유로운 발전이 만인의 자유로운 발전을 위한 조건이 되는 연합체가 국가를 대체할 것으로 봄

2 시민과 윤리

(1) 시민적 자유와 권리의 근거

① 자유주의적 관점
- 자연권 사상을 바탕으로 발전함: 시대나 장소에 관계없이 모든 인간에게 보편적으로 내재해 있는 자연권이 개인의 자유와 권리를 보장하는 근거임
- 개인주의를 바탕으로 하는 자유주의는 집단의 권위보다 개인의 자유와 권리를 중시함
- 소극적 자유의 실현을 강조함 → 소극적 자유는 외부의 부당한 압력이나 강제로부터 벗어난 상태로 국가와 타인에게 구속당하지 않고 행동할 수 있는 사적 영역을 보장함으로써 실현될 수 있음

② 공화주의적 관점
- 시민은 상호 의존하며 공익을 추구하는 사회적 존재임
- 시민의 권리는 자연적으로 주어지는 것이 아니라 시민의 정치 참여 및 공동체의 법과 제도적 노력을 통해 만들어지는 것임
- 시민은 정치적 주체로서 스스로 공공의 일에 적극 참여해야 함
- 현대 공화주의자: 비지배로서의 자유를 강조함 → 비지배로서의 자유는 타인의 자의적 지배가 없는 상태로 자유의 실현이 법에 의한 지배로 가능하다고 봄

(2) 공동체와 공동선 및 시민적 덕성

① 자유주의적 관점
- 공동선보다 개인선의 추구를 중시함
- 시민이 동의한 법과 제도를 바탕으로 하는 법치를 중시함
- 법치의 목적: 국가가 개인에게 과도하게 간섭하거나 자유를 침해하는 것을 방지하는 것임 → 국가는 중립을 지키며 법과 제도를 모든 시민에게 동등하게 적용해야 함
- 관용: 개인의 삶과 신념 및 사적 권리를 보호하기 위한 덕목 → 타인이나 집단, 국가의 간섭을 배제하고 개인의 가치관과 취향을 존중함
- 헌법적 애국심: 국가의 정치 체제를 규정하는 헌법의 기본 이념에 대한 국민적 동의와 충성을 의미함 → 애국을 과도하게 강조하는 것은 개인의 권리를 침해할 우려가 있음

② 공화주의적 관점
- 공공의 가치와 공동선을 존중하고 공적 책무에 적극적으로 참여하려는 의식과 태도인 시민적 덕성을 강조함 → 정치 지도자들은 시민적 덕성을 모범적으로 실천해야 하고, 국가는 시민 교육을 통해 시민들이 덕성을 함양하도록 해야 함
- 법치의 목적: 권력의 자의적 지배를 방지하는 것임 → 시민적 덕성과 법 앞의 평등을 바탕으로 한 법치로써 공동선을 실현하고자 함
- 관용: 공적 공간에서 토론할 때 시민 동료들에게 요구되는 덕목
- 애국심: 정치 공동체와 시민 동료들을 향한 대승적 사랑, 시민의 덕성이자 기본적 책무임

자료와 친해지기 벌린의 소극적 자유

- 다른 사람 어느 누구도 내 행동에 개입하여 간섭하지 않는 만큼 나는 자유롭다. 이러한 의미에서 보면 자유는 단순히 한 사람이 다른 사람의 방해를 받지 않고 행동할 수 있는 영역을 의미한다. 가만히 놔두었더라면 내가 할 수 있었을 일을 다른 사람으로 인하여 내가 못하게 되었다면 그만큼 나는 자유롭지 못하다. 그리고 다른 사람 때문에 그 영역이 일정한 한도 이상으로 축소될 때 어쩌면 노예가 되었다는 서술이 가능하게 된다.
- 자유를 누리기 위해서는 자유 가운데 일정 부분을 포기하지 않으면 안 된다. 그러나 개인적 자유의 최소한은 지켜져야 한다. 개인 생활 전체를 권위에 내맡긴다는 것은 그 자체로 모순적인 말이다. 그렇다면 그 최소한이라는 것이 무엇이냐는 질문이 제기될 것이다. 그것은 각 개인에게 있어 본성을 구성하는 핵심 부분에서 타격을 받지 않기 위하여 반드시 지켜야 할 부분이라고 대답할 수 있다. – 벌린, 『이사야 벌린의 자유론』 –

벌린은 자유를 소극적 자유와 적극적 자유로 구분하고, 국가의 개입을 정당화하고 개인의 권리를 침해할 여지가 있는 적극적 자유가 아닌 간섭의 부재를 의미하는 소극적 자유가 진정한 의미의 자유라고 주장하였다. 한편 벌린은 자유를 누리기 위해서는 자유의 일정 부분에 대한 제한이 있을 수 있음을 인정하면서도, 각 개인의 정체성과 자아를 유지하기 위한 최소한의 영역은 반드시 보호되어야 함을 강조하였다.

정답과 해설 31쪽

01

▸ 25057-0121

다음을 주장한 고대 동양 사상가의 입장에서 긍정의 대답을 할 질문으로 적절한 것만을 〈보기〉에서 있는 대로 고른 것은?

> 고정적인 생업[恒産]이 없으면서도 항상적인 마음[恒心]을 지니는 것은 오직 선비만이 할 수 있다. 일반 백성의 경우는 고정적인 생업이 없으면 그로 인해 항상적인 마음도 없어진다. 만일 항상적인 마음이 없다면 방탕하고 편벽되고 간사하고 사치스러운 행위를 하지 않음이 없다. 백성들이 죄를 저지르고 난 후에 그것을 좇아서 형벌에 처한다면, 그것은 백성들을 그물질해 잡는 것이다. 어떻게 어진 사람이 임금의 지위에 있으면서 백성들을 그물질해 잡는 짓을 할 수 있겠는가?

보기

ㄱ. 국가는 가족의 질서가 확장된 도덕 공동체인가?
ㄴ. 통치자의 권위는 어떠한 경우에도 존중되어야 하는가?
ㄷ. 백성들의 생업을 마련하는 것이 정치의 궁극적 목적인가?
ㄹ. 형벌에 의존하는 정치보다는 도덕에 바탕을 둔 정치를 해야 하는가?

① ㄱ, ㄹ ② ㄴ, ㄷ ③ ㄴ, ㄹ
④ ㄱ, ㄴ, ㄷ ⑤ ㄱ, ㄷ, ㄹ

02

▸ 25057-0122

고대 서양 사상가 갑, 사회사상가 을의 입장으로 적절한 것만을 〈보기〉에서 있는 대로 고른 것은?

> 갑: 국가는 자연적으로 존재하는 것들에 속하며 사람은 본질적으로 국가에서 살아야 하는 동물이다. 우연이 아니라 자신의 본성상 국가가 없는 사람은 인간 이하이거나 인간 이상의 존재이다.
> 을: 사람들은 자연 상태에서 무제한적인 자유를 누릴 수 있지만, 사회 계약을 통해 공동체의 구성원으로서 법과 일반 의지에 의해 보호받는 시민적 자유와 그가 가진 모든 것에 대한 소유권을 누릴 수 있다.

보기

ㄱ. 갑: 인간은 정치 공동체 안에서만 자아실현이 가능하다.
ㄴ. 갑: 국가는 인간 본성에 의해 형성된 완전한 자급자족의 공동체이다.
ㄷ. 을: 사회 계약의 목적은 자연 상태에서 누리던 자유로 돌아가는 것이다.
ㄹ. 갑과 을: 시민은 자신이 속한 공동체에 대한 정치적 의무를 지닌다.

① ㄱ, ㄴ ② ㄴ, ㄷ ③ ㄷ, ㄹ
④ ㄱ, ㄴ, ㄹ ⑤ ㄱ, ㄷ, ㄹ

03

▸ 25057-0123

사회사상가 갑, 고대 동양 사상가 을의 입장으로 가장 적절한 것은?

> 갑: 사람들이 사회에 들어갈 때 자연 상태에서 가졌던 평등, 자유, 집행권을 입법부가 처리할 수 있도록 사회의 권력에 넘겨준다. 이는 오직 모든 사람이 자신의 생명, 자유, 재산을 더욱 잘 보호하겠다는 의도이다. 더 열악해지려는 의도로 자신의 상태를 변화시키려는 사람을 상상할 수 없다.
> 을: 백성이 귀하고 사직(社稷)은 그다음이고 군주는 하찮다. 그러므로 백성의 마음을 얻으면 천자가 되고, 천자의 마음을 얻으면 제후가 되고, 제후의 마음을 얻으면 대부가 된다. 제물로 바친 곡식이 정결하며 때에 맞게 제사를 지냈는데도, 가뭄이 들거나 물난리가 나면 사직의 신을 바꾼다.

① 갑: 입법부는 사람들의 자연권 전체를 양도받아 권한을 행사한다.
② 갑: 입법부는 시민으로부터 신탁(信託)된 권력이므로 교체가 불가능하다.
③ 을: 통치자는 백성에 의한 통치가 실현될 수 있도록 노력해야 한다.
④ 을: 백성이 부도덕한 삶을 살아간다면 군주에게 책임을 물을 수 있다.
⑤ 갑과 을: 국가 권위의 정당성은 구성원의 동의를 통해 발생한다.

04

▸ 25057-0124

다음을 주장한 사회사상가의 입장에서 부정의 대답을 할 질문만을 〈보기〉에서 고른 것은?

> 부르주아 계급은 봉건 질서가 붕괴되면서 점차 독립된 세력이 되었다. 부르주아 계급은 교역을 통해 부를 축적하고, 매뉴팩처를 통해 생산을 통제하게 되었다. 매뉴팩처 시대에 부르주아 계급은 귀족과 맞먹는 계급으로 성장하여 군주 국가를 지탱하는 중요한 세력이 되었다. 그리하여 부르주아 계급은 마침내 대규모 공업과 세계 시장이 형성된 이후로 지금의 대의제 국가에서 독점적인 정치적 지배권을 쟁취하였다. 지금의 국가 권력은 부르주아 계급 전체의 공통된 사업을 관장하는 하나의 위원회에 지나지 않는다.

보기

ㄱ. 국가는 자본가 계급의 이익을 보호하는 도구에 불과한가?
ㄴ. 공산 사회는 노동자의 권리를 최대한 보장하는 국가인가?
ㄷ. 이상 사회에서는 모든 계급이 생산 수단을 평등하게 소유하는가?
ㄹ. 국가는 지배 계급이 피지배 계급을 통제할 목적으로 만든 것인가?

① ㄱ, ㄴ　② ㄱ, ㄷ　③ ㄴ, ㄷ　④ ㄴ, ㄹ　⑤ ㄷ, ㄹ

05

▸ 25057-0125

그림은 서술형 평가 문제와 학생 답안이다. 학생 답안의 ㉠~㉤ 중 옳지 않은 것은?

서술형 평가

◎ **문제**: 고대 서양 사상가 갑, 사회사상가 을의 입장을 비교하여 서술하시오.

> 갑: 모든 국가는 하나의 생활 공동체이며, 모든 공동체는 선(善)을 이루기 위해 형성된다. 왜냐하면 사람들의 행위는 좋다고 생각하는 결과를 가져오리라는 생각에서 비롯되기 때문이다. 모든 공동체 중에 가장 으뜸가며 다른 공동체 모두를 포괄하는 공동체가 있다면 이는 가장 으뜸가는 목적을 추구해야 한다. 이것이 국가이다.
>
> 을: 모든 인간은 태어날 때부터 자유롭고 평등하며 독립적이다. 자신의 타고난 자유를 벗어버리고 시민 사회의 구속을 받아들이는 유일한 방법은 서로 안전하고 평화로운 삶을 영위하기 위해 다른 사람들과 공동체를 결성하기로 합의하는 것이다. 그 공동체의 목적은 각자의 생명, 자유, 재산을 안전하게 보존하는 데 있다.

◎ **학생 답안**

갑, 을 사상가들의 사상적 입장을 비교하면, 갑은 ㉠ 공동체를 구성하려는 인간의 본성에 따라 국가가 형성된다고 보았으며, ㉡ 인간으로서 좋은 삶과 시민으로서 좋은 삶은 불가분의 관계라고 보았다. 이에 비해 을은 ㉢ 개인이 자신의 재산권을 더 잘 보장받기 위해 국가를 수립했다고 보았으며, ㉣ 사회 계약을 통해 시민은 자연법 준수 의무에서 벗어날 수 있다고 보았다. 한편, 갑, 을은 모두 ㉤ 시민은 자신이 속한 국가에 대해 정치적 의무를 지닌다고 보았다.

① ㉠ ② ㉡ ③ ㉢ ④ ㉣ ⑤ ㉤

06

▸ 25057-0126

다음을 주장한 사회사상가의 입장으로 적절한 것만을 〈보기〉에서 고른 것은?

> 인간은 그들 모두를 위압하는 공통의 권력이 존재하지 않는 곳에서는 전쟁 상태로 들어가게 된다. 이 전쟁은 만인에 대한 만인의 전쟁이다. 이 상태에서 살아가는 사람들이 무엇보다 나쁜 것은 폭력에 의한 죽음에 대한 끊임없는 두려움과 공포이다. 이러한 삶과 죽음의 갈림길에서 인간의 삶은 외롭고, 가난하고, 비참하고, 잔인하고, 짧다.

보기

ㄱ. 주권자의 권력은 분할되거나 양도될 수 없다.
ㄴ. 전쟁 상태에서 사람들은 이성의 명령에 따라 계약을 맺는다.
ㄷ. 주권자가 사회 계약 자체를 파기해도 사람들은 저항할 수 없다.
ㄹ. 사회 계약은 자연 상태에서 누리던 무제한의 자유를 회복하는 계기이다.

① ㄱ, ㄴ ② ㄱ, ㄷ ③ ㄴ, ㄷ ④ ㄴ, ㄹ ⑤ ㄷ, ㄹ

07

▸ 25057-0127

(가)의 사회사상가 갑, 을의 입장을 (나) 그림으로 탐구하고자 할 때, A~C에 들어갈 적절한 질문만을 〈보기〉에서 있는 대로 고른 것은?

(가)
갑: 프롤레타리아가 혁명을 통해 잃을 것은 쇠사슬뿐이며 모든 것을 얻을 수 있다. 이것은 사회 질서를 폭력적인 방법으로 전복하는 것으로밖에 이룩할 수 없다는 것을 선언한다.
을: 인간은 자유롭게 태어나 어디에서나 쇠사슬에 묶여 있다. 이러한 예속과 불평등에서 벗어나 자유를 누리기 위해서는 각자 자신의 신체와 힘을 일반 의지의 지도 아래에 맡겨야 한다.

(나)

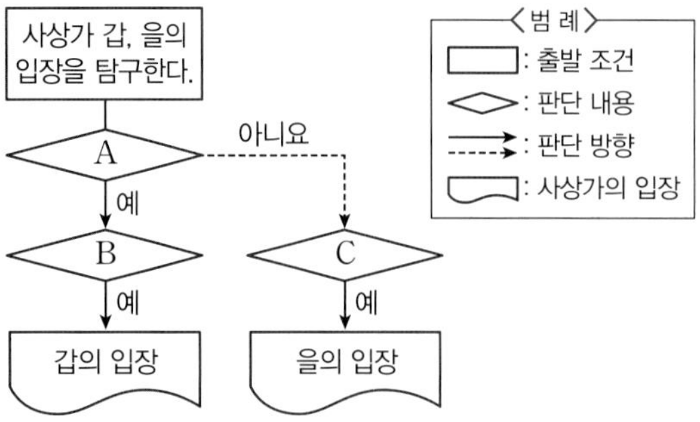

〈보기〉
ㄱ. A: 사유 재산제가 성립되면서 경제적 불평등이 발생하는가?
ㄴ. A: 인간다운 삶을 실현하기 위해 국가의 소멸이 요청되는가?
ㄷ. B: 생산 수단의 사적 소유 보장을 통해 계급을 소멸시켜야 하는가?
ㄹ. C: 일반 의지에 기초한 법의 구속을 수용할 때 시민적 자유가 실현될 수 있는가?

① ㄱ, ㄴ　② ㄱ, ㄷ　③ ㄴ, ㄹ
④ ㄱ, ㄷ, ㄹ　⑤ ㄴ, ㄷ, ㄹ

08

▸ 25057-0128

(가)의 사회사상가 갑, 을의 입장에서 서로에게 제기할 수 있는 비판을 (나) 그림으로 표현할 때, A, B에 해당하는 내용으로 가장 적절한 것은?

(가)
갑: 전쟁 상태인 자연 상태에서는 모든 수단을 사용해도 좋다. 만인은 자연적으로 모든 것에 대하여 권리를 가지기 때문에 적들로부터 자신의 생명을 유지하는 데 도움이 되는 것 중에 이용해서는 안 되는 것은 없다.
을: 전쟁 상태는 권리도 없이 인신에 강제력이 행사되는 파괴의 상태이다. 자연 상태는 공정한 재판관이 없기에 전쟁 상태가 될 위험이 있으므로 인간은 자신을 정부의 확립된 법의 지배하에 두고 재산을 보호하고자 한다.

(나)

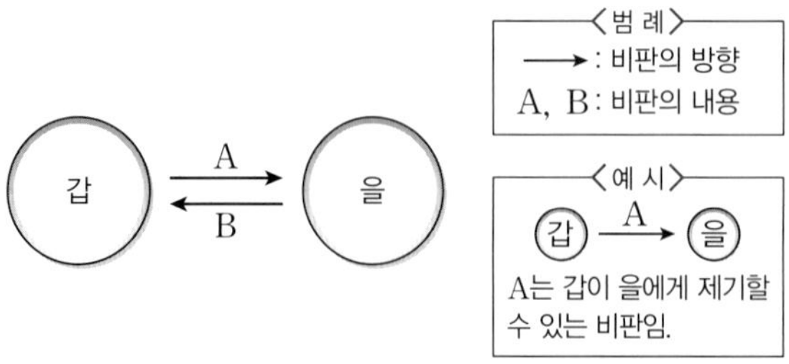

① A: 사회 계약의 목적 실현을 위해 권력 분립은 불필요함을 간과한다.
② A: 시민의 권리 보호를 위해 정부의 역할은 제한될 수 있음을 간과한다.
③ B: 사회 계약은 이성의 요청에 따른 필연적인 결과임을 간과한다.
④ B: 개인이 가진 모든 권리를 국가에 양도하는 것이 아님을 간과한다.
⑤ B: 정부가 시민의 재산권을 침해한다면 정치 사회는 해체되어야 함을 간과한다.

09

▸ 25057-0129

그림은 사회사상가 갑, 을의 가상 대화이다. 갑, 을의 입장으로 적절한 것만을 〈보기〉에서 있는 대로 고른 것은?

> 불간섭의 영역만큼 우리는 더 자유롭습니다. 자유란 한 사람이 다른 사람의 방해를 받지 않고 행동할 수 있는 영역이기 때문입니다. 가만히 놔두었더라면 내가 할 수 있었을 일을 다른 사람으로 인하여 내가 못하게 되었다면 그만큼 나는 자유롭지 못합니다.

> 불간섭의 자유는 사회와 고립된 황무지의 자유를 상징하며, 비지배로서의 자유는 도시의 자유이자 시민적 자유를 상징합니다. 노예의 주인이 전적으로 인자하고 관대한 사람이라고 밝혀지더라도 그 주인은 여전히 노예를 지배합니다. 자유는 불간섭이 아니라 비지배에 있습니다.

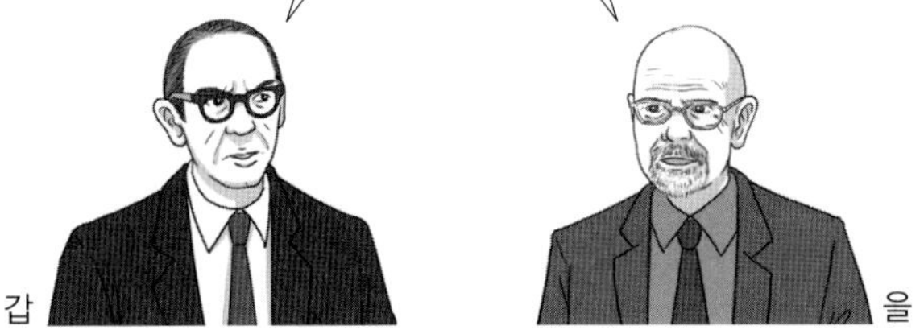

보기

ㄱ. 갑: 법은 시민의 자유를 보장하는 기능을 수행할 수 있다.
ㄴ. 갑: 개인의 권리 보호보다 정치적 의무가 항상 우선해야 한다.
ㄷ. 을: 법에 의한 지배가 확립될 때 자유가 실현될 수 있다.
ㄹ. 갑과 을: 자의적 지배에 의한 간섭은 시민의 자유를 침해할 수 있다.

① ㄱ, ㄴ　② ㄱ, ㄷ　③ ㄴ, ㄹ
④ ㄱ, ㄷ, ㄹ　⑤ ㄴ, ㄷ, ㄹ

10

▸ 25057-0130

다음을 주장한 사회사상가의 입장에서 긍정의 대답을 할 질문만을 〈보기〉에서 고른 것은?

> 애국심이란 특정 공화국과 시민 동료에 대해서만 보이는 애착이다. 이러한 애착은 법, 자유, 희망과 두려움, 승리와 패배 등 수많은 중요한 것들을 공유하는 공화국 시민들 사이에서 나타난다. 무엇보다 사회적·정치적 평등이 전제되어야 이러한 애착이 나타나는데, 이 애착은 공공 의무의 이행과 공공선에 대한 애착의 모습으로 승화한다. 공동체에 대한 대승적 사랑은 시민들에게는 시민적 의무를 수행할 힘을 주고, 위정자들에게는 공동체의 자유 수호에 따르는 과중한 의무들을 감당할 수 있는 용기를 주는 등 모든 이들의 영혼에 힘을 불어넣는다.

보기

ㄱ. 법치의 목적은 권력자의 자의적인 지배를 방지하는 것인가?
ㄴ. 애국심이란 자신이 속한 공동체에 대한 무조건적인 사랑인가?
ㄷ. 시민은 공적 책무에 적극적으로 참여하는 태도를 가져야 하는가?
ㄹ. 시민 모두는 공동체가 제시하는 가치나 규범을 무조건 따라야 하는가?

① ㄱ, ㄴ　② ㄱ, ㄷ　③ ㄴ, ㄷ　④ ㄴ, ㄹ　⑤ ㄷ, ㄹ

THEME

14 민주주의와 자본주의

1 민주주의

(1) 근대 민주주의의 지향과 자유 민주주의

① 민주주의의 기원과 원칙

- 민주주의의 의미: 시민이 권력을 가지고 스스로 권력을 행사하는 정치 제도 또는 그러한 정치를 지향하는 사상
- 민주주의의 사상적 기원
  - 고대 그리스 아테네의 성인 남성 시민으로 구성된 민회에서 중요한 사항을 토론하고 결정하는 직접 민주 정치가 시행됨
  - 법원의 배심원을 포함한 거의 모든 관직을 추첨을 통해 시민에게 맡겨 평등한 정치 참여를 보장함
  - 여성, 노예, 외국인의 정치 참여를 제한하였기에 오늘날 보편적 평등을 기반으로 하는 민주주의와 차이가 있음
- 민주주의의 기본 원칙

모든 시민의 동등한 참여 권한과 기회의 원칙	성별, 종교 등에 관계없이 모든 시민에게 선거에 출마하거나 투표할 수 있는 기회가 주어짐
권력 구성과 집행에 대한 시민의 통제 원칙	모든 시민이 권력 구성 과정에 참여하고 운영에 대한 책임을 물을 수 있음

② 근대 자유 민주주의의 발전

- 사회 계약 사상의 의의: 절대 왕정 시대의 억압적인 정치 질서와 불평등한 사회 구조를 개혁하고 자유와 평등의 가치를 보장함으로써 근대 자유 민주주의 확립의 사상적 토대가 됨
- 로크의 사회 계약 사상
  - 자연 상태에서 인간은 자연법의 지배 아래 비교적 평화롭게 살아가나 공통의 재판관이 없기 때문에 개인의 생명, 자유, 재산을 보존할 수 있는 권리를 확실하게 보장받지 못함 → 개인은 자신의 권리를 보장받기 위해 계약을 맺어 국가를 만듦
  - 국가가 개인의 생명, 자유, 재산에 대한 권리를 침해한다면 국민은 양도했던 권리를 되찾는 저항권을 행사할 수 있음
  - 견제와 균형의 원리에 입각하여 권력 남용을 막기 위해 법치주의, 권력 분립(입법권, 집행권)을 주장함
- 루소의 사회 계약 사상
  - 자연 상태에서 인간은 자유롭고 평등하며 평화로운 삶을 누리지만 사회 상태로 옮겨 가면서 사유 재산의 발생과 함께 불평등과 예속의 불행한 상태에 처하게 됨 → 개인은 정치 공동체의 구성원으로서 정치 공동체 안에서 스스로가 입법권을 가진 주권자로서 시민적 자유를 획득하게 됨
  - 국가는 공공의 이익(공동선)을 추구하는 일반 의지를 대행하는 것이며, 주권은 엄연히 국민에게 있음
- 자유 민주주의의 발전
  - 자유주의와 결합한 근대 민주주의는 자유 민주주의로 발전하여 개인의 자유와 권리를 가장 중요한 가치로 여기며 정부의 주된 역할은 개인의 기본권을 보장하고 자유를 보호하는 데 있다고 봄
  - 근대 자유주의 사상가 밀: 사회나 국가는 개인의 자유를 최대한 보장해야 하며 개인을 통제할 수 있는 경우는 엄격히 제한됨

(2) 현대 민주주의와 민주 시민의 자세

① 현대 민주주의의 규범적 특징

엘리트 민주주의	• 시민의 정치 참여를 주기적인 정치 지도자 선출에 한정하므로 실제로 시민의 지배보다 정치가의 지배라는 성격이 강함 • 슘페터: 민주주의를 엘리트 정치인이 대중의 승인을 얻고자 자유롭게 경쟁하는 제도적 장치로 봄 • 정치적 의사 결정을 대표자들에게 맡김으로써 시민의 정치 참여를 제한한다는 비판을 받음
참여 민주주의	• 시민은 정부의 정책 결정과 집행 과정 등과 같은 공적 영역에 적극적으로 참여해야 함 • 국민의 지배라는 민주주의의 이상 실현이 가능함 • 특정 집단이 자신의 이익만 추구할 수도 있고, 모든 시민이 정치적 의사 결정 과정에 동등하게 참여하기 어려움
심의 민주주의	• 시민이 공론의 장에서 사회적 쟁점을 깊이 있게 토론하고 심의하는 역할을 해야 함 • 서로 다른 이해관계를 가진 시민과 전문가 등의 심의를 거쳐 공공성을 추구하는 정책을 만들 수 있음 • 합리적 의사소통이 결여되면 심의 결과에 문제가 생김

자료와 친해지기 로크의 저항권

입법부가 시민의 생명, 자유 및 재산에 대한 절대적인 권력을 자신들의 수중에 장악하거나 그 밖의 다른 자들의 수중에 넘겨줌으로써 사회의 기본적인 규칙을 침해하게 되면 그들의 권력은 신탁 위반으로 상실된다. 이때 권력은 시민에게 되돌아간다. 시민은 자유를 회복할 권리와 새로운 입법부를 설립함으로써 자신의 안전을 모색할 수 있는 권리를 가지게 된다.

– 로크, 『통치론』 –

로크는 인간은 자신의 생명, 자유, 재산에 대한 권리를 확실하게 보장받기 위해 사회 계약을 통하여 국가를 만든다고 주장하였다. 로크에 따르면 입법권은 신탁된 권력이기 때문에 입법부가 그 신탁에 반해서 행동할 경우 시민은 입법부를 폐지하거나 새로운 입법부를 세울 수 있다.

② 민주 시민의 자세

소로의 시민 불복종	양심을 시민 불복종의 판단 기준으로 삼아, 양심에 어긋나는 법과 정책에 복종하지 않을 수 있다고 주장함
롤스의 시민 불복종	시민 불복종을 법이나 정부의 정책에 변혁을 가져올 목적으로 행해지는, 공공적이고 비폭력적이며 양심적이긴 하지만 법에 반하는 정치적 행위로 봄 → 다수의 정의감에 호소할 목적으로 공적인 정의관에 근거하여 행해져야 함
하버마스의 시민 불복종	시민 불복종은 합리적 의사소통을 통해 합의한 원칙에 어긋나는 법이나 정책에 대한 저항이라고 정의함 → 합법적인 규정이라도 정당성 판단의 기준인 헌법 원칙에 어긋나면 행해질 수 있음

2 자본주의

(1) 자본주의의 규범적 특징과 기여

① 자본주의의 규범적 특징

- 자본주의의 의미: 사유 재산제를 바탕으로 개인이 합리적으로 이윤을 추구할 수 있도록 자유로운 경제 활동을 보장하는 자유 시장 경제 체제
- 자본주의 등장의 사상적 배경
  - 자유주의: 개인의 자유와 권리를 중시하여 경제적 영역에서도 자유로운 생산과 교환 등 경제 활동의 자유를 보장할 것을 요구함
  - 프로테스탄티즘: 칼뱅은 신의 소명인 직업에서 성공하여 자본을 축적하는 것을 도덕적으로 정당화함 → 합리적인 이윤 추구와 금욕주의적 직업 윤리는 자본주의 정신의 바탕이 됨
- 자본주의의 전개 과정과 규범적 특징

고전적 자본주의	• 대표 사상가: 스미스 • 개인의 경제적 자율성을 최대한 보장하기 위해 '보이지 않는 손'이라는 시장 경제 작동의 원리를 존중하고 시장에 대한 국가의 간섭을 최대한 배제해야 함
수정 자본주의	• 대표 사상가: 케인스 • 비효율적인 자원 분배, 빈부 격차, 실업 등 시장 실패를 해결하기 위해 정부가 시장에 적극적으로 개입해야 함
신자유주의	• 대표 사상가: 하이에크 • 정부의 거대화에 따른 비효율성, 무능과 부패 등 정부 실패를 해결하기 위해 정부 기능을 축소하고 개인의 자유를 확대해야 함

② 자본주의의 윤리적 기여

개인의 자유와 권리 증진	개인은 경제 활동의 자유(직업 선택과 계약의 자유)와 사적 소유권을 보호받고 증진할 수 있음
개인의 자율성과 창의성 증진	더 많은 이윤을 얻기 위해 서로 경쟁하는 과정에서 개인의 창의성이 신장됨
경제적 효율성 제고	시장에서의 자유 경쟁을 보장하여 경제적 효율성을 높임으로써 경제가 지속적으로 발전하게 됨

(2) 자본주의에 대한 비판과 대안

① 자본주의의 한계와 비판

빈부 격차	개인의 육체적·정신적 능력, 교육 정도의 차이에 따라 노동 기회나 소득 분배에서 불평등이 초래됨 → 경제적 불평등의 심화는 사회를 양극화하여 사회 통합을 저해함
물질 만능주의	물질적 가치를 지나치게 중시하여 인간의 존엄성과 같은 정신적 가치가 수단으로 전락하는 가치 전도 현상이 나타남 → 황금만능주의와 물신 숭배로 이어짐
인간 소외	인간이 만들어 낸 물질이 인간으로부터 독립하여 인간을 지배하는 인간 소외 현상이 초래됨 → 상품을 만드는 기계나 부속품처럼 인간을 취급하는 현상이 나타남

② 자본주의에 대한 대안적 시도

- 마르크스의 사회주의 사상
  - 마르크스는 엥겔스와 함께 『공산당 선언(1848)』을 발표함
  - 부르주아(자본가)와 프롤레타리아(노동자) 사이의 계급 투쟁 → 자본주의 붕괴 → 프롤레타리아 독재 → 계급 없는 공산 사회
  - 자본주의 사회의 문제는 생산 수단의 사유화로 인해 심화되므로 생산 수단을 공유화하여 평등한 사회를 실현해야 한다고 봄
- 민주 사회주의
  - 서구 사회주의자들이 사회주의 인터내셔널을 결성하여 「프랑크푸르트 선언(1951)」을 통해 민주 사회주의의 입장을 선포함
  - 소련식 사회주의의 급진적인 폭력 혁명론을 비판하고 의회 중심의 민주적 방법에 의한 점진적 사회 개혁을 강조함
  - 공유제를 바탕으로 하되 농업, 수공업, 소매업, 중소 공업 등 중요한 부문의 사적 소유를 인정함

③ 자본주의의 발전을 위한 노력

- 인간의 가치와 존엄성을 존중하고 보장하는 사회를 실현해야 함
- 경제적 불평등으로 인한 부작용을 최소화하는 정책과 제도를 실시함

자료와 친해지기 케인스의 수정 자본주의

만약 정부가 낡은 병들에 지폐를 가득 채우고 그 병들을 폐탄광에 적당한 깊이로 묻은 뒤 자유방임주의라는 원칙에 따라 사적 기업으로 하여금 그것을 다시 파내는 일을 하게 한다면 실업이 존재해야 할 이유가 없을 것이다. 이러한 정부의 개입을 통해 공동체의 실질 소득은 물론이고 공동체의 자본적 부도 아마 기존의 실제 수준보다 훨씬 더 커질 것이다.
– 케인스, 『고용, 이자 및 화폐의 일반 이론』 –

케인스는 불황이나 실업 등의 문제를 해결하기 위해서는 정부의 적극적인 시장 개입이 필요하다고 주장하였다. 케인스는 정부가 재정 지출을 확대하는 정책으로 유효 수요를 창출하기 위해 노력해야 한다고 보았다.

정답과 해설 33쪽

01

▸ 25057-0131

다음을 주장한 사회사상가의 입장으로 적절한 것만을 〈보기〉에서 고른 것은?

> 자연 상태에서는 확립된 법에 따라 모든 다툼을 해결할 수 있는 권위를 가진 공평한 재판관이 없다. 그 상태에서는 모든 사람이 자연법의 재판관인데 인간은 자신에게 편파적이므로 자신들이 관련된 사건에서는 복수심을 가지기 쉽다. 그리하여 인간은 자연 상태의 특권에도 불구하고 열악한 상황에서 벗어나기 위해 사회에 들어가기로 합의한다.

보기

ㄱ. 자연 상태에서는 공통된 재판관의 부재로 인해 재산 보존이 불확실하다.
ㄴ. 사회 계약이 성립되기 이전에는 개인의 재산에 대한 권리는 존재하지 않는다.
ㄷ. 국가가 시민의 재산권을 침해할 경우 시민은 입법부를 변경 또는 폐지할 수 있다.
ㄹ. 자연 상태의 개인은 누구도 자연 상태에서 자연법을 집행할 권한을 지니지 않는다.

① ㄱ, ㄴ ② ㄱ, ㄷ ③ ㄴ, ㄷ ④ ㄴ, ㄹ ⑤ ㄷ, ㄹ

02

▸ 25057-0132

사회사상가 갑, 을의 입장으로 옳은 것은?

> 갑: 공동의 힘으로 각 구성원의 생명과 재산을 지키고 보호해 주는 결합 형태, 즉 각자가 전체와 결합되어 있지만 자기 자신에게만 복종하면서 자유롭게 남아 있게 하는 결합 형태를 찾아내는 것이 사회 계약으로 이루어야 할 근본 과제이다.
> 을: 시민 사회에 가입하여 어떤 국가의 구성원이 된 사람은 모두 자연법의 위반 행위를 자신의 사적인 판단에 따라 처벌할 권력을 포기한 것이다. 여기에서 우리는 시민 사회에 있는 입법권과 집행권의 기원을 찾아볼 수 있다.

① 갑: 주권의 양도는 가능하나 주권 분할은 주권의 속성상 불가능하다.
② 갑: 법률의 제정자와 법률에 복종해야 하는 자는 엄격히 분리되어야 한다.
③ 을: 자기 보존의 욕구는 사회 계약을 성립하게 하는 기초가 된다.
④ 을: 개인의 재산 보호를 위해 권력 분립이 아닌 절대 권력을 확립해야 한다.
⑤ 갑과 을: 자연 상태는 자유롭고 평등하여 어떠한 분쟁도 발생할 수 없다.

03

▸ 25057-0133

그림의 강연자가 지지할 주장으로 가장 적절한 것은?

민주주의적 방법은 정치적 결정에 도달하기 위한 제도적 장치입니다. 이 장치 안에서 개인들은 국민의 표를 얻기 위해서 경쟁적으로 투쟁함으로써 결정권을 획득합니다. 우리의 견해에 따르면 민주주의는 국민이 자신들을 통치할 사람들을 받아들이거나 거부할 기회를 갖는다는 것을 의미할 뿐입니다. 그러나 국민은 다른 비민주주의적 방법으로도 이것을 결정할 수 있기 때문에 민주주의적 방법인지 아닌지를 확인하는 추가 기준으로 우리의 정의를 제한하지 않으면 안 됩니다.

① 시민은 정치인과 달리 정치적 현안에 대하여 언제나 합리적으로 판단한다.
② 모든 정책은 시민들의 공통된 의지가 반영된 공동선에 따라 만들어져야 한다.
③ 민주주의는 정치인의 지배이며 국민이 실제로 지배하는 것을 의미하지 않는다.
④ 정치인의 득표를 위한 자유로운 경쟁은 민주주의를 위협하므로 금지되어야 한다.
⑤ 정치인의 정치적 활동에 대해 시민이 상시로 참여할 수 있는 제도가 마련되어야 한다.

04

▸ 25057-0134

다음을 주장한 사회사상가의 입장으로 적절한 것만을 〈보기〉에서 있는 대로 고른 것은?

프로테스탄티즘의 금욕은 직업으로서 노동을 이해하게 함으로써 노동을 결국에는 은총의 상태를 확실하게 해 주는 것으로 파악하게 하였다. 이러한 프로테스탄티즘의 금욕이 자본주의적 의미에서 노동의 생산성을 장려하게 되었다. 근대적 자본주의의 정신은 기독교적 금욕의 정신에서 탄생한 것으로 볼 수 있다.

보기

ㄱ. 프로테스탄티즘은 직업적 성공이 구원의 증표가 될 수 있다고 본다.
ㄴ. 프로테스탄티즘은 근대 자본주의가 발전하는 데 긍정적인 영향을 미쳤다.
ㄷ. 프로테스탄티즘은 부를 축적하는 모든 행위는 신의 뜻을 거스르는 것으로 본다.
ㄹ. 프로테스탄티즘은 신의 소명으로서 부여된 직업이 정신적 노동 분야에 국한된다고 본다.

① ㄱ, ㄴ　② ㄱ, ㄹ　③ ㄴ, ㄷ
④ ㄱ, ㄷ, ㄹ　⑤ ㄴ, ㄷ, ㄹ

05

▸ 25057-0135

(가)의 사회사상가 갑, 을의 입장을 (나) 그림으로 탐구하고자 할 때, A~C에 들어갈 적절한 질문만을 〈보기〉에서 고른 것은?

(가)
갑: 우리는 먼저 인간이어야 하고, 그다음에 국민이어야 한다. 나의 유일한 책무는 어떤 때이고 내가 옳다고 생각하는 일을 행하는 일이다. 법에 대한 존경심 때문에 선량한 사람들조차도 불의의 하수인이 될 수 있다는 것을 알아야 한다.
을: 시민 불복종은 어느 정도 정의로운 사회에서 그 체제의 합법성을 인정하고 받아들이는 시민들에 의해서 생겨난다. 시민 불복종은 법이나 정책에 변혁을 가져올 목적으로 행해지는, 공공적이고 비폭력적이며 양심적이긴 하지만 법에 반하는 정치적 행위이다.

(나)

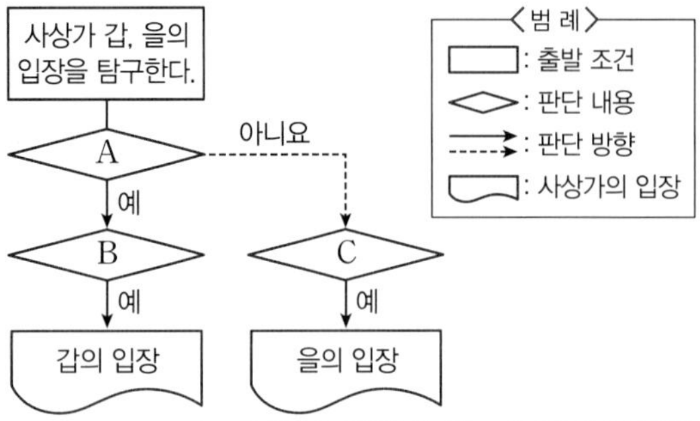

보기
ㄱ. A: 시민 불복종은 위법 행위이지만 정의의 실현을 지향하는가?
ㄴ. B: 정의에 대한 존경심이 법에 대한 존경심보다 우선해야 하는가?
ㄷ. C: 부정의를 해결할 수 있는 합법적 방법을 먼저 고려해야 하는가?
ㄹ. C: 시민 불복종은 정의의 원칙이 부당함을 알리는 공개적인 행위인가?

① ㄱ, ㄴ ② ㄱ, ㄷ ③ ㄴ, ㄷ ④ ㄴ, ㄹ ⑤ ㄷ, ㄹ

06

▸ 25057-0136

(가), (나)의 입장으로 가장 적절한 것은?

(가) 민주주의의 발전을 위해 시민이 의사 결정 과정에 자발적으로 참여할 수 있도록 제도가 마련되어야 한다. 시민들은 공동체의 의사 결정 과정에 적극적으로 참여함으로써 자신들의 의사를 정책 결정에 반영할 수 있다.
(나) 민주주의의 발전을 위해 대의 민주주의제와 더불어 시민이 직접 공적 심의 과정에 참여해 정책을 결정할 수 있도록 제도를 마련해야 한다. 서로 다른 이해관계를 지닌 시민, 전문가, 공직자가 함께 참여하는 공적 심의를 통해 민주적으로 사회 문제를 해결해 나갈 수 있다.

① (가): 시민 참여를 활성화하는 것은 오히려 시민의 정치적 무관심을 초래한다.
② (가): 직접 민주주의만이 민주주의의 이상을 실현할 수 있는 유일한 방법이다.
③ (나): 정책을 심의하는 과정에서 시민의 의견이 아닌 전문가의 판단을 따라야 한다.
④ (나): 심의할 때 합리적 논증 능력에 따라 발언 기회를 차등적으로 부여해야 한다.
⑤ (가)와 (나): 대의 민주주의가 지닌 한계를 보완할 수 있는 방안을 모색해야 한다.

07
▸ 25057-0137

다음을 주장한 사회사상가의 입장으로 적절한 것만을 〈보기〉에서 고른 것은?

시민 불복종 이론은 거의 정의로운 사회와 같은 특수한 경우를 위해서 마련된 것인데, 그 사회는 대체로 질서 정연하면서도 정의에 대한 다소 심각한 위반도 일어나는 그러한 사회이다. 시민 불복종은 어느 정도 정의로운 국가 내에서 그 체제의 합법성을 인정하고 받아들이는 시민들에 의해서 생겨난다. 우리는 시민 불복종을 통해 공동 사회의 다수자가 갖는 정의감을 나타내게 되고 자유롭고 평등한 사람들 사이에 사회 협동체의 원칙이 존중되지 않고 있음을 선언하게 된다.

보기

ㄱ. 시민 불복종은 체제의 변혁을 목적으로 하는 정치적 행위이다.
ㄴ. 거의 정의로운 사회에서는 시민 불복종 행위를 처벌하지 않는다.
ㄷ. 전적으로 양심에 따른 위법 행위가 정당한 시민 불복종이 아닐 수 있다.
ㄹ. 다수결의 원칙에 따라 합법적으로 제정된 법도 시민 불복종의 대상이 될 수 있다.

① ㄱ, ㄴ ② ㄱ, ㄷ ③ ㄴ, ㄷ ④ ㄴ, ㄹ ⑤ ㄷ, ㄹ

08
▸ 25057-0138

다음은 사회사상가 갑, 을의 가상 대화이다. 갑, 을의 입장으로 적절하지 <u>않은</u> 것은?

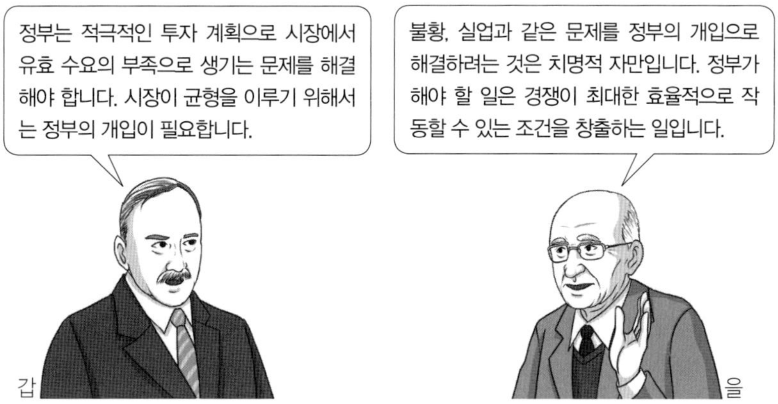
정부는 적극적인 투자 계획으로 시장에서 유효 수요의 부족으로 생기는 문제를 해결해야 합니다. 시장이 균형을 이루기 위해서는 정부의 개입이 필요합니다.
불황, 실업과 같은 문제를 정부의 개입으로 해결하려는 것은 치명적 자만입니다. 정부가 해야 할 일은 경쟁이 최대한 효율적으로 작동할 수 있는 조건을 창출하는 일입니다.
갑
을

① 갑: 정부는 재정 지출을 통해 실업 문제를 해결해야 한다.
② 갑: 시장 실패 해결을 위해 모든 생산 수단의 공유화를 이루어야 한다.
③ 을: 정부는 시장의 자생적 질서가 유지될 수 있도록 노력해야 한다.
④ 을: 정부가 자유로운 경쟁을 위한 정책을 마련하는 것이 정당화될 수 있다.
⑤ 갑과 을: 시장 안에서 이루어지는 수요와 공급의 원리를 존중해야 한다.

09

▸ 25057-0139

사회사상가 갑, 을, 병의 입장으로 옳은 것은?

> 갑: 각 개인은 공공의 이익을 증진하려고 의도하지 않는다. 노동 생산물이 최대의 가치를 갖도록 노동을 이끈 것은 오로지 자기 자신의 이익을 위해서였다. 이 경우 '보이지 않는 손'에 이끌려서 전혀 의도하지 않았던 목적을 달성하게 된다.
> 을: 국가는 부분적으로 조세 정책을 통해, 부분적으로 이자율 결정을 통해, 부분적으로 그 밖의 다른 방법을 통해 소비 성향에 대해 지도적인 영향력을 행사해야 한다. 포괄적인 투자의 사회화가 완전 고용에 가까운 상태를 확보하는 유일한 수단이 될 것이다.
> 병: 사람들은 사회주의가 그들에게 자유를 가져다준다는 신념을 진지하게 가지고 있다. 그러나 사회주의가 말하는 자유로 가는 길로 약속된 것이 실제로는 예속으로 가는 첩경이라는 게 밝혀진다면 이는 비극의 수위를 높일 뿐이다.

① 갑: 국가 주도의 계획 경제는 국가의 부를 증진하는 데 필수적이다.
② 을: 유효 수요의 창출을 전적으로 자유 시장의 원리에 맡겨야 한다.
③ 병: 자원의 효율적 분배를 위해 시장의 원리보다 정부의 판단을 따라야 한다.
④ 갑과 을: 시장에 대한 모든 형태의 정부 개입은 시장 실패를 필연적으로 초래한다.
⑤ 을과 병: 자유롭고 공정한 경쟁을 통한 사익의 추구를 허용해야 한다.

10

▸ 25057-0140

사회사상가 갑, 을의 입장으로 옳은 것은?

> 갑: 공산주의자들은 자신의 이론을 사적 소유 폐지로 표현할 수 있다. 프롤레타리아의 노동은 그들에게 소유를 가져다주지 않았다. 그것은 임금 노동을 착취하는 조건하에서만 증식할 수 있는 소유를 산출했다.
> 을: 사회주의는 자유 속에서 민주주의적 수단에 의해 새로운 사회를 건설하려고 노력한다. 한편 사회주의 계획화는 전 생산 수단의 공유화를 예상하지 않는다. 그것은 중요한 부분 예컨대 농업, 수공업, 소매업, 중소 공업 등에 있어서의 사적 소유와 양립한다.

① 갑: 필요에 따른 분배가 아닌 경제적 효율성을 지향해야 한다.
② 갑: 생산 수단을 사적으로 소유하는 것은 경제적 불평등을 초래한다.
③ 을: 민주주의와 달리 사회주의는 인간의 자유와 존엄성을 침해한다.
④ 을: 모든 생산 수단의 공유는 사회주의 이상의 실현을 위해 필수적이다.
⑤ 갑과 을: 계급 간의 갈등은 비폭력적인 수단을 통해서만 해소될 수 있다.

THEME 15

평화 사상과 세계 시민 윤리

1 동서양의 평화 사상

(1) 동양의 평화 사상

① 유교

- 인간의 도덕적 타락이 불화와 갈등의 원인이므로 갈등을 해소하고 평화와 화합을 이루기 위해서 구성원 각자가 도덕성을 회복하여 인의(仁義)를 실현해야 함
- 통치자는 인의에 기반한 덕치와 인정(仁政)으로 백성의 생활을 안정시켜 공동체의 화합을 이루어야 함 → 무력을 앞세워 전쟁을 일삼고 부국강병만을 추구하는 것을 경계해야 함
- 도덕성을 기반으로 모든 사람이 함께 조화롭게 어울려 살아가는 대동 사회를 유교적 이상으로 봄

② 묵자

- 유교에서 강조하는 인(仁)은 존비친소를 구별하는 차별적 사랑으로서 사회 혼란을 초래한다고 보고 보편적 인류애를 주장함
- 천하의 혼란을 막기 위해 모든 사람을 똑같이 사랑하는 겸애(兼愛)의 실천을 주장함 → 서로 차별 없이 사랑하고 이로움을 나누어야 전쟁과 같은 불의(不義)한 상황이 발생하지 않음
- 전쟁이 가져오는 불이익을 강조하며 비공(非攻)을 주장함 → 침략 전쟁은 침략을 당하는 나라와 침략을 하는 나라 모두에게 정치적 혼란과 경제적 손실을 일으키고 무수한 인명 피해를 야기하여 나라를 쇠망시킬 수도 있음

③ 불교

- 평화 실현을 위해서는 도덕적 수행이 중요하며 탐욕, 화냄, 어리석음을 제거하고 깨달음에 이를 것을 강조함
- 모든 생명체가 평등한 가치를 지니고 상호 의존적이라는 연기에 대한 자각은 차별이 없는 사랑인 자비로 이어짐
- 인간뿐만 아니라 모든 생명체에 대해서 폭력을 사용해서는 안 됨
- 통치자는 자비를 실천하여 소외되고 가난한 사람들을 구제해야 함

④ 도가

- 평화를 이루기 위해 인간이 본래 가지고 있는 소박하고 순수한 덕에 따라 개인과 사회 그리고 자연이 조화를 이루며 살아가야 함
- 나라의 규모가 작고 백성이 자급자족하며 무위의 다스림이 이루어지는 소국 과민 사회를 지향함 → 무역이나 교류가 필요 없어 서로를 침략하지 않고 평화롭게 살아감

⑤ 간디

- 비폭력(아힘사)의 윤리를 바탕으로 생명을 보존하고 살생을 금지해야 한다고 주장함
- 인간은 쉽게 폭력에 휩쓸릴 수 있는 무기력한 존재이므로 폭력에서 벗어나기 위해 동정심을 행위 원칙으로 삼고 자제력을 키워야 하며, 적에게도 자비를 베풀며 복수심을 가져서는 안 됨

(2) 서양의 평화 사상

① 에라스뮈스

- 전쟁은 종교적·도덕적·경제적 측면에서 본성상 선보다 악을 초래한다고 주장함 → 전쟁은 평화를 추구하는 종교 정신에 위배되고, 전쟁에서는 악인만이 아니라 무고한 다수가 혹독한 재앙에 휘말리게 되며, 전쟁을 위한 무기 구매 등에 비용이 들고 전쟁에 의한 파괴와 통상의 단절 등에 따른 경제적 손실을 가져옴
- 학자, 성직자 등이 분쟁 당사자 간의 화해를 돕는 중재 제도를 통해 전쟁을 피하게 해야 함

② 생피에르

- 평화를 실현하기 위해 종교나 도덕성에 호소하는 대신 인간의 이기심을 이용하고 합리적 이성에 따를 것을 주장함
- 전쟁이란 인간의 이기심이 대립하면서 시작되는 것이고 그것을 평화적으로 해결할 방법이 없어 무력에 호소할 수밖에 없는 상태이므로 이기심을 이용하면 평화로 이끌 수 있음 → 군주에게 전쟁에 따르는 불이익과 평화에 따르는 이익을 제시하여 평화가 유리하다는 것을 증명하면 군주 스스로 평화를 지향할 것임
- 군주들의 연합을 만들면 공리적 관점에서 항구적인 평화를 실현할 수 있음 → 국가 간의 분쟁이 발생할 경우 각 국가의 대표로 구성된 상설 기구를 통해 분쟁을 해결하여 국제 평화를 실현함

자료와 친해지기 묵자의 평화 사상

> 천하의 사람들이 모두 서로 사랑한다면 강한 자가 약한 자의 것을 빼앗지 않을 것이며, 다수의 무리가 소수의 것을 강압적으로 빼앗지 않을 것이다. 또 부자가 가난한 사람들을 업신여기지 않으며 귀한 사람들은 천한 사람들에게 오만하게 굴지 않고, 간사한 사람들은 순박한 사람들을 속이지 않게 될 것이다. 천하의 재앙과 찬탈과 원한이 일어나지 않게 하려면 서로 사랑해야 한다. 그러므로 어진 사람들은 겸애(兼愛)를 찬미한다. -『묵자』-

묵자는 천하의 혼란을 막기 위해 모든 사람을 똑같이 사랑하는 겸애를 실천해야 한다고 주장하였다. 묵자는 서로 차별 없이 사랑하고 이로움을 나누어야 전쟁과 같은 불의한 상황이 발생하지 않는다고 보았다.

③ 칸트
- 이성을 지닌 인간이라면 누구나 평화 실현의 의무가 있음
- 평화 실현을 위해 이성의 명령에 따라 인간 존엄성을 인식하고 도덕적 의무를 이행해야 함 → 전쟁은 인간을 국가적 이해관계 실현의 수단으로만 대우하기 때문에 도덕적으로 정당화될 수 없음
- 영구 평화론: 전쟁 예방과 국가 간의 영구 평화 보장을 위해 국제 연맹의 창설과 세계 시민법의 조건 등을 담은 조항을 제시함

제1의 확정 조항	모든 국가의 시민적 정치 체제는 공화정이어야 한다.
제2의 확정 조항	국제법은 자유로운 국가들의 연방 체제에 기초해야 한다.
제3의 확정 조항	세계 시민법은 보편적 우호의 조건에 국한되어야 한다.

④ 갈퉁
- 폭력을 인간의 기본적인 욕구를 모독하는 모든 것으로 정의하면서 물리적·직접적 폭력 외에 구조적 폭력, 문화적 폭력이 존재함을 지적하고 평화를 소극적 평화와 적극적 평화로 구분함

소극적 평화	• 전쟁, 테러, 범죄와 같은 물리적 폭력이 없는 상태 • 빈곤, 인권 침해 등과 같은 다양한 차원의 폭력을 고려하지 않는다는 한계를 가짐
적극적 평화	• 물리적 폭력뿐만 아니라 구조적 폭력과 문화적 폭력까지 사라진 상태 • 평화의 개념을 국가 안보 차원에서 인간의 생명과 존엄을 중시하는 인간 안보 차원으로 확장함

2 세계 시민주의와 세계 시민 윤리

(1) 세계 시민주의의 의미와 특징 및 전개

① 세계 시민주의의 의미: 특정 민족이나 국가를 넘어서 전 인류를 동등한 가치와 권리를 지닌 시민으로 봄. 스토아학파에서 발전함

② 세계 시민주의의 특징
- 인류를 하나의 운명 공동체로 인식하여 전 지구적인 문제에 관심을 가지고 함께 해결하기 위해 노력함
- 인종·민족·문화의 다양성을 존중하고 관용을 강조함
- 인류애를 바탕으로 대화와 타협을 통해 갈등을 평화롭게 해결하기 위해 노력함

③ 세계 시민주의의 전개

애피아	• 세계 시민주의를 지지하면서도 국가나 민족의 정체성도 인정함 • 특정 국가의 시민으로서 애국심을 지니고 살아가면서도 국경을 초월하여 다른 사람과 연대할 수 있어야 함
누스바움	• 편협한 애국심과 자국 중심의 배타주의를 극복하고 보편적 인간애를 가져야 함 • 어느 나라에서 태어났는가는 임의적 특성이므로 국적과 무관하게 모든 인간은 정의와 선에 대한 합리적 추론 능력을 함양해야 함

(2) 세계 시민 윤리를 위한 해외 원조에 대한 입장

① 국제주의적 입장: 롤스
- 개별 국가를 전제로 하면서도 국가 간의 연대와 협력을 지향함
- 질서 정연한 사회의 만민은 불리한 여건으로 인해 고통을 겪는 사회를 원조해야 할 의무를 가짐 → 해외 원조의 목적은 고통을 겪는 사회가 그 사회의 구조와 제도를 개선하여 질서 정연한 사회가 되도록 돕는 데 있음
- 억압이나 폭력, 기아나 빈곤과 같은 문제는 국내 정치·사회 제도의 부정의함에서 비롯되는 것이므로 정치적 부정의함이 제거되고 정의로운 제도가 수립되면 해결될 수 있음
- 각 사회마다 고유한 문화와 역사에 따라 필요한 부의 수준이 다르기 때문에 물질적으로 평준화할 필요는 없음

② 세계 시민주의적 입장: 싱어
- 인종이나 국가 등과 상관없이 모든 인간의 이익을 평등하게 고려하며 보편적 인류애를 강조함
- 공리주의적 관점에서 절대 빈곤으로 고통받는 사람들을 원조의 대상으로 삼아야 한다고 주장함
- 원조의 의무는 쾌락과 고통을 느끼는 모든 존재의 이익을 동등하게 고려해야 한다는 '이익 평등 고려의 원칙'을 전제로 함 → 커다란 희생 없이도 어려운 처지에 있는 사람을 도울 수 있다면 돕는 것이 의무임
- 일반적으로 우리는 나와 멀리 떨어져 있는 사람들보다 나와 가까운 사람들을 먼저 도와야 한다고 생각하지만, 고통을 겪는 인간을 차별하지 말고 공평하게 원조해야 한다고 주장함 → 원조의 목적은 인류의 복지 향상임

자료와 친해지기 칸트의 평화 사상

> 국가 간의 제약이 없이는 어떠한 평화도 정착될 수 없거나 또는 보장받을 수 없다. 이러한 이유로 특별한 종류의 연맹이 필요하다. 그것은 평화 연맹이라고 할 수 있으며 평화 조약과 구별될 수 있을 것이다. 평화 조약은 단지 그때그때의 전쟁을 종식시키는 것이지만 평화 연맹은 영원히 모든 전쟁의 종식을 추구하기 때문이다.
>
> – 칸트, 『영구 평화론』 –

칸트는 평화 조약과 평화 연맹을 구분하고 영원한 평화를 실현하기 위해 자유로운 국가들 간의 연맹 이념이 확산되어야 한다고 주장하였다.

정답과 해설 35쪽

[01~02] 갑, 을은 고대 동양 사상가들이다. 물음에 답하시오.

갑: 힘을 사용하면서 어짊을 가장하는 사람은 힘으로 나라를 다스리는 것이다. 힘으로 사람들을 복종시킨다면 진심으로 복종하는 것이 아니라 힘이 모자라기 때문이다. 덕으로 사람들을 복종시킨다면 마음속으로 기뻐하며 진실로 복종하는 것이다.

을: 남을 해롭게 한 게 많을수록 불인(不仁)도 심해진다. 이 경우 천하의 군자들 모두 크게 비난하며 불의(不義)라고 말한다. 남의 나라를 공격하는 불의를 보고도 비난할 줄 모르고 오히려 칭송하여 '의'라고 말하는 것은 '의'와 '불의'를 분별할 줄 모르는 것이다. 천하의 재난과 원한이 일어나지 않게 하려면 서로 차별 없이 사랑[兼愛]해야 한다.

01

▸ 25057-0141

갑, 을 사상가들의 입장으로 옳은 것은?

① 갑: 군주는 인(仁)의 실현보다 전쟁에서 이기는 것을 중시해야 한다.
② 갑: 차별 없는 사랑[兼愛]으로 분쟁을 해결하고 평화를 달성해야 한다.
③ 을: 자국의 이익을 목적으로 하는 침략 전쟁은 언제나 정의에 부합한다.
④ 을: 평화의 유지가 전쟁을 일으키는 것보다 천하의 이익에 도움이 된다.
⑤ 갑과 을: 예악(禮樂)을 숭상하는 문화는 사회 혼란을 일으키는 원인이다.

02

▸ 25057-0142

다음을 주장한 고대 동양 사상가가 갑에게 제시할 수 있는 견해로 가장 적절한 것은?

• 일삼아 하려고 하면 실패하고 붙잡으려 하면 잃게 된다. 성인은 만물의 스스로 그러함을 도와줄 뿐 작위하지 않는다.
• 도(道)로써 군주를 보좌하는 자는 군대로 천하를 강압하려 하지 않는다. 일을 잘 수행하는 자는 일을 끝냄을 추구할 뿐이며 강함을 취하지 않는다. 이것을 '일을 이루되 강해지지 않음'이라 이른다.

① 상벌의 엄격한 시행으로 백성의 본성을 교화해야 함을 바르게 알고 있다.
② 평화를 이루기 위해서는 인(仁)의 다스림이 실현되어야 함을 바르게 알고 있다.
③ 전쟁은 자기 나라의 경제력 강화에 기여하는 경우에만 허용됨을 간과하고 있다.
④ 겸허와 부쟁(不爭)의 덕을 갖추고 분별적 지혜로부터 벗어나야 함을 간과하고 있다.
⑤ 군주는 예(禮)와 같은 인위적인 규범을 확대하여 평화를 실현해야 함을 간과하고 있다.

03

▶ 25057-0143

(가) 사상의 입장에서 볼 때, (나)의 ㉠에 들어갈 진술로 가장 적절한 것은?

(가)	색에는 나[我]가 없다. 나가 없으면 무상(無常)한 것이요, 무상하면 괴로운 것이며, 만일 괴로운 것이면 그 일체는 나가 아니요, 나와 다른 것도 아니며, 나와 나 아닌 것이 함께 있는 것도 아니니, 마땅히 이렇게 관찰하라. 이와 같이 수 · 상 · 행 · 식에 있어서도 또한 그러하니라. 오온에 대해 "그것은 나도 아니요, 내 것도 아니다."라고 관찰하고 나면 모든 세간에서 전혀 취할 것이 없게 되나니, 취할 것이 없으면 곧 집착할 것이 없게 되고, 집착할 것이 없으면 스스로 열반을 깨닫느니라.
(나)	질문자: 세상의 평화를 실현하기 위해 우리는 무엇을 해야 할까요? 사상가: ______________ ㉠ ______________

① 무명(無明)에서 벗어나 윤회를 반복하는 삶을 추구해야 합니다.
② 살아 있는 존재의 상호 의존성을 깨달아 자비를 베풀어야 합니다.
③ 불변하는 실체를 인식하고 이를 바탕으로 팔정도를 수행해야 합니다.
④ 고정된 자아인 '나'를 중심으로 오온의 실상을 바르게 파악해야 합니다.
⑤ 연기(緣起)의 법칙에 지배받지 않는 초월적인 절대자를 숭배해야 합니다.

04

▶ 25057-0144

갑, 을 사상가들의 입장으로 가장 적절한 것은?

> 갑: 주교관과 전투 헬멧, 목자의 지팡이와 군인의 창, 복음서와 방패가 어떻게 조화될 수 있단 말인가? 세상을 피비린내 나는 전장으로 몰고 가면서 어떻게 '평화가 당신과 함께하기를!'이라고 할 수 있다는 말인가? 입으로 평화를 말하면서도, 손과 행동으로 파괴를 일삼아서는 안 된다.
> 을: 분쟁을 전쟁으로 해결하는 것보다 평화적으로 해결하는 것이 이익이 더 크다는 것을 알면 군주 스스로 평화를 지향할 것이다. 항구적인 평화의 실현을 위해 각국에 이롭도록 군주들의 연합을 만들어야 한다.

① 갑: 정의를 목적으로 하는 모든 폭력과 전쟁은 도덕적으로 정당하다.
② 갑: 전쟁이 발생하는 주된 원인은 탐욕이 아닌 종교적 입장의 차이이다.
③ 을: 평화를 실현하기 위해서는 인간의 합리적 이성을 이용해야 한다.
④ 을: 군주의 동맹이나 국가 연합은 언제나 국가 간의 분쟁을 수반한다.
⑤ 갑과 을: 군주의 전쟁 선포는 국익에 도움이 되는 경우로 한정해야 한다.

05

▸ 25057-0145

다음을 주장한 사회사상가의 입장에서 볼 때, ㉠에 들어갈 진술로 적절한 것만을 〈보기〉에서 있는 대로 고른 것은?

> 세계 시민주의의 개념에는 두 가지 요소가 서로 얽혀 있다. 하나는 우리에게 타인에 대한 의무, 즉 혈족의 유대나 심지어 더 형식적인 시민적 유대조차 넘어서는 더욱 확장된 의무가 있다는 생각이다. 다른 하나는 우리가 보편적인 인간의 삶뿐만 아니라 특수한 삶의 가치까지도 진지하게 고려해야 한다는 것이다. 타인에 대한 우리의 의무가 무엇이든 간에 각자에게는 자기 방식대로 살아갈 권리가 있다. 보편적 관심과 정당한 차이에 대한 존중은 서로 충돌할 수도 있을 것이다. 바람직한 세계 시민은 [㉠]

보기

ㄱ. 모든 사회가 단일한 삶의 양식으로 수렴될 수 있도록 노력해야 한다.
ㄴ. 자신이 사는 지역에 대한 충성과 애착을 모두 포기할 수 있어야 한다.
ㄷ. 다양한 삶의 모습을 통해 많은 것을 배울 수 있다는 것을 알아야 한다.
ㄹ. 혈족의 유대를 넘어서서 타인과 연대하는 확장된 책임 의식을 지녀야 한다.

① ㄱ, ㄴ ② ㄴ, ㄹ ③ ㄷ, ㄹ
④ ㄱ, ㄴ, ㄷ ⑤ ㄱ, ㄷ, ㄹ

06

▸ 25057-0146

갑, 을 사상가들의 입장으로 가장 적절한 것은?

> 갑: 문화적 폭력은 직접적 폭력과 구조적 폭력을 정당화한다. 문화적 폭력은 행위자로 하여금 직접적 폭력을 수행하도록 하거나 구조적 폭력에 대응하지 않게 한다. 반면 문화적이고 적극적인 평화는 폭력의 합법화를 평화의 합법화로 바꿀 수 있다.
> 을: 이성이 소송 절차로서의 전쟁을 절대적으로 탄핵하고 평화 상태를 직접적인 의무로서 부과한다 해도, 국가 간의 제약이 없이는 어떠한 평화도 보장받을 수 없다. 이러한 이유 때문에 특별한 종류의 연맹이 있어야만 하며 그것은 평화 연맹이라고 할 수 있다.

① 갑: 모든 폭력은 직접적 폭력에서 시작하여 구조적 폭력으로 확산된다.
② 갑: 예술이나 사상은 사회적 억압을 정당화하여 폭력을 은폐할 수 있다.
③ 을: 평화 연맹이 아닌 평화 조약을 통해서만 영구 평화를 실현할 수 있다.
④ 을: 국제 연맹에 소속된 국가는 타국에 대한 침략 전쟁을 선포할 권한을 보장받는다.
⑤ 갑과 을: 진정한 평화를 위해서는 단일한 세계 정부의 수립이 전제되어야 한다.

07

▸ 25057-0147

다음 가상 대화의 사상가가 지지할 입장으로 가장 적절한 것은?

① 천연자원이 부족한 질서 정연한 사회는 원조 대상에 포함된다.
② 원조 대상국의 정치 문화 상황은 원조 결정의 고려 사항이 아니다.
③ 원조 대상국이 자국민의 인권 보호에 관심을 갖도록 원조해야 한다.
④ 원조의 최종 목적은 국가 간 복지 수준의 불평등을 해소하는 것이다.
⑤ 원조의 결정은 윤리적 의무가 아닌 자선의 차원으로 판단되어야 한다.

08

▸ 25057-0148

다음을 주장한 사회사상가의 입장으로 적절한 것만을 〈보기〉에서 고른 것은?

영구 평화를 위해서는 다음과 같은 확정 조항이 실현되어야 한다. 먼저, 모든 국가의 시민적 정치 체제는 공화 정체이어야 한다. 또한 국제법은 자유로운 국가들의 연방 체제에 기초하지 않으면 안 된다. 연맹의 이념은 서서히 모든 국가로 확산되어야 한다. 한편 세계 시민법은 보편적 우호의 조건들에 국한되어야 한다. 여기서 우호란 이방인이 낯선 땅에 도착했을 때 적으로 간주되지 않을 권리를 의미한다.

보기

ㄱ. 진정한 평화를 실현하기 위해서는 전쟁의 종식을 지향해야 한다.
ㄴ. 국가 간 체결한 평화 조약은 평화를 유지하기 위한 유일한 수단이다.
ㄷ. 각 국가는 평화를 실현하기 위해 정치 체제를 공화정으로 정립해야 한다.
ㄹ. 국가 간 분쟁을 해결하기 위해 연맹은 국가와 같은 주권적 권한을 행사해야 한다.

① ㄱ, ㄴ ② ㄱ, ㄷ ③ ㄴ, ㄷ ④ ㄴ, ㄹ ⑤ ㄷ, ㄹ

09

▸ 25057-0149

(가)의 사회사상가 갑, 을의 입장을 (나) 그림으로 탐구하고자 할 때, A~C에 들어갈 적절한 질문만을 〈보기〉에서 고른 것은?

(가)	갑: 질서 정연한 사회의 만민은 고통을 겪는 사회들을 원조해야 할 의무가 있다. 사회들 간의 부와 복지의 수준은 다양할 수 있지만 사회들 간의 부와 복지 수준을 조정하는 것은 원조 의무의 목표가 아니다. 단지 고통을 겪는 사회들만 도움이 필요하다. 을: 풍족한 사회에서 사치를 위해 낭비할 만큼 돈을 충분히 가진 사람들은 어려움을 겪는 사람들을 원조해야 한다. 만약 이것이 이행되지 않는다면, 전 지구적인 의무는 공정하게 나누어지지 않는 것이다. 우리는 이것을 심각하게 도덕적으로 잘못된 일을 행하는 것으로 간주해야 한다.
(나)	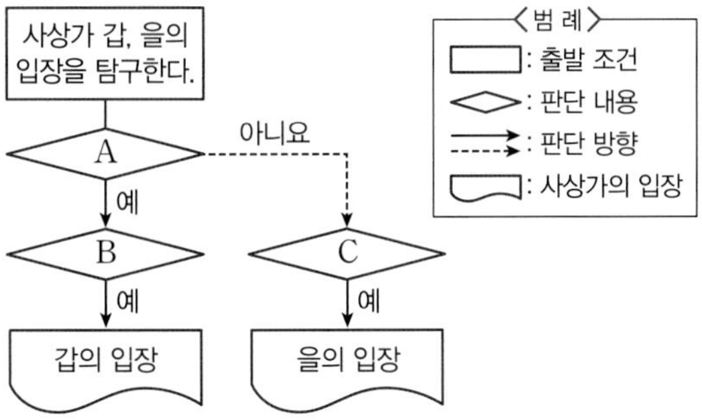

보기

ㄱ. A: 원조는 인류의 보편적 의무로서 빈곤국에 예외 없이 시행되어야 하는가?
ㄴ. B: 원조를 중단할 수 있는 목표의 설정은 원조 주체의 자율성을 침해하는가?
ㄷ. C: 원조 대상 결정 시 자국민을 우선하는 경우가 도덕적으로 정당할 때가 있는가?
ㄹ. C: 원조에 따른 비용 대비 편익을 계산할 때 원조 주체의 이익도 고려해야 하는가?

① ㄱ, ㄴ ② ㄱ, ㄷ ③ ㄴ, ㄷ ④ ㄴ, ㄹ ⑤ ㄷ, ㄹ

10

▸ 25057-0150

그림의 강연자가 지지할 주장으로 적절하지 않은 것은?

디오게네스가 "나는 세계의 시민이다."라고 했을 때, 이것은 지역적 출신과 소속 집단에 따라 자신을 규정하려는 태도에서 벗어나 있었음을 의미합니다. 그를 따랐던 스토아학파는 그의 세계 시민 관념을 한층 발전시켜 인간적 주장과 포부의 공동체를 강조하였고 이러한 공동체가 도덕적 의무의 근본적인 원천이 됩니다. 스토아학파는 세계 시민이 되기 위해 풍요로운 삶의 원천이 될 수도 있는 지역적 정체성을 포기할 필요는 없으며 지역적 유래의 상실이 아닌 일련의 동심원들로 둘러싸여 있다고 생각하라고 제안합니다. 우리에게는 이러한 세계 시민주의 입장이 적용된 교육이 필요합니다.

① 세계 시민주의의 관념은 지역적 정체성을 전면적으로 거부한다.
② 세계 시민주의는 보편적인 가치에 대한 존중과 사랑을 지향한다.
③ 도덕적 의무의 원천으로 인류에 대한 사랑을 바탕에 두어야 한다.
④ 국제적 협력이 필요한 문제에 대해 도덕적 의무감을 지녀야 한다.
⑤ 세계 시민주의가 단일한 세계 국가의 창설을 주장하는 것은 아니다.

실전 모의고사 1회

제한시간 30분 | 배점 50점 | 정답과 해설 37쪽

문항에 따라 배점이 다르니, 각 물음의 끝에 표시된 배점을 참고하시오. 3점 문항에만 점수가 표시되어 있습니다. 점수 표시가 없는 문항은 모두 2점입니다.

▸ 25057-0151

1 다음 가상 편지를 쓴 한국 사상가가 강조하는 삶의 태도로 가장 적절한 것은?

> ○○님께
> 사람의 마음에 대한 제 생각을 편지로 전하고자 합니다. 사람의 마음 안에는 세 가지 이치[理]가 있습니다. 본성[性]으로 말하면 선을 즐거워하고 악을 부끄러워합니다. 권형(權衡)으로 말하면 선을 할 수도 있고 악을 할 수도 있습니다. 행사(行事)로 말하면 선을 하기는 어렵고 악을 하기는 쉽습니다. 하늘은 사람에게 선을 할 수도 있고 악을 할 수도 있는 권형과 선을 하기는 어렵고 악을 하기는 쉬운 육체와 선을 즐거워하고 악을 부끄러워하는 본성을 주었습니다. 만일 이 본성이 없다면 예로부터 조그마한 선이라도 할 수 있는 사람이 없었을 것입니다.

① 자주지권(自主之權)을 발휘하여 사단(四端)을 형성해야 한다.
② 본성에 내재되어 있는 인의예지(仁義禮智)를 실현해야 한다.
③ 하늘이 부여한 권형을 발휘하여 선을 행하고자 노력해야 한다.
④ 도덕적 삶을 위해 마음 안에 있는 모든 욕구를 제거해야 한다.
⑤ 영지(靈知)의 기호를 변화시키기 위해 지속적으로 수양해야 한다.

▸ 25057-0152

2 고대 동양 사상가 갑, 을의 입장으로 옳은 것은?

> 갑: 이름[名]이 바르지 못하면 말이 순조롭지 못하고, 말이 순조롭지 못하면 일이 이루어지지 않는다. 일이 이루어지지 않으면 예악(禮樂)이 흥하지 못하고, 예악이 흥하지 못하면 형벌이 알맞게 시행되지 못하고, 형벌이 알맞게 시행되지 못하면 백성은 손발을 둘 곳이 없게 된다.
> 을: 성인(聖人)이 이르길, 내가 억지로 일을 하지 않으므로 백성이 저절로 감화되고, 내가 고요를 좋아하므로 백성이 저절로 바르게 된다. 또한 내가 일을 꾸미지 않으므로 백성이 저절로 부유하게 되고, 내가 욕심을 내지 않으므로 백성이 저절로 통나무처럼 순박해진다.

① 갑: 부국강병(富國强兵)을 정치의 궁극적 목표로 삼아야 한다.
② 갑: 백성을 교화하기보다 강력한 법률과 형벌로 다스려야 한다.
③ 을: 무위(無爲)로 다스리면 백성이 스스로 일을 하지 않는다.
④ 을: 도를 따르며 무지(無知)와 무욕(無欲)의 덕을 갖추어야 한다.
⑤ 갑과 을: 사회 혼란을 극복하기 위해 예(禮)를 회복해야 한다.

▸ 25057-0153

3 다음은 고대 서양 사상가들의 가상 대화이다. 갑은 긍정, 을은 부정의 대답을 할 질문만을 〈보기〉에서 있는 대로 고른 것은? [3점]

아름답다는 말을 듣는 개별적인 것들은 항상 변화합니다. 그것들은 손으로 만져 볼 수도 있고 눈으로 볼 수도 있습니다. 그러나 아름다움 자체로 존재하는 실재는 언제나 불변하는 모습으로 독자적으로 존재합니다.
사물과 그 사물의 실재는 따로 떨어져 있을 수 없습니다. 어떻게 이데아가 사물의 실재이면서 이 사물과 따로 떨어져 독립적으로 있을 수 있겠습니까? 사물은 자신을 변하게 하는 것이 있지 않는 한 생겨나지 않습니다.
갑
을

> 보기
> ㄱ. 사물의 이상적인 원형은 사물과 별개로 존재하는가?
> ㄴ. 세상은 개별적인 실체들로 이루어진 하나의 세계인가?
> ㄷ. 이데아는 이성에 의해서만 파악되는 독자적인 것인가?
> ㄹ. 좋음 자체는 현실 세계가 아니라 이데아계에 존재하는가?

① ㄱ, ㄴ ② ㄱ, ㄷ ③ ㄴ, ㄹ
④ ㄱ, ㄷ, ㄹ ⑤ ㄴ, ㄷ, ㄹ

▸ 25057-0154

4 한국 불교 사상가 갑, 을의 입장으로 옳은 것은? [3점]

> 갑: 교(敎)를 공부하는 사람은 내적인 것을 버리고 외적인 것을 구하는 일이 많고, 선(禪)을 익히는 사람은 밖의 것을 잊고 내적으로 밝히기를 좋아한다. 이 둘은 모두 편벽된 집착이고 이변(二邊)에 머무는 것이다. 그것은 마치 토끼 뿔이 길다 짧다 하고 다투는 것과 같고, 허공의 꽃이 짙다 옅다 하고 다투는 것과 같다.
> 을: 선정[定]은 본체요, 지혜[慧]는 작용이다. 작용은 본체에 의존하는 바 지혜는 선정을 떠나지 않고 본체는 작용에 의존하는 바 선정은 지혜를 떠나지 않는다. 단박에 깨닫기는 했지만 번뇌가 두텁고 습기(習氣)가 견고한 사람은 선정과 지혜를 닦아 마음을 다스리는 공부를 잊지 말아야 한다.

① 갑: 부처의 법(法)은 오직 마음에서 마음으로만 전해진다.
② 갑: 지관(止觀) 수행이 아니라 교학(敎學) 수행을 해야 한다.
③ 을: 자성(自性)을 깨달으면 더 이상의 수행은 필요가 없다.
④ 을: 모든 현상은 영원함을 깨달아야 해탈에 이를 수 있다.
⑤ 갑과 을: 보살행을 위해 정(定)과 혜(慧)를 함께 닦아야 한다.

▸ 25057-0155

5 (가)의 고대 서양 사상가 갑, 을의 입장을 (나) 그림으로 표현할 때, A~C에 해당하는 적절한 진술만을 〈보기〉에서 있는 대로 고른 것은? [3점]

(가)	갑: 우리는 몸의 건강과 마음의 평안이라는 행복한 삶을 이루기 위해서, 즉 고통과 두려움을 피하기 위해서 행동한다. 그리고 이것이 얻어지면 몸과 마음의 선(善)을 이룰 수 있는 다른 길을 찾지 않아도 된다. 을: 신들이 하는 일들은 섭리로 가득 차 있다. 운명도 자연의 섭리가 지배하는 인과 관계와 무관하지 않다. 자연 전체가 가져다주는 것과 자연 전체를 보존하는 데 도움이 되는 것은 자연의 모든 부분에도 이롭다.
(나)	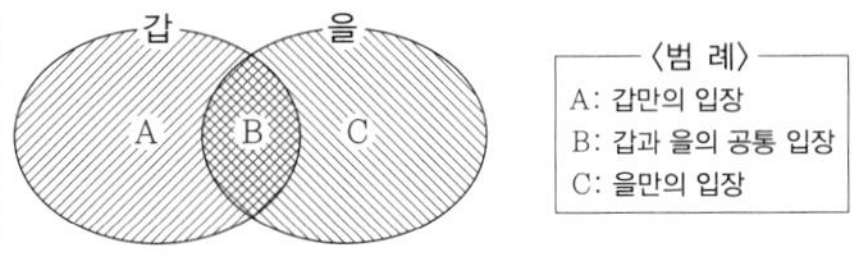

보기

ㄱ. A: 사회적 지위와 명예에 대한 욕구를 추구해야 한다.
ㄴ. B: 평온한 삶을 위해 자연에 대한 이해가 필요하다.
ㄷ. B: 고통과 불안의 원인인 공적인 삶에서 벗어나야 한다.
ㄹ. C: 세계 안의 모든 일을 운명으로 받아들여야 한다.

① ㄱ, ㄴ ② ㄱ, ㄷ ③ ㄴ, ㄹ
④ ㄱ, ㄷ, ㄹ ⑤ ㄴ, ㄷ, ㄹ

▸ 25057-0156

6 고대 동양 사상가 갑, 을이 모두 긍정의 대답을 할 질문으로 옳은 것은? [3점]

갑: 군주가 인(仁)을 좋아하면 천하에 그를 대적할 자가 없다[仁者無敵]. 오직 어진 사람만이 대국으로서 소국을 섬길 수 있고, 하늘의 이치를 즐겁게 받아들인다. 어진 군주는 백성을 적으로 삼지 않으며, 전쟁을 하지 않는다.
을: 성(性)을 교화하고 인위[僞]를 일으키면 예(禮)가 생겨난다. 군주가 예를 높이고 현자(賢者)를 존중하면 왕자(王者)가 되지만, 권모술수를 쓰고 음흉한 일을 저지르면 망하게 된다.

① 성왕(聖王)의 도는 군주가 따라야 할 통치의 근간인가?
② 소인은 지속적으로 수양을 하더라도 군자가 될 수 없는가?
③ 군주는 예를 통해 백성의 성정(性情)을 교화해야 하는가?
④ 도덕적 실천을 통해 측은지심(惻隱之心)을 형성해야 하는가?
⑤ 모든 사람은 항산(恒産)이 있어야 항심(恒心)을 지닐 수 있는가?

▸ 25057-0157

7 고대 서양 사상가 갑, 사회사상가 을의 입장으로 옳은 것만을 〈보기〉에서 고른 것은?

갑: 철학자가 통치자가 되어 세속적인 명예들을 저속하고 아무런 가치도 없는 것들로 여겨야 한다. 올바른 것을 가장 중대하고 필요한 것으로 여겨 이를 받들고 증대하여 국가가 질서를 이루어야 올바른 국가와 정체가 실현될 수 있다.
을: 섬나라 유토피아에서는 시민들에게 쓸데없는 일을 강요하는 일이 전혀 없다. 모든 시민들은 나라에서 꼭 필요로 하는 일 말고는 될 수 있는 대로 많은 시간을 육체적 봉사에서 벗어나 정신적 자유와 교양의 함양에 전념한다.

보기

ㄱ. 갑: 좋음 자체를 인식한 수호자가 국가를 다스려야 한다.
ㄴ. 을: 이상 사회의 시민은 정신적 오락이나 문화생활을 즐긴다.
ㄷ. 을: 이상 사회는 물질적으로 풍요롭지 않지만 행복이 보장된다.
ㄹ. 갑과 을: 재산의 공유가 이루어지는 평등한 사회를 만들어야 한다.

① ㄱ, ㄴ ② ㄱ, ㄷ ③ ㄴ, ㄷ ④ ㄴ, ㄹ ⑤ ㄷ, ㄹ

▸ 25057-0158

8 다음 가상 대화의 스승이 강조하는 삶의 태도로 가장 적절한 것은?

① 무위(無爲)의 삶을 살기 위해 본성을 변화시켜야 한다.
② 오감(五感)을 통해 얻은 지식으로 도를 추구해야 한다.
③ 명예를 추구하며 지혜의 주인이 되기 위해 노력해야 한다.
④ 모든 분별과 차별에서 벗어나 만물을 평등하게 보아야 한다.
⑤ 도와 일치하기 위해 시비(是非)와 선악(善惡)을 구별해야 한다.

▶ 25057-0159

9 (가)의 한국 유교 사상가 갑, 을의 입장을 (나) 그림으로 탐구하고자 할 때, A~C에 들어갈 질문으로 옳은 것은? [3점]

(가)

갑: 정(情)에 사단(四端)과 칠정(七情)의 분별이 있는 것처럼 성(性)에도 본연지성(本然之性)과 기질지성(氣質之性)의 분별이 있다. 성을 이(理)와 기(氣)로 나누어 말할 수 있다면 정도 이와 기로 나누어 말할 수 있다.

을: 사단과 칠정은 두 변으로 나눌 수 없다. 그렇게 한다면 인성(人性)의 본연과 기질도 나누어 두 성이 될 것이기 때문이다. 천리는 무위이므로 반드시 기의 기틀을 타야 동(動)하는 것이다.

(나)

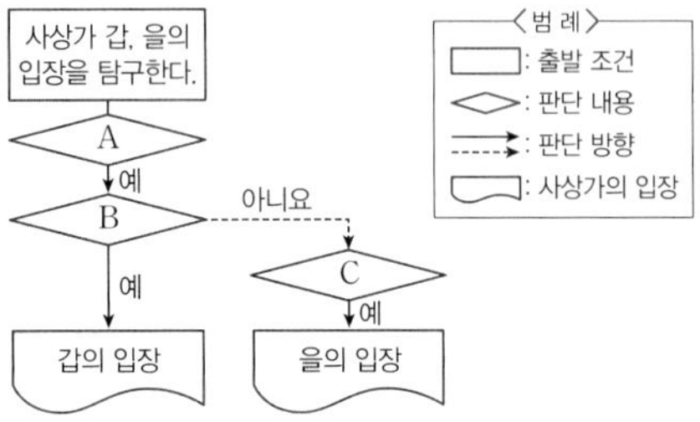

① A: 마음의 작용은 이의 발현과 기의 발현으로 구분되는가?
② B: 사단은 칠정의 선한 측면이며 칠정에 포함되는가?
③ B: 마음의 이는 형태는 없지만 운동성이 있는 순수한 것인가?
④ C: 사단과 칠정은 선과 악이 혼재되어 있는 도덕 감정인가?
⑤ C: 이와 기는 서로 떨어져 있을 수 없으므로 섞이게 되는가?

▶ 25057-0160

10 다음을 주장한 사회사상가의 입장으로 옳은 것만을 〈보기〉에서 있는 대로 고른 것은?

심의 민주주의는 공론장 속에서 담론의 규칙과 논쟁의 형식을 기본 틀로 하면서 의사소통 행위를 통해 민주적 의지를 형성하는 데 초점을 맞춘다. 국가 중심적 정치 인식을 탈피하는 심의 민주주의는 시민 사회 내부에서의 정치적 의지 형성과 그 제도적 장치의 구성이라는 문제를 과제로 설정한다.

보기

ㄱ. 정책 결정 과정이 아니라 정책의 결과를 중시해야 한다.
ㄴ. 의사소통 행위는 인격적으로 평등한 관계를 전제로 한다.
ㄷ. 상호 이해 지향적 의사소통 행위는 사회의 통합력으로 작용한다.
ㄹ. 대화와 토론의 이상적 절차에 의거한 공론장을 활성화시켜야 한다.

① ㄱ, ㄴ ② ㄱ, ㄹ ③ ㄷ, ㄹ
④ ㄱ, ㄴ, ㄷ ⑤ ㄴ, ㄷ, ㄹ

▶ 25057-0161

11 중국 유교 사상가 갑, 을의 입장으로 옳지 않은 것은? [3점]

갑: 치지격물(致知格物)은 내 마음의 양지(良知)를 각각의 사물에서 온전하게 실현하는 것이다. 마음의 양지인 천리를 각각의 사물에서 온전히 실현하면 각각의 사물이 모두 그 이치를 얻게 된다. 마음의 양지를 온전하게 실현하는 것이 치지이며, 각각의 사물이 그 이치를 얻는 것이 격물이다.

을: 치지는 격물에 있다는 말은 앎을 극진하게 이루고자 한다면 사물에 나아가 그 이치를 궁구해야 한다는 것을 뜻한다. 대개 사람의 마음은 영명하여 모두 지(知)를 지니고 있고 천하의 사물은 모두 이치를 가지고 있다. 그런데 이치를 궁구하지 않기 때문에 우리의 앎이 극진하지 못한 것이다.

① 갑: 양지는 하늘이 부여한 성(性)이자 마음의 본체이다.
② 갑: 마음에는 인의예지(仁義禮智)가 모두 갖추어져 있다.
③ 을: 격물은 의념[意]이 머무는 곳[事]을 바로잡는 것[正]이다.
④ 을: 도덕적 앎과 실천은 의존적 관계[相須]이며 함께 나아가야 한다.
⑤ 갑과 을: 천리(天理)를 보존하면 누구나 성인이 될 수 있다.

▶ 25057-0162

12 사회사상가 갑, 을의 입장으로 옳은 것은?

갑: 자유란 단순히 한 사람이 타인에게 방해받지 않고 행동할 수 있는 영역을 의미한다. 타인 때문에 그 영역이 일정한 한도 이상으로 축소될 때 강제당하거나 혹은 노예 상태에 처한 것이다. 자유로운 상태가 다른 사람들에 의한 간섭이 전혀 없는 상태는 아니지만, 불간섭의 영역이 넓어질수록 자유의 영역이 넓어질 수 있다.

을: 어떤 사람도 다른 이들을 지배하지 않을 때 사람들은 자유를 누릴 수 있다. 다시 말해 누군가가 타인들 사이에서 삶을 영위할 때, 그리고 어느 누구도 그가 어떤 선택을 함에 있어 자의적으로 지배할 능력을 가지고 있지 않을 때, 그는 자유를 누릴 수 있다. 자유는 간섭의 부재가 아니라 지배의 부재를 가리킨다.

① 갑: '~로부터의 자유'보다 '~를 향한 자유'를 추구해야 한다.
② 갑: 적극적 자유의 추구는 국가의 개입을 정당화할 여지가 없다.
③ 을: 사적인 지배의 가능성은 비지배로서의 자유를 보장한다.
④ 을: 자의적 권력에 의한 예속이 없는 상태가 진정한 자유이다.
⑤ 갑과 을: 진정한 자유는 어떠한 간섭과 지배도 없어야만 실현된다.

▸ 25057-0163

13 다음을 주장한 고대 동양 사상가의 입장으로 옳은 것만을 〈보기〉에서 있는 대로 고른 것은?

> 어떤 괴로움이 생겨나더라도 모두 갈애(渴愛)를 조건으로 생겨난다. 갈애를 벗 삼는 사람은 이 존재에서 다른 존재로 오랜 세월 유전하며 윤회를 벗어나지 못한다. 갈애는 괴로움의 원인이므로 바로 그 재난을 알아서 수행승은 갈애를 떠나고 집착을 벗어나 마음을 바르게 하고 정진해야 한다.

보기

ㄱ. 세상과 자신에 대해 집착하면 끝없이 윤회하게 된다.
ㄴ. 무아(無我)를 인식하기 위해서 통찰지를 버려야 한다.
ㄷ. 갈애와 집착에서 벗어나 무명(無明)에 이르러야 한다.
ㄹ. 중도(中道)를 닦으면 괴로움의 원인을 소멸시킬 수 있다.

① ㄱ, ㄴ ② ㄱ, ㄹ ③ ㄷ, ㄹ
④ ㄱ, ㄴ, ㄷ ⑤ ㄴ, ㄷ, ㄹ

▸ 25057-0164

14 근대 서양 사상가 갑, 현대 서양 사상가 을의 입장으로 옳은 것은? [3점]

> 갑: 의무에서 비롯된 행위만이 진정한 도덕적 가치를 갖는다. 행위의 결과에 대해서는 결코 존경심을 가질 수 없다. 왜냐하면 행위의 결과는 한낱 작용일 뿐 의지의 활동은 아니기 때문이다. 순수한 법칙 그 자체만이 존경의 대상이 될 수 있고 명령이 될 수 있다.
> 을: 의무에서 비롯된 행위라도 도덕적 선을 갖지 못할 수 있다. 따라서 특정한 상황에서 의무들 간의 세심한 선택은 의무를 이행하는 데 필수적인 요소이며, 어떤 의무보다 더 중요한 다른 의무가 없을 때 그 의무가 실제적 의무가 된다.

① 갑: 인간은 자연법칙이 아니라 도덕 법칙의 지배를 받는다.
② 갑: 행위의 옳고 그름은 동기와 결과에 의해 판단되어야 한다.
③ 을: 잠정적 의무인 조건부 의무들 사이에 갈등은 존재할 수 없다.
④ 을: 특수한 상황에서 따라야 할 실제적 의무는 직관적으로 알 수 있다.
⑤ 갑과 을: 모든 상황에 적용이 가능한 절대적인 도덕적 의무가 존재한다.

▸ 25057-0165

15 (가)의 갑, 을, 병 사상가들의 입장에서 서로에게 제기할 수 있는 비판을 (나) 그림으로 표현할 때, A~F에 해당하는 내용으로 가장 적절한 것은? [3점]

(가)	갑: 인간은 자연 상태에서의 생존이 위태로워지면 각자 자신의 신체와 모든 능력을 공동의 것으로 만들어 일반 의지의 감독 아래 두고 국가를 설립하게 된다. 을: 인간은 천성적으로 자유를 사랑하고 타인을 지배하기를 좋아하지만 전쟁 상태에서 벗어나 자신을 보존하기 위해 국가를 설립하게 된다. 병: 인간은 자연 상태에서 자유롭고 평등하지만, 자연권 향유가 불확실하여 좀 더 평화스러운 삶을 영위하기 위해 국가를 설립하게 된다.
(나)	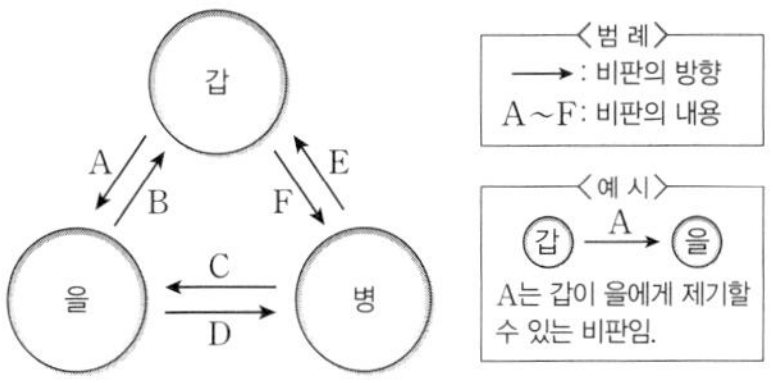

① A와 F: 인간은 합리적으로 사익을 추구할 수 있음을 간과한다.
② B: 자연 상태에서도 정의와 불의가 존재함을 간과한다.
③ C: 국가 권력을 분할하여 권력의 남용을 억제해야 함을 간과한다.
④ D: 시민의 정치적 의무는 자발적 동의에서 비롯됨을 간과한다.
⑤ E: 국민은 입법부를 폐지하거나 변경할 수 없음을 간과한다.

▸ 25057-0166

16 근대 한국 사상가 갑, 을의 입장으로 옳은 것은?

> 갑: 선천(先天)은 물질 개벽이요 후천은 인심(人心) 개벽이다. 집안 모든 사람을 한울같이 공경하라. 노비를 자식같이 사랑하라. 일체의 사람을 한울로 인정하라. 손님이 오거든 한울님이 오셨다고 생각하라.
> 을: 선천에는 모든 인사(人事)가 도의(道義)에 어긋나 그 원한이 맺히고 쌓여 세상에 참혹한 재앙을 일으킨다. 그러므로 상생(相生)의 도로써 선경(仙境)을 열고 조화정부(造化政府)를 세워야 한다.

① 갑: 성리학적 신분 질서를 바탕으로 사회를 개혁해야 한다.
② 갑: 일원상(一圓相)의 진리를 신앙의 대상으로 삼아야 한다.
③ 을: 무속(巫俗) 신앙과 도가 사상을 철저하게 배척해야 한다.
④ 을: 해원(解冤)이 아니라 천지공사(天地公事)에 힘써야 한다.
⑤ 갑과 을: 내세가 아니라 현세에서 후천 개벽을 이루어야 한다.

▸ 25057-0167

17 근대 서양 사상가 갑, 을의 입장으로 옳은 것만을 〈보기〉에서 있는 대로 고른 것은? [3점]

갑: 쾌락과 고통의 감정이 덕과 악덕을 구별하는 토대이다. 덕과 악덕은 이성만으로는 발견될 수 없다. 덕과 악덕이 유발하는 인상이나 감정을 통해서만 덕과 악덕의 차이를 구분할 수 있다. 그러므로 도덕성은 판단된다기보다는 느껴진다고 해야 한다.

을: 쾌락의 산출과 고통의 회피는 개인은 물론이고 입법자가 살펴보아야 할 목적이며, 쾌락과 고통의 가치를 이해하는 것은 입법자의 의무이다. 쾌락은 강도, 지속성, 확실성, 근접성, 다산성, 순수성, 범위에 따라 측정될 수 있다.

보기

ㄱ. 갑: 이성은 도덕적으로 행동하는 데 기여할 수 없다.

ㄴ. 갑: 타인의 행복과 불행에 대한 공감 능력이 도덕성의 기초이다.

ㄷ. 을: 쾌락을 평가할 때 쾌락의 양뿐만 아니라 질도 고려해야 한다.

ㄹ. 갑과 을: 사회적 차원의 유용성을 증진하는 행위가 옳다.

① ㄱ, ㄴ ② ㄴ, ㄹ ③ ㄷ, ㄹ

④ ㄱ, ㄴ, ㄷ ⑤ ㄱ, ㄷ, ㄹ

▸ 25057-0168

18 갑, 을은 사회사상가들이다. 갑의 입장에 비해 을의 입장이 갖는 상대적 특징을 그림의 ㉠~㉤ 중에서 고른 것은? [3점]

갑: 시장은 완전 경쟁 시장이 아니므로 인위적인 정부의 기능을 도입하여 자본주의의 결함을 보완해야 한다. 즉 민간 부문의 시장 기능 자체만으로 부족하기 쉬운 유효 수요를 정부의 적절한 재정 수단에 의해 보완해야 한다.

을: 더 큰 자유에 대한 사회주의의 약속은 실제로는 노예 상태로 가는 지름길이다. 자유주의는 경쟁을 권력의 강제적이고 자의적인 간섭 없이도 우리의 행위가 조정될 수 있는 가장 효율적이고 유일한 방법으로 간주한다.

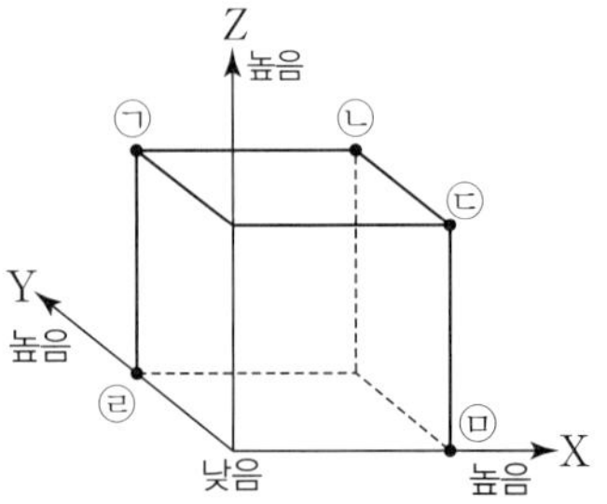

• X: 시장의 자생적 질서에 의한 자유 경쟁을 강조하는 정도
• Y: 완전 고용 실현을 위한 투자의 사회화를 강조하는 정도
• Z: 시장에 대한 정부의 자의적 개입 축소를 강조하는 정도

① ㉠ ② ㉡ ③ ㉢ ④ ㉣ ⑤ ㉤

▸ 25057-0169

19 그림의 강연자가 지지할 견해로 가장 적절한 것은?

인간은 정신이며 정신은 곧 자기 자신입니다. 자기 자신을 정신으로 의식하고 있지 않거나 신 앞에서 자신을 정신으로 의식하고 있지 않은 모든 인간적인 실존은 아무리 삶을 강렬하게 심미적으로 즐긴다 하더라도 죽음에 이르는 병인 절망에 빠지게 됩니다. 절망을 극복하기 위해서는 신 앞에 선 단독자로 도약해야 합니다.

① 실존적 상황에서는 오직 객관성만이 진리가 될 수 있다.

② 인간은 합리적 사유를 통해 모든 절망을 극복해야 한다.

③ 윤리적 실존 단계에 이르게 되면 참된 실존을 회복할 수 있다.

④ 신에게 귀의하기로 스스로 결단할 때 절망에서 벗어날 수 있다.

⑤ 인간은 개별적인 상황에서 벗어나 보편적인 삶을 추구해야 한다.

▸ 25057-0170

20 다음을 주장한 동양 사상가의 입장으로 옳은 것은?

힘사(폭력)가 동물의 법이라면 아힘사(비폭력)는 인간의 법이다. 비폭력은 악을 행하는 자의 의지에 온순하게 굴복한다는 뜻이 아니라 압제자의 의지에 맞서는 일에 자신의 온 영혼을 바친다는 뜻이다. 이런 삶의 법칙 아래서 일을 하게 되면 한 개인이 불의에 도전하여 자신의 명예, 종교, 영혼을 구할 수 있다. 그리고 '사탸그라하', 즉 진실과 사랑, 혹은 비폭력에서 태어나는 힘을 갖게 된다면 우리는 날마다 더욱 강해지게 된다.

① 비폭력은 악을 행하는 자의 의지에 순응하는 것을 의미한다.

② 인간은 누구나 폭력에 휩쓸리지 않으며 비폭력을 실천한다.

③ 비폭력에서 태어나는 힘에는 증오의 여지가 있을 수밖에 없다.

④ 폭력에서 벗어나기 위해 동정심을 행위 원칙으로 삼아야 한다.

⑤ 불의에 대해 저항하기 위해 모든 수단과 방법을 동원해야 한다.

실전 모의고사 2회

(제한시간 30분) (배점 50점) 정답과 해설 41쪽

문항에 따라 배점이 다르니, 각 물음의 끝에 표시된 배점을 참고하시오. 3점 문항에만 점수가 표시되어 있습니다. 점수 표시가 없는 문항은 모두 2점입니다.

▸ 25057-0171

1 다음 가상 대화의 스승이 강조하는 삶의 태도로 가장 적절한 것은?

스승님, 죽음을 두려워하는 태도에 대해 어떻게 생각하시나요?
사람이 죽음을 두려워하는 것은 현명하지도 않으면서 현명한 것으로 생각하는 것 이외의 아무것도 아니라네.
왜 그런가요?
왜냐하면 그것은 자기가 알지 못하는 것을 안다고 생각하는 무지로서 비난받을 만한 일이기 때문이지.

① 이성으로 지혜를 사랑하며 살아가야 한다.
② 신이 존재하지 않음을 확신하고 살아가야 한다.
③ 죽음은 인간에게 가장 나쁜 상태임을 자각해야 한다.
④ 자신의 영혼에 대해 생각하지 않으며 살아가야 한다.
⑤ 자신이 알지 못하는 것들도 이미 다 알고 있다고 여기며 행동해야 한다.

▸ 25057-0172

2 다음을 주장한 한국 유교 사상가의 입장으로 옳은 것은? [3점]

- 재능[才]은 능력이요, 권형(權衡)이다. 기린은 착한 것으로 정해져 있기 때문에 착한 것이 공로가 되지 않고, 승냥이와 이리는 악한 것으로 정해져 있기 때문에 악한 것이 죄가 되지 않는다. 사람은 그 재능이 착할 수도 있고 악할 수도 있다.
- 대저 천명지성(天命之性)은 선(善)과 의(義)를 좋아하여 스스로를 기르니, 이것은 마치 기질지성(氣質之性)이 가축의 고기를 좋아하여 스스로를 기르는 것과 같다.

① 인간은 영지(靈知)의 기호가 있으므로 악할 수 없다.
② 기질지성은 단것을 좋아하고, 쓴 것을 싫어한다.
③ 천명지성과 기질지성이 향하는 바를 따르면 악을 행하지 않는다.
④ 동물은 행동의 선악이 정해져 있지 않기에 선행이 공로가 된다.
⑤ 인간은 선은 행하기 어렵고 악은 행하기 쉬운 천명지성을 부여받았다.

▸ 25057-0173

3 한국 유교 사상가 갑, 을의 입장으로 옳은 것만을 〈보기〉에서 있는 대로 고른 것은? [3점]

갑: 사단과 칠정에 관해 이미 "통틀어 말하면…"이라고 했으니, 어찌 "이(理)를 주로 하고 기(氣)를 주로 하는 분별"이 있겠는가? 바로 사단과 칠정을 대조하고 나누어 말할 때 이를 주로 한 사단, 기를 주로 한 칠정의 분별이 있게 된다. 칠정도 본래 불선이 없으나 만일 기가 발하는 것이 절도에 맞지 않아 그 이를 멸하게 되면 악이 된다.
을: 사단은 칠정처럼 완전히 갖추지는 않았고, 칠정은 사단처럼 순수하지는 못하다. 칠정은 사람의 마음이 움직일 때 이 일곱 가지가 있음을 통틀어 말한 것이고, 사단은 칠정 가운데 그 선한 일변만을 가려서 말한 것이다. 형질(形質) 안에 있지 않으면 '이'라고 해야지 '성(性)'이라고 해서는 안 된다.

보기

ㄱ. 갑: 쉽게 발현하고 제어하기 어려운 노여움[怒]은 기의 발현이다.
ㄴ. 갑: 칠정은 본래 불선이 없으나, 상황에 따라 악으로 흐를 수 있다.
ㄷ. 을: 사단이 선한 것처럼 칠정도 모두 선하다.
ㄹ. 갑과 을: 형질 안에서 이만을 가리켜 말하면 기질지성(氣質之性)이라 한다.

① ㄱ, ㄴ ② ㄴ, ㄹ ③ ㄷ, ㄹ
④ ㄱ, ㄴ, ㄷ ⑤ ㄱ, ㄷ, ㄹ

▸ 25057-0174

4 고대 동양 사상가 갑, 을의 입장으로 옳은 것은? [3점]

갑: 얻기 어려운 재화를 귀하게 여기지 않아야 백성들이 도적이 되지 않는다. 욕심낼 만한 것들을 보이지 않아야 백성들의 마음이 혼란스러워지지 않는다. 그래서 성인이 하는 정치는 백성들의 마음은 텅 비우게 하고[虛心], 배는 채워 주며[實腹] 항상 백성들로 하여금 무지, 무욕하게 한다.
을: 가난해도 비굴하지 않고, 부유해도 교만하지 않는 것은 괜찮으나 다만 가난하면서 즐거워하고, 부유하면서 예(禮)를 좋아하는 것만 못하다. 임금은 신하를 예로써 부리고, 신하는 임금을 충성으로써 섬겨야 한다.

① 갑: 현자를 숭상하지 않으면 백성들이 다투지 않게 된다.
② 갑: 성인은 백성의 마음을 채우고 배를 비워 주는 정치를 한다.
③ 을: 겸양과 예로 다스리는 나라는 혼란에 빠진다.
④ 을: 군자는 거처의 안락함을, 소인은 덕을 추구한다.
⑤ 갑과 을: 성인은 천지와 달리 백성을 어질게 대한다.

▸ 25057-0175

5 고대 서양 사상가 갑, 을의 입장으로 옳지 않은 것은? [3점]

갑: 용기가 이 나라의 어느 부류에 있는지를, 그래서 이 덕분에 이 나라가 용기 있는 나라로 불리어야만 되도록 하는지 알아보기란 그다지 힘든 일이 아니다. 나라를 위해 전쟁을 하고 군인으로 복무하는 이 부류 이외의 다른 어떤 것을 보고서 그 나라를 비겁한 나라니 또는 용기 있는 나라니 하고 말할 사람이 누가 있겠는가? 용기나 지혜는 그 각각이 그 나라의 어느 한 부분에만 있어도 뒤엣것은 그 나라를 곧 지혜로운 나라로, 앞엣것은 그 나라를 용기 있는 나라로 되게 하지만, 절제는 그렇지 않다.
을: 올바른 것이란 '더 강한 자의 편익' 이외에 다른 것이 아니다. 나라들 가운데서도 어떤 나라는 참주 체제로, 다른 나라는 민주 체제로 또는 귀족 체제로 다스려지고 있다. 나라마다 힘을 행사하는 것은 지배하는 쪽이다. 한데, 적어도 법률을 제정할 때 각 정권은 자기의 편익을 목적으로 삼는다. 민주 정체는 민주적인 법률을, 참주 정체는 참주 체제의 법률을, 그리고 그 밖의 다른 정치 체제들도 다 이런 식으로 법률을 제정한다.

① 갑: 군인에게만 용기가 있어도 그 나라는 용기 있는 나라가 된다.
② 갑: 절제는 어떤 성향의 사람들이 지배해야 할지에 대한 모든 계층 간의 합의이다.
③ 을: 정권은 통치자에게 이익이 되는 법률을 정의라고 공표한다.
④ 을: 민주 정체에서는 민주적인 법률을 제정하는 것이 수립된 정권에 이익이 된다.
⑤ 갑과 을: 모든 계층의 사람들에게 지혜가 있어야 지혜로운 나라가 될 수 있다.

▸ 25057-0176

6 그림의 강연자가 지지할 주장으로 옳은 것은?

모든 법이 모두 자신의 마음 가운데 있거늘, 어찌 자기의 마음을 따라서 진여의 본성을 단박에 나타내지 못하겠습니까? 『보살계경』에서 "나의 본래 근원인 자성이 맑고 깨끗하다."라고 하였으니, 마음을 알아 성품을 보면 스스로 부처님 도를 성취하는 것이니 곧 활연히 깨쳐서 본래 마음을 도로 찾게 되는 것입니다. 전세, 현세, 내세의 모든 부처님과 십이부의 경전들[十二部經]이 사람의 성품[性] 가운데 본래부터 갖추어져 있습니다.

① 이 세상의 모든 진리는 사람의 마음 밖에 있다.
② 사람의 성품 가운데 삼세(三世)의 모든 부처가 있다.
③ 자기 성품을 깨치지 못하였다면 선지식을 멀리해야 한다.
④ 보리 반야의 지혜는 진리를 깨달은 사람들만 본래 가지고 있다.
⑤ 스스로 자기 마음을 보아 자기 본성을 점진적으로 깨닫게 해야 한다.

▸ 25057-0177

7 중국 유교 사상가 갑, 을의 입장으로 옳은 것만을 〈보기〉에서 고른 것은? [3점]

갑: 마음과 본성과 이(理)는 하나만 집어 들면 모두 꿰뚫게 된다. 맹자님의 '간직함'은 비록 이를 가리킨 것이지만, 마음이 원래 그 이 속에 있다. 공자님의 '간직함'은 마음을 가리킨 것이지만, 이도 본래 마음 가운데 있다. 먼저 천리가 있고 나서 기도 있다. 천지 만물을 합하여 말한다면 다만 하나의 이가 있을 뿐이지만, 사람의 경우에는 제각기 하나의 이를 지니고 있다. 사람의 마음은 몸을 주재한다.
을: 배우고 묻고 사색하고 변별한 뒤에 비로소 그것을 행위로 옮겨야 하는 것이 아니다. 내가 주장하는 것은 마음과 이치가 합하여 하나[心理合一]라는 것과 지행병진의 공부이다. 마음의 '텅 비어 신령하고 밝게 깨닫는 것'이 본연의 양지(良知)이다. 허령명각(虛靈明覺)의 양지가 감응하여 움직이는 것을 뜻[意]이라고 한다. 사람의 몸을 주재하는 것은 마음이다.

보기
ㄱ. 갑: 사람은 각자 하나의 이치[理]를 지니고 있다.
ㄴ. 을: 치지격물(致知格物)을 통해 궁리(窮理)를 막아야 한다.
ㄷ. 을: 궁리는 행동으로 옮기기 전의 단계에서 하는 활동이다.
ㄹ. 갑과 을: 사람의 마음이 몸을 주재(主宰)한다.

① ㄱ, ㄴ ② ㄱ, ㄹ ③ ㄴ, ㄷ ④ ㄴ, ㄹ ⑤ ㄷ, ㄹ

▸ 25057-0178

8 사회사상가 갑, 을의 입장으로 옳은 것은?

갑: 소비 성향과 투자 유인의 상호 관계를 조정하고자 하는 일에 관계되는 정부 기능의 확대는 어떤 사람에게는 개인주의에 대한 가공할 침해로 보일지 모르나, 나는 이것이 현존 경제 형태들의 발본적인 파괴를 회피하는 유일한 실행 가능한 수단이라는 이유로, 또 개인의 창의가 성공적으로 기능을 발휘하기 위한 조건이라는 이유로, 이것을 옹호한다.
을: 사회주의적 계획에 대한 반대와 독단적 자유방임의 태도를 혼동하지 않는 것은 아주 중요하다. 자유주의의 주장은 인간 노력들을 조정하는 수단으로 경쟁의 힘을 가능한 한 최대한 잘 활용하자는 것이다. 이는 유효한 경쟁이 창출될 수 있는 곳에서는 다른 그 어떤 방법보다도 경쟁이 개별적 노력의 좋은 길잡이가 되어 준다는 확신에 기초한 것이다.

① 갑: 정부 기능의 확대는 개인이 창의성을 발휘하기 위한 조건을 파괴한다.
② 갑: 전제주의적 국가 체제는 능률과 자유를 신장하여 실업 문제를 해결한다.
③ 을: 사유 재산 체제는 재산을 가진 사람들에게만 자유의 가장 중요한 보장책으로 작용한다.
④ 을: 경쟁은 권력의 강제적이고도 자의적인 간섭 없이도 사람들의 행위들이 서로 조정될 수 있는 방법이다.
⑤ 갑과 을: 중앙 계획 경제의 실시는 개인의 자유 증진을 가져온다.

▸ 25057-0179

9 (가)의 근대 서양 사상가 갑, 을의 입장을 (나) 그림으로 표현할 때, A~C에 해당하는 적절한 진술만을 〈보기〉에서 고른 것은? [3점]

(가)

갑: 공리의 원칙은 이해 당사자의 행복을 증가시키거나 감소시키는 것처럼 보이는, 혹은 달리 말해서 그의 행복을 증진하거나 방해하는 것처럼 보이는 경향에 따라서 각각의 행동을 승인하거나 불승인하는 원칙을 의미한다. 나는 일체의 모든 행동에 대하여 말하는 것이다. 그러므로 한 사인(私人)의 모든 행동뿐만 아니라 정부의 모든 정책에도 해당한다. 형벌과 위법 행위 사이의 비례를 세울 때 주의해야 할 상황에는 형벌의 질 등이 있다.

을: 효용과 최대 행복 원리를 도덕의 기초로 삼고 있는 이 이론은 어떤 행동이든 행복을 증진할수록 옳은 것이 된다는 주장을 편다. 이 이론은 많은 사람들의 심각한 반발을 불러일으켰다. 그러나 대부분의 공리주의 이론가들도 정신적 쾌락이 내재적 본질에서는 몰라도 항구성, 안전성, 비용 등의 면에서 육체적 쾌락보다 한결 더 우월하다고 주장해 왔다. 어떤 종류의 쾌락이 다른 것보다 더 바람직하고 가치 있다는 사실을 인정한다고 해서 공리주의 원리와 어긋나는 것은 결코 아니다.

(나)

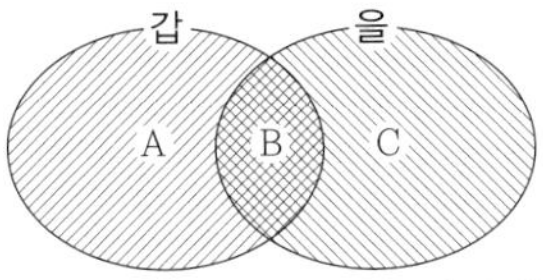

〈범 례〉
A: 갑만의 입장
B: 갑과 을의 공통 입장
C: 을만의 입장

보기

ㄱ. A: 인간으로서의 품위가 높은 사람일수록 품위를 행복의 필수적인 요소로 간주한다.
ㄴ. B: 고통을 감소시켜 주는 행동은 바람직한 행동이라고 할 수 있다.
ㄷ. B: 도덕 이론을 정립할 때는 행동이 행복에 미치는 영향을 고찰해야 한다.
ㄹ. C: 처벌과 위법 행위 사이의 비례를 세울 때 주의해야 할 상황으로 형벌의 질이 있다.

① ㄱ, ㄴ ② ㄱ, ㄷ ③ ㄴ, ㄷ ④ ㄴ, ㄹ ⑤ ㄷ, ㄹ

▸ 25057-0180

10 고대 중국 사상가 갑, 을의 입장으로 옳은 것은?

갑: 힘으로 어진 정치를 가장한 것을 패도 정치라 하니 패도 정치는 반드시 큰 나라가 있어야 한다. 덕으로 어진 정치를 하는 것을 왕도 정치라 한다.
을: 선왕(先王)은 혼란을 싫어하여 예의 법도를 마련함으로써 사람들을 구분하여 가난과 부유함, 귀함과 천함의 등급이 있게 하였다.

① 갑: 왕도 정치를 실시하기 위해서는 반드시 큰 나라가 되어야 한다.
② 갑: 통치자가 힘으로 백성들을 복종시키면 백성들은 마음으로 복종한다.
③ 을: 백성의 신분적 차등이 없어지면 다툼이 없어진다.
④ 을: 덕이 있는 사람을 귀하게 여기는 관행을 없애야 한다.
⑤ 갑과 을: 통치자는 어짊[仁]과 의로움[義]을 중요시해야 한다.

▸ 25057-0181

11 다음을 주장한 고대 서양 사상가의 입장으로 옳은 것은?

국가는 자연의 산물이며, 인간은 본성적으로 국가 공동체를 구성하는 동물임이 분명하다. 따라서 본성으로 인하여 국가가 없는 자는 인간 이하거나 인간 이상이다. 본성이 그러한 자는 전쟁광이며, 장기판에서 혼자 앞서 나간 말처럼 독불장군이다. 이로써 인간이 벌이나 그 밖의 군서 동물보다 더 국가 공동체를 추구하는 동물임이 분명해졌다. 인간과 다른 동물들의 차이점은 인간만이 선과 악, 옳고 그름 등등을 인식할 수 있다는 것이다. 그리고 이런 인식의 공유에서 가정과 국가가 생성되는 것이다.

① 모든 공동체들의 최종 목표는 가정이다.
② 국가는 국민들의 단순한 생존 보호만을 목적으로 존속한다.
③ 완전한 자급자족이라는 최고 단계에 도달한 공동체는 가정이다.
④ 가정, 마을과 달리 국가는 자연에 근거하는 자연스러운 공동체이다.
⑤ 정치적 공동체를 지향하는 경향성은 모든 사람에게 내재되어 있다.

▸ 25057-0182

12 고대 서양 사상가 갑, 을의 입장으로 적절한 것만을 〈보기〉에서 고른 것은?

갑: 마음에서 가장 큰 혼란과 괴로움이 생기는 이유는 사람들이 합리적인 사고에 근거해서가 아니라 어떤 비이성적인 사고 속에서 신화 또는 죽어서 감각이 없어지는 것에 대한 두려움으로 신이 영원한 재앙을 줄 것을 예상하거나 상상하기 때문이다. 따라서 그런 예상이나 상상에서 생기는 두려움을 제어하지 못한다면, 그들은 큰 혼란과 괴로움을 겪는다. 반면에 평정심이 있으면 보편적이고 가장 중요한 원리들을 확고하게 기억함으로써 이 모든 것에서 벗어날 수 있다.
을: 자신에게 일어나는 일에 대해 반발하는 것은 우주의 본성에 반기를 드는 것이다. 이성을 지닌 모든 피조물에게 주어진 목적은 가장 오래된 국가인 우주의 이성과 법을 따르는 것이다. 철학은 우리 안에 있는 신성이 침해를 당하지 않게 지켜 준다. 또 죽음은 원소들이 해체되는 것 이외에 다른 것이 아니라는 것을 알고서 기쁜 마음으로 기다릴 수 있게 해 준다. 원소들의 변화와 해체는 자연과 본성에 따라 일어나는 일이고, 자연에 따라 일어나는 것은 나쁜 일일 수 없기 때문이다.

보기

ㄱ. 갑: 인간을 구성하는 원자들이 흩어지면 감각도 소멸한다.
ㄴ. 갑: 신은 인간이 지나친 욕심을 부릴 때만 고통을 부여한다.
ㄷ. 을: 죽음은 태어날 때 결합된 요소들로 해체되는 것이므로 두려워할 일이 아니다.
ㄹ. 갑과 을: 마음의 평화를 위해 감정의 동요와 이성적 판단으로부터 해방되어야 한다.

① ㄱ, ㄴ ② ㄱ, ㄷ ③ ㄴ, ㄷ ④ ㄴ, ㄹ ⑤ ㄷ, ㄹ

▸ 25057-0183

13 사회사상가 갑, 을의 입장으로 옳은 것만을 〈보기〉에서 있는 대로 고른 것은? [3점]

갑: 주권을 지닌 대표자가 백성들에게 행하는 것은 어떤 경우에도 불의나 권리 침해가 되지는 않는다. 백성 각자가 주권자의 모든 행위의 본인이기 때문이다. 국가(Commonwealth)에서는 백성이 주권자의 명령에 의해 사형에 처해질 수도 있다.
을: 사람들이 사회에 들어가는 커다란 목적은 그들의 재산을 평온하고 안전하게 향유하는 것이며, 이를 달성하기 위한 주요한 도구와 수단이 사회에서 확립된 법이다. 모든 국가의 으뜸가는 근본적인 실정법은 입법 권력을 확립하는 것이다.

보기
ㄱ. 갑: 주권자는 자연법을 준수하지 않아도 된다.
ㄴ. 갑: 백성의 권리를 침해한 주권자는 처벌될 수 있다.
ㄷ. 을: 입법 권력은 사회 모든 구성원 공동의 권력이 입법자인 개인이나 회의체에 넘겨진 것이다.
ㄹ. 갑과 을: 백성이 군주의 모든 명령에 복종해야 하는 것은 아니다.

① ㄱ, ㄴ ② ㄴ, ㄹ ③ ㄷ, ㄹ
④ ㄱ, ㄴ, ㄷ ⑤ ㄱ, ㄷ, ㄹ

▸ 25057-0184

14 사회사상가 갑, 을의 이상 사회에 대한 입장으로 가장 적절한 것은?

갑: 유토피아의 사람들은 어느 만큼의 곡물을 소비할지 잘 알지만, 필요보다 더 많은 곡물과 가축을 길러서 남는 것은 이웃 사람들에게 나누어 준다. 시골에서 생산할 수 없는 필수품은 도시 관리들에게 요청하는데, 돈을 지불하든지 교환해야 하는 것이 아니므로 원하는 것은 아무런 문제 없이 곧바로 얻는다.
을: 자본주의적 취득 방식은 자본주의적 사적 소유를 낳는다. 그러나 자본주의적 생산은 자기 자신의 부정을 낳는다. 이것은 생산자에게 사적 소유를 재건하는 것이 아니라, 자본주의 시대의 성과인 협업, 그리고 토지를 포함한 모든 생산 수단의 공동 점유를 바탕으로 개인들이 연합한 사회의 소유로서의 개인적 소유를 재건한다.

① 갑: 여성을 제외한 모든 시민이 농업에 종사한다.
② 갑: 필요한 물품은 각 사람이 일한 만큼 공정하게 분배한다.
③ 을: 공산 사회에서는 개인들의 전면적 발전과 더불어 생산력도 성장한다.
④ 을: 공산 사회에서는 자기 자신의 노동에 입각한 개인적 사적 소유가 이루어진다.
⑤ 갑과 을: 노동이 생활을 위한 수단이 아니라 일차적인 생활 욕구가 된다.

▸ 25057-0185

15 다음을 주장한 근대 서양 사상가의 입장으로 적절한 것만을 〈보기〉에서 고른 것은? [3점]

나는 실체란 자신 안에 있으며 자신에 의하여 생각되는 것이라고 이해한다. 즉 실체는 그것의 개념을 형성하기 위해 다른 것의 개념을 필요로 하지 않는 것이다. 나는 신을 절대적으로 무한한 존재, 즉 모든 것이 각각 영원하고 무한한 본질을 표현하는 무한한 속성으로 이루어진 실체로 이해한다. 의지는 자유로운 원인이라고 할 수 없으며, 신은 의지의 자유로 작용하는 것이 아니다.

보기
ㄱ. 신은 유일한 실체이며, 모든 것의 내재적 원인이다.
ㄴ. 신 없이 존재하거나 파악될 수 있는 것은 아무것도 없다.
ㄷ. 하나의 실체는 오직 다른 실체에 의해서만 산출될 수 있다.
ㄹ. 이 세상 모든 존재 중 의지의 자유로 작용하는 유일한 존재는 신이다.

① ㄱ, ㄴ ② ㄱ, ㄷ ③ ㄴ, ㄷ ④ ㄴ, ㄹ ⑤ ㄷ, ㄹ

▸ 25057-0186

16 (가)의 중세 서양 사상가 갑, 을의 입장을 (나) 그림으로 탐구하고자 할 때, A~C에 들어갈 적절한 질문만을 〈보기〉에서 있는 대로 고른 것은? [3점]

(가)
갑: 플라톤은 참된 최고선은 하느님이라고 하며, 그럼으로써 철학자란 하느님을 사랑하는 자라고 말하려는 것이다. 그 이유는 철학은 행복한 삶을 지향하는데, 하느님을 사랑하는 사람이라면 하느님을 향유함으로써 행복해지기 때문이다.
을: 도덕 규정들은 선한 도덕들과 관련이 있고, 선한 도덕들은 합당한 이성에 부합하는 것이며, 모든 도덕 규정들은 자연법에 속해야 한다. 법이란 이성에 속하는 것이기 때문에 영원법이 이성적 피조물에 분여(分與)된 것을 본래적 의미로 법이라고 부른다.

(나)
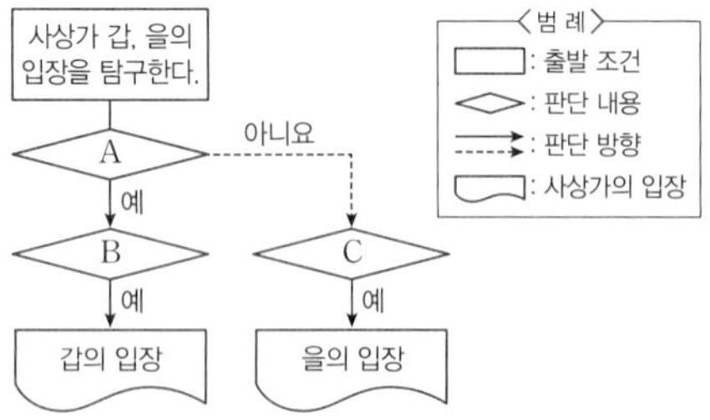

보기
ㄱ. A: 이성에 어긋나는 도덕 규정은 악한가?
ㄴ. B: 인간은 신을 향유함으로써 행복할 수 있는가?
ㄷ. C: 자연법은 인간에게 주어진 법이라고 할 수 있는가?
ㄹ. C: 자연법은 영원법이 이성적 피조물에게 분여된 것인가?

① ㄱ, ㄴ ② ㄱ, ㄷ ③ ㄴ, ㄹ
④ ㄱ, ㄷ, ㄹ ⑤ ㄴ, ㄷ, ㄹ

▸ 25057-0187

17 (가)의 근대 한국 사상가 갑, 을의 입장에서 서로에게 제기할 수 있는 비판을 (나) 그림으로 표현할 때, A, B에 해당하는 내용으로 가장 적절한 것은?

(가)

갑: 우리가 약자로서 화의(和議)에 임하면 앞으로 저들의 무한한 요구를 들어주지 않을 수 없다. 우리의 유한한 농산품과 저들의 무한한 공산품을 교역하면 마음을 좀먹고, 풍속을 무너뜨려 우리를 황폐하게 할 것이다. 저들은 비록 이름은 왜인이나 실상은 양적(洋賊)과 같다.

을: 하느님은 지극히 공평하고 사사로움이 없는 마음으로 선인과 악인을 가리지 않으시니 어지럽고 각박한 이 세상을 함께 돌아가 한 몸이 되게 하려고 하신다. 마음을 지키고 기운을 바르게 하고[守心正氣] 어짊, 의로움, 예의, 지혜를 실천하고, 군자의 말씀을 본받아 참됨과 경건함을 지켜 내자.

(나)

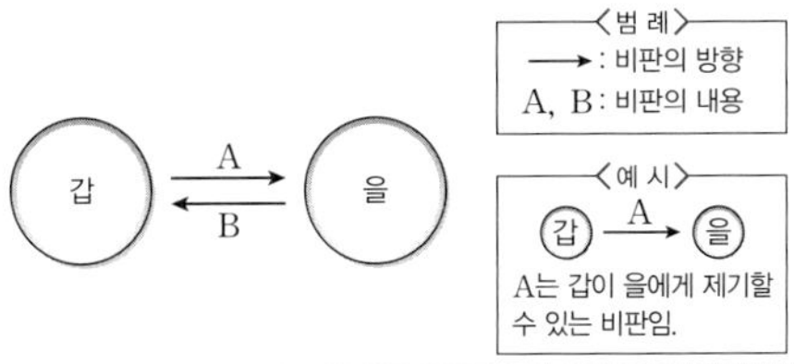

① A: 인간은 오륜을 준수해야 함을 간과하고 있다.
② A: 생활 속에서 정성스러움[誠]과 공경함[敬]을 실천해야 함을 간과하고 있다.
③ B: 천주교가 들어오면 우리 풍속을 해친다는 것을 간과하고 있다.
④ B: 하느님께서 '내 마음이 바로 네 마음[吾心卽汝心]'이라고 하신 것을 간과하고 있다.
⑤ B: 일본과 강화를 맺으면 우리의 인륜이 무너진다는 것을 간과하고 있다.

▸ 25057-0188

18 다음 가상 편지를 쓴 현대 서양 사상가의 입장으로 가장 적절한 것은?

> ○○에게
> 자네가 지난번에 도덕의 목적에 대해 어떻게 생각하는지 물었기에 답하고자 하네. 나는 정적인 성과나 결과보다 성장, 개선, 진보의 과정이 의미가 있다고 생각하네. 예를 들어 최종적으로 고정된 목적으로서의 건강이 아니라 필요한 건강상의 개선이 목적이자 선이라네.

① 사람들은 목표를 가지지 않고 삶을 살아가야 한다.
② 성장 자체를 유일한 도덕적 목적으로 삼아서는 안 된다.
③ 절제, 근면은 고정된 목적이 아니라 경험의 질적인 변화의 방향이다.
④ 과정이 아니라 최종적인 목표로서의 완성을 삶의 목표로 삼아야 한다.
⑤ 건강과 부는 정직, 정의와 달리 획득해야 할 고정된 목표를 표현하는 선이 아니다.

▸ 25057-0189

19 다음을 주장한 근대 서양 사상가의 입장으로 옳지 않은 것은? [3점]

> 도덕적·실천적 이성의 주체로 여겨지는 인간은 한낱 타인의 목적들, 아니 심지어는 자기 자신의 목적들을 위한 수단으로서가 아니라, 목적 그 자체로서 평가되어야 한다. 인간성은 그 자체로 존엄하다. 인간은 어떠한 인간에게서도 (타인에게서든 본인 자신에게서든) 한갓 수단이 아니라 언제나 항상 동시에 목적으로 대우받아야만 하기 때문이다. 여기에 바로 그 인간의 존엄성(인격성)이 성립한다. 의무인 동시에 목적인 것은 자신의 완전함과 타인의 행복이다. 타인의 완전함을 내 목적으로 삼고 내게 그것을 촉진할 의무가 있다고 여기는 것은 모순이다. 온갖 가능한 목적들의 수단인 자기의 자연 능력(정신력, 영혼력, 체력)의 배양은 인간의 자기 자신에 대한 의무이다. 호의(실천적 인간 사랑)의 준칙은 모든 인간이 서로에게 갖는 의무이다. 사랑의 의무로는 자선의 의무, 감사의 의무, 동정의 의무가 있다. 곤경에 처한 타인의 행복을 위해 아무런 대가를 바라지 않고서 자기 능력껏 돕는 것은 모든 인간의 의무이다.

① 모든 인간은 서로에게 실천적 사랑의 의무를 지닌다.
② 사람은 타인의 완전함을 자신의 의무이자 목적으로 삼아야 한다.
③ 자신의 체력을 배양하는 것은 인간의 자기 자신에 대한 의무이다.
④ 인간은 타인으로부터 한갓 수단이 아니라 언제나 목적으로 대우받아야만 한다.
⑤ 어려움에 처한 타인의 행복을 위해 대가를 바라지 않고 자신의 능력대로 도와야 한다.

▸ 25057-0190

20 한국 불교 사상가 갑, 을의 입장으로 적절한 것만을 〈보기〉에서 고른 것은?

> 갑: 교(敎)를 배우는 사람은 대개 안을 버리고 바깥으로 구하고, 선(禪)을 익히는 사람은 인연을 잊어버리고 안으로 밝히기를 좋아한다. 모두 치우친 집착이니 이변(二邊)에 막혀 있다. 그것은 마치 토끼 뿔의 길고 짧음을 싸우는 것과 같다.
> 을: 비록 법신의 참마음이 온전히 모든 부처님과 똑같은 줄 단번에 깨달았더라도, 오랜 세월 몸을 허망하게 집착하여 '나'로 삼은 그 버릇이 자신의 성품이 되어 버려 갑자기 없애는 것이 어렵다. 그러므로 반드시 깨달음에 의지해 점차적으로 닦아 허망한 집착을 없애고 또 없애 더 없앨 것이 없는 곳에 도달하면 곧 부처님을 이루었다고 할 것이다.

보기

ㄱ. 갑: 참된 수행은 정(定)과 혜(慧) 중 하나만을 갖추는 것이다.
ㄴ. 갑: 사람의 마음 안을 버리고 바깥으로 구하는 것은 치우친 집착이다.
ㄷ. 을: 돈오점수를 통해 마음 밖에서 부처를 이루어야 한다.
ㄹ. 갑과 을: 자신의 깨달음뿐 아니라 중생 구제에도 힘써야 한다.

① ㄱ, ㄴ ② ㄱ, ㄷ ③ ㄴ, ㄷ ④ ㄴ, ㄹ ⑤ ㄷ, ㄹ

실전 모의고사 3회

제한시간 30분 | 배점 50점 | 정답과 해설 45쪽

문항에 따라 배점이 다르니, 각 물음의 끝에 표시된 배점을 참고하시오. 3점 문항에만 점수가 표시되어 있습니다. 점수 표시가 없는 문항은 모두 2점입니다.

▸ 25057-0191

1 그림의 강연자가 강조하는 삶의 태도로 가장 적절한 것은?

무슨 일을 할 때 그것이 옳은 일인지 옳지 않은 일인지, 또한 선한 사람이 할 일인지 악한 사람이 할 일인지만을 생각할 것이 아니라 살게 될지 죽게 될지도 생각해야 한다는 말은 옳지 않습니다. 진리에 대한 것이라면 죽음이나 그 밖의 다른 어떤 것보다 수치를 염려해야 합니다. 신의 명령에 의해 지혜를 사랑하고 나 자신과 남들을 산파술로 검토하면서 살아가게 되었는데, 이 자리에서 죽음이나 그 밖의 어떤 것을 두려워한다면 그것은 참으로 못마땅한 짓일 것입니다.

① 덕을 알면서도 실천하지 않을 수 있음을 명심해야 한다.
② 감각적 경험을 바탕으로 선과 악의 기준을 정립해야 한다.
③ 지식의 획득은 불가능하므로 논쟁의 기술을 함양해야 한다.
④ 진리는 사람마다 상대적이므로 타인의 의견을 존중해야 한다.
⑤ 자신의 무지를 깨닫고 삶을 진지하게 숙고하며 성찰해야 한다.

▸ 25057-0192

2 고대 서양 사상가 갑, 을의 입장으로 옳은 것은?

갑: 여러 정치 체제들의 통치자들은 자기들에게 편익이 되는 것을 다스림을 받는 자들에게 올바른 것으로서 공표하고서는, 이를 위반하는 자는 정의롭지 않은 일을 저지른 자로서 처벌한다. 따라서 정의는 강한 자의 이익으로 귀결된다.
을: 정의로운 정치 체제의 통치자들은 연장자여야 하지만 다스림을 받는 자들은 연소자여야 하며, 통치자들은 수호자들 중에서도 가장 훌륭한 사람들이어야만 한다. 또한 그들은 슬기롭고 유능한 사람이어야 하며 나라에 대해 마음 쓰는 사람들이어야만 한다.

① 갑: 통치자가 제정한 법을 준수하는 것이 약자에게 이익이다.
② 갑: 정의는 국가 구성원 모두가 수용해야 할 보편적 기준이다.
③ 을: 수호자는 사유 재산의 일부를 국가를 위해 기부해야 한다.
④ 을: 영혼의 지배하는 부분과 지배받는 부분이 서로 반목하지 않아야 절제의 덕이 실현된다.
⑤ 갑과 을: 통치자는 전체를 위해 유익한 것을 피지배자에게 명령한다.

▸ 25057-0193

3 고대 동양 사상가 갑, 을의 입장으로 옳지 않은 것은? [3점]

갑: 위대한 덕을 지닌 사람의 모습을 보면 오직 도(道)만을 따른다. 도라는 것의 성격은 황홀하여 종잡을 수가 없는 것이다. 종잡을 수 없는 그 가운데 존재하는 것이다. 황홀한 그 가운데 만물이 존재하는 것이다.
을: 정치를 할 때 사람을 죽일 필요가 있겠는가? 통치자가 선하고자 하면 백성도 선하게 될 것이다. 군자의 덕은 바람이요, 소인의 덕은 풀이다. 풀 위에 바람이 불면 풀은 반드시 눕게 마련이다.

① 갑: 가치를 인위적으로 분별할 때 사회 혼란이 발생한다.
② 갑: 통치자가 무위(無爲)를 행하면 다스려지지 않음이 없다.
③ 을: 성실한 마음으로 정성을 다하여[忠] 인을 실천할 수 있다.
④ 을: 군주는 분배의 형평을 위해 명분[名]을 버릴 수 있어야 한다.
⑤ 갑과 을: 도에 따른 삶을 사는 사람은 덕을 갖추고 있다.

▸ 25057-0194

4 다음은 고대 동양 사상가 갑, 을의 가상 대화이다. 갑, 을의 입장으로 옳은 것만을 〈보기〉에서 있는 대로 고른 것은?

사람들이 민둥산이 된 것만을 보고 애초에 훌륭한 재목이 없었다고 여기지만, 이것이 어찌 산의 본성이겠습니까? 비록 사람에게 보존된 본성[性]이라고 해서 어찌 인의(仁義)의 마음이 없겠습니까? 다만 양심(良心)을 잃어버리는 경우가 있을 뿐입니다.

그렇지 않습니다. 당신은 사람의 본성을 잘 알지 못해 사람의 본성과 인위[僞]의 구분을 살피지 못하였습니다. 본성이란 선천적인 것으로, 배우거나 노력해서 되는 것이 아닙니다. 반면에 예의(禮義)란 성인(聖人)이 만든 것으로, 배우고 노력해서 이룰 수 있습니다.

갑

을

보기

ㄱ. 갑: 차마 지나치지 못하는 마음[不忍人之心]으로 정치를 해서는 안 된다.
ㄴ. 을: 하늘은 물리적 법칙과 질서로 이루어진 자연 현상이다.
ㄷ. 을: 인간은 자신의 도덕적 판단을 실천할 능력을 지니고 있다.
ㄹ. 갑과 을: 누구나 수양을 통해 인을 실천하는 군자가 될 수 있다.

① ㄱ, ㄴ　② ㄱ, ㄹ　③ ㄷ, ㄹ
④ ㄱ, ㄴ, ㄷ　⑤ ㄴ, ㄷ, ㄹ

▸ 25057-0195

5 다음을 주장한 고대 서양 사상가가 부정의 대답을 할 질문으로 가장 적절한 것은?

> 절제란 실천적 지혜를 보존하는 것이다. 그런데 절제는 실천적 지혜와 같은 그런 종류의 판단을 보존한다. 즐거운 것과 고통스러운 것이 모든 판단을 파괴하거나 왜곡시키지는 않으니까. 가령 삼각형의 내각의 합이 두 직각의 값을 갖는지 갖지 않는지에 대한 판단은 즐거움과 고통으로 말미암아 파괴되거나 왜곡되지 않지만 행위와 관련한 판단은 그렇지 않기 때문이다. 행위들에 관한 원리는 그 행위들의 목적이지만, 즐거움이나 고통으로 말미암아 망가진 사람에게는 그 원리가 똑바로 보이지 않으며, 바로 이 목적 때문에 행해야만 한다는 것도, 이 목적으로 말미암아 모든 것을 선택하고 행해야 한다는 것도 분명하게 보이지 않기 때문이다. 사실 악덕은 원리를 파괴하는 법이다. 따라서 실천적 지혜는 이성을 동반한 참된 실천적 품성 상태로서 인간적인 좋음들과 관련하는 것이 필연적이다.

① 중용에 따른 선택과 행동은 상황마다 달라질 수 있는가?
② 자제력 있는 사람은 자신의 판단대로 실천할 수 있는가?
③ 인간 행위의 궁극적 목적은 덕에 따르는 영혼의 활동인가?
④ 중용은 지나침이 없는 적절한 상태를 인식하는 지성적 덕인가?
⑤ 실천적 지혜를 갖춘 사람은 자신에게 좋은 것을 알 수 있는가?

▸ 25057-0196

6 다음을 주장한 근대 서양 사상가의 입장으로 옳은 것은? [3점]

> 나는 신의 본성과 신의 성질을 설명하였다. 곧 신은 필연적으로 존재한다는 것, 유일하다는 것, 오로지 자신의 본성의 필연성에서만 존재하고 작용한다는 것 등을 설명하였다. 그리고 신은 만물의 자유 원인이며 또한 어떤 의미에서 신이 자유 원인인가 하는 것을 설명하였다. 모든 것은 신 안에 존재하며 신 없이는 존재할 수도 파악될 수도 없다는 것, 그리고 마지막으로 모든 것은 신에 의해서 예정되어 있다는 것, 더욱이 그것은 의지의 자유나 절대적 재량에 의해서가 아니라 신의 절대적 본성이나 신의 무한한 힘에 의한다는 것 등의 성질을 설명하였다.

① 이성을 통해 자연의 필연적 인과 질서에서 벗어나야 한다.
② 기쁨과 같이 자기 보존의 욕망을 증대하는 감정이 정념이다.
③ 신은 자연의 궁극적인 원인이며 인간과 같은 실체를 생산한다.
④ 타인과 화합하는 삶은 이성적인 삶을 사는 사람에게 유익하지 않다.
⑤ 신에 대한 직관적 인식에서 생기는 정신적 만족이 최고의 행복이다.

▸ 25057-0197

7 (가)의 중국 유교 사상가 갑, 을의 입장을 (나) 그림으로 탐구하고자 할 때, A~C에 들어갈 적절한 질문만을 〈보기〉에서 있는 대로 고른 것은? [3점]

(가)	갑: 치지(致知)가 격물(格物)에 있다는 말은, 나의 앎[知]을 지극히 하고자 한다면 사물에 나아가 그 이치를 궁구해야 한다는 것을 뜻한다. 무릇 인심의 신령스러움은 앎을 지니지 않은 바가 없고, 천하의 사물은 이치를 지니지 않은 바가 없다. 을: 선대의 학자는 격물을 '천하의 사물을 궁구하는' 것으로 해석하였는데, 천하의 사물을 어떻게 궁구할 수 있겠는가? 또한 "한 포기의 풀과 한 그루의 나무에도 역시 모두 이치가 있다."라고 하였는데 어떻게 궁구하겠는가? 나는 격(格)을 바로잡는다는 뜻으로 해석한다.
(나)	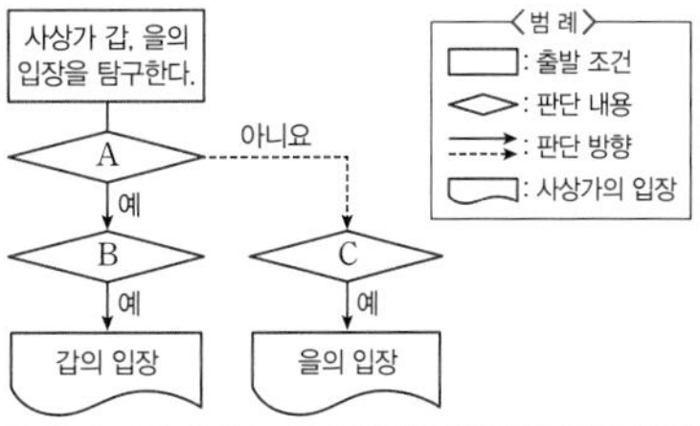

> 보기
> ㄱ. A: 격물은 마음의 바르지 못함을 바로잡는 것인가?
> ㄴ. A: 앎과 실천에는 선후(先後)가 있으므로 앎이 더 중요한가?
> ㄷ. B: 기질지성 속에 본연지성이 내포되어 있는가?
> ㄹ. C: 욕심에 가리지 않은 본래의 마음이 바로 이(理)인가?

① ㄱ, ㄴ　② ㄴ, ㄹ　③ ㄷ, ㄹ
④ ㄱ, ㄴ, ㄷ　⑤ ㄱ, ㄷ, ㄹ

▸ 25057-0198

8 다음을 주장한 고대 동양 사상가의 입장으로 옳은 것만을 〈보기〉에서 있는 대로 고른 것은? [3점]

> 잡념을 없애고 마음을 통일하라. 귀로 듣지 말고 마음으로 듣도록 하고, 마음으로 듣지 말고 기(氣)로 듣도록 하라. 귀는 소리를 들을 뿐이고 마음은 밖에서 들어온 것에 맞추어 깨달을 뿐이지만, 기란 공허하여 무엇이나 다 받아들인다. 참된 도(道)는 오직 공허 속에 모인다. 이 공허가 곧 심재(心齋)이다.

> 보기
> ㄱ. 도는 만물의 생성 원리이며 세상 만물에 두루 존재한다.
> ㄴ. 시비선악(是非善惡)과 미추(美醜)를 분별하는 것은 도에 어긋난다.
> ㄷ. 통치자는 인의(仁義)의 덕으로 다스리는 예법(禮法)으로 통치해야 한다.

① ㄱ　② ㄷ　③ ㄱ, ㄴ　④ ㄴ, ㄷ　⑤ ㄱ, ㄴ, ㄷ

▸ 25057-0199

9 중국 불교 사상가 갑, 한국 불교 사상가 을의 입장으로 옳지 않은 것은? [3점]

> 갑: 자성(自性)은 공적(空寂)하지만 생각하고 헤아리면 즉시 스스로 변화한다. 지혜는 상계에 태어나고 어리석음은 하방에 태어난다. 자성의 변화는 이렇게 불려지니 미혹한 사람은 스스로 알지 못하나 한 생각의 지혜를 만나면 생겨나게 되니 하나의 등불이 천년의 어둠을 능히 제거하고, 하나의 지혜가 능히 만년의 어리석음을 멸한다.
> 을: 번뇌에 얽매여 있는 자[凡夫]는 지금까지 오도(五道)에 태어나고 죽으면서 아상(我相)에 집착하여 망상과 무명으로 오랫동안 성격을 형성해 왔다. 비록 지금 생에 이르러 자성이 본래 공적하여 부처와 다름이 없음을 단박에 깨치더라도 오랫동안 익혀 온 옛 습성은 갑자기 없애기 어렵다.

① 갑: 밖으로 드러난 형상에 집착하지 않는 것이 선(禪)이다.
② 갑: 자성을 인식하여 깨달으면 부처의 경지에 이를 수 있다.
③ 을: 부처가 설법을 통해 전한 언어적 가르침이 교(敎)이다.
④ 을: 정혜(定慧)를 함께 닦은 후에 비로소 돈오가 가능하다.
⑤ 갑과 을: 내 마음이 곧 부처임을 한순간에 깨달을 수 있다.

▸ 25057-0200

10 중세 서양 사상가 갑, 을의 입장으로 옳지 않은 것은?

> 갑: 신의 진리는 이 세상을 사랑하는 사람들에게 미움을 받는다. 신의 저 나라는 영원하다. 신국(神國)에서는 아무도 태어나지 않는데, 이는 아무도 죽지 않는 까닭이다. 그곳에는 참되고 충만한 행복이 있으며, 그런 행복은 여신 펠리키타스 덕택이 아니라 신의 선물이다.
> 을: 지성적 본성의 완전한 최고 행복은 신의 봄에 있다. 그런 행복은 습성이 아니라 현실성에 따라 존재한다. 행복이란 궁극적 완전성이자 궁극 목적이기 때문이다. 그러므로 우리를 복되게 존재하게 하는 신적 실체의 봄에 의해 보이는 것들 모두는 현실성에 따라 보인다.

① 갑: 신은 최고의 선이며 신에 대한 사랑은 최고의 덕이다.
② 갑: 신이 창조한 것은 선하므로 악은 인간이 만든 실체이다.
③ 을: 실정법과 자연법은 궁극적으로 영원법에 근거해야 한다.
④ 을: 현세의 행복은 진정한 행복으로 나아가는 예비 단계이다.
⑤ 갑과 을: 인간의 참된 행복은 신의 은총이 없으면 불가능하다.

▸ 25057-0201

11 사회사상가 갑, 을의 입장으로 옳은 것은?

> 갑: 국제 관계에 대한 집착에 의해 제약받지 않고 자율적으로 이자율을 결정하는 정책과, 국내 고용의 최적 수준을 겨냥하는 국가 투자 계획을 수립하는 정책이야말로 자국을 돕고 동시에 이웃 나라도 돕는다는 의미에서 이중의 축복을 가져온다.
> 을: 더 큰 자유에 대한 약속이 사회주의 선전의 효과적인 무기가 되고 있고, 사회주의는 자유를 가져다준다는 신념을 사람들이 가지고 있다. 그러나 만약 자유로 가는 길로 약속된 것이 실제로는 예속으로 가는 첩경임이 판명된다면, 이것은 비극의 수위를 높일 뿐이다.

① 갑: 실업 문제는 기업 간 자유로운 경쟁으로 해결해야 한다.
② 갑: 자본주의 체제에서 정부의 시장 개입은 금지되어야 한다.
③ 을: 사회주의 국가의 경제 정책은 개인의 자유를 확대시킨다.
④ 을: 경제 활동은 자생적 질서인 시장을 통해 조정되어야 한다.
⑤ 갑과 을: 국가의 계획 경제로 시장의 비효율을 교정해야 한다.

▸ 25057-0202

12 (가)의 한국 유교 사상가 갑, 을의 입장에서 서로에게 제기할 수 있는 비판을 (나) 그림으로 표현할 때, A, B에 해당하는 내용으로 옳은 것은? [3점]

(가)	갑: 정(情)에 사단과 칠정의 구분이 있는 것은 성(性)에 본성과 기품의 차이가 있는 것과 같다. 그러므로 성에 있어서 이미 이와 기로 나누어 말할 수 있다면, 정에 있어서만 이와 기로 나누어 말할 수 없겠는가? 측은·수오·사양·시비는 인의예지의 성으로부터 발하는 것이다. 을: 사람이 하늘로부터 받은 것은 영명(靈明)뿐이다. 사랑할 수 있고 의로울 수 있으며 예의 바를 수 있고 지혜로울 수 있는 능력이라면 인간이 타고난 것이지만, 하늘이 인의예지라는 네 가지 알맹이를 사람의 본성 속에 부여하였다고 말한다면 그것은 진실이 아니다.
(나)	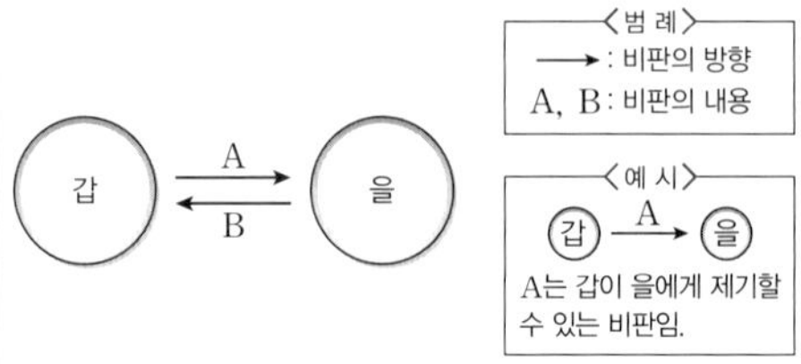

① A: 하늘이 부여한 본성[天命之性]이 인간에게 있음을 간과한다.
② A: 인간에게 선을 행할 수 있는 권능[自主之權]이 있음을 간과한다.
③ B: 인간의 본성이 곧 하늘의 이치임을 간과한다.
④ B: 선을 좋아하는 기호를 실천해야 인(仁)이 형성됨을 간과한다.
⑤ B: 사단은 사덕이 마음에 내재함을 알려 주는 단서임을 간과한다.

▸ 25057-0203

13 다음을 주장한 현대 서양 사상가의 입장으로 옳지 않은 것은? [3점]

> 행복은 단순한 소유물이 아니며, 고정된 획득물이 아니다. 그런 행복은 도덕가들이 그처럼 신랄하게 비난한 무가치한 이기심이거나, 설사 그것이 지복(至福)이라는 이름을 달고 나왔더라도 모든 투쟁과 노동에서 벗어난 맥 빠진 지루함, 편안한 천년 왕국이다. 그것은 단지 나약한 자만을 만족시킬 수 있을 것이다. 행복은 성공 속에서만 발견된다. 그런데 성공은 성취, 앞으로 나아가는 것, 전진하는 것을 의미한다. 그것은 수동적인 결과가 아니라 능동적인 과정이다. 따라서 그것은 장애의 극복, 결함과 악의 근원을 제거하는 것을 포함한다.

① 도덕은 최선의 결과를 산출할 때 바람직한 것이 된다.
② 과학적 방법론을 활용하여 도덕 문제를 해결할 수 있다.
③ 지식이나 이론은 인간의 문제 상황을 해결하는 도구이다.
④ 현재 상황을 변화시키는 능동적 과정이 도덕의 목적이다.
⑤ 지성적 탐구는 고정적인 원리를 개별 상황에 적용하는 과정이다.

▸ 25057-0204

14 근대 서양 사상가 갑, 을이 공통으로 지지할 입장으로 적절한 것만을 〈보기〉에서 고른 것은?

> 갑: 자연은 인류를 고통과 쾌락이라는 최고의 두 주인들이 지배하도록 하였다. 우리가 무엇을 행할까를 결정할 뿐만 아니라 우리가 무엇을 해야 하는가를 지시해 주는 것은 오직 고통과 쾌락뿐이다.
> 을: 최대 행복의 원리에 따르면, 바람직한 궁극적인 목적은 우리가 우리 자신의 선을 고려하든 타인의 선을 고려하든 가능한 한 고통으로부터 해방되고 양적, 질적인 면에서 가능한 한 풍부한 쾌락을 누리는 것이다.

〈보기〉
ㄱ. 사회의 최대 행복은 개인의 이익 증진과 양립할 수 없다.
ㄴ. 좋은 결과를 산출하는 행위가 도덕적으로 옳은 행위이다.
ㄷ. 질적으로 우월한 쾌락을 가려낼 능력을 지닌 사람이 존재한다.
ㄹ. 공리의 원리는 어떤 행위로 영향받는 모두에게 동등하게 적용되어야 한다.

① ㄱ, ㄴ ② ㄱ, ㄷ ③ ㄴ, ㄷ ④ ㄴ, ㄹ ⑤ ㄷ, ㄹ

▸ 25057-0205

15 사회사상가 갑, 을의 입장으로 옳은 것은? [3점]

> 갑: 전쟁 상태에서 벌어지는 모든 일은 만인이 만인에 대해 적(敵)인 상태, 즉 자기 자신의 힘과 노력 이외에는 어떠한 안전 대책도 존재하지 않는 상태에서도 똑같이 발생할 수 있다. 이러한 상태에서는 성과가 불확실하기 때문에 근로의 여지가 없다. 예술이나 학문도 없으며, 사회도 없다.
> 을: 어떤 사람이 그의 뜻대로 나의 의사에 반하여 나의 것을 취할 수 있는 권리를 가진다면 나는 아무런 소유권을 가지지 못한 것이다. 그러므로 국가의 최고 권력 또는 입법권을, 원하는 대로 무엇이나 할 수 있으며 신민의 자산을 자의적으로 처분하거나 그 일부를 제멋대로 취할 수 있는 것으로 생각하는 것은 오류이다.

① 갑: 자연 상태에서는 옳음과 그름을 구별하는 공통의 기준이 없다.
② 갑: 주권자는 개인의 자기 보존권을 포함한 모든 권리를 양도받는다.
③ 을: 자연 상태에서 개인 간 자연권 상충은 항상 평화롭게 해결된다.
④ 을: 합의에 따라 구성된 정부는 위법 행위자를 처벌해서는 안 된다.
⑤ 갑과 을: 사회 계약의 참여자 중에서 주권자를 선출해야 한다.

▸ 25057-0206

16 다음을 주장한 고대 동양 사상가의 입장으로 옳은 것만을 〈보기〉에서 고른 것은?

> 우리들은 시작을 알 수 없는 옛날부터 생사의 긴 밤을 헤매면서도 괴로움의 끝을 알지 못한다. 비구들이여, 만일 중생들이 서로 사랑하고 기뻐하는 것을 보거든 이렇게 생각하라. "이 중생들도 과거에는 내 부모나 형제, 처자, 친척, 친구, 혹은 스승이었을 것이다. 그런데 지금 이처럼 생사의 긴 밤을 헤매는구나. 무명(無明)에 덮이고 사랑에 묶여서 생사 윤회의 긴 밤을 헤매면서도 괴로움의 끝을 알지 못하는구나."

〈보기〉
ㄱ. 열반의 경지에 이르기 위해서는 계속 업을 쌓아야 한다.
ㄴ. 모든 현상은 서로 의존적인 관계 속에 있고 일시적이다.
ㄷ. 탐욕과 분노, 무지를 극복하려면 계정혜를 실천해야 한다.
ㄹ. 만물은 변화하지만 만물을 분별해야 하는 자아는 불변한다.

① ㄱ, ㄴ ② ㄱ, ㄷ ③ ㄴ, ㄷ ④ ㄴ, ㄹ ⑤ ㄷ, ㄹ

▸ 25057-0207

17 고대 동양 사상가 갑, 사회사상가 을의 이상 사회에 대한 입장으로 가장 적절한 것은?

> 갑: 대도(大道)가 행하여진 세상에는 천하가 모두 만민의 것[天下爲公]이었지만, 지금의 세상은 대도는 없어지고 천하는 한집안의 것이 되었다. 그래서 각기 자신의 부모만을 친애하고 자신의 자식만을 자식으로 생각한다. 재화를 사유하고 힘은 사적인 이익을 위해서만 사용한다.
> 을: 노동이 분화하기 시작하면서, 모두가 강제로 부여된 특정한 배타적인 활동 범위에서 빠져나올 수 없게 된다. 그래서 누구든 자신의 생활 수단을 잃고 싶지 않다면 사냥꾼, 낚시꾼, 양치기 혹은 비평가로서만 살 수밖에 없다. 반면에 공산 사회에서는 각자가 좋아하는 부문에서 자신을 육성할 수 있다.

① 갑: 재화를 고르게 분배하는 통치자가 권력을 세습한다.
② 갑: 도덕규범과 문명을 거부하고 소박한 삶을 추구한다.
③ 을: 국가가 배급 정책을 통해 모든 계급의 생계를 책임진다.
④ 을: 노동으로 자기 본질을 실현하고 사회적 관계를 형성한다.
⑤ 갑과 을: 생산 수단에 대한 사적 소유권이 구성원에게 보장된다.

▸ 25057-0208

18 한국 유교 사상가 갑, 을의 입장으로 옳은 것은? [3점]

> 갑: 이(理)와 기(氣)는 혼연(渾然)하여 사이가 없어서 원래 떨어지지 않는다. 그러므로 두 가지 물건이라 할 수가 없다. 또한 두 가지가 비록 떨어지지 않을지라도 혼연한 가운데 실제로는 섞이지 않아서 한 가지 물건이라고 말할 수가 없다. 이에 대해 생각해 보면 이기지묘(理氣之妙)를 알 수 있을 것이다.
> 을: 본래 사람의 생리(生理)는 밝게 깨닫는 능력이 있으므로, 스스로 능히 두루 통해서 어둡지 않다. 따라서 능히 불쌍히 여기고, 능히 부끄러워하고 미워하며, 능히 사양하고, 능히 옳고 그름을 가리니 하나도 능하지 못함이 없다. 이것이 그 고유한 덕이며 이른바 양지(良知)라고 하는 것이니, 또한 인(仁)이라고 한다.

① 갑: 칠정은 사단을 겸하므로 칠정도 이가 발한 것이다.
② 갑: 경(敬)은 마음의 본체이며 성(誠)으로 경에 이를 수 있다.
③ 을: 개별 사물의 이치를 궁구하여 앎을 극진하게 해야 한다.
④ 을: 사람의 마음에서 생생하게 활동하는 참된 이치는 양지이다.
⑤ 갑과 을: 천리(天理)를 보존하려면 인욕(人欲)을 길러야 한다.

▸ 25057-0209

19 갑, 을은 고대 서양 사상가이고, 병은 근대 서양 사상가이다. (가)의 갑, 을, 병의 입장에서 서로에게 제기할 수 있는 비판을 (나) 그림으로 표현할 때, A~F에 해당하는 내용으로 가장 적절한 것은? [3점]

(가)
갑: 지성이 우리에게 공통된 것이라면, 우리를 이성적 존재로 만드는 이성도 공통된 것이다. 그렇다면 해야 할 일과 해서는 안 될 일을 명령하는 이성도 공통적이다. 그렇다면 법도 공통이다. 그렇다면 우리는 같은 시민이다.
을: 모든 쾌락이 선택할 만한 것은 아니다. 고통이 나쁜 것이지만 그것들을 항상 회피해야 하는 것은 아닌 것과 같다. 쾌락과 고통을 비교하여 유불리에 주목함으로써 모든 것을 판정해야 한다.
병: 이성은 의지에 영향을 미쳐야 하는 능력으로서 부여되어 있다. 따라서 이성의 참된 사명은 다른 의도에 이바지하는 수단으로 어떤 것이 아니라 그 자체로 선한 의지를 산출하는 것이어야 한다.

(나)
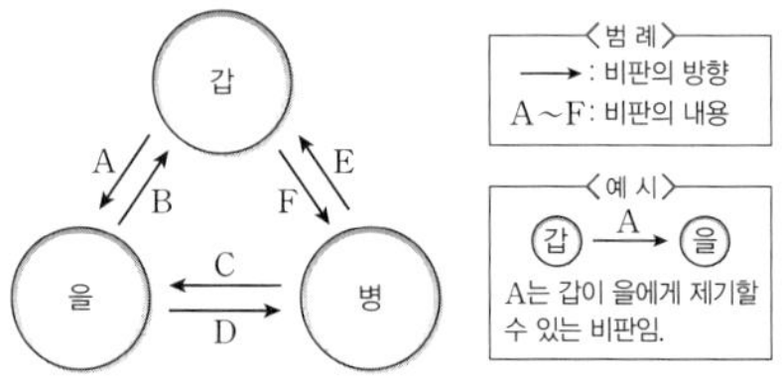

① A: 평온한 삶을 위해 관능적 쾌락에 탐닉하지 말아야 함을 간과한다.
② B와 E: 외부 사건과 달리 내면의 감정은 스스로 조절할 수 있음을 간과한다.
③ C: 도덕 원리를 정립할 때 경험의 영향이 배제되어야 함을 간과한다.
④ D: 행복한 삶과 도덕적인 삶이 양립할 수 있음을 간과한다.
⑤ F: 지성도 의지가 선하지 않다면 악할 수 있음을 간과한다.

▸ 25057-0210

20 사회사상가 갑, 을의 입장으로 가장 적절한 것은?

> 갑: 소극적 자유가 그것의 능동적 행사를 위한 여건이 충분하지 못할 때 별 가치를 가지지 못한다는 점에만 몰입한 사람들은 소극적 자유의 중요성을 평가 절하한다. 그들은 소극적 자유가 없다면 사회적이든 개인적이든 인간적 삶이 소멸하리라는 점을 망각하고 만다.
> 을: 간섭 없는 지배라는 주제가 간섭하지 않는 주인에 의해서 행사되는 지배에 대한 공화주의적 믿음과 결합한다면, 적절하게 제정된 법에 대한 공화주의의 강조에서 지배 없는 간섭이라는 주제가 나온다.

① 갑: 적극적 자유가 개인의 권리를 침해하는 경우는 없다.
② 갑: 불간섭의 영역이 확대되면 개인의 자유의 영역이 축소된다.
③ 을: 시민은 선출된 정치인에게 국가의 정치를 모두 맡겨야 한다.
④ 을: 시민의 일반적 이익에 기반한 법은 자유를 훼손하지 않는다.
⑤ 갑과 을: 비지배로서의 자유와 소극적 자유가 상충할 때 소극적 자유를 우선해야 한다.

실전 모의고사 4회

제한시간 30분 배점 50점 정답과 해설 49쪽

문항에 따라 배점이 다르니, 각 물음의 끝에 표시된 배점을 참고하시오. 3점 문항에만 점수가 표시되어 있습니다. 점수 표시가 없는 문항은 모두 2점입니다.

▸ 25057-0211

1 다음 가상 편지를 쓴 고대 서양 사상가가 강조하는 삶의 태도로 가장 적절한 것은?

> ○○에게
> 오늘은 '인생을 어떻게 살아야 하는가?'라는 물음에 대한 나의 생각을 전하고 싶네. 인간은 이성을 통해 보편적 윤리를 파악할 수 있는 능력이 있으며, 이를 통해 참된 앎을 지니게 된 사람은 도덕적인 삶을 살 수 있다네. 특히 참된 앎을 지닌 사람은 비도덕적인 행위가 자신에게 해롭다는 것도 잘 알고 있지. 이처럼 인간은 참된 앎을 추구하면서 자신의 영혼을 최상의 상태로 가꾸는 삶을 살아야 하네.

① 도덕 판단의 기준은 상대적임을 인정해야 한다.
② 세속적 성공을 삶의 궁극적인 목표로 삼아야 한다.
③ 인간의 감각을 선악 판단의 기준으로 삼아야 한다.
④ 무지를 자각하고 부단히 자기 자신을 성찰해야 한다.
⑤ 이성보다 사회적 관습에 따라 도덕적 판단을 해야 한다.

▸ 25057-0212

2 한국 불교 사상가 갑, 을의 입장으로 옳은 것만을 〈보기〉에서 있는 대로 고른 것은? [3점]

> 갑: 어린아이의 몸이 어른과 다름없음을 알 때 돈오(頓悟)요, 이것이 점점 공훈(功勳)을 들여 성장하는 것이 점수(漸修)이다. 연못의 얼음이 전부 물인 줄 알지만, 그것이 햇볕을 받아 녹는 것처럼, 범부가 곧 부처임을 깨달았으나 법력으로 부처의 길을 닦는 것과 같은 것이다.
> 을: 교(敎)를 배우는 자는 내적인 것을 버리고 외적인 것을 구하며, 선(禪)을 익히는 자는 외적 경계를 잊고 내적인 것을 밝히기를 좋아한다. 그렇지만 이는 한쪽에 치우친 태도로 신기루로 나타난 꽃의 빛깔이 진한가 옅은가를 놓고서 싸우는 것과 같다.

보기
ㄱ. 갑: 불성(佛性)은 단박의 깨달음을 통해 형성된다.
ㄴ. 갑: 깨달음 이후에도 정(定)과 혜(慧)의 수행이 필요하다.
ㄷ. 을: 자신의 깨달음과 더불어 중생 구제에도 힘써야 한다.
ㄹ. 갑과 을: 수행을 통해 고정불변하는 실체를 파악해야 한다.

① ㄱ, ㄴ ② ㄱ, ㄹ ③ ㄴ, ㄷ
④ ㄱ, ㄷ, ㄹ ⑤ ㄴ, ㄷ, ㄹ

▸ 25057-0213

3 중국 유교 사상가 갑, 을이 모두 긍정의 대답을 할 질문만을 〈보기〉에서 있는 대로 고른 것은? [3점]

> 갑: 사리사욕에 어두워지지 않는 마음[心]이 곧 천리[理]이니, 마음 밖에서 조금도 보탤 필요가 없다. 순수한 마음으로 부모를 공경하면 그것이 효도[孝]이다.
> 을: 마음은 성과 정을 통괄한다[心統性情]. 천하의 사물에는 반드시 각각 그러한 까닭과 그 당연히 그러해야 할 법칙이 있는데, 바로 그것이 이치이다.

보기
ㄱ. 마음 밖에는 이치도 없고 사물도 존재하지 않는가?
ㄴ. 사사로운 욕망을 제거하고 천리를 보존해야 하는가?
ㄷ. 도덕적 삶을 실현하기 위해 격물(格物) 공부가 필요한가?
ㄹ. 앎으로서 지(知)와 실천으로서 행(行)은 선후가 있는가?

① ㄱ, ㄴ ② ㄱ, ㄹ ③ ㄴ, ㄷ
④ ㄱ, ㄷ, ㄹ ⑤ ㄴ, ㄷ, ㄹ

▸ 25057-0214

4 다음을 주장한 현대 서양 사상가의 입장으로 옳지 <u>않은</u> 것은?

> • 악한 사람이란, 그가 지금까지 아무리 선했다 하더라도 현재 타락하기 시작하고 선을 상실해 가고 있는 사람이다. 선한 사람이란, 그가 지금까지 아무리 도덕적으로 무가치했었다 하더라도 현재 더 선해지기 시작하는 사람이다.
> • 지성은 문제와 해답 사이의 간격을 연결해 주는 매개체이므로 실험적이고 도구적인 방식에 의해 개인과 사회에 관한 문제를 성공적으로 해결할 수 있다.

① 성장 자체가 도덕의 유일한 목적이다.
② 지식은 문제 상황을 해결하는 데 유용한 도구이다.
③ 지식은 유용한 결과가 예상되는 일종의 가설에 불과하다.
④ 정적인 성과나 결과보다 성장과 진보의 과정이 가치가 있다.
⑤ 지성적 탐구를 통해 고정불변하는 절대적인 지식을 찾아야 한다.

▸ 25057-0215

5 (가)의 고대 동양 사상가 갑, 을의 입장을 (나) 그림으로 탐구하고자 할 때, A~C에 들어갈 적절한 질문만을 〈보기〉에서 있는 대로 고른 것은? [3점]

(가)

갑: 마음을 따르면 대인(大人)이 되고 감각과 욕망을 따르면 소인(小人)이 된다. 어짊[仁]에 거처하고 의로움[義]을 따른다면 대인으로서의 조건을 갖춘 것이다.

을: 사람은 나면서부터 욕망이 있어 일정한 기준과 한계가 없다면 다투지 않을 수 없게 된다. 선왕(先王)은 다툼을 싫어하여 예(禮)를 제정해 구분을 지었다.

(나)

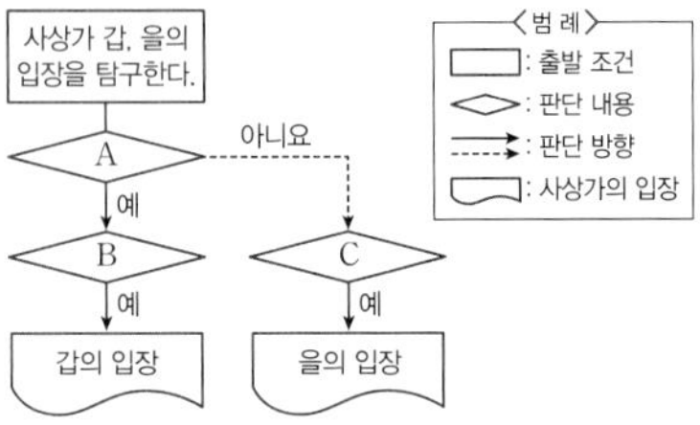

보기

ㄱ. A: 타고난 본성을 확충해야 성인이 될 수 있는가?
ㄴ. B: 소인도 차마 어찌하지 못하는 마음을 지니고 있는가?
ㄷ. C: 하늘은 예를 따르는 사람에게만 복을 내리는 존재인가?
ㄹ. C: 각자의 덕과 능력에 따라 사회적 직분을 부여해야 하는가?

① ㄱ, ㄷ ② ㄱ, ㄹ ③ ㄴ, ㄷ
④ ㄱ, ㄴ, ㄹ ⑤ ㄴ, ㄷ, ㄹ

▸ 25057-0216

6 다음을 주장한 근대 서양 사상가의 입장으로 가장 적절한 것은?

이성을 완전하게 한다는 것은 신과 신의 본성으로부터 필연적으로 생기는 활동들을 인식하는 것이다. 가장 유익한 삶이란 가능한 한 이성을 완전하게 하는 삶이며, 이를 통해서만 인간은 지복(至福)에 이를 수 있다. 지복이란 신의 직관적 인식에서 생기는 정신의 만족에 불과하다.

① 이성을 발휘하여 정념의 예속에서 벗어나야 한다.
② 인간은 자기 보존을 위해 노력하는 유일한 존재이다.
③ 오직 실체만이 필연적 인과 질서에서 벗어날 수 있다.
④ 욕망을 절제하면서 인격신이 부여한 계율을 준수해야 한다.
⑤ 자연의 필연적 인과 질서로 인해 인간에게 자유는 주어질 수 없다.

▸ 25057-0217

7 고대 서양 사상가 갑, 을의 입장으로 가장 적절한 것은?

갑: 법률의 제정에 있어 각 정권의 목적은 자기 이익의 추구이다. 법 제정을 마친 다음에는 통치받는 사람들에게 정의로운 것인 듯 공표하고 법을 위반하는 자들은 처벌한다. 따라서 정의란 강자의 이익이다.

을: 국가를 구성하는 세 계층이 각자의 일을 수행할 때 그 국가는 정의롭게 된다. 이와 마찬가지로 개인의 영혼을 구성하는 부분들이 각자의 일을 수행할 때 그 사람은 정의롭게 된다.

① 갑: 보편적 진리에 근거한 정의를 추구해야 한다.
② 갑: 정의는 피치자에게 이로운 법을 통해 실현된다.
③ 을: 모든 욕구를 제거할 때 절제의 덕을 갖출 수 있다.
④ 을: 지혜의 덕을 갖춘 철학자가 통치해야 정의가 실현된다.
⑤ 갑과 을: 보편적 진리는 존재하지만 이를 인식할 수 없다.

▸ 25057-0218

8 중세 서양 사상가 갑, 을의 입장으로 옳은 것만을 〈보기〉에서 있는 대로 고른 것은? [3점]

갑: 절제란 자신을 완전히 신에게 바치는 사랑이며, 용기란 신 그 자체를 위하여 기꺼이 모든 것을 감당하는 사랑이며, 정의란 신에게만 헌신하는 사랑이며, 지혜란 신을 지향하는 데 필요한 것이 무엇인가를 분별할 줄 아는 사랑이다.

을: 인간이 자연적 성향을 갖는 것은 자연법에 귀속된다. 이 가운데 인간이 이성에 따라 행위를 하려는 것은 올바르다. 선은 행하고 증진해야 하며, 악은 피해야 한다. 이것이 자연법의 첫 번째 계율이며 이 법이 다른 모든 계율의 기초가 된다.

보기

ㄱ. 갑: 지혜의 덕은 신이 창조한 선과 악을 구별하게 한다.
ㄴ. 을: 신이 창조한 모든 사물은 자연법을 따라야 한다.
ㄷ. 을: 인간과 동물이 공통으로 추구하는 선이 존재한다.
ㄹ. 갑과 을: 참된 행복은 신의 은총을 통해 내세에서 실현된다.

① ㄱ, ㄷ ② ㄴ, ㄹ ③ ㄷ, ㄹ
④ ㄱ, ㄴ, ㄷ ⑤ ㄱ, ㄴ, ㄹ

▸ 25057-0219

9 갑, 을은 한국 유교 사상가들이다. 갑이 을에게 제기할 수 있는 비판으로 가장 적절한 것은? [3점]

> 갑: 이는 무형(無形)하고 기는 유형(有形)하므로 이는 통하고[理通] 기는 국한된다[氣局]. 이는 무위(無爲)하고 기는 유위(有爲)하므로 기가 발하면 이가 그 위에 타게 된다.
> 을: 기(氣)와 칠정(七情)의 관계는 이(理)와 사단(四端)의 관계와 같다. 따라서 칠정과 사단이 발현하는 것에 각각 혈맥이 있고 가리키는 것이 있으므로 위주가 되는 것에 따라 이와 기로 귀속할 수 있다.

① 이는 발하는 까닭일 뿐 발하는 것이 아님을 간과한다.
② 사단과 칠정이 발생하는 근원이 각각 별개임을 간과한다.
③ 측은지심은 이가 발하고 기가 이를 따른 정(情)임을 간과한다.
④ 이와 기는 서로 분리될 수 없으며 섞일 수도 없음을 간과한다.
⑤ 본연지성이 순선하게 되려면 기질을 바로잡아야 함을 간과한다.

▸ 25057-0220

10 사회사상가 갑, 을의 이상 사회에 대한 입장으로 옳은 것만을 <보기>에서 있는 대로 고른 것은?

> 갑: 이곳의 사람들은 생산적 노동에 종사한다. 노동과 휴식 시간 이외의 시간은 정신적 오락이나 연구에 사용한다. 또한 집집마다 빗장을 걸지 않는데, 개인 소유라는 것이 없기 때문이다. 사람들은 10년마다 제비를 뽑아 집을 교환한다.
> 을: 프롤레타리아는 부르주아에 대항하는 투쟁에서 반드시 계급으로 한데 뭉쳐 혁명을 통해 스스로 지배 계급이 되어 낡은 생산관계를 폐지해야 한다. 이를 통해 이 생산관계와 계급적 대립의 존재 조건과 모든 계급을 폐지하게 될 것이다.

보기
ㄱ. 갑: 재화가 풍족해도 검소하게 살아간다.
ㄴ. 을: 기술적 분업을 통해 노동 소외를 극복한다.
ㄷ. 을: 노동은 삶의 기본적 욕구가 아닌 생계 수단일 뿐이다.
ㄹ. 갑과 을: 사적 소유제가 폐지되고 필요에 따른 분배가 실현된다.

① ㄱ, ㄷ ② ㄱ, ㄹ ③ ㄴ, ㄹ
④ ㄱ, ㄴ, ㄷ ⑤ ㄴ, ㄷ, ㄹ

▸ 25057-0221

11 그림의 강연자가 지지할 주장으로 가장 적절한 것은?

> 사람은 자유로우며 자유 그 자체입니다. 신이 없다면 우리의 행위를 정당화해 줄 가치나 질서를 우리 앞에서 찾지 못합니다. 우리는 그 어떤 핑계도 갖지 못한 채 홀로 있으며, 바로 이것이 내가 인간은 자유롭도록 선고받았다는 말을 통해 표현하려는 것입니다. 사람은 스스로를 창조한 것이 아니기 때문에 선고받은 것이요, 세상에 내던져진 이상 자신이 하는 모든 것에 대해서 책임이 있기 때문에 자유로운 것입니다.

① 인간은 타고난 본질을 실현하기 위해 노력해야 한다.
② 인간은 주체적 선택을 통해 자신을 스스로 형성해야 한다.
③ 인간은 절망과 불안을 극복하기 위해 운명을 수용해야 한다.
④ 인간은 신에게 자신을 내맡길 때 참된 행복을 누릴 수 있다.
⑤ 인간은 자유 자체를 거부하고 자유롭지 않음을 선택할 수 있다.

▸ 25057-0222

12 고대 서양 사상가 갑, 을의 입장으로 옳은 것만을 <보기>에서 고른 것은? [3점]

> 갑: 우리는 방탕한 자들의 쾌락이 아니라 몸의 고통이나 마음의 혼란으로부터의 자유를 추구해야 한다. 빵과 물은 배고프고 갈증을 느끼는 사람에게 가장 큰 쾌락을 제공하기 때문에, 사치스럽지 않고 단순한 음식에 길들여지는 것은 우리가 사치스러운 것들과 마주쳤을 때 우리를 강하게 만든다.
> 을: 우리는 어떤 상황에서도 동요하지 않는 마음의 평화로운 상태인 부동심을 유지해야 한다. 이를 위해 세상에서 일어나는 일들이 네가 바라는 대로 일어나기를 요구하지 말고, 오히려 일어나는 일들이 실제로 일어나는 대로 일어나기를 원해야 한다. 그러면 모든 것이 잘되어 갈 것이다.

보기
ㄱ. 갑: 운명이 존재한다는 믿음을 버려야 한다.
ㄴ. 을: 자연의 필연적 질서를 인식하고 따라야 한다.
ㄷ. 을: 은둔적 생활을 통해 참된 행복을 실현해야 한다.
ㄹ. 갑과 을: 자연적 욕구만을 충족할 때 행복이 실현된다.

① ㄱ, ㄴ ② ㄱ, ㄷ ③ ㄴ, ㄷ ④ ㄴ, ㄹ ⑤ ㄷ, ㄹ

▸ 25057-0223

13 다음을 주장한 한국 사상가의 입장에서 긍정의 대답을 할 질문만을 〈보기〉에서 있는 대로 고른 것은? [3점]

> 사랑할 수 있고[仁], 의로울 수 있으며[義], 예의 바를 수 있고[禮], 지혜로울 수 있는 능력[智]이라면 인간이 타고난 것이지만, 하늘이 인의예지라는 네 가지 알맹이를 본성 속에 부여했다고 말한다면 그것은 진실이 아니다. 내가 '할 수 있는[可]'이라는 말을 죽음에 이를 때까지 뺄 수 없다고 하는 까닭은 의심되는 것을 분별하고 미묘한 의미를 밝히려는 데 있다. 만일 '할 수 있는'이라는 글자를 빼 버린다면 그 표리와 본말이 뒤섞여 버리게 된다.

보기

ㄱ. 인의예지는 인간에게 이법적 실체로서 부여된 본성인가?
ㄴ. 인간의 욕구는 도의[義]를 실현하는 데 기여할 수 있는가?
ㄷ. 부단한 노력을 통해 천명지성(天命之性)을 형성해야 하는가?
ㄹ. 영지의 기호는 인간의 도덕적 책임의 근거가 될 수 있는가?

① ㄱ, ㄷ ② ㄴ, ㄹ ③ ㄷ, ㄹ
④ ㄱ, ㄴ, ㄷ ⑤ ㄱ, ㄴ, ㄹ

▸ 25057-0224

14 근대 서양 사상가 갑, 을의 입장으로 가장 적절한 것은?

> 갑: 천성적으로 동정심이 많은 사람은 자신의 행위로 인해 타인이 만족을 느낄 때 그것이 자신의 이익과 관계가 없더라도 기뻐할 수 있다. 그러나 그러한 행위는 의무에 맞고 매우 사랑받을 만한 것이지만 아무런 윤리적 가치를 지니지 못한다.
> 을: 도덕은 행동과 감정에 영향을 미치기 때문에, 결과적으로 도덕은 이성에서 유래될 수 없다. 이성은 홀로 그와 같은 영향력을 전혀 가질 수 없기 때문이다. 도덕은 어떤 행동을 일으키거나 억제한다. 바로 이런 점에서 이성은 전혀 힘이 없다.

① 갑: 행위의 도덕적 가치는 행복의 증진 여부와 무관하다.
② 갑: 의무에 맞는 모든 행위는 도덕적 가치를 지닐 수 없다.
③ 을: 도덕은 어떤 행위나 품성 속에 내재된 본질적 속성이다.
④ 을: 시인(是認)의 감정은 사물에 내재된 덕의 속성에서 유래한다.
⑤ 갑과 을: 도덕적 행위의 직접적인 동기는 이성에서 비롯된다.

▸ 25057-0225

15 근대 한국 사상가 갑, 을의 입장으로 옳은 것만을 〈보기〉에서 고른 것은?

> 갑: 한울님으로부터 받은 마음을 지키고, 그 기운을 바르게 하여[守心正氣] 실천하면, 한울님의 성품을 거느리게 된다. 인의예지 네 덕목은 선천의 성인이 가르친 바이고, 수심정기 네 글자는 오직 내가 다시 정한 것이다.
> 을: 서양과 화친할 수 없다는 것은 내 나라 사람의 주장이고, 서양과 화친하자는 것은 적국 사람의 주장이다. 전자를 따르면 옛 문물과 제도를 보전할 수 있지만 후자를 따르면 금수(禽獸)의 나라가 될 것이다.

보기

ㄱ. 갑: 성리학적 질서를 강화하여 평등을 실현해야 한다.
ㄴ. 갑: 내세가 아닌 현세에서 이상 사회를 실현할 수 있다.
ㄷ. 을: 서양의 종교는 배척하고 과학 기술은 수용해야 한다.
ㄹ. 갑과 을: 외세의 침략을 극복하고 효제(孝悌)의 정신을 지켜야 한다.

① ㄱ, ㄴ ② ㄱ, ㄷ ③ ㄴ, ㄷ ④ ㄴ, ㄹ ⑤ ㄷ, ㄹ

▸ 25057-0226

16 (가)의 근대 서양 사상가 갑, 을의 입장을 (나) 그림으로 표현할 때, A~C에 해당하는 적절한 진술만을 〈보기〉에서 고른 것은? [3점]

(가)	갑: 쾌락의 총량과 고통의 총량을 합산하여 만일 차감한 값이 쾌락 쪽에 기운다면 그것은 행위의 좋은 경향을 제시하는 것이다. 을: 어떤 종류의 쾌락은 다른 쾌락보다 더 바람직하고, 더 가치 있다. 쾌락을 평가할 때 반드시 양에 의존하라는 것은 불합리하다.
(나)	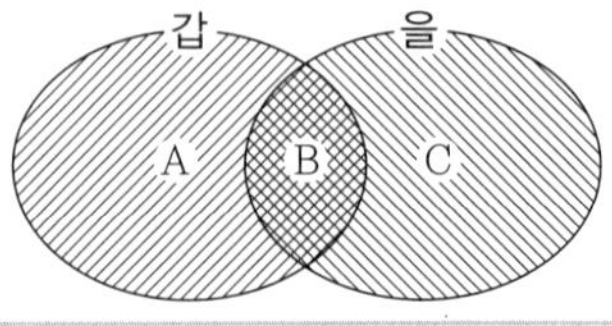 〈범 례〉 A: 갑만의 입장 B: 갑과 을의 공통 입장 C: 을만의 입장

보기

ㄱ. A: 쾌락의 양이 증가하면 행복도 증진될 수 있다.
ㄴ. B: 사회 전체의 이익은 개개인의 이익의 총합을 말한다.
ㄷ. B: 행위의 옳고 그름은 행위가 산출하는 결과로 판단된다.
ㄹ. C: 행복 증진에 기여하지 않아도 자기 희생 그 자체는 선이 될 수 있다.

① ㄱ, ㄴ ② ㄱ, ㄷ ③ ㄴ, ㄷ ④ ㄴ, ㄹ ⑤ ㄷ, ㄹ

▸ 25057-0227

17 **(가)의 사회사상가 갑, 을의 입장에서 서로에게 제기할 수 있는 비판을 (나) 그림으로 표현할 때, A, B에 해당하는 내용으로 가장 적절한 것은? [3점]**

(가)	갑: 경쟁은 가장 효율적일 뿐만 아니라 권력의 강제적이고 자의적인 간섭 없이도 우리의 행위가 조정될 수 있는 유일한 방법이다. 경제적 통제는 전체주의로 가는 노예의 길이다. 을: 실업이 발생하는 이유는 과소 소비와 과소 투자로 인한 총수요 부족 때문이다. 정부는 완전 고용과 유효 수요 창출을 위해 정부 지출 확대 등 투자의 사회화를 실시해야 한다.
(나)	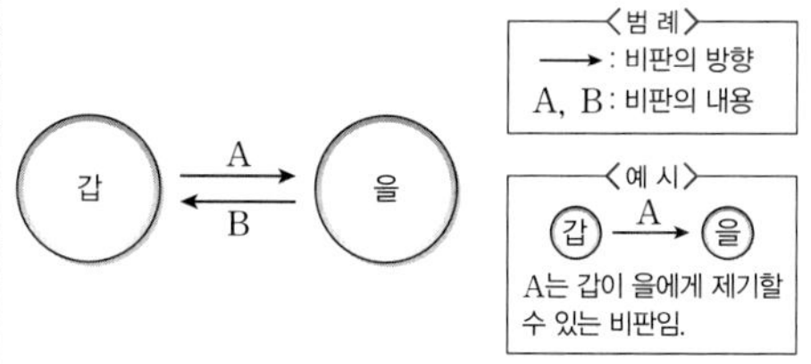

① A: 개인의 자유로운 이윤 추구 활동이 보장되어야 함을 간과한다.
② A: 시장 실패 해결을 위해 계획 경제의 도입이 필요함을 간과한다.
③ B: 시장의 보호를 위한 법적 장치가 필요함을 간과한다.
④ B: 정부의 재정 지출 확대는 시장 경제를 왜곡시킴을 간과한다.
⑤ B: 투자 수요 촉진을 위해 정부의 시장 개입이 필요함을 간과한다.

▸ 25057-0228

18 **고대 동양 사상가 갑, 을의 입장으로 가장 적절한 것은?**

> 갑: 자신의 이기심을 극복하고 예(禮)로 돌아가는 것[克己復禮]이 인(仁)이다. 하루만이라도 자신의 이기심을 극복하고 예로 돌아가면, 천하가 인에 귀의할 것이다. 인을 실천하는 것은 오로지 자신에게 달린 것이다.
> 을: 성인(聖人)의 정치는 백성들로 하여금 앎이 없고[無知] 욕심이 없게 하여[無欲], 저 아는 자로 하여금 감히 손댈 수 없게 하는 것이다. 이와 같은 무위(無爲)를 행하기만 하면, 다스려지지 않는 경우가 없게 된다.

① 갑: 통치자가 덕을 갖추고 모범을 보여 백성을 교화해야 한다.
② 갑: 시비선악의 분별에서 벗어나 만물을 차별하지 않아야 한다.
③ 을: 현자를 숭상하고 지식을 넓혀 무지에서 벗어나야 한다.
④ 을: 문명이 발달하고 인륜이 구현된 사회를 지향해야 한다.
⑤ 갑과 을: 통치자는 형벌을 통치의 근간으로 삼아야 한다.

▸ 25057-0229

19 **사회사상가 갑, 을의 입장으로 옳은 것만을 〈보기〉에서 있는 대로 고른 것은? [3점]**

> 갑: 전쟁 상태와 같은 자연 상태에서 외부의 침입과 서로의 분쟁을 막을 수 있는 공통의 권력을 세우는 유일한 방법은 그들 모두의 권력과 힘을 하나의 인격 또는 하나의 합의체에 양도하는 것이다. 이러한 인격을 가진 자를 주권자라 부른다.
> 을: 입법부가 야심, 두려움, 어리석음, 부패로 인해 인민의 생명과 자유, 재산에 대한 독단적인 권력을 차지하려 하거나 다른 자들에게 넘겨주려고 하는 것은 신탁의 위반이다. 이 경우 인민이 그들에게 맡겼던 권력은 인민에게 이전된다.

보기

ㄱ. 갑: 공통의 권력이 없는 곳에서는 부정의가 난무한다.
ㄴ. 갑: 자연 상태에서 사람들은 무제한의 자유를 지닌다.
ㄷ. 을: 재산에 대한 소유권은 사회 계약 이후에 발생한다.
ㄹ. 갑과 을: 자연 상태를 극복하려면 이성의 역할이 필요하다.

① ㄱ, ㄴ　　② ㄱ, ㄷ　　③ ㄴ, ㄹ
④ ㄱ, ㄷ, ㄹ　　⑤ ㄴ, ㄷ, ㄹ

▸ 25057-0230

20 **사회사상가 갑, 을의 입장으로 옳지 <u>않은</u> 것은?**

> 갑: 노예는 타인에 의해 자유의 영역이 한도 이상으로 축소되거나 강제된 사람을 말한다. 다른 사람이 내 활동에 개입하여 간섭하지 않는 만큼 나는 자유롭다.
> 을: 노예의 주인이 관대하고 인자하여 간섭하지 않더라도 주인은 여전히 본질적으로 노예를 지배한다. 이처럼 자유의 본질은 불간섭이 아니라 비지배에 있다.

① 갑: 불간섭의 영역이 축소될수록 자유의 영역이 확대된다.
② 갑: 국가는 개인에게 사회에 대한 헌신을 강요해서는 안 된다.
③ 을: 법에 의한 지배는 시민의 자유 증진에 기여할 수 있다.
④ 을: 소극적 자유의 보장만으로는 진정한 자유의 실현이 어렵다.
⑤ 갑과 을: 해악 금지 원칙은 자유를 제한할 수 있는 근거이다.

실전 모의고사 5회

제한시간 30분 | 배점 50점 | 정답과 해설 53쪽

문항에 따라 배점이 다르니, 각 물음의 끝에 표시된 배점을 참고하시오. 3점 문항에만 점수가 표시되어 있습니다. 점수 표시가 없는 문항은 모두 2점입니다.

▸ 25057-0231

1 그림의 강연자가 지지할 주장으로 가장 적절한 것은?

공리주의는 어떤 행위이든 행복을 증진할수록 바람직한 것이 된다고 주장합니다. 여기서 어떤 종류의 쾌락이 다른 것보다 더 바람직하다는 사실을 인정한다고 해서 공리주의 원리와 어긋나는 것은 아닙니다. 두 가지 쾌락을 모두 경험해 본 사람이 도덕적 의무와 관계없이 그중 하나를 선호한다면, 그것이야말로 더욱 바람직한 쾌락이라고 할 수 있을 것입니다.

① 정상적인 인간이라면 질적으로 높은 쾌락을 추구할 것이다.
② 행위 자체의 도덕성을 행위가 가져온 결과보다 중시해야 한다.
③ 공적인 일에 참여하는 것은 언제나 행복의 감소를 초래한다.
④ 행복을 위한다는 목적으로 도덕을 수단으로 여겨서는 안 된다.
⑤ 옳고 그름을 판단해야 하는 상황에서 유용성을 고려해서는 안 된다.

▸ 25057-0232

2 고대 서양 사상가 갑, 을의 입장으로 옳은 것만을 〈보기〉에서 고른 것은?

갑: 쾌락은 행복한 삶의 시작이자 끝이다. 이 쾌락은 몸의 고통이나 마음의 혼란으로부터의 자유이다. 탁월함은 즐거운 삶과 연결되어 있으며, 즐거운 삶은 탁월함으로부터 뗄 수 없다.
을: 행복은 탁월성을 따르는 정신의 활동이다. 정신의 탁월성, 즉 덕은 지성적 덕과 품성적 덕으로 나뉜다. 지혜나 이해력, 분별력은 지성적 덕이고, 관대함이나 절제는 품성적 덕이다.

보기

ㄱ. 갑: 이성적 인식을 통해 모든 욕구를 제거해야 한다.
ㄴ. 갑: 육체의 고통과 마음의 불안으로부터 벗어나야 한다.
ㄷ. 을: 행복의 실현에 덕이 반드시 필요한 것은 아니다.
ㄹ. 갑과 을: 이성을 발휘하는 것은 행복한 삶에 기여한다.

① ㄱ, ㄴ ② ㄱ, ㄷ ③ ㄴ, ㄷ ④ ㄴ, ㄹ ⑤ ㄷ, ㄹ

▸ 25057-0233

3 그림은 사회사상가 갑, 을의 가상 대화이다. 갑, 을의 입장으로 옳은 것은? [3점]

자유는 개인의 선택이나 활동에 대한 간섭이 부재한 상태로 규정됩니다. 불간섭의 영역이 넓어질수록 자유의 영역은 따라서 넓어집니다.

자유는 불간섭이 아닌 타인의 자의적 권력에 종속되지 않는 것으로 규정됩니다. 왜냐하면 간섭이 없어도 노예화는 있을 수 있기 때문입니다.

갑

을

① 갑: 간섭받지 않을 영역의 확대는 자유의 영역을 축소한다.
② 갑: 국가가 시민의 자유를 제한하는 것은 결코 허용될 수 없다.
③ 을: 자유는 타인으로부터 간섭받지 않는 경우에만 성립한다.
④ 을: 법의 지배는 시민이 권력의 자의적 지배에서 벗어나는 데 기여한다.
⑤ 갑과 을: 모든 간섭은 본질적으로 개인의 자유를 침해한다.

▸ 25057-0234

4 다음을 주장한 고대 동양 사상가의 입장으로 옳은 것은? [3점]

- 색(色)은 모인 물방울 같고 수(受)는 물 위의 거품 같으며 상(想)은 봄날 아지랑이 같고 모든 행(行)은 파초와 같으며 모든 식(識)과 법(法)은 허깨비와 같다고 관찰하라.
- 어떤 것이 세간의 소멸에 이르는 길인가? 팔정도(八正道)를 일컫는 것이니, 바른 견해 · 바른 사유 · 바른말 · 바른 행위 · 바른 생업 · 바른 정진 · 바른 마음 챙김 · 바른 삼매이니라.

① 깨달음의 본질은 불변하는 '나'에게 있음을 인식해야 한다.
② 인연(因緣)으로 생성된 존재와 현상은 고정되어 있지 않다.
③ 고통과 달리 죽음에는 원인이 존재하지 않음을 알아야 한다.
④ 중도를 통하여 무명의 상태를 유지해야 함을 깨달아야 한다.
⑤ 깨달음을 얻지 못한 자의 오온(五蘊)은 영원히 해체되지 않는다.

▸ 25057-0235

5 다음을 주장한 고대 서양 사상가의 입장으로 옳은 것은? [3점]

> 선의 이데아에 관한 앎이 최고의 앎이다. 이것에 의해 올바른 것들도, 또한 그 밖에 이용되는 다른 모든 것들도 유용하고 유익한 것들로 된다. 다른 것을 아무리 잘 알고 있다고 할지라도 이를 알지 못하면, 아무런 소용도 없게 될 것이다.

① 이데아는 현실 세계의 각각의 사물들에 내재해 있다.
② 이상적인 삶은 선의 이데아에 대한 인식과 무관하다.
③ 불완전한 현실 세계와는 다른 완전한 세계가 존재한다.
④ 통치자는 절제의 덕은 없지만 지혜의 덕을 발휘할 수 있다.
⑤ 진리는 절대적이고 보편적인 것으로 이성으로 파악할 수 없다.

▸ 25057-0236

6 (가)의 현대 서양 사상가 갑, 을의 입장을 (나) 그림으로 탐구하고자 할 때, A~C에 들어갈 적절한 질문만을 〈보기〉에서 고른 것은? [3점]

(가)	갑: 인간의 본성이란 없다. 인간 본성을 구상할 신이 없기 때문이다. 인간은 인간 스스로가 만들어 가는 것이다. 을: 절망은 죽음에 이르는 병이다. 신 앞에 선 단독자로서 주체적 결단을 내릴 때, 절망에서 벗어날 수 있다.

(나)

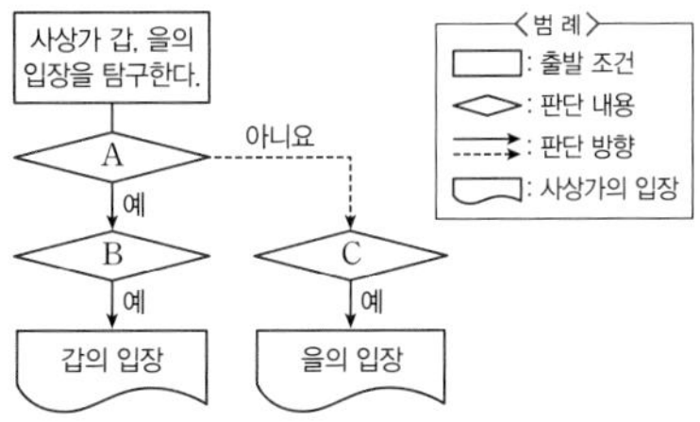

보기
ㄱ. A: 실존의 회복은 객관적 진리를 통해서만 달성되는가?
ㄴ. B: 인간은 사물과 달리 실존이 본질보다 앞서는가?
ㄷ. C: 불안은 참된 실존을 회복하는 계기가 될 수 있는가?
ㄹ. C: 인간은 윤리적 실존 단계에서 모든 불안을 극복하는가?

① ㄱ, ㄴ ② ㄱ, ㄷ ③ ㄴ, ㄷ ④ ㄴ, ㄹ ⑤ ㄷ, ㄹ

▸ 25057-0237

7 갑, 을은 한국 유교 사상가들이다. 갑은 긍정, 을은 부정의 대답을 할 질문만을 〈보기〉에서 고른 것은?

> 갑: 주자의 '이(理)에서 발한다. 기(氣)에서 발한다.'라는 말의 본뜻은 '사단은 오로지 이만을 말하고 칠정은 기를 겸하여 말한다'는 것이다. 사단은 칠정을 겸하지 못하나 칠정은 사단을 겸한 것이다.
> 을: 칠정을 사단에 대응시켜 각각 구분되는 것으로 말한다면 칠정과 기의 관계는 사단과 이의 관계와 같다. 그 발하는 것이 각각 혈맥이 있고, 그 이름은 다 가리키는 바가 있으므로 주가 되는 바에 따라 나누어 소속시킬 수 있다.

보기
ㄱ. 사단과 칠정의 연원은 각기 다른 것인가?
ㄴ. 발하는 것은 오직 기이고 이는 발하는 까닭인가?
ㄷ. 사단은 칠정에 포함되는 성(性)으로 보아야 하는가?
ㄹ. 사단은 칠정의 순수하고 선한 측면을 가리키는 것인가?

① ㄱ, ㄴ ② ㄱ, ㄷ ③ ㄴ, ㄷ ④ ㄴ, ㄹ ⑤ ㄷ, ㄹ

▸ 25057-0238

8 (가)의 중세 서양 사상가 갑, 근대 서양 사상가 을의 입장을 (나) 그림으로 표현할 때, A~C에 해당하는 적절한 진술만을 〈보기〉에서 있는 대로 고른 것은? [3점]

(가)	갑: 지상의 나라는 신의 멸시에까지 이르는 자기 사랑을 통해, 천상의 나라는 자신을 멸시하면서까지 신을 사랑하는 사랑을 통해 생겨난다. 을: 신 이외에는 어떠한 실체도 존재할 수 없으며 파악될 수 없다. 최고의 행복은 신에 대한 지적인 사랑에서 나온다.

(나)

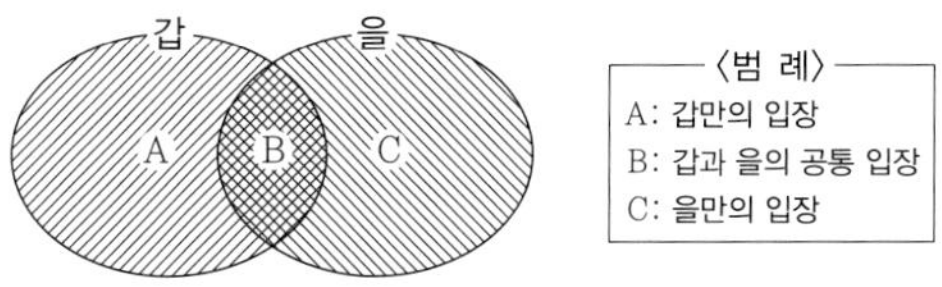

보기
ㄱ. A: 세계를 창조한 인격적 존재인 신과의 합일을 지향해야 한다.
ㄴ. B: 이성을 통해 인과 질서를 파악하는 것은 불가능하다.
ㄷ. B: 신의 피조물인 인간에게는 자유 의지가 존재하지 않는다.
ㄹ. C: 신은 만물의 초월적 원인이 아니라 내재적 원인이다.

① ㄱ, ㄹ ② ㄴ, ㄷ ③ ㄷ, ㄹ
④ ㄱ, ㄴ, ㄷ ⑤ ㄱ, ㄴ, ㄹ

정답과 해설 53쪽

▸ 25057-0239

9 사회사상가 갑, 근대 서양 사상가 을의 입장으로 옳은 것은?

> 갑: 문화적 폭력은 직접적 폭력과 구조적 폭력을 정당화한다. 이러한 폭력은 행위자로 하여금 직접적 폭력을 수행하도록 만들거나 구조적 폭력에 대응하지 않게 한다.
> 을: 국제법은 자유로운 국가들의 연방 체제에 기초하지 않으면 안 된다. 하지만 국제 연맹이 국제 국가일 수는 없을 것이다. 연맹의 이념은 모든 국가로 확산되지 않으면 안 된다.

① 갑: 직접적 폭력뿐만 아니라 구조적 폭력도 항상 의도적으로 발생한다.
② 갑: 구조적 폭력은 정치적 영역에서 억압의 형태로 나타나기도 한다.
③ 을: 영구 평화를 위해 각 국가는 주권을 완전히 포기해야 한다.
④ 을: 모든 국가는 단일한 세계 정부를 만들기 위해 협력해야 한다.
⑤ 갑과 을: 평화의 실현을 위해 폭력적인 수단의 활용이 필수적이다.

▸ 25057-0240

10 (가)의 사회사상가 갑, 을의 입장에서 서로에게 제기할 수 있는 비판을 (나) 그림으로 표현할 때, A, B에 해당하는 내용으로 가장 적절한 것은? [3점]

(가)
갑: 자연 상태의 인간은 사회 계약을 통해 다른 사람들과 공동체를 결성하여 재산을 안전하게 누리기로 합의한다. 이를 통해 사회는 물론 입법권과 행정권의 기원을 알 수 있다.
을: 공통의 권력이 없는 곳에는 법도 존재하지 않는다. 또한 법이 없는 곳에는 불의도 없다. 이러한 상태에서는 소유도, '내 것'과 '네 것'의 구별도 존재하지 않는다.

(나)
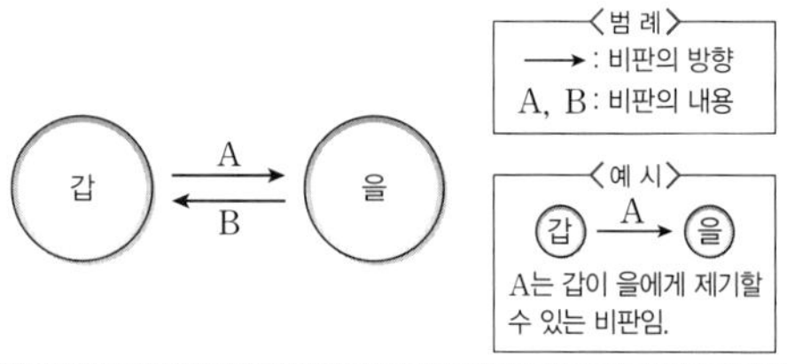

① A: 사회 계약 이후에 국가가 자연권을 보호해야 함을 간과한다.
② A: 재산권 보호를 위해 국가 권력을 집중하기보다 분할을 해야 함을 간과한다.
③ B: 자연 상태에서의 인간은 이성적 능력을 상실함을 간과한다.
④ B: 자연 상태에서 자기 보존을 위한 모든 행위는 불의한 것임을 간과한다.
⑤ B: 정치적 의무는 시민의 동의와는 무관하게 자연적으로 발생함을 간과한다.

▸ 25057-0241

11 근대 서양 사상가 갑, 을의 입장으로 옳은 것은?

> 갑: 행동을 평가하는 데 있어서 유일하게 정당한 근거는 공리에 대한 고려일 것이다. 쾌락과 고통의 양을 계산할 때 고려해야 할 것은 강도, 지속성, 확실성 등이다.
> 을: 인간은 자유의 자율적 힘에 의한, 도덕 법칙의 주체이다. 의지의 법칙에 대한 자유로운 복종의 의식은 자신의 이성에 가해지는 법칙에 대한 존경이다.

① 갑: 정상적인 인간은 누구나 질적으로 높은 쾌락을 선택한다.
② 갑: 행위의 도덕성을 판단할 때 당사자들의 쾌락을 고려해야 한다.
③ 을: 도덕적 삶의 기반은 의무 의식이 아니라 감정이어야 한다.
④ 을: 도덕적 행위는 의무에 맞는 행위이지만 자율성에는 어긋난다.
⑤ 갑과 을: 도덕은 그 자체가 목적이며 어떤 것을 위한 수단이 될 수 없다.

▸ 25057-0242

12 다음을 주장한 한국 불교 사상가의 입장으로 옳지 않은 것은? [3점]

> • 점수(漸修)란 돈오(頓悟)하였으나 습기(習氣)를 단번에 제거하기 어려워 깨달음에 의지하여 닦는 것이다.
> • 정(定)은 본체요, 혜(慧)는 작용이다. 선정이 곧 지혜이므로 고요한 가운데 항상 지혜가 빛을 발하고, 지혜가 곧 선정이므로 지혜가 빛을 발하는 가운데 항상 고요하다.

① 모든 현상이 변화한다는 것[無常]을 깨달아야 한다.
② 진리 추구 시 교종이 말하는 경전 공부도 필요하다.
③ 습기가 있는 상태에서도 깨달음을 얻는 것이 가능하다.
④ 돈오를 하고 난 후에는 정혜쌍수(定慧雙修)가 불필요하다.
⑤ 돈오란 자신의 마음이 부처의 마음임을 단박에 깨치는 것이다.

▶ 25057-0243

13 고대 동양 사상가 갑, 을의 입장으로 옳은 것은?

갑: 덕으로 정치하는 것은 마치 북극성은 제자리에 있고 여러 별들이 떠받들며 돌고 있는 것과 같다. 덕으로써 이끌어 주고 예로 다스리면 백성은 올바르게 된다.
을: 도는 항상 무위이지만 이루지 못하는 것이 없다. 군주가 이러한 도를 지킬 수 있다면 만물은 저절로 화육할 것이다. 만물이 욕심부리지 않고 고요해지면 천하가 저절로 안정될 것이다.

① 갑: 군주는 덕으로써 통치해 백성이 염치를 알게 해야 한다.
② 갑: 인(仁)의 시작으로서 차별 없는 사랑[兼愛]을 실천해야 한다.
③ 을: 세속적 욕망을 최대한으로 충족하는 삶을 지향해야 한다.
④ 을: 도의 질서는 시비의 엄격한 분별을 바탕으로 인위적으로 세워야 한다.
⑤ 갑과 을: 군주는 예법을 만들어 국가를 올바르게 이끌어야 한다.

▶ 25057-0244

14 다음을 주장한 한국 사상가의 입장으로 적절한 것만을 〈보기〉에서 고른 것은? [3점]

인의예지(仁義禮智)의 이름은 행동한 후에 이루어지는 것이다. 그러므로 사람을 사랑한 뒤에 인(仁)이라 할 수 있고 사람을 사랑하기 전에는 인이란 이름이 서지 아니한다. 어찌 인의예지가 복숭아씨 같이 인심 가운데에 들어 있겠는가?

보기
ㄱ. 인간은 누구나 측은지심을 가지고 태어난다.
ㄴ. 성(性)은 선을 좋아하고 악을 싫어하는 경향성이다.
ㄷ. 본성에 내재된 사덕(四德)을 발휘해 선행을 해야 한다.
ㄹ. 영지의 기호는 인간과 동물이 동일하게 지니는 본성이다.

① ㄱ, ㄴ ② ㄱ, ㄷ ③ ㄴ, ㄷ ④ ㄴ, ㄹ ⑤ ㄷ, ㄹ

▶ 25057-0245

15 사회사상가 갑, 을의 입장으로 가장 적절한 것은?

갑: 유토피아에서는 모든 사람이 유용한 직종에서 노동을 해 모든 것이 풍부하다. 그래서 각 가구주는 자신과 자기 집에 필요한 물품을 찾아서 돈을 지불하지 않고 가져간다.
을: 공산주의는 어떤 사람에게서도 사회적 생산물을 취득할 권력을 빼앗지 않는다. 다만 그것은 취득을 통해 타인의 노동을 자신에게 예속시키려는 권력을 빼앗는다.

① 갑: 유토피아에서는 경제적 궁핍 속에서도 평등이 실현된다.
② 갑: 유토피아에서는 노동 이외의 여가 시간은 허용되지 않는다.
③ 을: 공산 사회에서는 모든 계급의 사람들이 자아실현을 한다.
④ 을: 공산 사회에서는 능력에 따라 일하고 필요에 따라 분배받는다.
⑤ 갑과 을: 사유 재산제를 토대로 자유로운 경쟁을 보장해야 한다.

▶ 25057-0246

16 그림은 서술형 평가 문제와 학생 답안이다. 학생 답안의 ㉠~㉤ 중 가장 적절한 것은?

서술형 평가

◎ **문제**: 근대 서양 사상가 갑, 을의 입장을 비교하여 서술하시오.

갑: 의심할 수 있다고 생각되는 것을 거짓된 것으로 버린 후에 전혀 의심할 수 없는 어떤 것이 내 신념에 남아 있을 수 있는지를 보려고 하였다. 그 결과 그렇게 생각하는 나는 반드시 어떤 무엇이어야 한다는 것을 깨달았다.
을: 우상은 인간의 정신을 해치는 것으로 종족의 우상, 동굴의 우상, 시장의 우상, 극장의 우상이 있다. 진정한 귀납법으로 명제가 만들어진다면 우상은 배제될 수 있다.

◎ **학생 답안**

갑, 을의 입장을 비교해 보면, 갑은 ㉠ 방법적 회의에 근거해 자명한 진리는 없다고 보았으며, ㉡ 이성적 추론이 아닌 관찰의 방법을 통해 철학의 원리를 발견해야 한다고 주장하였다. 한편 을은 ㉢ 진리를 탐구하려면 우상으로부터 벗어나야 한다고 보았으며, ㉣ 탐구한 진리를 기반으로 자연을 정복하려는 인간 중심주의적 사고를 버려야 한다고 주장하였다. 갑과 을은 모두 ㉤ 어떤 지식도 연역적 방법으로는 얻을 수 없다고 주장하였다.

① ㉠ ② ㉡ ③ ㉢ ④ ㉣ ⑤ ㉤

▸ 25057-0247

17 사회사상가 갑, 을의 입장으로 가장 적절한 것은?

> 갑: 정부는 조세 정책, 이자율 조정 등을 통해 지도적인 영향력을 행사해야 한다. 유효 수요의 부족으로 발생되는 문제를 해결하기 위해 정부가 나서야 한다.
> 을: 사회주의가 말하는 자유가 예속으로 가는 지름길임이 판명된다면 이것은 비극의 수위를 높일 뿐이다. 정부는 자유로운 경쟁이 효율적으로 작동할 수 있는 조건을 마련해야 한다.

① 갑: 완전 고용의 달성을 위해서 사유 재산을 철폐해야 한다.
② 갑: 시장 실패의 문제 해결을 위해 정부 규모를 축소해야 한다.
③ 을: 정부의 거대화는 자원 분배의 효율성 저하를 초래하게 된다.
④ 을: 정부는 적극적으로 개입하여 수요와 공급을 인위적으로 조절해야 한다.
⑤ 갑과 을: 시장의 결함을 보완하려면 계획 경제의 도입이 필요하다.

▸ 25057-0248

18 근대 한국 사상가 갑, 을의 입장으로 옳은 것은? [3점]

> 갑: 우리의 도(道)를 행하는 것은 정덕(正德)을 위한 것이고 서양의 기(器)를 본받는 것은 이용후생을 위한 것이니, 이것이 이른바 병행하여도 서로 어긋나지 않는다는 것이다.
> 을: 양적(洋賊)을 공격해야 한다는 것은 내 나라 사람의 주장이고, 양적과 화친해야 한다는 것은 적의 나라 사람의 주장이다. 후자를 따르면 인류가 금수의 지경에 빠지고 말 것이다.

① 갑: 유교적 덕목과 서양의 과학 기술은 공존이 불가능하다.
② 갑: 서양의 물질문명과 정신문화는 동양의 것보다 우월하다.
③ 을: 서양의 문물을 주체적 자세로 적극적으로 수용해야 한다.
④ 을: 성리학적 신분 질서는 국가의 발전과 번영을 가로막는다.
⑤ 갑과 을: 유교적 가치를 근본으로 하여 주체성을 지켜야 한다.

▸ 25057-0249

19 중국 유교 사상가 갑, 을의 입장으로 옳은 것만을 〈보기〉에서 고른 것은? [3점]

> 갑: '치(致)'는 미루어 지극히 함이고 '지(知)'는 지식과 같다. 즉 나의 지식을 지극히 하여 그 아는 바를 다하지 않음이 없고자 하는 것이다. '격(格)'은 이른다는 것이고 '물(物)'은 일과 같다. 사물의 이치를 궁구하고 지극히 하여 그 지극한 곳에 이르지 않음이 없고자 하는 것이다.
> 을: 치지격물은 내 마음의 양지를 각각의 사물에 실현하는 것이다. 내 마음의 양지가 바로 이른바 천리이다. 내 마음의 양지인 천리를 각각의 사물에 실현하면 각각의 사물이 모두 그 이치를 얻게 된다. 내 마음의 양지를 실현하는 것이 치지이며, 각각의 사물이 모두 그 이치를 얻는 것이 격물이다.

보기
ㄱ. 갑: 사물에는 어떠한 이치도 존재하지 않는다.
ㄴ. 갑: 인간의 마음은 성(性)과 정(情)을 통괄한다.
ㄷ. 을: 마음 밖 사물의 이치를 탐구하지 않으면 양지를 실현할 수 없다.
ㄹ. 갑과 을: 성인이 되려면 천리를 보존하고 인욕을 없애야 한다.

① ㄱ, ㄴ ② ㄱ, ㄷ ③ ㄴ, ㄷ ④ ㄴ, ㄹ ⑤ ㄷ, ㄹ

▸ 25057-0250

20 다음을 주장한 근대 서양 사상가의 입장으로 적절한 것만을 〈보기〉에서 고른 것은?

> 덕과 부덕은 이성만으로는 발견될 수 없고 관념의 비교를 통해서도 발견될 수 없으므로, 덕과 부덕이 유발하는 인상이나 소감을 통해서만 우리는 덕과 부덕의 차이를 확정할 수 있다. 그러므로 도덕성은 판단되기보다는 느껴진다고 말하는 것이 더욱 적절하다.

보기
ㄱ. 인간이 경험하는 모든 감정이 곧 도덕적 감정이다.
ㄴ. 도덕적 행위의 직접적 동기는 이성이 아닌 감정이다.
ㄷ. 사회적으로 유익한 것에 대한 시인의 감정은 공감에 기초한다.
ㄹ. 덕과 악덕은 인간 마음 밖의 도덕적 판단 대상에 객관적으로 실재한다.

① ㄱ, ㄴ ② ㄱ, ㄷ ③ ㄴ, ㄷ ④ ㄴ, ㄹ ⑤ ㄷ, ㄹ

청운대학교
청춘의
미래를
보다
입학문의 041-630-3333~9
청운대학교
입학처 홈페이지
항공사 승무원
금정아 동문
인천캠퍼스
첨단 생활과학의 메카
홍성캠퍼스
문화예술 특성화 융합교육
SINCE 1995
30th
청운대학교 개교 30주년
학생맞춤 실무교육으로
청춘의 꿈을 함께해 온 청운의 30년
앞으로도 우리 사회, 우리 시대에 필요한
현장 중심, 지역 상생의 특성화 교육으로 글로컬대학의 미래를 그려가겠습니다.
※ 본 교재 광고의 수익금은 콘텐츠 품질개선과 공익사업에 사용됩니다.
※ 모두의 요강(mdipsi.com)을 통해 청운대학교의 입시정보를 확인할 수 있습니다.

EBS

한국교육과정평가원
감수
본 교재는 2026학년도 수능 연계교재로서 한국교육과정평가원이 감수하였습니다.

본 교재는 대학수학능력시험을 준비하는 데 도움을 드리고자 도덕과 교육과정을 토대로 제작된 교재입니다.
학교에서 선생님과 함께 교과서의 기본 개념을 충분히 익힌 후 활용하시면 더 큰 학습 효과를 얻을 수 있습니다.

수능완성

정답과 해설

2026학년도 수능 연계교재

사회탐구영역 | **윤리와 사상**

총신대학교
CHONGSHIN UNIVERSITY
시대의 빛
세상을 향해 첫 발을 내디딜 당신
그 앞에 많은 길이 놓여 있지만
세상의 리더가 될 당신이라면
배움의 길도 달라야 합니다
당신에겐 가능성이 있고
우리에겐 방법이 있습니다
당신이 품은 큰 뜻
총신 안에서 마음껏 펼쳐보십시오
총신대학교
2026학년도 신입생 모집
원서접수 | 수시모집: 2025.9.8(월)~9.12(금) / 정시(가군,다군)모집: 2025.12.29(월)~12.31(수)
모집학과 | 신학과·아동학과·사회복지학과·중독상담학과·기독교교육과·영어교육과·역사교육과·유아교육과·교회음악과
입학상담 | TEL: 02.3479.0400 / URL: admission.csu.ac.kr
* 본 교재 광고의 수익금은 콘텐츠 품질개선과 공익사업에 사용됩니다.
* 모두의 요강(mdipsi.com)을 통해 총신대학교의 입시정보를 확인할 수 있습니다.

한눈에 보는 정답

01 인간과 윤리 사상

본문 6~9쪽

01 ②	02 ③	03 ①	04 ⑤
05 ⑤	06 ④	07 ③	08 ②

02 유교와 인의 윤리

본문 13~18쪽

01 ②	02 ①	03 ⑤	04 ②
05 ⑤	06 ①	07 ③	08 ④
09 ④	10 ④	11 ①	12 ③

03 한국 유교와 인간의 도덕적 심성

본문 21~25쪽

01 ③	02 ④	03 ①	04 ③
05 ①	06 ②	07 ③	08 ②
09 ①	10 ④		

04 불교와 자비 및 화합의 윤리

본문 28~32쪽

01 ⑤	02 ②	03 ③	04 ③
05 ③	06 ③	07 ②	08 ③
09 ④	10 ②		

05 도가 사상과 무위자연의 윤리

본문 35~38쪽

01 ⑤	02 ②	03 ③	04 ③
05 ⑤	06 ④	07 ⑤	08 ④

06 한국과 동양 윤리 사상의 의의

본문 41~45쪽

01 ④	02 ③	03 ③	04 ②
05 ④	06 ⑤	07 ④	08 ①
09 ④	10 ④		

07 서양 윤리 사상의 연원과 덕 있는 삶

본문 48~52쪽

01 ④	02 ④	03 ②	04 ④
05 ③	06 ②	07 ③	08 ⑤
09 ⑤	10 ②		

08 행복 추구와 신앙

본문 55~59쪽

01 ②	02 ③	03 ⑤	04 ⑤
05 ③	06 ⑤	07 ①	08 ④
09 ①	10 ④		

09 도덕적 판단과 행동의 근거: 이성과 감정

본문 63~68쪽

01 ②	02 ④	03 ⑤	04 ③
05 ④	06 ⑤	07 ⑤	08 ①
09 ⑤	10 ④	11 ⑤	12 ①

10 옳고 그름의 기준: 의무와 결과

본문 72~77쪽

01 ③	02 ④	03 ②	04 ④
05 ③	06 ③	07 ⑤	08 ②
09 ③	10 ⑤	11 ②	12 ⑤

11 현대의 윤리적 삶: 실존과 실용

본문 80~84쪽

01 ②	02 ④	03 ③	04 ⑤
05 ⑤	06 ④	07 ④	08 ④
09 ③	10 ⑤		

12 사회사상과 이상 사회

본문 87~90쪽

01 ②	02 ③	03 ⑤	04 ②
05 ②	06 ③	07 ③	08 ⑤

13 국가와 시민

본문 93~97쪽

01 ①	02 ④	03 ④	04 ③
05 ④	06 ①	07 ③	08 ①
09 ④	10 ②		

14 민주주의와 자본주의

본문 100~104쪽

01 ②	02 ③	03 ③	04 ①
05 ③	06 ⑤	07 ⑤	08 ②
09 ⑤	10 ②		

15 평화 사상과 세계 시민 윤리

본문 107~111쪽

01 ④	02 ④	03 ②	04 ③
05 ③	06 ②	07 ③	08 ②
09 ⑤	10 ①		

실전 모의고사 1회

본문 112~116쪽

1 ③	2 ④	3 ④	4 ⑤	5 ③
6 ①	7 ①	8 ④	9 ③	10 ⑤
11 ③	12 ④	13 ②	14 ④	15 ③
16 ⑤	17 ②	18 ③	19 ④	20 ④

실전 모의고사 2회

본문 117~121쪽

1 ①	2 ②	3 ①	4 ①	5 ⑤
6 ②	7 ②	8 ④	9 ③	10 ⑤
11 ⑤	12 ②	13 ③	14 ③	15 ①
16 ⑤	17 ④	18 ③	19 ②	20 ④

실전 모의고사 3회

본문 122~126쪽

1 ⑤	2 ④	3 ④	4 ⑤	5 ④
6 ⑤	7 ③	8 ③	9 ④	10 ②
11 ④	12 ④	13 ⑤	14 ④	15 ①
16 ③	17 ④	18 ④	19 ③	20 ④

실전 모의고사 4회

본문 127~131쪽

1 ④	2 ③	3 ③	4 ⑤	5 ④
6 ①	7 ④	8 ③	9 ①	10 ②
11 ②	12 ①	13 ②	14 ①	15 ④
16 ③	17 ⑤	18 ①	19 ③	20 ①

실전 모의고사 5회

본문 132~136쪽

1 ①	2 ④	3 ④	4 ②	5 ③
6 ③	7 ④	8 ①	9 ②	10 ②
11 ②	12 ④	13 ①	14 ①	15 ④
16 ③	17 ③	18 ⑤	19 ④	20 ③

THEME 01
인간과 윤리 사상

수능실전문제

본문 6~9쪽

01 ②	02 ③	03 ①	04 ⑤
05 ⑤	06 ④	07 ③	08 ②

01 맹자가 강조한 삶의 태도 파악

문제분석 제시문을 주장한 사상가는 맹자이다. 맹자에 따르면 사람은 누구나 측은하게 여기는 마음[惻隱之心(측은지심)], 잘못을 부끄러워하고 미워하는 마음[羞惡之心(수오지심)], 양보하고 공경하는 마음[辭讓之心(사양지심)], 옳고 그름을 판단하는 마음[是非之心(시비지심)]을 가지고 있다. 그리고 이 사단을 확충하면 누구나 인의예지를 행하는 사람이 될 수 있다.

정답찾기 ② 맹자는 본래의 선한 마음을 보존하고 본성을 함양하기 위한 수양에 힘써야 한다고 보았다.

오답피하기 ① 맹자는 인간은 누구나 선천적으로 네 가지 선한 마음, 즉 사단(四端)을 지니고 있다고 보고, 사단을 확충해야 한다고 주장하였다.
③ 맹자는 옳고 그름을 분별하는 마음을 확충해야 한다고 보았다.
④ 맹자는 인간은 누구나 선한 본성을 지니고 태어난다고 보았다.
⑤ 맹자는 인간은 누구나 인의예지의 사덕(四德)을 지니고 태어난다고 보았다.

02 아우렐리우스가 강조한 삶의 태도 파악

문제분석 가상 편지를 쓴 사상가는 스토아학파 사상가인 아우렐리우스이다. 아우렐리우스는 모든 일은 자연의 섭리에 의해 일어난다고 보고, 자연의 필연적 질서를 파악하고 따라야 한다고 보았다.

정답찾기 ③ 아우렐리우스에 따르면 인간은 필연적 법칙에 따라 움직이는 자연의 한 부분이기 때문에 자연의 순리에 따라 일어나는 모든 일을 기꺼이 받아들여야 한다.

오답피하기 ① 아우렐리우스에 따르면 이성을 따르는 삶이 자연의 필연적 질서를 따르는 삶이며 신의 섭리를 따르는 삶이다.
② 아우렐리우스는 주어진 운명에 순응하면서 자신에게 주어진 사회적 역할과 의무를 충실히 수행할 것을 강조하였다.
④ 아우렐리우스는 세상의 모든 일은 우연적으로 일어나는 것이 아니라 자연의 필연적 질서에 따라 일어나는 것이라고 보았다.
⑤ 아우렐리우스는 자연 안에서 일어나는 모든 일은 신에 의해 운명 지어진 것으로 바꿀 수 없고, 바꿀 필요도 없다고 보면서 운명에 순응하는 삶을 살 것을 강조하였다.

03 이황이 강조한 삶의 태도 파악

문제분석 제시문을 주장한 사상가는 이황이다. 이황은 수양 원리로서 경(敬)을 강조하였다. 경은 성(誠)과 함께 성리학의 수양론에 있어서 핵심이 되는 개념이다. 성이 진실하여 거짓이 없는 마음의 본체를 가리키는 것이라면, 경은 성을 실현하기 위한 실천 원리라고 할 수 있다.

정답찾기 ㄱ. 이황은 경을 실천하는 구체적인 방법으로 몸가짐을 단정히 하고 엄숙한 태도를 유지하는 정제엄숙(整齊嚴肅)을 강조하였다.
ㄴ. 이황은 경을 실천하는 구체적인 방법으로 마음을 한군데에 집중하여 잡념이 들지 않게 하는 주일무적(主一無適)을 강조하였다.

오답피하기 ㄷ. 이황은 거경(居敬)과 사물의 이치 탐구[窮理(궁리)]는 늘 병행해야 한다고 보았다.
ㄹ. 이황은 인간이 성찰 공부를 위해 주관을 모두 버려야 한다고 주장하지 않았다.

04 인간 본성에 대한 순자와 고자의 사상적 입장 이해

문제분석 갑은 순자, 을은 고자이다. 순자는 인간의 본성이 악하다고 보았으며, 인간의 성정을 교화하기 위해서는 고대의 성왕(聖王)이 제정한 예의와 법도가 필요하다고 보았다. 고자는 선과 악이 인간의 본성이 아니라 인간 자신의 선택이나 판단, 환경에 달려 있다고 보았다.

정답찾기 ⑤ 순자와 고자 모두 선한 행위를 하기 위해서는 인위적인 노력이 필요하다고 보았다. 순자는 인위적인 노력을 통해서 선한 행위를 할 수 있다고 보았으며, 고자는 의도적인 노력이나 환경에 의해서 사람이 선행을 할 수 있다고 보았다.

오답피하기 ① 순자는 인의의 구현을 위해 악한 본성을 교화해야 한다고 보았다.
② 순자에 따르면 군자와 소인 모두 타고난 본성이 악하다. 그러나 군자는 소인과 달리 본성을 교화하고 예를 따를 수 있다.
③ 고자는 식욕과 성욕이 인간 본성의 전부이며, 선과 악은 인간의 본성이 아니라고 보았다.
④ 고자는 인위적인 규범이 필요하다고 보았으며, 무위의 삶을 추구해야 한다고 주장하지 않았다.

05 칸트가 강조한 삶의 태도 파악

문제분석 제시문을 주장한 사상가는 칸트이다. 칸트는 인간이 자연법칙의 지배를 받으면서도 자연적 경향성의 유혹을 극복하고 자율적으로 도덕 법칙을 수립하고 따를 수 있는 의지를 지닌 존재라고 보았다.

정답찾기 ⑤ 칸트는 어떤 행위가 옳다는 이유만으로 그 행위를 실천하려는 선의지를 '도덕 법칙을 따르려는 의지'라고 보고, 경향성의 유혹이 있더라도 선의지를 따라야 한다고 주장하였다.

오답피하기 ① 칸트는 인간이 자연법칙의 지배를 받으면서도 자유 의지로써 스스로 보편적 도덕 법칙을 세우고 그것을 따를 수 있다고 보았다.
② 칸트에 따르면 도덕은 사회 전체의 행복을 실현하기 위한 수단이 아니라 그 자체가 목적이다.
③ 칸트는 인간의 자연적 경향성이나 우연적 환경이 도덕 법칙의 근거라면, 모든 이성적 존재에게 도덕 법칙이 차별 없이 적용되어야 한다는 보편성과 도덕 법칙이 무조건적으로 실천되어야 한다는 필연성이 사라지게 된다고 보았다.
④ 칸트에 따르면 도덕 법칙은 외부에서 주어지는 타율적인 것이 아니라 인간의 실천 이성이 자율적으로 수립한 법칙이다.

06 플라톤이 강조한 삶의 태도 파악

문제분석 가상 대화의 스승은 플라톤이다. 플라톤은 영혼의 세 부분인 이성, 기개, 욕구가 각각 자기에게 합당한 덕을 갖추어 전체적으로 조화를 이룬 인간을 정의로운 인간으로 보았다. 플라톤은 이성이 지혜의 덕으로써 기개와 욕구를 잘 다스려 영혼이 조화를 이룰 때 정의로운 사람이 될 수 있다고 보았다.

정답찾기 ④ 플라톤에 따르면 절제는 영혼의 세 부분인 이성, 기개, 욕구에 공통으로 요구되는 덕이며, 지배하는 부분과 지배받는 부분들 사이에 반목하지 않는 덕이다.

오답피하기 ① 플라톤은 이성을 지식과 도덕의 근원으로 삼아야 한다고 보았다.

② 플라톤은 욕구의 충족을 우선하는 것이 아니라, 이성이 지혜의 덕으로써 기개와 욕구를 잘 다스려야 한다고 보았다.

③ 플라톤에 따르면 용기는 어떤 경우에도 두려워하지 않는 것이 아니라, 이성이 지시하는 대로 두려워할 것과 두려워하지 않을 것에 대한 바른 소신을 끝까지 보전하는 덕이다.

⑤ 플라톤은 현실 세계가 아니라 이데아의 세계에 존재하는 사물의 완전하고 이상적인 원형을 이성을 통해 파악해야 한다고 보았다.

07 석가모니가 강조한 삶의 태도 파악

문제분석 (가)를 주장한 사상가는 석가모니이다. 석가모니는 연기설(緣起說)을 바탕으로 인간이 겪는 고통이 무명(無明)과 갈애(渴愛)로 인해 생겨난다고 보고, 고통의 원인인 무명과 갈애를 없애면 더 이상 윤회(輪廻)의 고통이 없는 열반(涅槃)에 이르게 된다고 보았다.

정답찾기 ③ 석가모니는 모든 존재와 현상이 무수한 원인과 조건에 의해 생겨나고 변화하고 소멸한다는 연기의 법칙을 깨닫고 삼독, 즉 탐욕과 성냄과 어리석음을 제거하면 고통이 없는 열반에 이르게 된다고 보았다.

오답피하기 ① 석가모니는 생각, 말, 행동으로 짓는 업으로 인해 고통의 세계를 윤회하게 된다고 보았다.

② 석가모니는 진리에 통달하지 못한 마음의 상태인 무명을 고통의 원인으로 보고, 무명에서 벗어날 것을 강조하였다.

④ 석가모니는 불변하는 실체로서의 자아는 존재하지 않는다[無我(무아)]는 것을 깨달아 자신과 만물에 대한 집착에서 벗어날 것을 강조하였다.

⑤ 석가모니는 괴로움의 원인과 조건을 제거하기 위해 쾌락과 고행의 양극단을 넘어서는 중도(中道)를 실천해야 한다고 보았다.

08 사회 정의에 대한 롤스의 입장 이해

문제분석 그림의 강연자는 롤스이다. 롤스는 사회를 상호 간의 이익을 위한 협동체라고 보고, 이익의 분배를 결정해 줄 사회 체제를 선정하고 적절한 분배의 몫에 합의하기 위해 사회 정의의 원칙들이 필요하다고 보았다. 롤스에 따르면 사회 정의의 원칙들은 기본적인 사회 제도 내에서 권리와 의무를 할당하는 방식을 제시해 주고, 사회 협동체의 이득과 부담의 적절한 분배를 결정해 준다.

정답찾기 ② 롤스에 따르면 사회 정의의 원칙들은 사회 협동체의 이득과 부담의 적절한 분배 방식을 결정해 준다.

오답피하기 ① 롤스에 따르면 사회는 개인들이 함께 협력해야만 얻을 수 있는 협력의 이익을 확보하기 위하여 만든 협동체이다.

③ 롤스에 따르면 사회 구성원 각자는 자신의 노력에 의해 산출될 이득보다 큰 이득의 분배 방식에 대해 무관심하지 않다.

④ 롤스에 따르면 사회 협동체를 통해 사회 구성원 모두에게 보다 나은 생활이 가능할 수 있다는 점에서 이해관계가 일치할 수 있다.

⑤ 롤스에 따르면 사회 정의의 원칙들은 사회 제도 속에서 권리와 의무를 할당하는 방식을 제시하기 위해 필요하다.

THEME
02 유교와 인의 윤리

수능실전문제 본문 13~18쪽

01 ②	02 ①	03 ⑤	04 ②
05 ⑤	06 ①	07 ③	08 ④
09 ④	10 ④	11 ①	12 ③

01 공자가 강조하는 삶의 태도 파악

문제분석 가상 대화의 스승은 어진 삶을 중시한 공자이다.

정답찾기 ② 공자는 다른 사람의 마음을 헤아려 사람들에게 어질게 대하는 서(恕)를 중시하며 "자신이 바라지 않는 것은 남에게 행하지 말아야 한다."라고 하였다.

오답피하기 ① 도가의 입장이다.

③, ⑤ 불교의 입장이다.

④ 공자는 내 부모와 남의 부모를 구분하여 사랑하는 입장이다.

02 왕수인과 주희의 사상적 입장 이해

문제분석 갑은 왕수인, 을은 주희이다. 왕수인은 지행의 합일병진과 내 마음의 양지가 천리임을 주장하였다. 주희는 천지의 입장에서는 천지 가운데 태극이 있고, 만물의 입장에서는 만물 가운데 각기 태극이 있다고 보았다.

정답찾기 ㄱ. 주희와 왕수인은 모두 지와 행을 함께 해 나가야 한다며 도덕적 앎과 도덕적 실천이 일치되어야 한다고 보았다. 주희에 의하면, 배우는 사람은 마땅히 지와 행을 병행해서 나아가며 지와 행의 일치를 위해 노력해야 한다. 왕수인에 의하면, 앎과 행위를 함께 진행하는 공부를 해야 하며, 행하지 않는 것은 이치를 궁구하는 것이 아니기에 앎과 행위는 합일하고 함께 진행하여 두 가지 일로 나눌 수 없는 것이다.

ㄴ. 주희와 왕수인은 사람의 마음에는 온갖 이치가 있다고 보았다. 주희에 의하면, 한 마음은 온갖 이치를 갖추고 있기에[一心具萬理(일심구만리)] 능히 마음을 보존한 이후에야 이치를 궁구할 수 있다. 주희는, '천지의 마음', '천지의 이치'에서 마음은 참으로 '주인이 되어 다스린다[主宰(주재)]'는 뜻이며, 주인이 되어 다스리는 것은 곧 이치[理(이)]이므로, 마음 밖에 따로 이치가 있는 것이 아니며[不是心外別有箇理(불시심외별유개리)], 이치 밖에 따로 마음이 있는 것은 아니라고 하였다. 이러한 입장에서 주희는, 마음과 이치는 하나[心與理一(심여이일)]라고 하였다. 왕수인도 온갖 일과 만물의 이치[萬事萬物之理(만사만물지리)]는 내 마음에서 벗어나지 않는다[不外於吾心(불외어오심)]고 하였다.

오답피하기 ㄷ. 주희만 긍정할 질문이다. 주희에 의하면, 아는 것이 먼저이고 행하는 것이 뒤가 되는 것이 확실하니 그것을 의심할 수는 없다. 그러나 왕수인에 의하면, 지와 행의 선후를 나누는 것은 본래 떨어질 수 없는 지와 행을 둘로 나누는 것이다.

ㄹ. 주희만 긍정할 질문이다. 주희에 의하면, 분명하게 순서가 있는 것은 아니지만, 선후를 따진다면 이치를 궁구하는 것[窮理(궁리)]과 올바름을 쌓아 가는 것[集義(집의)] 중에서 궁리가 먼저이다. 주희와 제자들의 문답을 정리한 『주자어류』에 의하면, 일부 제자들은 주희가 '지와 행에 분명하게 순서가 있는 것은 아니지만, 선후를 따진다면 지(知)가 먼저'라고 한 것으로 기록하고 있다. 그러나 대부분의 제자들은 주희가 '지와 행의 순서에 있어 지가 먼저'라고 가르친 것으로 기록하고 있다. 반면 왕수인의 입장에서는, 이치를 궁구하는 것과 올바름을 쌓아 가는 것은 선후를 나눌 수 없는 것이다.

03 맹자와 순자 사상 비교

문제분석 (가)의 갑은 측은지심, 수오지심, 공경지심(공경하는 마음), 시비지심의 네 가지 선한 마음이 곧 인의예지의 사덕이라고 주장하며, 이 사덕은 사람들이 본래 가지고 있던 것이라고 주장한 맹자이다. 을은 순자이며, 을이 말한 '어떤 사람'은 맹자이다. 순자에 의하면, 사람의 본성이 선하다고 주장한 맹자는 본성과 작위의 구분을 잘 살피지 못한 사람이다.

정답찾기 ㄷ. 순자에 의하면, 이익을 좋아하는 것[好利(호리)]은 인간의 본성이므로 군자와 소인은 모두 이익을 좋아한다. 그런데 소인은 그릇된 일을 해서라도 이익을 추구하지만 군자는 그릇된 일을 하면서까지 이익을 추구하지는 않고 올바른 법도를 따른다.

ㄹ. 순자에 의하면, 길거리를 다니는 보통 사람도 인의와 올바른 법도를 알 수 있는 소질[質(질)]과 실천할 수 있는 요건(능력)[具(구)]을 가지고 있다. 그래서 이러한 소질과 능력에 근거해 행동하게 하면 이들도 성인(聖人)이 될 수 있다.

오답피하기 ㄱ. 순자가 '예'의 대답을 할 질문이다. 순자에 의하면, 사람은 나면서부터 욕망이 있는데, 추구함에 일정한 기준과 한계가 없으면 곧 다투지 않을 수 없게 되고, 다투면 어지러워지고 어지러워지면 궁해진다. 이에 옛 임금들은 그 어지러움을 싫어하여 예의를 제정해 기준과 한계를 정함으로써 사람들의 욕망을 충족시켜 주고 사람들이 원하는 것을 공급하도록 하였다.

ㄴ. 맹자에 의하면, 인의예지의 실천 정도는 재질의 발휘와 깊은 관련이 있다. 맹자는 타고난 선한 재질을 충분히 발휘한 사람과 그렇지 못한 사람은 인의예지의 실천 정도에 있어 큰 차이를 보인다고 하였다.

04 맹자와 순자 사상의 특징 파악

문제분석 갑은 마음을 보존하고 본성을 기를 것을 강조한 맹자, 을은 하늘의 직무가 작위에 의해 이루어지는 것이 아니기에 성인은 하늘에 대해 알려고 하지 않는다고 본 순자이다.

정답찾기 ㄱ. 맹자에 의하면, 사람의 도리를 다하고 죽는 것은 올바른 명(命)이고, 죄를 지어 형벌을 받아 죽는 것은 올바른 명이 아니다.

ㄷ. 순자에 의하면, 하늘의 운행에는 일정한 법도가 있어 거기에 다스림으로 호응하면 곧 길하고, 어지러움으로 호응하면 곧 흉하게 된다. 그래서 농사에 힘쓰고 쓰는 것을 절약하면 하늘도 가난하게 할 수 없고, 잘 보양하고 제때에 움직이면 하늘도 병들게 할 수 없으며, 올바른 도를 닦아 도리에 어긋나지 않으면 하늘도 재난을 당하게 할 수 없다.

오답피하기 ㄴ. 순자에 의하면, 하늘의 움직임에는 일정한 법칙성이 있어 거기에 다스림으로 호응하면 곧 길하고, 어지러움으로 호응하면 곧 흉하게 된다.

ㄹ. 순자에 의하면, 인간의 운명은 하늘에 달려 있고[人之命在天(인지명재천)], 국가의 운명은 예에 달려 있다[國之命在禮(국지명재례)]. 그래서 군주가 예를 높이고 현명한 사람을 존중하면 천하의 왕이 될 것이라고 하였다.

05 왕수인과 주희의 사상 이해

문제분석 갑은 이치가 개별 사물이 아니라 내 마음에 있다고 본 왕수인이다. 을은 격물치지(格物致知)를 사물에 나아가 그 이치를 탐구하여 앎을 극진히 하는 것으로 본 주희이다.

정답찾기 ⑤ 왕수인은 사물에 나아가 이치를 궁구하는 것을 부정적으로 평가하였다. 왕수인에 의하면, 사물에 나아가 이치를 궁구하는 것은 각각의 개별적 사물에서 이른바 정해진 이치[定理(정리)]를 구하는 것이며, 이것은 내 마음을 사용하여 각각의 개별적 사물에서 이치를 구하는 것으로, 마음과 이치를 둘로 나누는 것이다.

오답피하기 ① 왕수인에 의하면, 사람 마음의 양지가 바로 천리이다. 그래서 왕수인은 자신이 말하는 '치지격물'이란 마음의 양지를 각각의 사물에 실현하는 것이라고 하였다.

② 왕수인에 의하면, '격물치지'의 '치지'란 내 마음의 양지를 실현하는 것이며, 각각의 사물이 모두 이치를 얻는 것이 '격물'이다.

③ 주희에 의하면, 온갖 일은 모두 이치를 궁구한 후에 분명해지기에, 일에 순서가 없고 이치에 밝지 않으면 아무리 마음을 붙잡아 지킨다 해도 공허할 뿐이다.

④ 주희에 의하면, 함양과 궁리의 공부는 마치 수레의 두 바퀴나 새의 두 날개와 같이 어느 하나라도 그만두면 안 된다.

06 공자와 순자의 사상적 입장 이해

문제분석 갑은 공자, 을은 순자이다. 공자는 덕치(德治)를 주장하며, 덕으로 이끌고 예로 다스릴 때 백성이 부끄러움을 느껴 선에 이르게 된다고 주장하였다. 순자는 나라의 운명이 예에 달려 있기에 임금이 예를 높이면 왕자가 되고, 법을 중시하고 백성을 사랑하면 패자가 되고, 이익을 좋아해 속임수를 많이 쓰면 위태로워지고, 권모술수를 쓰고 남을 무너뜨리며 음험한 일을 하면 망하게 된다고 보았다. 패자를 부정적으로 평가한 맹자에 비해 순자는 패자를 왕자 다음으로 긍정적으로 평가하였다.

정답찾기 ① 공자에 의하면, 백성을 덕으로 이끌고 예로써 다스리면, 백성은 잘못에 대해 수치심을 느끼고 선에 이르게 된다.

오답피하기 ② 공자에 의하면, 정치적 명령[政]으로 이끌고 형벌[刑]로 다스리면 백성은 부끄러움을 모르게 된다.

③ 순자에 의하면, 임금이 법을 중시하고 백성을 사랑하면 패자가 되는 긍정적 결과가 온다. 망하는 것은 임금이 권모술수를 쓰고, 남을 무너뜨리며 음험한 일을 할 때이다.

④ 순자에 의하면, 나라가 잘 다스려지거나 어지러워지는 것은 하늘에 달려 있는 것이 아니라 예의에 달려 있다.

⑤ 공자에 의하면, 예로 나라를 다스리면 세상이 안정을 이루게 된다. 순자에 의하면, 군자로 인해 세상의 안정을 이룰 수 있다.

07 맹자와 순자의 사상적 입장 이해

문제분석 (가)의 갑은 자기 부모를 공경하고, 자기 자녀를 사랑하며 그 공경과 사랑을 남의 집 부모와 자녀까지 확장할 것을 주장한 맹자이다. 을은 효성스럽지 않고, 공손하지 못하며, 예의를 다하지 못하는 것은 악한 본성과 감정에 따라 행동하기 때문이라고 본 순자이다.

정답찾기 ㄷ. 맹자에 의하면, 모든 사람은 타고난 인의예지를 발휘하여 성인이 될 수 있다. 순자에 의하면, 모든 사람은 예에 따라 살아갈 때 성인이 될 수 있다.

ㄹ. 순자에 의하면, 감정과 본성을 따르면 곧 사양하지 않게 되며, 사양하면 곧 감정과 본성에 어긋나게 된다. 맹자에 의하면, 본성을 따르면 사양하게 된다.

오답피하기 ㄱ. 순자에 의하면, 성인은 어짊과 의로움을 근본으로 삼고 시비를 합당하게 가리며, 말과 행동을 일치시켜 조금의 어긋남도 없게 한다. 순자는 유학 사상가로서 인과 의를 중시하였다.

ㄴ. 순자에 의하면, 후천적인 인위(人爲), 작위(作爲)가 쌓여 형성된 예의는 인간의 본성이 아니다.

08 왕수인과 주희의 사상적 입장 이해

문제분석 갑은 왕수인, 을은 주희이다. 왕수인은 학문, 사색, 변별, 독행의 공부가 모두 내 마음의 양지의 지극한 확충에 불과할 따름이라고 보았다. 주희는 곤충도 모두 인의예지를 갖추고 있으나 치우쳐서 완전하지 못하고 탁한 기운에 가로막혀 있기에 사람이 지닌 순수한 인의예지는 없다고 하였다.

정답찾기 ㄱ. 왕수인에 의하면, 본연의 양지를 실현하면 가정과 나라, 천하를 다스릴 수 있다.

ㄴ. 왕수인에 의하면, 자기 감정에 맡겨 제멋대로 하는 폐해는 이 마음의 양지에서 천리를 정밀하게 살피지 못했기 때문에 나타난다.

ㄹ. 주희는 성즉리(性卽理)를 주장하며 사람의 본성에는 하늘의 이치가 있다고 보았다. 왕수인에 의하면, 마음이 곧 본성[心卽性(심즉성)]이고, 본성이 곧 이[性卽理(성즉리)]이다. 왕수인은 마음의 본체가 바로 본성[心之體性(심지체성)]이며 본성이 곧 이이기에 궁리(窮理)는 곧 본성을 극진히 하는 것[盡性(진성)]이라고 하였다. 성즉리를 주장하며 사람의 본성에 하늘의 이치가 있다고 본 것은 주희와 왕수인의 공통점이다.

오답피하기 ㄷ. 주희에 의하면, 곤충과 같은 동물들도 인의예지를 가지고 있다. 다만 치우쳐서 완전하지 못하고 탁한 기운에 가로막혀 있기에 사람이 지닌 순수한 인의예지가 없을 뿐이다.

09 맹자와 순자 사상의 특징 이해

문제분석 갑은 맹자, 을은 순자이다. 맹자에 의하면, 일반 백성들은 항산이 없으면 항심도 가지기 어렵다. 순자에 의하면, 나라를 다스리는 사람이 비록 덕은 지극하지 못하고 의로움도 일을 잘 처리하기에 충분하지 못할지라도, 형벌을 내리고 상을 주는 기준이 천하 사람들에게 신임을 받으며, 신하들이 그들의 임금이 약속을 지킬 사람이라는 것을 알고 있다면 패자(霸者)가 될 수 있다.

정답찾기 ④ 순자에 의하면, 한 가지 의롭지 않은 일을 행하고, 한 사람의 죄 없는 사람을 죽이면 천하를 얻을 수 있다고 하더라도, 어진 사람은 그런 일을 하지 않는다. 순자는 공자를 존경하며 인(仁)을 중시하였다.

오답피하기 ① 맹자에 의하면, 임금은 백성들의 마음을 얻는 것을 가장 중시해야 한다. 그래서 맹자는 "일반 백성들이 굶주리지 않고 추위에 떨지 않게 하고도 천하에 왕 노릇 하지 못한 사람은 없었다."라고 하며 백성들의 필요를 채워 주어 그들의 마음을 얻는 것이 왕의 역할에 있어 가장 중요하다고 보았다.

② 맹자에 의하면, 일반 백성들은 생계에 항상 필요한 물품[恒産(항산)]이 없으면 항상 선한 길로 인도하는 마음[恒心(항심)]도 없어지기에 임금은 일반 백성들의 경우 생계 보장을 먼저 해 주어야 한다.

③ 순자에 의하면, 귀하고 천한 등급의 분별이 있을 때 사람들이 다투지 않게 된다. 순자는 이렇게 귀하고 천한 등급을 분별하는 기준이 예라고 하였다.

⑤ 순자에 의하면, 덕은 지극하지 못하더라도 신의(信義)가 있어야 패자가 될 수 있다.

10 주희와 왕수인 사상 비교

문제분석 (가)의 갑은 주희, 을은 왕수인이다. 주희는 하나의 마음이 수많은 이치를 갖추고 있고, 이(理)가 있으면 곧 기가 유행하여 만물을 길러 준다고 하였다. 왕수인은 앎과 행함의 합일병진을 주장하였고, '사물에 나아가 이치를 궁구하는 것'을 '마음과 이치를 둘로 나누는 것'으로 보았다.

정답찾기 ㄴ. 주희에 의하면, 천지가 생기기 이전에 이가 먼저 있었고, 이 이가 움직여 양을 낳고, 고요하여 음을 낳았다.

ㄹ. 왕수인에 의하면, 어린아이가 우물에 빠지는 것을 보면 반드시 측은히 여기는 이치가 생기는데, 이 측은히 여기는 이치는 어린아이의 몸에 있는 것이 아니라 내 마음의 양지에 있는 것이다.

오답피하기 ㄱ. 주희는 부정, 왕수인은 긍정의 대답을 할 질문이다. 주희에 의하면, 하나의 사물이 있으면 반드시 하나의 이치가 있는데, 이 이치를 궁구하여 이치의 지극한 데까지 이르는 것이 격물이다. 주희는 '격물'의 '격(格)'을 '이르다', '다다르다'로 해석하여 사물에 있는 이치의 지극한 데까지 이르는 것으로 보았다. 왕수인에 의하면, 내 마음의 양지의 천리를 각각의 사물에 실현하면 각각의 사물이 모두 그 이치를 얻게 되는데, 각각의 사물이 모두 그 이치를 얻는 것이 격물이다.

ㄷ. 주희가 부정의 대답을 할 질문이다. 주희에 의하면 이가 있어 천지가 있게 되고, 이가 없었다면 천지도 사람도 사물도 모두 없었을 것이다.

11 노자가 맹자에게 제기할 수 있는 비판 내용 파악

문제분석 갑은 지극히 크고 지극히 강한 기인 호연지기를 정직하게 함양하여 천지 사방을 가득 채울 것을 강조한 맹자이다. 을은 무위의 삶을 강조한 노자이다.

정답찾기 ① 예가 사회 안정에 중요한 요소라고 본 맹자에 반해 노자는 예가 사회 혼란의 출발점이라고 보았다.

오답피하기 ② 노자의 입장이 아니다. 노자는 세상 사람들이 덕을 중시하는 것은 도를 얻었기 때문이 아니라 오히려 도를 잃었기 때문이라고 보았다.

③ 노자의 입장이 아니다. 노자는 어짊[仁(인)]과 의로움[義(의)]을 강조하지 않았다.

④ 노자에 의하면, 도를 잘 실천하는 삶이 이상적인 삶이다. 노자에 의하면, 옛날에 도를 잘 실천하는 사람은 은은하고 신비로우며 깊고 오묘하여, 그 깊이를 가늠할 수 없었다.

⑤ 노자의 입장이 아니다. 노자는 세상 사람들이 어진[仁(인)] 삶을 강조하는 것은 덕을 잃었기 때문이라고 보았다.

12 공자의 입장 파악

문제분석 제시문을 주장한 고대 동양 사상가는 효도와 예를 중시하며, 어진 이와 친밀히 지낼 것을 강조한 공자이다.

정답찾기 ③ 공자에 의하면, 아무리 다급하고 궁색하며 위급한 때라도 항상 인을 따라 살아가야 한다.

오답피하기 ① 공자에 의하면, 사람이 어질지 않으면 예가 소용이 없고, 참된 예를 행할 수도 없다.

② 공자에 의하면, 부귀는 정당하게 얻은 것이 아니라면 누리지 않아야 하고, 가난함과 천함은 정당한 방법으로 벗어나지 못하면 그것을 떠나려고 하지 않아야 한다. 그러나 공자는 도로써 정당하게 얻은 부귀는 누릴 수 있다고 보았다.

④ 공자에 의하면, 오직 어진 사람[仁者]이라야 사람을 좋아할 수 있고, 미워할 수 있다. 그러므로 어진 사람은 사람을 좋아하거나 싫어할 수 있다.

⑤ 공자에 의하면, 뜻 있는 선비[志士(지사)]와 어진 사람[仁人(인인)]은 생명을 얻기 위해 어진 삶을 해치는[求生害仁(구생해인)] 일이 없고, 자신을 희생하여 어진 삶을 이룸[殺身成仁(살신성인)]은 있다. 그러므로 공자는 자신의 생명보다 어진 삶을 더 귀하게 여겼다고 볼 수 있다.

THEME
03 한국 유교와 인간의 도덕적 심성

수능실전문제

본문 21~25쪽

01 ③	02 ④	03 ①	04 ③
05 ①	06 ②	07 ③	08 ②
09 ①	10 ④		

01 정약용의 사상적 입장 파악

문제분석 제시문을 주장한 사상가는 정약용이다. 정약용은 선을 좋아하고 악을 미워하는 마음의 기호를 성(性)으로 보았다.

정답찾기 ③ 정약용에 의하면, 인간은 덕을 좋아하는 기호로서의 선한 본성을 가지고 태어난다. 그래서 정약용은 맹자가 주장한 성선설이 옳다고 하며, 맹자가 강조한 성선의 의미가 선을 좋아하는 기호로서의 본성이라고 해석하였다.

오답피하기 ① 정약용에 의하면, 천리의 공적인 것에서 나온 생각은 확충, 배양하지만 인욕의 사사로움에서 나온 생각은 단절하고 극복해야 한다.

② 정약용에 의하면, 인간의 성은 하늘의 명령[天命(천명)]에 근본을 두고 있다. 즉 인간의 성은 본래 하늘이 부여한 것이며 이것이 곧 밝은 천명이다. 그러므로 정약용은 성이 하고자 하는 바를 어기고 성이 부끄러워하는 바를 행하는 것은 천명을 업신여기고 거역하는 것으로서 그 죄가 하늘에까지 이른다고 하였다.

④ 정약용에 의하면, 사람 사이의 만남, 교제, 접촉을 통해 하늘의 이치를 보존하고, 인욕을 막아야 한다(존천리 알인욕).

⑤ 정약용에 의하면, 인간의 기호는 자신의 선택에 의해 후천적으로 형성되는 것이 아니라, 본래 마음에서 생기기에 성이다.

02 이황과 이이 사상의 특징 파악

문제분석 갑은 이황, 을은 이이이다. 이황은 칠정의 선이 비록 기(氣)의 발이지만 이(理)가 타서 주인이 되기에 그 선함이 사단의 선과 같음을 주장하였다. 이이는 이황의 이기호발이 사람의 마음에 두 가지 근본을 두는 잘못된 견해임을 비판하며 사람의 모든 감정은 모두 한 가지 근본인 이에서 발함을 주장하였다.

정답찾기 ㄱ. 이황에 의하면, 칠정은 기가 발하고 이가 기에 타는 것이어서 본래 사단처럼 불선함이 없으나 만일 기가 발하는 것이 절도에 맞지 않아 그 이를 멸하게 되면 방탕하게 되어 악이 된다.

ㄴ. 이황에 의하면, 발현하여 절도에 맞아 불선이 없는 경우의 칠정은 비록 기에서 발한 것[發於氣(발어기)]이지만, 이가 타서 주(主)가 되는 까닭에 그 선함이 사단의 선과 같다.

ㄷ. 이이는 이황이 이미 선을 사단에 귀속시켰으면서도 칠정 또한 불선이 없다고 하여 사단 외에도 선한 감정이 있는 것처럼 주장하였고, 이렇게 되면 사람의 마음에 두 근본이 있게 되는 그릇된 결론에 이른다고 비판하였다. 이이에 의하면, 맹자는 그 대강만을 제시하여 측은, 수오, 공경, 시비만을 말한 것이기에, 그 밖의 선한 정이 모두 사단이 된다는 것은 배우는 사람이 미루어 알아야 할 것이다.

오답피하기 ㄹ. 이황, 이이 둘 다 해당하지 않는다. 이황에 의하면, 절도에 맞아 불선이 없을 때의 칠정을 포함해 모든 칠정은 기가 발[氣之發(기지발)]한 정이다. 이이에 의하면, 모든 정은 기가 발현[氣發(기발)]한 정이다.

03 이황과 이이의 사상 비교

문제분석 갑은 본래 순선무악한 사단은 이의 발함이 온전하게 이루어지기 전에 기에 가리어진 뒤에 불선하게 된다고 한 이황, 을은 기를 이가 타는 것으로 본 이이이다.

정답찾기 ㄱ. 이황에 의하면, '성즉리의 성(性)', '천명의 성', 맹자가 말한 '성선(性善)의 성', '천지(天地)의 성' 등은 기품(氣稟) 가운데 나아가 기품과 섞이지 않은 본연의 성을 지칭하는 것이다.

ㄴ. 이황에 의하면, 사단은 이가 발하여 기가 따르므로 본래 순선하여 악이 없으나 이의 발함이 온전하게 이루어지기 전에 기에 가리어지면 선하지 않게 된다.

오답피하기 ㄷ. 이이에 의하면, 사단은 오직 이만 말한 것이고, 칠정은 이와 기를 겸해서 말한 것이다.

ㄹ. 이이는 사단이 칠정을 겸할 수 없다고 하였다. 이황도 사단이 칠정을 겸할 수 있다고 주장하지 않았다.

04 정약용이 주장한 사단의 특징 파악

문제분석 (가)를 주장한 사상가는 정약용이다. 정약용은 천리를 보존하고 인욕을 막아야 하며, 성(性)은 기호라고 주장하였다. (나)의 가로열쇠 (A)는 '사주덕(四主德)'이고, (B)는 '극단(極端)'이다. 따라서 (나)의 세로 열쇠 (A)는 '사단(四端)'이다.

정답찾기 ③ 정약용에 의하면, 사단은 사덕의 근본으로서 인의예지가 이루어지도록 넓히고 채워야 할 선한 마음이다.

오답피하기 ① 정약용에 의하면, 사단은 심(心)이라고 할 수 있지만 성이라고 할 수는 없다.

②, ⑤ 사덕(四德)에 대한 정약용의 설명이다.

④ 정약용에 의하면, 사단은 선천적으로 타고나는 것이다.

05 이이의 이황 비판 파악

문제분석 갑은 정을 이가 발한 사단, 기가 발한 칠정으로 나누어 파악한 이황, 을은 측은지심이 기발이승(氣發理乘)임을 주장한 이이이다.

정답찾기 ① 이이는 이황의 이기호발설을 비판하며 이와 기는 서로 발동과 작용[發用(발용)]이 있다고 할 수 없다고 주장하였다.

오답피하기 ② 이황은 성이 발하여 정이 되는 순간이 바로 선과 악이 나누어지는 때라고 하였다.

③ 이황은 이와 기를 겸하고 성과 정을 포함한 것이 마음이라고 하였다.

④ 이황은 마음이 발동하지 않았을 때는 마음을 보존하고, 본성을 기르는 공부를 깊게 해야 한다고 주장하였다.

⑤ 이황은 한결같이 경을 견지하여 이치와 욕심의 구분에 어둡지 않아야 한다고 하였다.

06 정약용 사상의 특징 파악

문제분석 가상 편지를 쓴 사상가는 정약용이다. 정약용은 인욕을 막아 꺾고 극복할 것과 성기호설을 주장하였다.

정답찾기 ② 정약용에 의하면, 인간이 지닌 기질지성은 단것을 좋아하고 쓴 것을 싫어하며 향기를 좋아하고 악취를 싫어하는 기호이며, 천명지성은 선을 좋아하고 악을 미워하며 의를 좋아하고 탐욕을 미워하는 기호이다.

오답피하기 ① 정약용에 의하면, 악을 행한 사람은 선한 본성을 거슬렀으므로 죄의 책임을 피할 수 없다.
③ 정약용에 의하면, 모든 악의 원인을 형기로 돌리는 것은 옳지 않다.
④ 정약용에 의하면, 인간의 성(性)은 순선하기에 선을 좋아하고 악을 부끄러워한다. 정약용에 의하면, 인간의 성에 선악이 섞여 있다고 양웅이 말한 것은 선할 수도 있고 악할 수도 있는 인간의 재(才), 즉 자주적인 권능[자주지권=마음의 권능]을 성으로 잘못 판단한 것이다. 정약용은 맹자가 주장한 본성이 선하다는 입장이 옳다며, 잘못된 주장의 예로 "의리의 성은 선을 주로 하고, 기질의 성은 악을 주로 하는데, 두 성이 서로 합해져서 완전한 성이 된다."라는 입장을 들며, 이러한 잘못된 입장에 근거하면 양웅의 '성에 선악이 섞여 있다.'라는 학설이 나온다고 하였다. 정약용에 의하면, 기질지성은 본성의 선악과는 아무런 관계가 없다.
⑤ 정약용에 의하면, 하늘은 인간에게 자주지권을 주어 선이나 악을 선택하여 행할 수 있도록 하였다. 이 자주지권은 성이 아니라 마음의 권능인데, 양웅이 잘못 알고 성이라 여겼기 때문에, "성에는 선과 악이 섞여 있다."라고 말한 것이다. 이후 정약용은 『매씨서평』에서 이 자주지권을 '재(才)'라고 표현하며 "재란 것은 그 능력이요, 권형(權衡)이다. 사람은 그 재가 착할 수도 있고 악할 수도 있는데, 능력은 자력에 달려 있고 권형은 자주(自主)에 달려 있기 때문에 착하면 그를 칭찬하고, 악하면 그를 꾸짖는다."라고 하였다.

07 이황과 이이 사상 비교

문제분석 갑은 이(理)의 발현을 주장한 이황, 을은 선을 천리에 근본을 두고 맑은 기(氣)가 발현한 것으로 본 이이이다.

정답찾기 ㄴ. 이황과 이이 모두 마음이 본성과 감정을 통괄한다는 심통성정(心統性情)을 주장하였다.
ㄷ. 이황과 이이 모두 본성은 마음에 갖추어져 있고, 본성이 발하여 정이 된다[性發爲情(성발위정)]고 보았다.

오답피하기 ㄱ. 이이에 의하면, 칠정은 선과 악을 합하여 지칭한 정이다. 이황에 의하면, 칠정은 사단처럼 본래 선하지 않음이 없으나[亦無有不善(역무유불선)] 만약 기가 발현하는 것이 절도에 맞지 않아[氣發不中(기발부중)] 이를 멸하게 되면 악이 된다.
ㄹ. 이황에 의하면, 이와 기가 합쳐져 마음이 된다. 이이는 기본적으로 이와 기가 합쳐져 마음과 본성이 된다고 보면서, 때로는 본성은 이, 마음은 기로 구분해 설명하기도 하였다.

08 정약용이 이황과 이이에게 제기할 수 있는 비판 파악

문제분석 제시문을 주장한 사상가는 천리와 인욕을 대비한 주희를 지지하며, 천명지성을 기호로 파악한 정약용이다.

정답찾기 ② 정약용에 의하면, 하늘로부터 부여받은 인간의 성은 기호이다. 이황, 이이는 성을 이와 기로써 말하였다.

오답피하기 ① 이황, 이이는 모든 사람이 본연지성을 지니고 있다고 보았다.
③ 정약용에 의하면, 천명지성은 인간만 지니고 있다.
④ 정약용에 의하면, 사람의 선과 악은 기품의 청탁과 관련이 없다.
⑤ 정약용에 의하면, 기질의 욕망은 사람이 본래 가지고 있는 것이지만, 절대로 그것을 인간의 성이라고 할 수 없다.

09 이황과 이이 사상의 특징 파악

문제분석 갑은 이(理)에 동정이 있다고 한 이황, 을은 천리는 무위하므로 기(氣)가 동하지 않으면 이가 동할 수 없다고 한 이이이다.

정답찾기 ① 이황에 의하면, 이는 그 자체에 작용하는 성질이 있기에 자연스럽게 음양을 낳는다.

오답피하기 ② 이황에 의하면, 기가 영향력을 행사[用事(용사)]하기 전의 기는 이가 주재하기에 순선하다.
③ 이이에 의하면, 이와 기는 서로 떨어질 수 없다.
④ 이이에 의하면, 선과 악은 기의 맑음과 탁함에서 유래한다.
⑤ 이이는 선한 정과 악한 정 등 모든 정이 이에 근본하고 있다고 하였다. 그래서 악한 정도 이에 근본하여 이에서 발[發於理(발어리)]하지만, 더럽고 탁한 기에 가려져 그 본체를 잃은 것이라고 하였다. 이이는 모든 정의 근본에 관해 말할 때는 이에서 발한다고 하였고, 발하는 역할에 관해 말할 때는 기가 발[氣發(기발)]한다고 하였다.

10 이황과 이이의 입장 비교

문제분석 (가)의 갑은 이와 기의 호발을 주장한 이황, 을은 이와 기를 무형무위와 유형유위로 구분한 이이이다.

정답찾기 ㄴ. 이황에 의하면, 고요하며 수많은 이치[衆理(중리)]를 갖춘 것은 성이다.
ㄹ. 이이에 의하면, 희로애락은 기가 발현한 것인데, 이 기의 시작되는 움직임[機(기)]을 탄 것은 이(理)이다.

오답피하기 ㄱ. 이이에 의하면, 무형무위하면서 유형유위한 기의 주재가 되는 것은 이이다.
ㄷ. 이황에 의하면, 기가 이에 따라 발현[氣順理而發(기순리이발)]한 것을 '이의 발현'으로 보는 것은, 기를 이로 보는 잘못이다. 즉 이황은 기가 이에 따라 발현한 것은 기의 발현이라고 본다. 그러므로 칠정 중 선한 감정도 이의 발현이 아니라 기의 발현이라고 하였다.

THEME 04 불교와 자비 및 화합의 윤리

수능실전문제

본문 28~32쪽

01 ⑤	02 ②	03 ③	04 ③
05 ③	06 ③	07 ②	08 ③
09 ④	10 ②		

01 석가모니의 사상적 입장 이해

문제분석 제시문은 석가모니의 주장이다. 석가모니는 무명(無明)과 애욕으로 인해 괴로움이 발생함을 설명하였다. 석가모니에 의하면 중도(中道)의 수행법인 팔정도(八正道)를 닦아 깨달음을 얻으면 모든 괴로움이 사라진다.

정답찾기 ⑤ 석가모니는 연기법의 원리를 올바르게 이해할 때 윤회(輪廻)의 고통에서 벗어나 열반(涅槃)에 이를 수 있다고 주장하였다.

오답피하기 ① 석가모니는 중생은 몸과 입과 뜻으로 짓는 업(業)으로 인해 고통의 세계를 윤회한다고 주장하였다. 선(善)한 업일지라도 집착한다면 깨닫지 못한 상태이므로 괴로움이 지속된다.

② 석가모니는 무명(無明)은 근원적 어리석음이며 사성제와 삼법인에 대한 밝은 지혜가 없는 것이라고 보았다. 모든 존재와 현상은 고정됨이 없이 끊임없이 생멸 변화한다는 제행무상(諸行無常)의 가르침을 알지 못하는 상태가 무명이다.

③ 석가모니는 우주와 인생의 모든 존재와 현상은 원인과 조건의 상호 관계에 의해 생겨난다고 보았다. 애욕으로부터 비롯된 괴로움 또한 무수한 원인과 조건으로부터 발생한다.

④ 석가모니는 연기법의 원리에 따라 우주의 모든 존재와 현상이 원인과 조건으로 연결되어 있기 때문에 어떤 존재와 현상도 독립적일 수 없다고 보았다.

02 석가모니와 노자의 사상적 입장 이해

문제분석 갑은 석가모니, 을은 노자이다. 석가모니는 괴로움의 원인으로 탐욕, 분노, 무지의 번뇌를 들고 이를 삼독(三毒)이라고 표현하였다. 노자는 무위자연(無爲自然)의 경지에 이르기 위하여 무욕(無欲)의 자세로 살아가야 한다고 주장하였다.

정답찾기 ② 석가모니에 의하면 오온(五蘊)은 끊임없이 변화하는 인간 존재를 일시적으로 구성하는 색(色), 수(受), 상(想), 행(行), 식(識)의 다섯 더미이다. 석가모니에 따르면 오온을 포함한 우주의 모든 존재와 현상은 끊임없이 생멸 변화한다. 오온은 개별 상태이든 결합 상태이든 항상 변화한다.

오답피하기 ① 석가모니는 연기법의 원리에 기초하여 고집멸도(苦集滅道)의 네 가지 성스러운 진리를 주장하였다. 인생 자체가 괴로움이라는 현실 판단인 고성제(苦聖諦), 괴로움이 생기는 원인에 관한 진리인 집성제(集聖諦), 괴로움이 소멸한 상태에 관한 진리인 멸성제(滅聖諦), 괴로움의 소멸에 도달하기 위한 길을 밝힌 진리인 도성제(道聖諦)가 그것이다.

③ 노자는 도는 항상 인위 조작이 없다고[道常無爲(도상무위)] 하며, 인위가 없을 때 자연이 왜곡되거나 변형되지 않고 발휘될 수 있기에 오히려 모든 것이 이루어진다고[無不爲(무불위)] 주장하였다.

④ 노자에 따르면 인간은 본래 소박하고 순수한 덕을 가지고 있으며, 도가 현실 속에서 구체적으로 드러난 덕에 따를 때 무위자연의 소박한 삶을 실현할 수 있다.

⑤ 석가모니와 노자 모두 탐욕을 제거하기 위한 수양을 주장하였다.

03 중관 사상과 유식 사상의 입장 비교

문제분석 (가)는 중관 사상, (나)는 유식 사상이다. 중관 사상은 고정불변하는 독자적 성질인 자성(自性)은 존재하지 않는다고 주장하였다. 모든 존재는 실체가 없는 공(空)으로 유무의 양극단으로 보는 관점에서 벗어나 중도(中道)를 지향해야 함을 강조하였다. 유식 사상은 불변의 본질을 가진 객관적 현상은 존재하지 않으며 오직[唯(유)] 우리의 마음 작용[識(식)]만이 존재한다고 주장하였다.

정답찾기 ㄴ. 중관 사상은 연기를 재해석하여 연기는 개별 현상에 고유한 본질이 없다는 공성(空性)을 의미한다고 주장하였다. 연기와 공성의 원리에 따라 현상은 일시적으로 존재한다는 것이다.

ㄷ. 유식 사상은 구체적인 사물의 실체는 부정하면서도 감각하고 지각하며 사고하는 등 분별을 본성으로 하는 마음의 작용인 식(識)은 존재한다고 보았다. 마음의 작용을 떠나서는 어떠한 실재도 없으며, 현상을 구성하는 모든 것은 우리의 마음이 만들어 낸 것이라는 일체유심조(一切唯心造)를 주장하였다.

오답피하기 ㄱ. 중관 사상은 부파 불교 일부에서 주장한 자성 개념을 비판하였다. 각각의 현상을 다른 현상과 구별하게 하는 불변의 고유한 본질은 없다고 보았다.

ㄹ. 중관 사상은 현상에 불변하는 본질이 있다고 보아 유(有)에 집착하는 관점과 모든 현상이 우연적으로 존재한다고 보아 무(無)에 집착하는 관점의 양극단을 벗어나 중도를 지향하였다. 중관 사상은 우주의 모든 존재와 현상 중 인과의 법칙에서 벗어나 우연히 존재하는 것은 없다고 보았다.

04 순자와 석가모니의 사상적 입장 이해

문제분석 갑은 순자, 을은 석가모니이다. 순자는 인간의 본성이 악(惡)하다는 성악설을 주장하면서 겸손하고 양보하는 마음인 사양(辭讓)하는 마음은 인간의 본성에 어긋난다고 보았다. 석가모니는 탐욕, 분노, 무지의 번뇌로부터 괴로움이 발생한다고 주장하였다.

정답찾기 ③ 석가모니는 무명(無明)은 근원적 어리석음이며, 사성제에 대한 밝은 지혜가 없는 것이라고 보았다. 무명은 모든 번뇌와 괴로움의 원인이 집착임을 모르는 것이다. 이러한 무명 또한 인과의 법칙에서 벗어나지 않는다.

오답피하기 ① 순자는 하늘을 도덕의 근원이 아닌 자연 현상으로 파악하고 하늘과 사람의 일을 구분할 것[天人之分(천인지분)]을 강조하였다.

② 순자는 인간의 본성이 악하다는 성악설(性惡說)을 주장하였다. 순자는 인간은 본래 이익을 좋아하고 남을 질투하며 미워하는 존재이

므로 인간의 본성을 그대로 방치하면 다툼과 사회적 혼란을 피할 수 없다고 보았다. 순자는 사양하는 마음을 따르는 것을 인간의 본성에 어긋난 것으로 보았다.
④ 석가모니는 중생은 몸과 입과 뜻으로 짓는 의도적 행위인 업(業)으로 인해 고통의 세계를 윤회한다고 주장하였다.
⑤ 순자는 인간의 본성은 악하며 예로써 인간의 감정과 본성을 교화해야 한다고 보았다.

05 혜능과 지눌의 사상적 입장 이해

문제분석 (가)의 갑은 혜능, 을은 지눌이다. 혜능은 깨달음에 이르는 길로 중생 스스로가 자신의 본성이 곧 부처라는 것을 확실히 자각하는 돈오(頓悟)를 강조하였다. 지눌은 돈오 후에도 습기(習氣)를 제거하기 위해 정(定)과 혜(慧)를 함께 닦아야 함을 주장하였다.
정답찾기 ③ 지눌은 돈오를 하더라도 내 마음속에 쌓인 오래된 인식과 습관은 바로 제거되지 않으므로 정과 혜로써 점진적으로 제거해야 한다고 강조하였다. 혜능은 지식 공부나 점진적 수행을 거치지 않고도 자신의 본성이 부처임을 단박에 깨치고 마음을 단박에 닦을 수 있다는 돈오돈수(頓悟頓修)를 주장하였다.
오답피하기 ① 혜능과 지눌 모두 중생은 자신의 본성이 곧 완성된 부처의 참된 모습임을 자각해야 한다고 보았다.
② 혜능과 지눌 모두 깨달음은 마음에서 마음으로 전하는 것[以心傳心(이심전심)]이라고 보았다.
④ 혜능은 자신의 본성이 부처임을 단박에 깨치고 마음을 단박에 닦을 수 있다는 돈오돈수를 주장하였다. 지눌은 돈오를 하더라도 내 마음속에 쌓인 오래된 인식과 습관은 바로 제거되지 않으므로 점수(漸修)해야 한다고 강조하였다.
⑤ 혜능과 지눌 모두 중생 제도를 위한 보살행을 실천해야 한다고 주장하였다.

06 대승 불교의 사상적 입장 이해

문제분석 제시문은 대승 불교 경전의 일부 내용이다. 대승 불교는 중생과 함께하는 대중적인 측면을 강조하여 수행자 자신의 깨달음뿐만 아니라 중생 구제도 중시하였다.
정답찾기 ③ 대승 불교는 부파 불교 일부에서 주장한 자성(自性) 개념을 비판하였다. 자성이란 각각의 현상을 다른 현상과 구별하게 하는 불변의 고유한 성질이다.
오답피하기 ① 대승 불교는 개인의 번뇌를 소멸한 아라한의 길을 추구하는 부파 불교를 작은 수레를 타고 개인의 구원만을 추구한다며 소승 불교라고 비판하였다. 아울러 큰 수레로 자처하며 자비를 실천하고자 깨달음을 구하는 보살의 높은 이상을 추구하였다.
② 대승 불교는 열반에 이르기 위해 마음을 하나의 대상에 집중하고 고요한 상태에 머무는 명상[定(정)]을 실천해야 한다고 주장하였다.
④ 대승 불교에서는 남을 위하여 베풀었다는 생각이 있는 보시는 진정한 보시가 아니라고 보았다. 중생이라는 상(相), 받는 자가 있다는 상에 머무르지 않는 무주상보시(無住相布施)를 주장하였다.
⑤ 대승 불교는 자성 개념이 연기의 원리에 어긋난다는 점을 지적하고, 모든 현상과 존재 자체에 불변의 본질이 없으며 연기와 공성(空性)의 원리에 따라 일체는 일시적으로 존재한다고 보았다.

07 원효와 의천의 사상적 입장 이해

문제분석 갑은 원효, 을은 의천이다. 원효는 교판[敎相判釋(교상판석): 석가모니의 가르침을 그 말한 때의 차례, 방법, 형식, 의미, 내용 따위에 따라 분류하고 체계화하는 일]에 대한 비판 의식을 바탕으로 모든 불경에 담긴 부처의 가르침 사이에 서로 모순이 없다는 것을 밝혀 종파 사이의 다툼을 화해시키고자 하는 화쟁을 주장하였다. 의천은 경전 속 부처의 가르침을 지적으로 이해하는 수행 방법인 교(敎)와 명상 속에서 부처의 가르침을 음미하며 진리를 통찰하는 수행 방법인 관(觀)을 균형 있게 강조하였다.
정답찾기 ② 원효는 다양한 이론과 종파의 가치를 인정하고, 그 바탕 위에서 전체로서의 조화를 꾀하는 화쟁(和諍)을 시도하였다. 또한 모든 종파의 사상을 분리하여 고집하지 말고, 보다 높은 차원에서 하나로 종합해야 한다는 원융회통(圓融會通)을 강조하였다. 원효는 모든 불경에 담긴 부처의 가르침 사이에 서로 모순이 없다는 것을 밝혀 종파 사이의 다툼을 화해시키고자 하였다.
오답피하기 ① 원효는 중생의 마음에 청정한 본래의 마음인 진여(眞如)와 선악이 뒤섞여 있는 현실의 마음인 생멸(生滅)의 두 측면이 있지만 별개의 것이 아니라고 주장하였다. 부처와 중생은 근본적으로 둘이 아니며 중생이 무지에서 벗어나면 본래의 마음으로 돌아가 부처가 된다고 보았다.
③ 의천은 천태의 교리를 강론하면서 고려 천태종을 개창하였다. 좌선과 지관(止觀) 수행을 중시하는 천태종의 교리가 포괄적이고 선종과도 통할 수 있다고 생각하여 천태의 입장에서 선종을 하나로 합치려 하였다.
④ 의천은 부처님의 가르침을 기록한 불경을 공부하는 것[敎(교)]과 마음을 가라앉혀 모든 것이 공함을 꿰뚫어 보는 것[觀(관)], 이 두 가지 노력을 함께 해야 한다는 교관겸수(敎觀兼修)를 주장하였다.
⑤ 원효는 불경을 읽지 못해도 염불을 외우면 극락에 갈 수 있다고 사람들을 가르쳤다. 의천은 교관겸수의 관점에서 경전에 대한 집착에 빠져서는 안 된다고 보았다.

08 지눌의 사상적 입장 이해

문제분석 제시문은 지눌의 주장이다. 지눌은 돈오 후에도 점수를 해야 한다는 돈오점수(頓悟漸修)를 주장하였다.
정답찾기 ㄴ. 지눌은 돈오는 자신의 성품이 본래 청정함을 단박에 자각하는 것이라고 주장하였다. 지눌은 돈오 후 점수의 구체적인 방법으로 정혜쌍수(定慧雙修)를 주장하였으므로 정과 혜를 닦지 않아도 돈오가 가능하다고 보았다.
ㄷ. 지눌은 단박에 진리를 깨친 뒤 번뇌를 차차 소멸시켜 가는 수행법으로 돈오점수를 주장하였다. 돈오점수를 수행해야 참된 깨달음이 가능하다고 보았다.
오답피하기 ㄱ. 지눌은 자기 마음 안의 불성을 단박에 자각할 수 있지만 오랫동안 쌓인 나쁜 습기가 남아 있으므로 이를 없애기 위해 선정과 지혜를 지속적으로 닦아야 부처의 경지에 이를 수 있다고 보았다.
ㄹ. 지눌은 화두(話頭)를 들고 수행하는 참선 방법이라는 뜻의 간화선(看話禪)을 강조하였으며, 깨달음은 단박에 하지만 몸에 밴 나쁜 습관이나 기운은 점진적인 수행으로 소멸시켜야 한다고 주장하였다.

09 원효와 혜능의 사상적 입장 이해

문제분석 갑은 원효, 을은 혜능이다. 원효는 일체의 모든 이론은 일심(一心)을 바탕으로 한 깨달음이라고 보았으며 서로 다른 이론은 하나인 마음의 진리를 다른 시각에서 본 것일 뿐이라고 강조하였다. 혜능은 자신의 본성을 제대로 바라보면 본성이 부처임을 단박에 깨치고 마음을 단박에 닦을 수 있다는 돈오돈수(頓悟頓修)를 주장하였다.

정답찾기 ㄱ. 원효는 일심을 일체의 대립을 초월하는 것으로 보면서, 일심을 바탕으로 수많은 이론이 생기지만 이는 다시 일심으로 종합되는 것임을 밝혔다. 원효는 마음이 일어날 때 온갖 분별이 일어나고 마음에서 모든 분별이 사라지기도 한다고 보면서, 마음이 모든 것의 근거이고 바탕이며 모든 것은 마음이 지어내고 마음에서 모든 것이 비롯된다고 주장하였다.

ㄷ. 원효는 바다와 파도에 비유하여 비록 일체의 실상에 대한 중생의 무지로 말미암아 본래의 마음이 현실의 마음으로 바뀌더라도 둘은 근원에서 하나이며, 따라서 부처와 중생은 근본적으로 둘이 아니라고 보았다. 혜능은 중생은 완성된 부처의 참된 모습을 본래적으로 갖추고 있으며 자신의 본성이 곧 부처임을 단박에 깨쳐야 한다고 주장하였다.

ㄹ. 원효는 불경을 읽지 못해도 염불을 외우면 극락에 갈 수 있다고 사람들을 가르쳤다. 혜능은 불교의 진리는 마음에서 마음으로 전하는 것[以心傳心(이심전심)]이므로 따로 언어와 문자를 세워 말하지 않는데[不立文字(불립 문자)]에 참뜻이 있다고 보았다.

오답피하기 ㄴ. 혜능은 대상에 집중하는 고요한 명상만을 수행으로 보지 않고, 일상의 모든 행위 속에서 대상에 대한 집착이 없는 마음을 체험할 것을 강조하였다. 혜능이 계승한 선종에서는 일상생활 속에서 이루어지는 수행의 중요성을 강조하고자 일상의 마음이 곧 부처의 마음이라고 주장하였다.

10 석가모니의 사상적 입장 이해

문제분석 제시문은 석가모니의 주장이다. 석가모니는 연기의 원리를 인생에 적용하여 인간이 겪는 괴로움의 원인과 그것을 제거하여 해탈에 이르는 방법을 사성제(四聖諦)로 제시하였다.

정답찾기 ㄱ. 석가모니는 모든 현상은 매 순간 변화하며 원인에 의해 생겨난 모든 현상은 원인이 없어지면 소멸한다고 주장하였다.

ㄹ. 석가모니는 영원성에 집착하는 중생에게 모든 현상은 본질적으로 괴롭다는 일체개고(一切皆苦)를 주장하였다.

오답피하기 ㄴ. 석가모니는 지나치게 쾌락에 빠지지 않고 지나치게 계율이나 고행에도 빠지지 않는 중도의 수행법으로 팔정도(八正道)를 제시하였다.

ㄷ. 석가모니는 연기의 원리에 따라 상호 의존적이며 일시적으로 존재하는 모든 현상에 나라는 불변의 자아는 존재하지 않는다고 강조하였으며 이를 깨달음으로써 윤회에서 벗어날 수 있다고 주장하였다.

THEME 05 도가 사상과 무위자연의 윤리

수능실전문제

본문 35~38쪽

01 ⑤	02 ②	03 ③	04 ③
05 ⑤	06 ④	07 ⑤	08 ④

01 공자와 노자의 사상적 입장 이해

문제분석 (가)의 갑은 공자, 을은 노자이다. 공자는 인간은 인간답게 살아야 한다고 생각하였고, 인간을 인간답게 해 주는 덕을 인(仁)이라고 주장하였다. 인을 올바르게 알려면 배움에 힘써 지혜[知(지)]를 키워야 한다고 주장하였다. 노자는 사람의 힘이 더해지지 않고 자연 그대로의 질서를 따르는 무위자연의 삶을 이상적인 삶의 모습으로 보았다. 노자는 무위자연의 경지에 이르기 위하여 마음에 내재한 일체의 인위적인 것을 비워 낸 본래의 마음 상태를 유지하기 위해 힘쓸 것을 강조하였다.

정답찾기 ⑤ 노자는 천지 만물의 근원이자 변화 법칙인 도(道)는 인간의 언어로 파악할 수 없는 절대적이고 근원적인 것이라고 보았다. 노자는 인위적인 지식을 버리고 인위의 얽매임에서 벗어날 것을 강조하였다. 공자는 인간을 인간답게 해 주는 덕인 인을 올바르게 알려면 배움에 힘써 지혜를 키워야 한다고 주장하였다. 공자는 배움의 기쁨을 말함으로써 끊임없이 배우고 실천하는 삶을 강조하였고, 이러한 배움의 축적을 통해 군자나 성인을 목표로 자신을 성장시킬 것을 주장하였다.

오답피하기 ① 공자는 사람이 자기의 욕심을 극복하고 예를 회복할 때 도와 덕을 지닌 이상적인 인격을 갖출 수 있다고 주장하였다.

② 공자와 노자 모두 이상적 경지에 이르기 위해 후천적인 수양이 필요하다고 주장하였다.

③ 노자는 인의(仁義)의 수양에 힘쓰는 것과 같은 인위적인 행동을 버리고 시비선악을 구분 짓는 분별적 사고에서 벗어나야 함을 강조하였다.

④ 노자는 사람의 힘과 조작이 더해지지 않고 자연 그대로의 질서를 따르는 무위자연의 삶을 이상적인 삶의 모습으로 보았다. 노자는 공적이나 명예를 쌓는 세속적인 삶을 초월하여 무위와 무욕(無欲)의 자세로 살아가야 한다고 주장하였다.

02 장자와 순자의 사상적 입장 이해

문제분석 갑은 장자, 을은 순자이다. 장자는 절대적인 도의 관점에서 사물을 인식할 때 만물의 소중함과 평등함을 깨우치고 자유롭고 평화로운 이상적인 삶을 살아갈 수 있다고 보았다. 순자는 인간의 본성은 이익과 쾌락을 좋아하고 서로 미워하며 시기하므로 이를 그대로 두면 갈등과 투쟁으로 사회가 혼란에 빠질 수 있다고 보았다. 이에 본성을 변화시켜 인위를 일으켜야 한다고[化性起僞(화성기위)] 주장하였다.

정답찾기 ② 장자와 순자가 모두 부정의 대답을 할 질문이다. 장자는 하늘이 부여한 도덕규범에 따르는 삶을 살아야 한다고 하지 않았다. 장자는 도의 관점에서 만물을 평등하게 인식하는 제물(齊物)을 주장하였다. 제물의 관점에서 사물을 보면 인위적인 선악(善惡), 미추(美醜), 빈부(貧富)의 분별은 상대적인 것에 불과하며 모든 차별이 사라진다고 주장하였다. 순자는 공자나 맹자와 달리 하늘을 도덕의 근원이 아닌 자연 현상으로 파악하고 하늘과 사람의 일을 구분할 것[天人之分(천인지분)]을 강조하였다.

오답피하기 ① 장자가 긍정의 대답을 할 질문이다. 장자는 천지 만물의 근원이며 천지 만물 어디에나 내재하는 자연적 질서인 도에 따라 무위의 덕으로 다스려야 한다고 보았다.

③ 장자가 긍정의 대답을 할 질문이다. 장자는 도를 깨달아 인위적인 기준이나 외적인 제약에 얽매이지 않는 정신적 자유의 경지인 소요(逍遙)의 경지를 추구하였다. 소요의 경지에 도달하기 위해서는 조용히 앉아서 현재의 세계를 잊고 무아(無我)의 경지에 들어가는 좌망(坐忘)과 잡념을 없애고 마음을 비워 깨끗이 하는 심재(心齋)를 행해야 한다고 주장하였다.

④, ⑤ 장자는 부정, 순자는 긍정의 대답을 할 질문이다. 장자는 통치자는 백성이 자연 그대로의 본성에 따르는 삶을 살 수 있도록 무위의 정치를 해야 한다고 주장하였다. 순자는 예를 도덕규범의 근거이자 통치의 표준으로 삼아 예를 통해 사회와 국가를 다스려 백성의 악한 본성을 바로잡아야 하며, 백성의 욕망을 조절하여 사회 질서를 유지해야 한다고 주장하였다.

03 맹자와 장자의 사상적 입장 이해

문제분석 갑은 맹자, 을은 장자이다. 맹자는 인간에게는 선천적인 도덕심인 사단(四端)이 갖추어져 있다는 성선설을 주장하였다. 장자는 모든 것은 객관적으로 옳고 그름이나 비교를 벗어난 상태에 있으므로 인위적인 시비(是非) 판단에서 벗어나 도의 관점에서 만물을 평등하게 바라볼 것을 주장하였다.

정답찾기 ㄷ. 장자는 의로운 일을 의도적으로 반복 실천하는 인위적인 삶은 자연적인 본성에 어긋난다고 보았다.

ㄹ. 맹자와 장자는 모두 욕심을 줄이고 타고난 본성에 따라 덕 있는 삶을 살아야 한다고 보았다. 맹자는 욕심을 줄이고[寡欲(과욕)] 사단을 보존하고 확충하여 선한 본성을 잘 기를 것[存心養性(존심양성)]을 강조하였다. 장자는 욕심을 줄이고 타고난 본성에 따른 무위자연의 삶을 살아야 한다고 주장하였다.

오답피하기 ㄱ. 맹자는 선한 본심인 사단을 확충하여 선한 본성을 잘 기르기 위해 노력해야 한다고 주장하였다.

ㄴ. 장자는 무위자연의 도에 따르는 하늘을 본받아 스스로 본성에 맞게 행동하는 사람은 인위의 산물인 예를 의식적으로 추구하지 않는다고 보았다.

04 노자와 맹자의 사상적 입장 이해

문제분석 제시문은 노자의 주장이다. 노자는 도를 매우 중시하여 도를 통해 이 세계를 설명하려고 하였다. 노자는 도란 우주 만물의 근원이자 변화의 법칙으로 일반적인 개념을 통해 이해할 수 있는 것이 아니라고 보았다. 이에 노자는 말해질 수 있는 도는 참다운 도가 아니라고 설명하였다.

정답찾기 ㄷ. 노자는 인위적인 덕목인 인을 끊어 버리고 의를 내버릴 때 백성들이 효와 자애를 회복할 것이라고 주장하였다. 맹자는 사회적 혼란과 개인의 도덕적 타락을 해결하기 위해 인과 의를 강조하였다.

ㄹ. 노자는 미추나 선악과 같은 현실의 가치는 도에서 함께 나왔으나 이름을 달리한 것에 불과하다고 주장하였다. 노자는 이 세상에는 오직 상대적인 가치만이 있을 뿐이므로 시비선악의 분별에서 벗어나야 한다고 강조하였다. 맹자는 선과 악을 바르게 분별하여 선한 행동을 쌓아 도덕적 마음을 보존하고 선한 본성을 길러야 한다고 주장하였다.

오답피하기 ㄱ. 노자에 따르면 도는 천지 만물의 근원이자 변화 법칙이지만 만물을 주재하지는 않는다고 보았다.

ㄴ. 노자는 도는 천지 만물의 근원이자 변화 법칙으로서 인간의 경험과 상식으로는 파악할 수 없으며 언어로 한정할 수 없고 실상은 이름조차 붙일 수 없는 것이라고 보았다.

05 장자와 석가모니의 사상적 입장 이해

문제분석 갑은 장자, 을은 석가모니이다. 장자는 도의 관점에서 보면 만물에 우열이 없다는 제물(齊物)을 주장하였다. 석가모니는 모든 현상이 독립적으로 존재하는 것이 아니라 여러 조건에 의해서 생겨났다가 사라진다는 원리인 연기를 주장하였다.

정답찾기 ㄴ. 장자는 만물은 모두 상대적이고 단지 주관적인 방식으로만 판단된다고 주장하였다. 옳고 그름은 객관적인 관점이 아니라 자기의 관점에서만 말할 수 있기 때문에 모든 것은 객관적으로 옳고 그름이나 비교를 벗어난 상태에 있다고 강조하였다. 장자는 도의 관점에서 보면 모두가 동일하고 그러므로 완전하게 평등하다고 보았다.

ㄷ. 석가모니는 세계 내의 각각의 대상들은 단지 그것 자체로서 있는 것이 아니라 다른 모든 대상들과 상호 작용한다고 주장하였다. 즉 모든 현상이 독립적으로 존재하는 것이 아니라 원인이 되기도 하고 조건이 되기도 하며 서로 의존적 관계를 맺고 생멸한다고 보았다.

ㄹ. 장자와 석가모니 모두 끊임없이 변화하는 만물을 볼 때 자기중심적 관점에 얽매여서는 안 된다고 보았다.

오답피하기 ㄱ. 장자는 삶과 죽음은 자연스러운 것이므로 죽음을 슬퍼할 필요가 없다고 보았다.

06 도교와 도가의 사상적 입장 이해

문제분석 (가)는 도교 사상인 『태평경』의 내용이고, (나)는 도가 사상가인 장자의 주장이다. 도교는 도를 중심으로 하여 신선이 되는 것을 목표로 하는 종교로 노자와 장자의 도가 사상 이외에 고대부터 있던 귀신에 대한 믿음과 무격신앙(巫覡信仰), 장생불사(長生不死)와 신선(神仙)에 대한 신앙, 당시까지 쌓여 온 음양오행설과 방술(方術) 등에 근원을 둔다. 장자는 도는 천지 만물의 근원이며 천지 만물 어디에나 내재한다고 주장하였다. 절대적인 도의 관점에서 사물을 인식할 때, 만물의 소중함과 평등함을 깨우치고 자유롭고 평화로운 이상적인 삶을 살아갈 수 있다고 보았다.

정답찾기 ④ 도가 사상가인 장자는 예법을 따르는 것처럼 인위적인 방식으로는 세속적 가치를 초월한 정신적 자유의 경지에 이를 수 없으며 조용히 앉아서 현재의 세계를 잊고 마음을 비워 깨끗이 할 때 이상적인 경지에 이를 수 있다고 주장하였다.

오답피하기 ① 도교는 천도를 규범으로 삼아 행동하고, 유교적 가치인 효(孝)와 충(忠) 등을 실천해야 한다고 주장하였다.

② 도교는 수련을 통해 신선이 되려는 내단(內丹)을 주장하였다. 내단은 인간의 정신과 육체를 수련하는 방식인데, 이를 성명쌍수(性命雙修)라고 한다.

③ 도가 사상가인 장자는 자연스러운 본성을 보존하기 위해서는 인위 조작을 통해 형성된 지식을 버려야 한다고 주장하였다.

⑤ 도교와 도가 사상가인 장자 모두 도에 따라 몸을 보전하고 생명을 중시해야 한다고 보았다.

07 맹자와 노자의 사상적 입장 이해

문제분석 (가)의 갑은 맹자, 을은 노자이다. 맹자는 군주가 백성을 아끼고 사랑하며 덕으로 다스리는 왕도(王道) 정치를 이상적인 정치로 제시하였다. 노자는 다스림이 없는 다스림이자 백성들의 무지(無知)와 무욕(無欲)을 실천하는 정치인 무위의 다스림[無爲之治(무위지치)]을 통해 백성들의 평화롭고 소박한 삶을 실현할 수 있다고 주장하였다.

정답찾기 ㄴ. 맹자는 긍정, 노자는 부정의 대답을 할 질문이다. 맹자는 도덕적 마음에 기초한 정치를 통해 백성들의 선한 본성을 보존해야 한다고 주장하였다. 노자는 다스림이 없는 다스림으로 백성들의 무지와 무욕을 실현하는 정치를 해야 한다고 주장하였다.

ㄷ. 맹자가 긍정의 대답을 할 질문이다. 맹자는 도덕적 마음에 기초한 정치를 하면 백성이 악행을 스스로 부끄러워하게 된다고 주장하였다.

ㄹ. 노자가 긍정의 대답을 할 질문이다. 노자는 인위 조작이 없는 무위의 다스림을 통해 백성들을 무욕하게 하여 자연스러운 삶을 실현하게 할 수 있다고 보았다.

오답피하기 ㄱ. 맹자와 노자 모두 긍정의 대답을 할 질문이다. 맹자는 무력을 사용하면서 인을 실천하는 것처럼 가장하는 패도 정치를 비판하며 정치는 도덕적 마음에 바탕을 두어야 한다고 보고 인에 기초한 왕도 정치를 강조하였다. 노자는 무위의 다스림을 통해 백성들의 평화롭고 소박한 삶을 실현할 수 있다고 보았다.

08 도교의 사상적 입장 이해

문제분석 제시문은 도교 사상가인 갈홍의 주장이다. 도교는 교단과 교리 체계를 갖추고 현세적인 길(吉)과 복(福)을 추구하면서 불로장생(不老長生)과 신선술을 믿는 종교이다.

정답찾기 ㄱ. 도교 사상은 우주 자연의 근원으로서의 도를 중심으로 그 이론과 실천 방법을 전개하였다.

ㄴ. 도교 사상은 생명을 가장 중시하였다. 소극적으로는 생명을 유지하는 불사(不死)를 말하였고 적극적으로는 자유롭게 생명력을 펼치는 신선[仙(선)]을 추구하였다.

ㄹ. 도교 사상은 유교의 도덕관에서 충(忠)과 효(孝) 등 많은 부분을 수용하여 도덕적 선행을 실천함으로써 장생불사의 삶을 얻을 수 있다고 주장하였다.

오답피하기 ㄷ. 도교 사상은 도가 사상을 기본으로 유교의 도덕관과 불교의 사상을 흡수하며 삼교합일(三敎合一)을 주장하였다.

THEME
06 한국과 동양 윤리 사상의 의의

수능실전문제 본문 41~45쪽

01 ④	02 ③	03 ③	04 ②
05 ④	06 ⑤	07 ④	08 ①
09 ④	10 ④		

01 위정척사 사상과 동도서기론의 사상적 입장 이해

문제분석 갑은 위정척사 사상가인 이항로, 을은 동도서기론을 주장한 윤선학이다. 위정척사 사상가는 성리학에 바탕을 둔 유교적 질서를 지키고 서양의 종교와 문물을 배척해야 한다고 주장하였다. 동도서기론은 유교적 질서[東道(동도)]를 지키는 가운데 서양의 과학 기술[西器(서기)]을 수용하자고 주장하였다.

정답찾기 ④ 동도서기론은 서양의 우수한 과학 기술과 군사 제도를 받아들이자고 했지만, 유교적 가치와 질서를 변화시킬 수 있는 제도까지 모두 수용하려고 하지는 않았다.

오답피하기 ① 위정척사 사상에서는 서양의 사상과 문물이 유교 윤리를 무너뜨리는 것이라고 보았으며 정당한 유교 사상을 지키고 사악한 서양의 문물과 사조를 배척해야 한다고 주장하였다.

② 위정척사 사상에서는 서구 열강의 침략 상황에서 성리학적 가치를 고수하며 우리의 주체성을 지키려는 의식과 절의를 강조하는 선비 정신을 강조하였다.

③ 동도서기론에서는 유교적 질서를 지키는 가운데 서양의 과학 기술을 수용하자고 주장하였으며 서양의 기술인 기(器)와 유교적 도(道)는 공존할 수 있다고 강조하였다.

⑤ 위정척사 사상과 동도서기론은 모두 유교적 가치와 유교적 신분 질서의 유지를 추구해야 한다고 주장하였다.

02 실학의 사상적 입장 이해

문제분석 제시문은 실학사상가인 박지원의 주장이다. 실학자들은 경세치용, 이용후생, 실사구시를 강조하며 근대 지향적인 개혁 사상을 주장하였다.

정답찾기 ㄴ. 실학사상은 경제적 풍요인 이용, 사회 복지인 후생에 힘써야 백성의 덕을 이룰 수 있다고 주장하였다.

ㄹ. 실학사상은 사회와 삶의 실제 문제를 해결하고자 하였으며 그 과정에서 서양의 과학을 비판적으로 수용해야 한다고 주장하였다.

오답피하기 ㄱ. 실학사상은 기구를 편리하게 쓰고 먹을 것과 입을 것을 넉넉하게 하여 삶의 질을 나아지게 하고 물질적 풍요로움을 실현함으로써 백성의 바른 덕을 이루어야 한다고 주장하였다.

ㄷ. 실학사상은 당시 지배적인 사상이었던 성리학이 공리공론적 성격으로 인해 사회의 문제들을 해결하는 데 한계가 있음을 비판하였다.

03 위정척사 사상과 동학의 사상적 입장 이해

문제분석 (가)의 갑은 위정척사 사상가인 이항로, 을은 동학의 창시자인 최제우이다. 위정척사 사상은 유교 사상을 바탕으로 한 우리의 역사와 문화인 정당한 것은 지키고, 서양의 문물과 사조를 앞세운 열강의 제국주의적 침략인 사악한 것을 배척해야 한다고 주장하였다. 동학은 보국안민(輔國安民)을 목표로 경천(敬天)사상의 바탕 위에 유·불·도 사상을 주체적으로 수용하였다.

정답찾기 ③ 위정척사 사상의 입장에서 긍정의 대답을 할 질문이다. 위정척사 사상은 서양의 사상과 문물이 유교 윤리를 무너뜨리는 것이라고 보고 서양의 사상과 문물을 이단으로 규정하여 척양(斥洋)과 척왜(斥倭)를 주장하였다. 오직 성리학으로 당시 사회와 민생의 혼란을 극복할 수 있다고 주장하였다.

오답피하기 ① 위정척사 사상과 동학의 입장에서 모두 긍정의 대답을 할 질문이다. 위정척사 사상은 서구 세력의 침투를 물리치고 백성을 편안하게 해야 한다고 주장하였다. 동학은 외세의 침략을 물리치고 나라를 돕고 백성을 편안하게 해야 한다[輔國安民(보국안민)]고 주장하였다.

② 위정척사 사상과 동학의 입장에서 모두 긍정의 대답을 할 질문이다. 위정척사 사상은 참된 도(道)인 성리학적 가치를 바탕으로 한 우리의 역사와 문화를 지키고, 서양의 문물과 사조를 앞세운 열강의 제국주의적 침략인 사악한 것을 배척해야 한다고 주장하였다. 동학은 경천사상의 바탕 위에 유·불·도 사상을 주체적으로 수용하여 성립한 자신들의 참된 도로써 천주교와 같은 서학을 배척해야 한다고 주장하였다.

④ 동학의 입장에서 부정의 대답을 할 질문이다. 동학은 경천사상의 바탕 위에 유·불·도 사상을 주체적으로 수용하여 성립하였으며 천인합일의 관점에서 인간 존중과 평등의 정신을 제시하였다.

⑤ 동학의 입장에서 부정의 대답을 할 질문이다. 동학은 천주교와 같은 서학에 대항하지만 유교의 인의예지를 부정하지 않았다.

04 정제두의 사상적 입장 이해

문제분석 제시문은 정제두의 주장이다. 정제두는 양명학을 중심으로 하는 독자적인 학문 체계를 이룩하였다. 정제두는 심즉리설을 바탕으로 선한 삶의 근거를 자신의 내면, 즉 양지에서 찾고자 하였으며 인간의 육체적 욕구로 말미암아 생겨나는 사사로운 욕심을 없애기 위한 노력을 강조하였다.

정답찾기 ㄱ. 정제두는 천리인 양지(良知)는 마음속에 있으며 양지는 영명한 정신으로서의 생리(生理)임을 주장하였다. 정제두는 도덕 판단은 사회 규범과 같은 외부 기준에 있는 것이 아니라 행위 주체의 마음에 있다고 강조하였다.

ㄹ. 정제두는 마음이 도덕적 이치[理(이)]를 갖추고 있으므로 배우지 않아도 누구나 갖고 있는 양지가 밝아지면 모든 이치가 저절로 밝아진다고 주장하였다.

오답피하기 ㄴ. 정제두는 이(理)가 마음 밖에 있지 않기 때문에 성리학과 같이 사물의 이치를 탐구하면서 이를 마음의 본성과 연결하는 것은 잘못된 방식이라고 주장하였다.

ㄷ. 정제두는 인간은 측은지심, 시비지심, 수오지심, 사양지심과 인의예지를 본래 갖추고 있음을 주장하였다.

05 증산교와 원불교의 사상적 입장 이해

문제분석 갑은 증산교를 창시한 강일순, 을은 원불교를 창시한 박중빈이다. 증산교는 세상이 잘못되는 까닭은 신분과 남녀 차별 등으로 수모와 박해를 받은 사람들의 원한이 쌓였기 때문이라고 보고, 원한을 풀어 버리고 함께 살아가자[解冤相生(해원상생)]고 주장하였다. 원불교는 세상의 변화에 대처할 수 있는 정신의 개벽을 주장하며 생활 속에서 보은, 평등, 자비의 실천을 강조하였다.

정답찾기 ㄱ. 증산교는 상극에 의한 원한을 풀어 다른 이와 더불어 사는 상생(相生)의 좋은 세상이 도래해야 함을 강조하였다.

ㄴ. 원불교는 시대 변화에 따라 물질이 개벽되니 정신을 개벽하자고 선포하며, 도학과 과학을 발달시켜 정신과 물질의 균형을 강조하였다.

ㄹ. 증산교와 원불교는 모두 생활 속에서 보은(報恩)을 실천할 것을 강조하였으며, 불평등과 부조리가 가득한 혼란스러운 세상이 사라지고 평등한 사회가 도래할 것이라고 주장하였다.

오답피하기 ㄷ. 증산교와 원불교 모두 후천 개벽 사상을 주장하며 궁핍과 차별이 사라진 평등한 사회를 제시함으로써 백성들의 고단한 삶에 위안을 제공하였다.

06 최제우의 사상적 입장 이해

문제분석 가상 대화의 사상가는 동학의 창시자인 최제우이다. 동학은 천인합일의 관점에서 인간 존중과 평등의 정신을 제시하였다. 이는 동학에서 제시한 '내 안에 한울님을 모시고 있다[侍天主(시천주)].', '내 마음이 곧 네 마음이다[吾心卽汝心(오심즉여심)].' 등의 가르침에 잘 드러나 있다.

정답찾기 두 번째 입장. 최제우는 신분 차별이 사라진 자유롭고 평등한 이상 사회가 현세에서 도래할 것이라는 희망을 백성들에게 심어 주었다.

세 번째 입장. 최제우는 천지와 더불어 법도를 같이 하기 위해 정성을 다하여 성(誠), 경(敬), 신(信)을 수양할 것을 강조하였다.

네 번째 입장. 최제우는 모든 사람에게 한울님의 지기(至氣)가 내재되어 있으므로 모든 사람이 자기 안에 한울님을 모시고 있어[侍天主(시천주)] 존엄한 존재라고 주장하였다. 그러므로 내 마음이 곧 네 마음[吾心卽汝心(오심즉여심)]이라 함은 한울님의 마음이 사람의 마음이라는 가르침이며, 한울님의 마음을 변함없이 실천하는 군자는 모든 인간을 동등하게 대우하는 만민 평등 정신을 지니고 있다고 보았다.

오답피하기 첫 번째 입장. 최제우는 서양의 문물을 멀리해야 한다고 보았다.

07 도가와 대승 불교의 이상적 인간상 이해

문제분석 (가)는 도가 사상가인 장자의 주장이며, (나)는 대승 불교 사상의 주장이다. 도가의 이상적 인간상은 지인(至人), 진인(眞人), 성인(聖人), 천인(天人), 신인(神人) 등이다. 이들은 겸허한 자세로 자연의 흐름에 따라 살아가며, 만물을 평등하게 보면서 정신적 자유를 누리는 사람이다. 대승 불교의 이상적 인간상은 보살이다. 보살은 위로는 깨달음을 구하고, 아래로는 중생 구제에 힘쓰는[上求菩提 下化衆生(상구보리 하화중생)] 사람이다.

정답찾기 ㄱ. 장자는 제물(齊物)과 소요(逍遙)의 경지에서 세속의 차별 의식으로부터 벗어나 도(道)의 관점에서 만물을 평등하게 인식하는 삶을 사는 인간을 이상적 인간으로 본다.

ㄴ. 대승 불교에서는 모든 것은 고정됨 없이 생멸 변화하며 세상의 모든 것은 인연에 의해 생성된 일시적인 것으로 영원하지 않다는 것을 깨달은 인간을 이상적 인간으로 본다.

ㄷ. 대승 불교는 소승 불교가 개인의 해탈에 중점을 둔다고 보아 이를 비판하고 연기의 원리를 사회적 차원에 적용하여 타인의 고통을 자기 고통으로 느끼고 적극적으로 해결하려 노력하는 자비심을 지닌 인간을 이상적 인간으로 본다.

오답피하기 ㄹ. 대승 불교의 이상적 인간상인 보살에게 중생을 구제하는 이타행은 자기 수행 완성의 필수적 요건이다.

08 유교, 도가, 대승 불교의 이상적 인간상 비교

문제분석 제시문은 유교 사상가인 맹자의 주장이다. 유교의 이상적 인간상은 성인(聖人), 군자(君子), 대인(大人)이다. 대인은 하늘로부터 부여받은 선한 본성을 보존하고, 사욕에 의해 가려진 자아의 완성을 위해 끊임없이 성찰하면서 개인의 도덕적 수양과 사회적 책무를 다하는 어진[仁(인)] 사람이다.

정답찾기 ① 유교는 시비(是非)와 선악(善惡)을 바르게 분별하여 행동해야 할 것을 주장하지만 도가에서는 차별적이고 분별적인 인식을 버리고 만물을 평등하게 바라보아야 한다고 강조하였다.

오답피하기 ② 유교와 도가 모두 이상적인 삶을 위해 도(道)와 덕(德)에 따라 살아야 함을 주장하였다.

③ 유교는 욕심을 줄이고 선한 본심을 보존하기 위해 노력해야 함을 주장하였으며, 대승 불교에서는 욕심을 줄이고 부처가 될 수 있는 청정한 마음[自性淸淨心(자성청정심)]을 보존하기 위해 노력해야 함을 강조하였다.

④ 대승 불교는 자기중심적인 관점에서 벗어나 세상의 만물을 통찰해야 함을 강조하였다.

⑤ 유교에 따르면 본성은 형성하는 것이 아닌 타고나는 것이다.

09 불교와 원불교의 사상적 입장 이해

문제분석 갑은 석가모니, 을은 원불교를 창시한 박중빈이다. 불교는 계정혜(戒定慧) 삼학(三學)을 수행하여 깨달음에 이를 것을 주장하였다. 원불교는 삼학의 수행을 정신 수양, 사리(事理) 연구, 작업(作業) 취사(取捨)로 정의한다. 수양은 정(定)이고 양성(養性)이며, 연구는 혜(慧)이고 견성(見性)이며, 취사는 계(戒)이며 솔성(率性)이라 하면서 이 공부를 지극히 하면 누구나 성불할 수 있다고 강조하였다.

정답찾기 ㄱ. 불교에서는 여덟 가지 올바른 수행의 길로 팔정도(八正道)를 제시하며 팔정도의 수행을 통해 어리석음에서 벗어나 열반에 이를 수 있다고 주장하였다.

ㄷ. 불교와 원불교 모두 연기의 원리를 알고 만물을 보면 괴로움에서 벗어날 수 있다고 주장하였다.

ㄹ. 불교와 원불교 모두 계정혜 삼학을 익혀 집착을 버리고 청정한 본래의 마음을 깨달아야 한다고 주장하였다.

오답피하기 ㄴ. 원불교는 생활 불교를 표방하여 새롭게 조직된 종교이다. 이사병행(理事並行)을 주장하여 영적인 삶을 추구하는 수도의 삶과 건강하고 건전한 현실의 삶을 함께 온전히 완성해 가는 것을 추구하였다.

10 우리나라 고유 사상의 특징 이해

문제분석 제시문은 최치원의 글이다. 신라의 최치원은 우리나라의 현묘(玄妙)한 도인 풍류(風流) 사상에는 유교, 불교, 도교의 요소가 포함되어 있다고 주장하였다.

정답찾기 ㄱ. 풍류 사상에는 부모에게 효도하고 나라에 충성하는 것과 같은 도덕규범이 담겨 있으며 이를 통해 사람들을 교화하고자 하는 생각이 제시되어 있다.
ㄷ. 풍류 사상에는 유교, 불교, 도교와 같이 서로 다른 다양한 생각을 포용하고 화합하고자 하는 정신이 담겨 있다.
ㄹ. 풍류 사상은 자연과의 친화를 추구하고 평화를 애호하는 고유의 전통 형성에 영향을 주었다.

오답피하기 ㄴ. 풍류 사상은 신분 차별 제도의 폐지를 주장하지 않았다.

THEME 07 서양 윤리 사상의 연원과 덕 있는 삶

수능실전문제 본문 48~52쪽

01 ④	02 ④	03 ②	04 ④
05 ③	06 ②	07 ③	08 ⑤
09 ⑤	10 ②		

01 소크라테스의 사상적 입장 이해

문제분석 가상 편지를 쓴 사상가는 소크라테스이다. 소크라테스는 모든 덕은 참된 앎에서 나오고 모든 악은 무지에서 비롯된다고 보고, 무지에 대한 자각과 참된 앎의 추구를 강조하였다.

정답찾기 ④ 소크라테스는 감각적 경험과 현실적 유용성보다 참된 앎에 이르기 위한 이성적 사유와 성찰을 중시하였다.

오답피하기 ① 소크라테스는 '덕은 곧 지식'이라는 입장에서, 지식을 모든 덕과 행복의 원천이라고 보았다.
② 소크라테스는 무지에 대한 자각을 통해 보편적인 진리를 추구할 것을 강조하였다.
③ 소크라테스는 인간의 삶과 사회에 대한 탐구에 관심을 가져야 한다고 보았다.
⑤ 소크라테스는 참된 앎을 바탕으로 세속적 가치보다 정신적 가치를 추구해야 한다고 주장하였다.

02 프로타고라스와 소크라테스의 사상적 입장 이해

문제분석 갑은 소피스트인 프로타고라스, 을은 소크라테스이다. 프로타고라스는 각 개인이 진위 판단의 기준이라고 보았다. 이와 달리 소크라테스는 절대적인 진리와 보편적인 가치 판단의 기준이 존재한다고 보았다.

정답찾기 ④ 소크라테스는 영혼의 수련을 통해서 얻어지는 깨달음이 참된 앎이라고 보고, 인간은 끊임없는 성찰을 통해 자신의 영혼을 최상의 상태로 가꾸어야 한다고 주장하였다.

오답피하기 ① 프로타고라스는 개인의 감각과 경험이 지식과 도덕의 근원이라고 간주하면서, 가치에 대한 판단은 상대적이며 주관적으로 이루어진다고 주장하였다.
② 프로타고라스에 따르면 옳음과 그름에 대한 판단은 개인에 따라 달라질 수 있다.
③ 소크라테스는 보편적인 진리가 존재한다고 보았으며, 진리 탐구를 위해 무지를 자각할 것을 강조하였다.
⑤ 소크라테스는 지식을 추구하는 방법에 있어서 감각적 경험보다 이성을 중시하였다.

03 트라시마코스와 소크라테스의 사상적 입장 이해

문제분석 갑은 소피스트 중의 한 사람인 트라시마코스, 을은 소크라테스이다. 트라시마코스는 정의를 통치자와 더 강한 자의 이익이며, 통치자를 복종하며 섬기는 자에게는 해가 되는 것이라고 보았다. 이와 달리 소크라테스는 정의를 피통치자와 더 약한 자에게 이익이 되는 것이라고 보았다.

정답찾기 ② 트라시마코스는 정의를 통치자와 더 강한 자의 이익 이외에 다른 것은 아니라고 보았다. 소크라테스는 정의를 덕이라고 보고, 정의를 실현하는 것은 피통치자와 약한 자에게 이익이 될 수 있다고 주장하였다.

오답피하기 ① 소크라테스가 부정의 대답을 할 질문이다. 소크라테스는 정의와 부정의에 대한 판단 기준은 누구에게나 언제 어디서나 같은 것이어야 한다고 보았다.
③ 트라시마코스가 긍정의 대답을 할 질문이다. 트라시마코스는 통치자가 자신에게 이익이 되는 것을 법으로 만들어서 다스림을 받는 자들에게 그 법을 정의로운 것이라고 공포하고, 이를 위반하면 처벌한다고 보았다.
④ 트라시마코스와 소크라테스 모두 긍정의 대답을 할 질문이다. 트라시마코스는 정의의 실현을 통해 통치자나 더 강한 자가 이익을 얻는다고 보았고, 소크라테스는 정의의 실현을 통해 피통치자가 이익을 얻는다고 보았다.
⑤ 소크라테스가 부정의 대답을 할 질문이다. 소크라테스는 통치자가 올바르게 통치하려면 정의에 대한 앎이 있어야 한다고 보았다.

04 플라톤의 사상적 입장 이해

문제분석 제시문을 주장한 사상가는 플라톤이다. 플라톤은 인간의 영혼이 이성, 기개, 욕구의 세 부분으로 이루어져 있다고 보았다. 그에 따르면 영혼의 각 부분이 서로 간섭하지 않고 자신의 역할을 다하며, 각자의 덕을 갖추어 전체적으로 조화를 이룰 때 영혼의 정의(正義)가 실현된다.

정답찾기 ㄱ. 플라톤에 따르면 인간은 육체적 쾌락으로 가득해지면 욕구가 이성과 기개를 지배하려 들고 마침내 삶 전체를 망치게 할 수도 있다.
ㄴ. 플라톤은 영혼의 세 부분이 각자의 덕을 갖추어 전체적으로 조화를 이룰 때 정의의 덕이 실현될 수 있다고 보았다.
ㄷ. 플라톤에 따르면 이성과 기개는 외부의 적에 맞서 영혼 전체와 몸을 지켜 주며, 기개는 이성에 복종하고 협력하는 역할을 한다.

오답피하기 ㄹ. 플라톤은 영혼의 세 부분인 이성, 기개, 욕구 각자를 위해 무엇이 유익한 것인지 알고, 영혼 전체를 위해 무엇이 유익한 것인지 아는 덕을 '지혜'라고 보았다.

05 플라톤과 아리스토텔레스의 사상적 입장 이해

문제분석 (가)의 갑은 플라톤, 을은 아리스토텔레스이다. 플라톤은 이데아를 사물의 완전하고 이상적인 원형 그 자체로 보았으며, 좋음의 이데아는 최고의 이데아로서 다른 이데아들과 사물이 존재할 수 있게 해 주는 근원이라고 보았다. 아리스토텔레스는 플라톤이 이데아계와 현상계를 구분한 것을 비판하면서 좋음은 이데아의 세계가 아니라 현실 세계에 존재한다고 보았다.

정답찾기 ㄴ. 플라톤은 좋음의 본질인 좋음의 이데아를 이성을 통해 인식할 수 있다고 보았고, 아리스토텔레스는 현실에서 좋음의 본질을 인식할 수 있다고 보았다.
ㄹ. 아리스토텔레스에 따르면 개별적인 실체들로 이루어진 현실 세계 이외의 다른 세계는 존재하지 않으며, 사물의 본질도 이데아계가 아닌 현실 세계의 개별 사물에 존재한다. 이와 달리 플라톤은 세계를 현상계와 이데아계로 구분하였다.

오답피하기 ㄱ. 플라톤의 입장에 해당하지 않는다. 플라톤에 따르면 좋음의 이데아는 언제나 불변하는 모습으로 독자적으로 존재하며 어디서나 달라지지 않는다.
ㄷ. 플라톤만의 입장이다. 플라톤은 이데아계에 존재하는 좋음의 이데아를 최고의 이데아로 보고, 좋음의 이데아를 지향하고 실현하려는 삶이 올바른 삶이라고 보았다. 아리스토텔레스는 이데아계가 따로 존재한다고 보지 않았다.

06 플라톤의 사상적 입장 이해

문제분석 제시문을 주장한 사상가는 플라톤이다. 플라톤은 신이 통치자에게는 황금, 방위자에게는 은, 생산자에게는 쇠와 청동을 섞었지만, 모든 자손이 서로의 자손에서 태어날 수 있다고 보았다. 그리고 철학자가 국가를 통치해야 한다고 주장하였다.

정답찾기 두 번째 입장. 플라톤은 생산자 계층은 사유 재산을 가질 수 있다고 보았지만 통치자 계층은 사유 재산을 가져서는 안 된다고 보았다.
세 번째 입장. 플라톤은 정치권력과 철학의 결합을 강조하면서 '좋음의 이데아'에 대한 지식을 갖추고 인격을 겸비한 철학자가 국가를 통치해야 정의로운 국가를 실현할 수 있다고 보았다.

오답피하기 첫 번째 입장. 플라톤은 용기란 두려워할 것과 두려워하지 않을 것에 관한 이성의 지시를 끝까지 지키는 덕이라고 보았다.
네 번째 입장. 플라톤은 다른 계층 사람들과 도구나 직분을 교환하거나 한 사람이 모든 일을 동시에 하려고 하면 국가가 파멸의 길로 가게 될 것이라고 주장하였으며, 계층 간 이동이 자유롭지 않아야 한다고 보았다.

07 아리스토텔레스의 사상적 입장 이해

문제분석 제시문을 주장한 사상가는 아리스토텔레스이다. 아리스토텔레스는 행복을 덕에 따르는 정신의 활동으로 보고, 덕에는 지성적 덕과 품성적 덕이 있다고 보았다.

정답찾기 ③ 아리스토텔레스는 행복을 실현하기 위해 필요한 최고의 덕은 신이나 자연과 같이 고귀한 대상들을 이성적으로 관조하는 활동의 덕, 즉 철학적 지혜라고 주장하였다.

오답피하기 ① 아리스토텔레스에 따르면 행복은 완전하고 자족적인 어떤 것으로서, 행위를 통해 성취할 수 있는 것들의 목적이다.
② 아리스토텔레스에 따르면 행복은 덕을 따르는 정신의 활동이고, 최고의 덕을 따르는 정신의 활동은 진리에 대한 관조이므로 인간은 진리에 대한 관조 활동을 할 때 가장 행복할 수 있다.
④ 아리스토텔레스는 품성적 덕을 갖추기 위해서는 무엇이 중용인지를 파악하게 해 주는 지성적 덕, 즉 실천적 지혜가 반드시 필요하다고 보았다.
⑤ 아리스토텔레스는 영혼의 이성적 부분과 관련된 덕을 지성적 덕,

감정이나 욕구 부분과 관련된 덕을 품성적 덕으로 보았다.

08 플라톤과 아리스토텔레스의 사상적 입장 이해

문제분석 (가)의 갑은 플라톤, 을은 아리스토텔레스이다. 플라톤은 인간의 영혼이 이성, 기개, 욕구의 세 부분으로 구성되며, 이성이 지혜의 덕으로써 기개와 욕구를 잘 다스려 영혼이 조화를 이룰 때 정의가 실현될 수 있다고 보았다. 아리스토텔레스는 덕을 지성적 덕과 품성적 덕으로 구분하고, 지성적 덕은 교육을 통해, 품성적 덕은 옳은 행동의 습관화를 통해 형성된다고 보았다.

정답찾기 ⑤ 아리스토텔레스는 영혼의 감정이나 욕구 부분이 이성에 귀를 기울이고 이성의 명령에 따르를 때 발휘할 수 있는 덕이 품성적 덕이라고 보았다.

오답피하기 ① 플라톤은 부정, 아리스토텔레스는 긍정의 대답을 할 질문이다. 플라톤은 도덕적 진리의 근원이 현실 세계가 아니라 이데아계에 존재한다고 보았다.

② 플라톤과 아리스토텔레스 모두 긍정의 대답을 할 질문이다. 플라톤과 아리스토텔레스는 인간이 올바른 삶을 살기 위해서는 지혜의 덕이 필요하다고 보았다.

③ 플라톤이 부정의 대답을 할 질문이다. 플라톤은 절제를 이성, 기개, 욕구가 공통적으로 갖추어야 할 덕으로 보았다.

④ 아리스토텔레스가 부정의 대답을 할 질문이다. 아리스토텔레스에 따르면 지성적 덕은 교육을 통해 길러지고, 품성적 덕은 중용을 반복적으로 실천하고 습관화하여 형성된다.

09 아리스토텔레스의 사상적 입장 이해

문제분석 제시문을 주장한 사상가는 아리스토텔레스이다. 아리스토텔레스는 실천적 지혜가 있는 사람은 자제력을 발휘하지만 영리한 사람은 자제력이 없는 사람이 될 수도 있다고 보았다. 아리스토텔레스에 따르면 자제력이 없는 사람은 정념 때문에 올바른 이치에 어긋나는 데로 나아가는 사람이다.

정답찾기 ⑤ 아리스토텔레스는 덕 있는 행위를 습관화하면 실천을 방해하는 의지의 나약함을 극복하고 덕 있는 행위를 실천할 수 있다고 보았다.

오답피하기 ① 아리스토텔레스가 부정의 대답을 할 질문이다. 아리스토텔레스는 뉘우칠 줄 모르는 방종한 사람과 달리 자제력이 없는 사람은 뉘우칠 줄 알며 고쳐질 가망이 있다고 보았다.

② 아리스토텔레스가 부정의 대답을 할 질문이다. 아리스토텔레스에 따르면 자제력이 없는 사람은 좋은 것인 줄 알면서도 그것을 행하지 않거나, 나쁜 것인 줄 알면서도 그것을 행한다.

③ 아리스토텔레스가 부정의 대답을 할 질문이다. 아리스토텔레스에 따르면 실천적 지혜가 있으면서 자제력이 없을 수는 없다.

④ 아리스토텔레스가 부정의 대답을 할 질문이다. 아리스토텔레스에 따르면 자제력이 없는 사람은 정념 때문에 올바른 이치에 어긋나는 지나친 육체적 쾌락을 추구하기 쉽다.

10 아리스토텔레스와 매킨타이어의 사상적 입장 이해

문제분석 갑은 아리스토텔레스, 을은 매킨타이어이다. 아리스토텔레스는 품성적 덕의 특징으로 중용을 강조하면서 중용은 지나침과 모자람의 중간 상태이면서 이성적으로 판단해서 가장 적합하고 올바른 상태라고 보았다. 매킨타이어는 아리스토텔레스의 덕 윤리를 계승하여 행위자의 품성과 덕을 중시하였다.

정답찾기 ㄱ. 아리스토텔레스는 악의, 파렴치함, 절도, 살인 등은 그 자체로 나쁜 것이며, 이런 것들에서는 옳다고 할 수 있는 것이 없다고 보고, 그 자체로 나쁜 감정이나 행동에는 중용이 존재하지 않는다고 주장하였다.

ㄹ. 아리스토텔레스와 매킨타이어는 훌륭한 삶을 영위하기 위해서는 덕을 소유하고 발휘해야 한다고 보았다.

오답피하기 ㄴ. 매킨타이어는 인간이 자신이 속한 공동체의 인간관계나 사회적 맥락을 고려하여 덕을 발휘해야 한다고 보았다.

ㄷ. 매킨타이어는 덕 윤리 사상가로서 행위 자체의 옳음보다 행위자의 품성을 중시해야 한다고 보았다.

THEME 08

행복 추구와 신앙

수능실전문제

본문 55~59쪽

01 ② 02 ③ 03 ⑤ 04 ⑤
05 ③ 06 ⑤ 07 ① 08 ④
09 ① 10 ④

01 에피쿠로스의 사상적 입장 이해

문제분석 그림의 강연자는 에피쿠로스이다. 에피쿠로스는 쾌락을 행복한 삶의 시작이자 끝이며, 모든 가치를 평가하는 최고선으로 보았다. 그는 소극적 쾌락주의의 관점에서 모든 욕구를 적극적으로 충족하는 데서 오는 쾌락이 아니라 모든 고통이 제거된 상태가 지속됨으로써 주어지는 쾌락을 추구할 것을 강조하였다.

정답찾기 ② 에피쿠로스는 사치스러운 삶을 살기보다는 불필요한 욕심을 버리고 절제하며 검소한 삶을 살 것을 강조하였다.

오답피하기 ① 에피쿠로스는 절제하는 생활을 강조하면서 명예나 권력을 추구하는 등의 헛된 욕망에 따르는 삶을 경계하였다.
③ 에피쿠로스는 자연적이고 필수적인 욕구만을 최소한으로 충족하고, 자연적이지 않거나 필수적이지 않은 욕구를 극복해야 한다고 보았다.
④ 에피쿠로스는 공동체에서의 적극적인 활동은 육체적, 정신적 고통을 가져온다고 보고, 공적인 삶에서 벗어나 은둔자적인 삶을 살 것을 강조하였다.
⑤ 에피쿠로스는 감각적이고 순간적인 쾌락이 아니라 정신적이고 지속적인 쾌락을 강조하였다.

02 에피쿠로스와 에픽테토스의 사상적 입장 이해

문제분석 갑은 에피쿠로스, 을은 에픽테토스이다. 에피쿠로스는 쾌락이 첫 번째 선이라는 쾌락주의 입장을 제시하면서 쾌락과 고통의 비교를 통해 이득이 되는 것과 해가 되는 것을 고려해야 한다고 주장하였다. 에픽테토스는 쾌락과 같은 비이성적이고 비자연적 정념에서 벗어나 이성에 따르는 금욕적인 삶을 강조하였다.

정답찾기 ㄷ. 에픽테토스는 자연 안에서 일어나는 모든 일은 신에 의해 운명 지어진 것이므로 자신에게 주어진 조건과 상황을 운명으로 받아들여야 한다고 보았다.
ㄹ. 에피쿠로스와 에픽테토스 모두 인간의 행복한 삶을 위해서는 이성적 사고와 판단이 필요하다고 보았다.

오답피하기 ㄱ. 에피쿠로스는 소극적 쾌락주의의 입장에서 쾌락을 적극적으로 추구하기보다 고통과 근심을 제거할 것을 강조하였다.
ㄴ. 에픽테토스는 욕망, 공포, 쾌락, 슬픔 등과 같은 비이성적이고 비자연적 정념에서 벗어나야 한다고 보았지만, 자식에 대한 부모의 사랑, 인류애와 같은 이성에 기초한 자연스러운 감정은 인정하였다.

03 에피쿠로스와 키케로의 사상적 입장 이해

문제분석 (가)의 갑은 에피쿠로스, 을은 스토아학파의 영향을 받은 키케로이다. 에피쿠로스는 즐거운 삶은 덕과 분리될 수 없고, 인간의 행동을 결정할 힘은 인간 자신에게 있다고 보면서 신과 운명 등에 대한 잘못된 믿음에서 벗어날 것을 강조하였다. 키케로는 이성을 신과 인간, 세계에 공통된 것으로 보고, 이성에 따르는 삶이 신의 예정과 섭리에 따르는 삶이자 덕에 따르는 삶이라고 주장하였다.

정답찾기 ⑤ 키케로는 혼란된 마음의 동요를 억제하고, 본능적인 욕구를 이성에 복종시키는 인내의 덕을 강조하면서 어떤 상황에서도 동요하지 않는 정신 상태를 추구해야 한다고 보았다.

오답피하기 ① 에피쿠로스는 부정, 키케로는 긍정의 대답을 할 질문이다. 에피쿠로스는 신이 인간사에 관여하지 않으므로 인간의 세계가 신에 의해 결정되지 않는다고 보았다. 이와 달리 키케로는 자연 안에서 일어나는 모든 일은 신의 예정과 섭리에 따라 일어난다고 보았다.
② 키케로가 긍정의 대답을 할 질문이다. 키케로는 신과 자연과 인간이 이성에 의해 연결되어 있으므로 이성을 통해 자연의 필연적 질서를 파악할 수 있다고 보았다.
③ 에피쿠로스가 부정의 대답을 할 질문이다. 에피쿠로스는 즐거운 삶을 살기 위해 사려 깊고 정직한 삶을 살아야 한다고 보았다.
④ 키케로가 부정의 대답을 할 질문이다. 키케로에 따르면 이성은 신과 자연과 인간의 공통된 본성이다.

04 스토아학파의 사상적 입장 이해

문제분석 제시문은 스토아학파 사상가인 아우렐리우스의 주장이다. 아우렐리우스는 이성을 우주 만물의 본질이자 만물의 생성과 변화를 이끌어 가는 힘이라고 보았다.

정답찾기 ⑤ 아우렐리우스는 이성을 신과 자연과 인간의 공통된 본성이라고 보고, 인간은 이성을 통해 자연의 필연적 질서를 파악하고 따를 수 있다고 보았다.

오답피하기 ① 아우렐리우스는 쾌락을 선으로 추구하고, 고통을 악으로 회피하는 것도 신에 대한 모독죄에 해당된다고 보고, 쾌락을 초월하여 자연의 섭리에 순응할 것을 강조하였다.
② 아우렐리우스에 따르면 이성을 따르는 삶이 자연의 필연적 질서를 따르는 삶이며 신의 섭리를 따르는 삶이다.
③ 아우렐리우스는 세계 안의 모든 일이 자연의 인과 법칙에 따라 필연적으로 일어난다고 보고, 주어진 운명에 순응할 것을 강조하였다.
④ 아우렐리우스는 비자연적 정념뿐만 아니라 자연적인 정념에 대해서도 초연해야 한다고 보았다.

05 아우구스티누스의 사상적 입장 이해

문제분석 제시문을 주장한 사상가는 아우구스티누스이다. 아우구스티누스는 순수하게 존재하는 완전한 신이 만물을 창조하였다고 보고, 신이 다스리는 천상의 나라와 불완전한 인간이 다스리는 지상의 나라를 구분하였다.

정답찾기 ㄷ. 아우구스티누스에 따르면 천상의 나라는 최고선인 신을 사랑하고 신의 법에 따라 사는 사람들의 나라이다.

ㄹ. 아우구스티누스는 지상의 나라에 사는 인간도 신을 사랑함으로써 천상의 나라에 속할 수 있다고 보았다.

오답피하기 ㄱ. 아우구스티누스는 신이 만든 피조물 그 자체에 대한 사랑이 아니라 창조주에 대한 사랑이어야 왜곡된 사랑이 아니고 바른 사랑이라고 보았다.

ㄴ. 아우구스티누스는 신을 가장 완전하고 선한 존재이자 최고선으로 보았지만, 조화로운 자연 그 자체라고 보지는 않았다.

06 플라톤과 아우구스티누스의 사상적 입장 이해

문제분석 갑은 플라톤, 을은 아우구스티누스이다. 플라톤은 각각의 사물에 완전하고 이상적인 원형인 이데아가 있다고 보았다. 아우구스티누스는 이데아가 무(無)에서 만물을 창조한 신의 정신 안에 있다고 보았다.

정답찾기 ⑤ 플라톤은 이성을 통해 진리를 인식할 수 있다고 보았지만, 아우구스티누스는 유한한 인간이 이성만으로 진리를 온전히 인식하는 것은 불가능하며, 진리를 인식하기 위해서는 인간의 영혼에 신의 조명이 비추어져야 한다고 주장하였다.

오답피하기 ① 플라톤은 최고의 이데아인 선의 이데아를 모방하고 지향하는 삶이 이상적인 삶이라고 보았다.

② 아우구스티누스는 계시를 통해 신의 은총을 받아야 참된 행복을 실현할 수 있다고 보았다.

③ 플라톤은 선의 이데아를 사물들 각각의 이데아가 존재하게 하는 궁극적 원인이라고 보았다.

④ 플라톤은 이데아를 감각적 경험이 아니라 오직 이성을 통해서만 파악할 수 있다고 보았다.

07 아리스토텔레스와 아퀴나스의 사상적 입장 이해

문제분석 (가)의 갑은 아리스토텔레스이고, 을은 아퀴나스이다. 아리스토텔레스는 행복을 완전하고 자족적인 것으로 보고, 행복은 덕에 따르는 영혼의 활동을 통해 실현될 수 있다고 보았다. 아퀴나스는 아리스토텔레스가 강조한 행복은 현세적 행복이며, 최고의 행복으로 나아가는 예비적 단계에 불과하다고 보았다. 그에 따르면 완전한 행복은 종교적 덕을 추구함으로써 신의 은총에 의해 내세에서 실현될 수 있다.

정답찾기 ㄱ. 아리스토텔레스는 행복을 실현하기 위해 필요한 최고의 덕은 신이나 자연과 같이 고귀한 대상들을 이성적으로 관조하는 활동의 덕(철학적 지혜)이라고 보았다. 이와 달리 아퀴나스는 종교적 덕(믿음, 소망, 사랑)을 추구해야 영원한 행복을 실현할 수 있다고 보고, 사랑을 최고의 덕으로 보았다.

ㄷ. 아리스토텔레스와 아퀴나스 모두 인간의 궁극적 목적은 행복이며, 행복은 덕에 의해 실현될 수 있다고 보았다. 다만 아퀴나스는 아리스토텔레스가 강조한 자연적 덕(지성적 덕과 품성적 덕)은 현세에서의 행복을 위한 것이고, 최고의 행복으로 나아가기 위해서는 종교적 덕이 필요하다고 보았다.

오답피하기 ㄴ. 아퀴나스의 입장에 해당하지 않는다. 아퀴나스는 현세가 아니라 내세에서 신과 하나가 됨으로써 완전한 행복이 성취될 수 있다고 주장하였다.

ㄹ. 아퀴나스의 입장에 해당하지 않는다. 아퀴나스는 이성과 신앙, 철학과 신학이 모순되거나 대립하지 않으며 조화를 이룰 수 있다고 보았지만, 이성보다 신앙이, 이성의 진리보다 신앙의 진리가 우위를 차지한다고 주장하였다.

08 아퀴나스의 사상적 입장 이해

문제분석 제시문을 주장한 사상가는 아퀴나스이다. 아퀴나스는 영원법이 모든 사물의 본성뿐만 아니라 인간의 자연적 성향에 반영되어 있다고 보고, 이성을 통해 자연적 성향을 인식하고 따름으로써 신의 뜻을 깨닫고 행복한 삶을 살 수 있다고 보았다.

정답찾기 ㄴ. 아퀴나스는 영원법이 인간의 자연적 성향에 반영되어 있으므로 이성을 통해 인식할 수 있는 자연적 성향을 따르는 것이 도덕적 의무라고 보았다.

ㄹ. 아퀴나스에 따르면 인간에게는 고유한 자연적 성향이 있는데, 이는 이성이라는 자연적 본성을 따르는 것으로, 신에 관한 진리를 인식하고자 하는 자연적 성향과 사회적 공동체에서 살고자 하는 자연적 성향이다.

오답피하기 ㄱ. 아퀴나스가 부정의 대답을 할 질문이다. 아퀴나스는 자연법을 인간의 이성에 의해 인식된 영원법으로 보고, 자연법이 영원법에 기초한다고 보았다.

ㄷ. 아퀴나스가 부정의 대답을 할 질문이다. 아퀴나스는 모든 사물의 본성뿐만 아니라 인간의 자연적 성향에도 영원법이 반영되어 있다고 보았다.

09 아우구스티누스와 아퀴나스의 사상적 입장 이해

문제분석 갑은 아우구스티누스, 을은 아퀴나스이다. 아우구스티누스는 악은 선에 반대되는 실체가 아니라 선의 결여이며, 신의 창조물이 아닌 인간 행위의 결과라고 주장하였다. 아퀴나스는 이성에 일치하여 행동하려는 사람은 덕스럽게 행하고자 하며, 덕으로 이끌리는 자연적 성향은 자연법에 귀속된다고 보았다.

정답찾기 ① 아우구스티누스는 의지적 결함인 악덕으로 인해 벌을 받는 인간과 달리 최고선인 신에게는 결함이 있을 수 없다고 보았다.

오답피하기 ② 아우구스티누스에 따르면 악은 신의 창조물이 아니라 인간 행위의 결과이다.

③ 아퀴나스는 이성적 피조물인 인간만이 이성이라는 자연적 본성을 따르며 적절한 행동과 목적에 대한 자연적 성향을 지닌다고 보았다.

④ 아퀴나스에 따르면 인간이 자연적 성향으로 가지는 모든 것은 이성에 의해 선으로 이해되고 추구의 대상이 된다.

⑤ 아우구스티누스와 아퀴나스는 모두 인간은 원죄를 지니고 태어나지만 자유 의지를 행사할 수 있는 존재라고 보았다.

10 칼뱅의 사상적 입장 이해

문제분석 가상 편지를 쓴 사상가는 칼뱅이다. 칼뱅은 인간의 구원은 신에 의해 미리 정해져 있다는 예정설과 직업은 신이 인간에게 내린 소명(召命)이라는 직업 소명설을 주장하였다.

정답찾기 ④ 칼뱅은 직업을 신이 각 개인에게 내린 소명이자 이웃을 사랑하고 신의 영광을 실현하기 위한 수단이라고 보았다.

오답피하기 ① 칼뱅에 따르면 직업은 신이 각 개인에게 내린 소명이므로 귀천이 존재하지 않는다.

② 칼뱅은 인간의 노동은 신성하며 노동으로 얻은 것은 신의 선물이라고 보았다.
③ 칼뱅은 인간이 스스로 자신의 구원을 획득할 수 없으며, 구원은 신에 의해 미리 정해져 있다고 보았다.
⑤ 칼뱅은 인간의 구원이 인간의 어떤 가치나 인간에게서 나오는 어떤 것에 있지 않고, 오직 신의 자비에만 있다는 것을 인식해야 한다고 보았다.

THEME 09

도덕적 판단과 행동의 근거: 이성과 감정

수능실전문제 본문 63~68쪽

01 ②	02 ④	03 ⑤	04 ③
05 ④	06 ⑤	07 ⑤	08 ①
09 ⑤	10 ④	11 ⑤	12 ①

01 데카르트와 베이컨의 사상적 입장 이해

문제분석 갑은 데카르트, 을은 베이컨이다. 데카르트는 더 이상 증명이 필요하지 않은 자명한 진리를 철학의 제1원리로 삼은 후 이성적 추리를 통해 그 밖의 진리를 연역해야 한다고 보았다. 반면에 베이컨은 경험과 관찰을 통해 새로운 지식을 발견해야 한다고 보았다.
정답찾기 ② 데카르트는 자명한 진리인 철학의 제1원리로부터 논리적 추리를 통해 각 사물의 진리를 찾아야 한다고 보았다.
오답피하기 ① 데카르트는 감각적 경험을 통해서는 참된 지식을 얻을 수 없다고 보았다.
③ 베이컨은 자연에 대해 객관적으로 탐구하기 위해서는 지성을 바탕으로 참된 귀납법을 사용해야 한다고 보았다.
④ 베이컨은 자연에 관한 참된 인식을 방해하는 우상을 타파해야 한다고 보았다.
⑤ 데카르트는 자연을 있는 그대로 관찰하더라도 일반적 원리는 얻을 수 없다고 보았다.

02 고르기아스와 데카르트의 사상적 입장 이해

문제분석 갑은 소피스트인 고르기아스, 을은 데카르트이다. 고르기아스는 절대적인 존재와 진리 그리고 그것들에 대한 객관적 인식 가능성을 부정하였다. 데카르트는 의심할 여지가 없는 확실한 지식을 찾을 수 있다고 보았다.
정답찾기 ④ 데카르트는 모든 것을 의심해 보는 방법적 회의를 통해 확고부동한 명제인 철학의 제1원리를 얻을 수 있다고 보았다.
오답피하기 ① 고르기아스는 지식의 존재 여부를 확실하게 증명할 방법은 찾을 수 없다고 보았다.
② 고르기아스는 인간이 지식을 인식할 수 있더라도 그 지식을 타인에게 전달할 수 없다고 보았다.
③ 데카르트는 방법적 회의를 통해 의심할 수 있는 모든 것을 의심하더라도 "나는 생각한다. 그러므로 나는 존재한다."라는 명제는 부정할 수 없다고 보았다.
⑤ 고르기아스와 데카르트는 모두 지식의 인식 가능성에 대해 철학적 탐구가 필요하다고 보았다.

03 아리스토텔레스와 베이컨의 사상적 입장 이해

문제분석 갑은 아리스토텔레스, 을은 베이컨이다. 아리스토텔레스는 좋음은 현실에서 인식할 수 있으며, 삼단 논법 등을 통해 지식을 탐구해야 한다고 보았다. 베이컨은 삼단 논법으로는 새로운 지식을 얻을 수 없으며, 참된 귀납법을 통해 지식을 획득해야 한다고 보았다.

정답찾기 ㄷ. 베이컨은 삼단 논법과 같은 연역적 추론으로는 기존의 지식을 확인할 수 있을 뿐이며, 새로운 지식은 획득할 수 없다고 보았다.

ㄹ. 아리스토텔레스와 베이컨은 모두 인간이 경험할 수 있는 세계에 진리가 존재한다고 보았다.

오답피하기 ㄱ. 아리스토텔레스는 인간은 다양한 좋음을 추구하지만, 최고의 좋음은 행복이라고 보았다.

ㄴ. 베이컨은 인간의 선입견인 우상이 참된 인식을 방해한다고 보았다.

04 스피노자의 사상적 입장 이해

문제분석 제시문을 주장한 사상가는 스피노자이다. 스피노자는 모든 존재는 자신을 보존하려는 경향을 지닌다고 주장하였다. 그는 이러한 자기 보존에 도움이 되거나 해가 되는 것을, 즉 인간의 활동 능력을 촉진하거나 억제하는 것을 선 또는 악이라고 보았다.

정답찾기 ㄱ. 스피노자는 인간이 이성적 삶을 향유하는 데 방해가 되는 것과 자기 보존에 해가 되거나 인간의 활동 능력을 억제하는 것을 악이라고 보았다.

ㄴ. 스피노자는 신은 무한한 속성으로 이루어진 완전하며 유일한 실체라고 보았다. 따라서 신은 다른 실체에서 산출될 수 없다.

오답피하기 ㄷ. 스피노자는 인간의 본질이 자기 존재를 보존하려는 욕구라고 보았다.

05 스토아학파와 스피노자의 사상적 입장 비교

문제분석 (가)의 갑은 스토아학파 사상가 에픽테토스, 을은 스피노자이다. 에픽테토스는 자연 안에 일어나는 모든 일은 이미 신에 의해 운명 지어져 있기 때문에 우리가 바꿀 수 있는 것은 생각, 충동, 욕구, 감정 등 마음과 관련된 것뿐이라고 보았다. 스피노자는 자연을 수학적 질서에 따라 움직이는 하나의 거대한 기계로 보고, 자연에서 일어나는 모든 일은 원인과 결과의 필연적인 관계로 연결되어 있다고 보았다.

정답찾기 ㄱ. 스토아학파는 행복한 삶은 부동심, 즉 아파테이아에 이를 때 가능하다고 보았다. 스토아학파에 따르면, 부동심은 신에 대한 인식만으로 이를 수 없고 이성에 따른 삶을 살아갈 때 이를 수 있다. 반면에 스피노자는 신에 대한 직관적 인식을 통해 행복한 삶에 이를 수 있다고 보았다.

ㄴ. 스토아학파와 스피노자는 모두 인간이 자연의 공통된 질서에 맞서지 말고 순응해야 한다고 보았다.

ㄷ. 스토아학파와 스피노자는 모두 인간이 이성에 따라 올바른 판단을 내릴 때 정념의 예속에서 벗어날 수 있다고 보았다.

오답피하기 ㄹ. 스피노자는 인간이 자연의 일부이며, 자연의 모든 일은 신, 즉 자연의 절대적 본성에 의해 미리 결정되어 있으므로 인간의 자유 의지는 없다고 보았다. 그러나 인간은 자연의 인과적 필연성을 이성적으로 통찰하고 이해함으로써 정념의 예속에서 벗어나 진정한 자유를 얻을 수 있다고 주장하였다.

06 아퀴나스와 스피노자의 사상적 입장 이해

문제분석 갑은 아퀴나스, 을은 스피노자이다. 아퀴나스는 현세의 행복은 불완전한 행복으로서 진정한 행복으로 나아가는 예비적 단계에 불과하다고 보았다. 스피노자는 모든 것을 이성적으로 관조함으로써 도달하게 되는 마음의 안정과 평화가 인간의 최고의 행복이라고 보았다.

정답찾기 ⑤ 아퀴나스는 인간이 현세가 아니라 내세에서 지복을 향유할 수 있다고 보았다.

오답피하기 ① 아퀴나스는 인간의 궁극적인 행복은 신의 본질을 직관함으로써 신과 하나가 되는 데에 있다고 보았다.

② 아퀴나스는 완전한 행복을 위해서는 자연적인 덕뿐만 아니라 종교적 덕인 믿음, 소망, 사랑이 필요하다고 보았다.

③ 스피노자는 인간의 이성에 따라 규정된 욕망은 선하다고 보았다. 스피노자에 따르면, 욕망은 인간의 자기 보존에 유용한 것을 하려는 것이며 인간은 어떤 것을 욕망하기 때문에 그것을 선한 것이라고 판단한다.

④ 스피노자는 인간이 지복을 누리는 상태에서 정념의 예속에서 벗어날 수 있다고 보았다. 스피노자에 따르면, 인간의 정신은 지복을 누리면 누릴수록 그만큼 더 많이 인식하기 때문에 정념에 대해 더 큰 힘을 가지게 된다. 따라서 지복을 누리는 정신은 정념의 작용을 덜 받게 된다.

07 플라톤과 스피노자의 사상적 입장 이해

문제분석 갑은 플라톤, 을은 스피노자이다. 플라톤은 용기가 이성이 지시하는 대로 두려워할 것과 두려워하지 않을 것을 끝까지 보전하는 덕이라고 보았다. 스피노자는 용기가 이성의 명령에 따라 자신의 존재를 보존하고자 하는 욕망이라고 보았다.

정답찾기 ㄴ. 스피노자는 신에 관한 지적인 사랑의 상태에 이를 때 행복을 누릴 수 있다고 보았다.

ㄷ. 스피노자는 관용이 이성의 명령에 따라 타인들을 돕고 그들을 우애로 결합시키려는 욕망이라고 보았다.

ㄹ. 플라톤과 스피노자는 모두 이성의 명령에 따라 행위할 때 용기를 성취할 수 있다고 보았다.

오답피하기 ㄱ. 플라톤은 영혼의 지배하는 부분인 이성과 지배받는 부분인 기개와 욕구가 모두 절제의 덕을 갖추어야 한다고 보았다.

08 흄의 사상적 입장 이해

문제분석 가상 대화의 사상가는 흄이다. 흄은 인간 행위의 궁극적 목적은 이성으로는 설명할 수 없고, 이성의 능력에 전혀 의존하지 않는 인간의 정감과 감정으로 설명할 수 있다고 보았다.

정답찾기 ① 흄은 덕과 악덕은 관찰자에게 어떤 내적 감정을 주는지에 따라 구분된다고 보았다. 흄에 따르면, 덕은 관찰자에게 유쾌한 승인의 감정을 주는 정신적 활동이나 성질이다.

오답피하기 ② 흄은 죄나 악덕은 사실 관계에 대한 분석을 통해 정의되는 객관적 속성이 아니라 부인(否認)의 감정에 따른 것이라고 보았다.

③ 흄은 인간의 도덕감이 자기애의 원리에 따라 설명될 수 없다고 보았다. 흄에 따르면, 인간은 사회적으로 유용한 행위에 대해 시인(是認)의 감정을 느끼게 된다.

④ 흄은 이성이 행위의 직접적인 동기가 될 수는 없지만 행위의 유용한 경향성에 대해서는 알려 줄 수 있다고 보았다.
⑤ 흄에 따르면, 잔혹 행위에 대한 부인의 감정은 인간이 지닌 공감 능력에 따라 나타나는 것이다.

09 스피노자와 흄의 사상적 입장 비교

문제분석 (가)의 갑은 스피노자, 을은 흄이다. 스피노자는 인간이 신, 즉 자연과 이 원인으로부터 사물들이 발생하는 필연적인 인과 질서를 인식함으로써 최고의 행복에 도달할 수 있다고 보았다. 흄은 인간이 공감 능력을 바탕으로 사회적으로 유익한 것에 대해 시인의 감정을 갖는다고 보았다.

정답찾기 ㄴ. 스피노자는 긍정, 흄은 부정의 대답을 할 질문이다. 스피노자는 이성의 명령에 따라 생활하는 것이 인간에게 가장 유익하다고 보았다. 반면에 흄은 이성은 감정의 노예라고 보고 인간 행위의 동기는 오직 감정이라고 보았다.
ㄷ. 스피노자가 긍정의 대답을 할 질문이다. 스피노자는 슬픔 같은 부정적 감정은 자기 보존에 해가 되는 정념이라고 보았다. 스피노자에 따르면, 정념에 예속된 사람은 수동적인 삶을 살게 된다.
ㄹ. 흄이 긍정의 대답을 할 질문이다. 흄은 자신과 사회의 행복에 이바지하는 것은 시인의 대상이 된다고 보았다.

오답피하기 ㄱ. 스피노자와 흄 모두 긍정의 대답을 할 질문이다. 스피노자는 인간이 신에 대한 인식이 클수록 타인을 위한 선도 원한다고 보았다. 흄은 타인과 화합하며 살아가는 것이 사회 전체적으로 유용하므로 선이 될 수 있다고 보았다.

10 흄의 사상적 입장 이해

문제분석 제시문을 주장한 사상가는 흄이다. 흄은 정의와 같은 사회적 덕에 대해 우리 모두가 시인하게 되는 것은 그러한 덕들이 지닌 공적 효용 때문이라고 보았다. 흄은 사회적으로 유익한 것에 대해 우리가 시인의 감정을 갖는 것은 공감 능력 때문이라고 주장하였다.

정답찾기 ④ 흄은 정의의 유용성이 주는 유쾌한 감정 때문에 정의가 도덕적으로 시인된다고 보았다.

오답피하기 ① 흄은 정의와 같은 사회적인 덕은 우리가 즉각적으로 시인하는 종류의 덕이 아니라고 보았다. 그는 정의의 덕이 가져올 공적 효용이 정의의 유일한 근원이라고 주장하였다.
② 흄은 정의에 입각한 규칙은 인간의 복리와 사회의 유지를 위해 필요하다고 보았다.
③ 흄은 정의를 통해 사회 질서를 지킴으로써 누구도 해악을 당하지 않고 행복과 안전을 얻을 수 있다고 보았다.
⑤ 흄은 정의로운 법으로 범죄자를 처벌하는 것은 공동의 이익, 즉 사회의 이익을 위한 것이라고 보았다.

11 에피쿠로스와 흄의 사상적 입장 이해

문제분석 갑은 에피쿠로스, 을은 흄이다. 에피쿠로스는 쾌락이 행복한 삶의 시작이자 끝이라고 보았으며, 이성으로써 욕구를 분별하고 절제하며 검소한 삶을 살아야 한다고 보았다. 흄은 덕과 악덕은 이성적으로 판단되는 것이 아니라 어떤 사람의 행위나 품성을 바라볼 때 느끼는 시인(是認)의 감정이나 부인(否認)의 감정을 표현한 것이라고 보았다.

정답찾기 ㄷ. 흄은 인류가 지닌 내적 감정인 도덕감에 의해 덕이 행복으로 여겨지게 된다고 보았다.
ㄹ. 에피쿠로스와 흄은 모두 쾌락의 유무가 인간에게 좋은 것을 분별하는 기준이 될 수 있다고 보았다.

오답피하기 ㄱ. 에피쿠로스는 쾌락은 선이지만, 어떤 쾌락이 더 많은 불쾌감을 가져올 경우 그 쾌락을 선택하지 말아야 한다고 보았다.
ㄴ. 흄은 덕과 악덕은 이성에 의해 도덕적으로 판단되는 것이 아니라 감정에 의해 느껴진다고 보았다.

12 플라톤이 흄에게 제기할 수 있는 비판 파악

문제분석 제시문을 주장한 사상가는 플라톤이다. 플라톤은 인간의 영혼에서 이성이 지혜의 덕으로 기개와 욕구를 다스리고, 영혼의 세 부분이 각자 훌륭하게 역할을 수행하여 조화를 이룰 때 정의로운 인간이 될 수 있다고 보았다.

정답찾기 ① 플라톤은 유덕한 인간은 영혼에서 이성이 기개와 욕구를 다스려야 한다고 보았다. 반면에 흄은 이성이 감정의 노예에 불과하며 인간 행위의 직접적 동기는 감정이라고 보았다.

오답피하기 ② 플라톤은 도덕적 행동을 유발하는 것은 이성의 명령이라고 보았다.
③ 플라톤은 이성을 통해 좋음 자체, 즉 선의 이데아를 인식할 수 있다고 보았다.
④ 플라톤은 인간의 영혼에서 이성이 인간의 감정과 욕구를 제어할 수 있다고 보았다.
⑤ 플라톤은 모든 관찰자에게 동일하게 나타나는 쾌락이 덕이라고 보지 않았다.

THEME 10
옳고 그름의 기준: 의무와 결과

수능 실전 문제

본문 72~77쪽

01 ③	02 ④	03 ②	04 ④
05 ③	06 ③	07 ⑤	08 ②
09 ③	10 ⑤	11 ②	12 ⑤

01 칸트의 사상적 입장 이해

문제분석 그림의 강연자는 칸트이다. 칸트는 의무가 한편으로는 선의지를, 다른 한편으로는 경향성을 지닌 인간에게 적용된다고 보았다. 칸트는 경향성의 유혹이 크더라도 인간은 의무에서 비롯된 행위를 해야 한다고 보았다.

정답찾기 ③ 칸트는 모든 인간은 저절로 행복으로 향하는 아주 강렬하고도 간절한 경향성을 지니고 있다고 보았다.

오답피하기 ① 칸트는 도덕 법칙이 신과 같은 이성적 존재에게도 적용된다고 보았다.

② 칸트는 인간의 의지와 선악을 평가하는 데 약간의 유용성도 고려하지 않아야 한다고 보았다.

④ 칸트는 행위의 주체가 의무에 맞는 행위를 하려는 경향성을 지닐 수 있다고 보았다. 예를 들어, 상인은 공정하게 장사를 해야 한다는 의무 의식이 아니라 장기적 이익을 얻기 위해 공정하게 장사를 할 수 있다.

⑤ 칸트는 경험 원리에만 기초한 준칙은 실천적 규칙은 될 수 있지만 도덕 법칙은 될 수 없다고 보았다.

02 아퀴나스와 칸트의 사상적 입장 이해

문제분석 갑은 아퀴나스, 을은 칸트이다. 아퀴나스는 이성을 가진 인간이라면 동의할 수밖에 없고 지켜야 하는 보편적인 도덕 법칙인 자연법을 준수해야 한다고 보았다. 칸트는 도덕 법칙은 자연법칙과 달리 자유 의지를 지닌 인간이 스스로 세우고 스스로 따르는 법칙이라고 보았다.

정답찾기 ④ 칸트는 도덕 법칙에 대한 존경심은 경향성에 따라 일어난 감정이 아니라 이성을 통해 자체적으로 일어난 감정이라고 보았다.

오답피하기 ① 아퀴나스는 신의 의지로 정립된 영원불멸하는 질서와 법칙을 영원법이라고 보았다. 아퀴나스에 따르면, 자연법은 인간의 이성에 의해 인식된 영원법의 일부이고 자연법의 기초는 영원법이다.

② 아퀴나스는 실정법 또는 인간법은 인간에 의해 만들어진 법이며 변할 수 있다고 보았다.

③ 칸트는 자신의 행복을 확보하는 것은 간접적으로는 의무가 될 수 있다고 보았다. 하지만 의무가 문제시될 때는 행복을 고려하지 말아야 한다고 주장하였다.

⑤ 칸트는 인간이 자연적 성향으로 인해 지향하는 모든 것이 선이라고 보지 않았다. 칸트는 인간의 자연적 성향인 경향성이 식욕, 성욕, 이기심 등 다양한 욕구나 욕망을 포함한다고 보았다.

03 칸트와 밀의 사상적 입장 이해

문제분석 갑은 칸트, 을은 밀이다. 칸트는 무제한적으로 선한 것은 선의지뿐이며, 선의지가 도덕적 선의 유일한 근원이라고 보았다. 그리고 선의지가 행복을 누릴 만한 자격의 조건이라고 주장하였다. 밀은 유덕하고자 하는 의지는 선, 즉 행복을 위한 수단이라고 보았다.

정답찾기 ㄱ. 칸트는 선의지가 행복을 누릴 만한 자격에서 없어서는 안 되는 조건이라고 보았다.

ㄷ. 밀은 유덕하고자 하는 의지는 선을 위한 수단일 뿐 유덕하고자 하는 의지 자체가 선은 아니라고 보았다.

오답피하기 ㄴ. 칸트는 사람은 자신이 처한 상황에 따라 의무를 위반하려는 욕구를 지니게 될 수 있다고 보았다.

ㄹ. 칸트와 밀은 모든 사람에게 도덕 원리를 공평하게 적용해야 한다고 보았다.

04 흄과 칸트의 사상적 입장 이해

문제분석 갑은 흄, 을은 칸트이다. 흄은 선악이 이성적으로 판단되는 것이 아니라, 어떤 사람의 행위나 품성을 바라볼 때 느끼는 시인의 감정이나 부인의 감정을 표현한 것이라고 보았다. 칸트는 행복을 위한 행동은 경향성을 충족하는 과정에서 행해지지만, 도덕적인 행동은 경향성을 따르는 행동이 아니라 경향성을 지배하는 행동이라고 보았다.

정답찾기 ④ 흄은 부정, 칸트는 긍정의 대답을 할 질문이다. 흄은 이성이 감정에 복종해야 하며 자율적일 수 없다고 보았다. 반면에 칸트는 이성이 자율적으로 수립한 도덕 법칙은 절대적인 명령의 형식인 정언 명령으로 주어진다고 보았다.

오답피하기 ① 흄이 긍정의 대답을 할 질문이다. 흄은 사회의 행복에 기여하는 모든 행위는 도덕성을 지니게 된다고 보았다. 칸트는 의무에서 비롯된 행위만이 도덕성을 지닌다고 보았다.

② 흄이 긍정의 대답을 할 질문이다. 흄은 행위의 도덕성은 판단되는 것이 아니라 느껴지는 것이라고 보았다. 칸트는 행위의 도덕성이 내적인 감정에 따라 달라진다고 보지 않았다.

③ 칸트가 부정의 대답을 할 질문이다. 칸트는 선의지에서 비롯된 행위가 도덕적 가치를 지닌다고 보았다.

⑤ 흄이 긍정의 대답을 할 질문이다. 흄은 사건에 관한 중요한 여건이 아직 알려지지 않았거나 의문스럽다면 도덕적 결정이나 감정을 중단하고 사건의 진상을 이성을 통해 파악해야 한다고 보았다.

05 칸트와 로스의 사상적 입장 이해

문제분석 갑은 칸트, 을은 로스이다. 칸트는 도덕 법칙이 의무를 지시하는 것이며 무조건적으로 준수해야 할 정언 명령이라고 보았다. 로스는 조건부 의무는 어떤 상황에서 우선적으로 머릿속에 떠오르는 의무이며 의무들이 상충될 때 약한 의무는 유보될 수 있다고 보았다.

정답찾기 ㄷ. 로스는 옳은 의무도 다른 의무와 상충될 때는 다른 강한 의무에 의해 유보될 수 있다고 보았다.

ㄹ. 칸트와 로스는 모두 행위자가 처한 상황에서 준수해야 할 의무가 존재한다고 보았다.

오답피하기 ㄱ. 칸트는 개인의 주관적 행위 원리인 준칙이 정언 명령에 부합할 경우 도덕 법칙이 될 수 있다고 보았다.

ㄴ. 로스는 약속 이행의 의무는 무조건적으로 준수해야 할 정언 명령이 아니라 조건부 의무이며, 더 강한 의무에 의해 유보될 수 있다고 보았다.

06 칸트의 사상적 입장 이해

문제분석 제시문을 주장한 사상가는 칸트이다. 칸트는 신처럼 완전히 선한 의지를 지닌 존재나 동물처럼 이성 능력이 결여된 존재에게는 의무가 부과될 필요가 없지만, 선의지와 경향성을 함께 지닌 존재인 인간에게는 의무가 부과된다고 보았다.

정답찾기 ㄱ. 칸트는 선의지가 본래적 가치를 지니는 것은 경향성의 영향을 받을 수 있는 경험에서 자유롭기 때문이라고 보았다.
ㄷ. 칸트는 의무가 행위의 실천적이며 무조건적인 필연성이어야 한다고 보았다. 따라서 칸트에게 의무는 모든 이성적 존재자에게 타당해야 하며 모든 인간의 의지에 대해서도 법칙이어야 한다.

오답피하기 ㄴ. 칸트는 완전히 선한 의지를 지닌 존재인 신은 실천 이성의 객관적 원리에 반하는 준칙을 의욕할 수 없다고 보았다.

07 벤담과 밀의 사상적 입장 비교

문제분석 (가)의 갑은 벤담, 을은 밀이다. 벤담은 쾌락과 고통의 양을 측정할 수 있으며 쾌락에는 양적 차이만 있다는 양적 공리주의를 주장하였다. 밀은 쾌락에는 질적인 차이가 있기 때문에 쾌락을 계산할 때 양뿐만 아니라 질적인 차이도 고려해야 한다는 질적 공리주의를 주장하였다.

정답찾기 ㄴ. 벤담과 밀은 모두 공리의 원리가 도덕의 기본 원리이며 도덕적 의무의 원천이 된다고 보았다.
ㄷ. 벤담과 밀은 모두 도덕적 행위의 규칙이 행위 목적인 쾌락에 따라 규정된다고 보았다.
ㄹ. 벤담과 달리 밀은 행위가 낳는 쾌락에 질적인 차이가 있으며, 쾌락의 양과 질을 평가하는 데 적합한 사람들이 존재한다고 보았다.

오답피하기 ㄱ. 벤담과 밀은 모두 행위와 관련된 모든 사람들의 최대 행복을 선택할 것을 주장하였다.

08 벤담의 사상적 입장 이해

문제분석 제시문을 주장한 사상가는 벤담이다. 벤담은 쾌락의 양을 계산할 수 있으며, 쾌락의 계산 기준으로 강도, 지속성, 확실성, 근접성, 다산성, 순수성, 범위를 제시하였다.

정답찾기 ② 벤담은 고통이나 부작용을 수반하지 않는 쾌락을 순수성이 높은 쾌락이라고 보았다.

오답피하기 ① 벤담은 인간이 쾌락을 추구하고 고통을 피하는 존재이므로 사회의 행복을 최대화해야 하는 입법자는 이를 고려해야 한다고 보았다. 따라서 벤담에게 쾌락과 고통은 입법자가 고려해야 할 입법의 기준이다.
③ 벤담은 쾌락의 증대와 고통의 감소를 추구하는 본성을 바탕으로 도덕 원리인 공리의 원리를 도출하였다.
④ 벤담은 쾌락의 근접성, 즉 쾌락을 가까운 시일 안에 얻을 수 있는지에 따라 쾌락의 가치가 달라진다고 보았다.
⑤ 벤담은 행위로 인해 쾌락을 느끼는 사람이 많은지를 고려해야 한다고 보았다. 즉 쾌락의 범위를 기준으로 쾌락을 측정해야 한다.

09 흄과 벤담의 사상적 입장 비교

문제분석 (가)의 갑은 흄, 을은 벤담이다. 흄은 모든 사람들이 공감의 능력을 바탕으로 사회적 행복에 유용한 행위에 대해 시인의 감정을 느낄 수 있다고 보았다. 벤담은 사회란 개인의 집합이므로 각 개인의 쾌락은 사회 전체의 쾌락과 연결되며, 더 많은 사람들이 쾌락을 향유하게 되는 것이 더 좋은 일이라고 보았다.

정답찾기 ㄷ. 흄이 긍정의 대답을 할 질문이다. 흄은 공감이 타인의 쾌감과 불쾌감을 느끼게 해 주어 인간을 자신만의 영역에서 벗어나게 해 주는 원리라고 보았다.
ㄹ. 벤담이 긍정의 대답을 할 질문이다. 벤담은 행위가 산출하는 쾌락의 양은 쾌락 계산 기준에 따라 객관적으로 측정될 수 있다고 보았다.

오답피하기 ㄱ. 흄과 벤담 모두 긍정의 대답을 할 질문이다. 흄과 벤담은 모두 사회적 이익을 증가시키는 행위가 도덕적 행위가 될 수 있다고 보았다.
ㄴ. 흄이 부정의 대답을 할 질문이다. 흄은 덕과 악덕은 대상이 가지는 객관적 속성이 아니라 인간의 내적인 감정에 의해 느껴지는 것이라고 보았다.

10 밀의 사상적 입장 이해

문제분석 제시문을 주장한 사상가는 밀이다. 밀은 질적으로 수준 높은 쾌락을 누리는 데 필요한 고등한 정신 능력은 그러한 능력을 사용할 수 없는 환경에서는 상실될 수 있다고 보았다.

정답찾기 ⑤ 밀은 인간의 선한 행동 대부분은 세계나 사회의 이익이 아니라 개인의 행복을 위해 의도된 것이라고 보았다. 그러므로 도덕적 행위가 언제나 세계 일반이나 사회 전체의 이익에 대한 관심에서 일어나는 것은 아니다.

오답피하기 ① 밀은 쾌락의 질을 측정하는 기준은 다양한 쾌락을 경험한 유능한 관찰자의 선호라고 보았다.
② 밀은 최대의 행복을 누리는 존재 방식이 고통과 쾌락을 느낄 수 있는 모든 존재들에게 적용될 수 있다고 보았다.
③ 밀은 세계의 행복 양을 증가시키기 위해 자기 행복을 포기하는 자기희생이 정당화될 수 있다고 보았다.
④ 밀은 행위자가 질 높은 쾌락을 즐길 수 있는 능력을 사용하는 것에 호의적이지 않은 사회에 속해 있다면 그 능력을 상실할 수 있다고 보았다.

11 스토아학파, 벤담, 칸트가 서로에게 제기할 수 있는 비판 파악

문제분석 (가)의 갑은 스토아학파 사상가 아우렐리우스, 을은 벤담, 병은 칸트이다. 아우렐리우스는 행복한 삶을 위해 자연의 필연적 질서와 법칙에 순응하는 이성에 따른 삶을 살아야 한다고 보았다. 벤담은 고통을 피하고 쾌락을 추구하는 것이 인간 행위의 목적이므로 인간의 행복 증진이 도덕의 목적이라고 보았다. 칸트는 행복 원리와 도덕 원리를 구분하고 의무가 문제될 때는 결코 자기 행복을 고려하지 말아야 한다고 보았다.

정답찾기 ② 벤담은 스토아학파와 같은 금욕주의가 이해 당사자의 행복을 감소시키는 행위를 승인하고 권장하고 있다고 보았다. 벤담은 공리의 원칙을 일관되게 따르면 인류에게 유익하지만, 금욕주의 원칙을 일관되게 따르면 사회 전체의 행복을 감소시킬 수 있다고 보았다.

오답피하기 ① 벤담은 이성과 법을 통해 인간이 행복한 사회 체계를 만들 수 있다고 보았다.

③ 벤담은 인간이 보편적인 도덕 원리인 공리의 원리를 일관되게 추구해야 한다고 보았다.

④ 스토아학파와 벤담은 모두 행복한 삶을 사는 것이 인간 행위의 목적이라고 보았다.

⑤ 스토아학파는 자유 의지를 바탕으로 이성, 자연, 신의 명령에 따를 수 있다고 보았다.

12 에피쿠로스와 밀의 사상적 입장 이해

문제분석 갑은 에피쿠로스, 을은 밀이다. 에피쿠로스는 쾌락은 선이지만 모든 쾌락이 추구할 만한 가치를 지니지는 않는다고 보았으며, 몸의 고통과 마음의 불안이 없는 상태를 참된 쾌락의 상태라고 주장하였다. 밀은 인간이 인간으로서의 품위를 지키기를 원하므로 질적으로 낮은 다량의 쾌락보다 내적 교양이 뒷받침된 정신적 쾌락을 추구한다고 주장하였다.

정답찾기 ㄴ. 공리주의는 사회의 구성원을 한 사람으로만 간주하며, 그 누구도 한 사람 이상으로 혹은 한 사람 이하로 계산하지 않는다. 따라서 밀은 공리주의 관점에서 한 인간의 행복은 다른 인간의 행복과 평등하게 계산되어야 한다고 보았다.

ㄷ. 밀은 인간이 덕을 욕구하는 것은 덕이 관련된 사람들에게 가져다주는 혜택 때문이지 덕 그 자체를 행복과 상관없이 욕구하는 것은 아니라고 보았다.

ㄹ. 에피쿠로스와 밀은 모두 정신적 쾌락을 누리기 위해 감각적 쾌락을 선택하지 않을 수 있다고 보았다.

오답피하기 ㄱ. 에피쿠로스는 자연적이고 필수적인 욕망 중에 삶 자체를 위해 필요한 욕망이 있다고 보았다.

THEME 11 현대의 윤리적 삶: 실존과 실용

수능실전문제

본문 80~84쪽

01 ②	02 ④	03 ③	04 ⑤
05 ⑤	06 ④	07 ④	08 ④
09 ③	10 ⑤		

01 키르케고르의 사상적 입장 이해

문제분석 제시문을 주장한 사상가는 키르케고르이다. 키르케고르는 종교적 실존 단계에서 인간은 이성을 통해서는 이해할 수 없는 무한한 존재인 신을 통해 진리를 받아들인다고 보았다.

정답찾기 ② 키르케고르는 인간은 윤리적 실존 단계에서도 인간의 유한성으로 인해 절망하게 된다고 보았다. 그는 실존이 처한 불안과 절망은 종교적 실존 단계에서 극복될 수 있다고 주장하였다.

오답피하기 ① 키르케고르는 참된 실존을 자각하기 위해서는 종교적 실존으로의 도약이 필요하다고 보았다.

③ 키르케고르는 죽음에 이르는 병인 절망은 진정한 자기 자신이 되기를 포기하는 것이라고 보았다.

④ 키르케고르는 주체성이 진리라고 주장하며, 진리를 자신의 문제로 수용하고 현실 안에서 살아야 한다고 보았다.

⑤ 키르케고르는 선택해야 하는 상황에 처한 인간이 주체적 결단을 회피하면 죽음에 이르는 병인 절망에 빠지게 된다고 보았다.

02 키르케고르와 사르트르의 입장 이해

문제분석 갑은 키르케고르, 을은 사르트르이다. 키르케고르는 인간이 자신을 신 앞에 선 단독자라고 생각하며, 스스로 신을 믿고 따르리라 결단할 때 불안과 절망을 극복하고 비로소 참된 실존에 이를 수 있다고 보았다. 사르트르는 인간은 자신의 운명을 스스로 창조해야 하는 존재이며, 자유로운 선택을 하는 주체이자 그 결과에 책임을 져야 하는 주체라고 보았다.

정답찾기 ④ 사르트르는 인간이 자유를 선고받은 존재이므로 자유 그 자체에서 벗어날 수 없다고 보았다.

오답피하기 ① 키르케고르는 인간이 선택을 미루고 보류하다 보면 절망에서 벗어날 수 없게 된다고 보았다.

② 키르케고르는 심미적 실존 단계에 있는 사람은 선악을 문제 삼지 않는다고 보았다. 키르케고르에 따르면, 선악의 문제에 대해 인간이 선택할 때 윤리적인 실존이 정립된다.

③ 사르트르는 인간이 먼저 세계 속에 실존한 후에 자신을 스스로 만들어 가므로 실존이 본질에 앞선다고 보았다.

⑤ 키르케고르와 사르트르는 모두 참된 실존을 회복하기 위해서는 주체적 결단이 있어야 한다고 보았다.

03 하이데거의 사상적 입장 이해

문제분석 제시문을 주장한 사상가는 하이데거이다. 하이데거는 지금 여기에 있는 현실적인 인간을 현존재라고 보았다. 하이데거에 따르면, 현존재는 자신이 죽음을 향해 나아가고 있다는 사실을 받아들이고 삶의 유한성과 일회성을 깨달음으로써 세상 사람들의 일상적이고 획일화된 삶의 방식에서 벗어날 수 있다고 보았다.

정답찾기 ③ 하이데거는 참된 실존을 자각하지 못한 현존재는 세상 사람의 판단과 결정에 따른다고 보았다. 하이데거에 따르면, 세상 사람의 지배에서 벗어나려면 참된 실존을 자각하여 자신의 삶을 기획하고 창조해야 한다.

오답피하기 ① 현존재는 죽음으로의 선구(先驅), 즉 미리 달려가 봄을 통해 삶의 유한성과 일회성을 자각하여 세상 사람의 지배에서 벗어나 참된 실존을 자각할 수 있다고 보았다.

② 하이데거는 현존재의 삶에서 죽음은 삶의 모든 순간에서 문제가 된다고 보았다.

④ 하이데거는 세계의 존재 중에서 현존재인 인간만이 자신의 삶과 죽음에 대해 의식하고 고뇌한다고 보았다.

⑤ 하이데거는 현존재가 자신의 유한함을 깨달을 때 자신의 미래를 기획하고 창조할 수 있다고 보았다.

04 사르트르의 사상적 입장 이해

문제분석 제시문을 주장한 사상가는 사르트르이다. 사르트르는 인간은 사물과 달리 그 본질이 미리 결정되어 있지 않다고 보았다. 사르트르에 따르면, 인간의 본질을 정해 줄 신이 존재하지 않으므로 인간에게는 마땅히 실현해야 할, 미리 결정된 본질이 없다.

정답찾기 ㄱ. 사르트르는 인간은 미리 정해진 본질에 따라 살아가는 존재가 아니라 미래를 향해 자신을 기획하는 존재이기 때문에 주체적이라고 보았다.

ㄴ. 사르트르는 개인의 선택은 자신뿐만 아니라 모든 사람을 위해서도 선한 것이어야 한다고 보았다. 사르트르에 따르면, 인간은 자신의 행위를 통해 사회에 참여하므로 자신에 대해서만 책임이 있는 것이 아니라 모든 인간에 대해서 책임이 있다.

ㄷ. 사르트르는 비겁한 사람은 비겁한 행위를 하여 스스로를 비겁하게 만든다고 보았다. 사르트르에 따르면, 비겁한 사람에게는 더 이상 비겁하지 않게 될 가능성이 언제나 있다고 보았다.

05 아퀴나스와 야스퍼스의 사상적 입장 이해

문제분석 갑은 아퀴나스, 을은 야스퍼스이다. 아퀴나스는 신을 신앙의 대상으로 삼으면서도 신의 존재를 이성을 통해 철학적으로 증명하려고 노력하였다. 야스퍼스는 죽음과 같은 한계 상황에 직면한 인간은 자신의 유한성을 자각하는 순간 스스로의 결단을 통해 초월자의 존재를 수용하고 참된 실존을 회복할 수 있다고 보았다.

정답찾기 ⑤ 아퀴나스와 야스퍼스는 모두 초월적인 존재가 있음을 수용하는 과정에서 이성이 역할을 한다고 보았다.

오답피하기 ① 아퀴나스는 인간이 신의 존재를 이성으로 증명할 수 있다고 보았지만 신의 본질과 능력을 모두 인식할 수 있다고 보지는 않았다.

② 아퀴나스는 신이 이 세계를 창조한 초월적 원인이며 실체라고 보았다.

③ 야스퍼스는 죽음과 같은 한계 상황은 인간이 변화시키거나 피할 수 없다고 보았다.

④ 야스퍼스는 인간이 다른 사람과 더불어 존재하므로 다른 사람과의 연대를 통하여 자신만이 아니라 다른 사람의 실존적 삶을 위해서도 노력해야 한다고 보았다.

06 제임스의 사상적 입장 이해

문제분석 가상 대화의 사상가는 제임스이다. 제임스는 지식과 신념이 우리의 삶에 이롭고 유용할 때 비로소 가치를 지닌다고 보았다. 제임스에 따르면, 공적이고 절대적인 진리는 존재하지 않는다.

정답찾기 ④ 제임스는 다양한 이론들은 당면한 문제를 해결하는 불변의 진리가 아니라 도구라고 보았다.

오답피하기 ① 제임스는 경험적이고 과학적인 방법으로 지식을 획득해야 한다고 보았다.

② 제임스는 형이상학적 개념이나 종교적 가치도 현실의 삶에서 유익하다면 현금 가치를 지닐 수 있다고 보았다.

③ 제임스는 어떤 관념이 참인지를 판단할 때 실생활에서 유익한지 검증해야 한다고 보았다.

⑤ 제임스는 관념의 진리 여부는 관념에 내재한 속성이 아니라 관념의 유용성에 따라 결정된다고 보았다.

07 듀이의 사상적 입장 이해

문제분석 제시문을 주장한 사상가는 듀이이다. 듀이는 도구주의적 관점에서 도덕이나 윤리도 고정된 것이 아니라 성장하고 변화하는 것이라고 보았다. 듀이는 지식은 유용한 결과가 예상되는 일종의 가설이므로 언제든지 수정되고 재구성될 수 있다.

정답찾기 ㄴ. 듀이는 공리주의와 같이 고정되고 단일한 최고선을 목적으로 추구하는 윤리학은 재구성되어야 한다고 보았다.

ㄹ. 듀이는 도덕적 과정은 나쁜 경험에서 더 나은 경험으로 나아가는 연속적 경험의 과정이라고 보았다. 듀이에 따르면, 도덕적 인간은 도덕적으로 성장하는 과정에 있는 사람이며 지성을 발휘하여 옳은 선택을 하려고 노력하는 사람이다.

오답피하기 ㄱ. 듀이는 불변하는 고정적 진리나 지식은 존재하지 않는다고 보았다. 그는 도덕도 고정된 것이 아니라 성장하고 변화하는 것이라고 주장하였다.

ㄷ. 듀이는 형식주의에 따라 규정된 도덕 원리를 개별 상황마다 예외 없이 적용해서는 안 된다고 보았다. 듀이에 따르면, 도덕적 가치도 언제든지 수정되고 재구성되어야 한다.

08 베이컨과 듀이의 사상적 입장 비교

문제분석 (가)의 갑은 베이컨, 을은 듀이이다. 베이컨은 인간이 지닌 선입견과 편견을 우상(偶像)이라고 부르며, 우상을 제거하고 자연을 있는 그대로 관찰해야 한다고 주장하였다. 듀이는 지성적인 탐구를 통해 현재 상황의 문제가 무엇인지 밝히고 이를 교정할 때 문제 상황을 개선할 수 있다고 보았다.

정답찾기 ④ 베이컨과 듀이는 모두 관찰과 실험을 통해 인간의 문제를 해결할 수 있는 지식을 얻을 수 있다고 보았다.

오답피하기 ① 듀이는 지식이나 이론도 문제를 해결하기 위한 도구에 불과하다고 보았다.
② 베이컨과 듀이는 모두 최선의 결과를 산출하는 행위를 찾기 위해 지성을 활용해야 한다고 보았다.
③ 듀이는 한 상황에서 효과가 검증된 가설도 언제든지 수정되고 재구성될 수 있으므로 최종적인 해결책은 아니라고 보았다.
⑤ 베이컨과 듀이는 모두 자연 과학적 지식을 바탕으로 자연을 활용하고 인간의 삶을 개선해야 한다고 보았다.

09 소크라테스와 듀이의 사상적 입장 비교

문제분석 갑은 소크라테스, 을은 듀이이다. 소크라테스는 감각과 주관적 경험은 인간의 판단과 행동을 상대적이게 하며, 보편적 지침을 줄 수 없다고 보았다. 소크라테스에 따르면, 덕은 지식이며 상황이나 시대에 따라 달라지지 않는 보편적인 것이다. 듀이는 지식이나 이론을 상황에 맞게 수정하고 발전시킴으로써 삶의 개선과 사회의 진보를 이끌어 낼 수 있다고 보았다.
정답찾기 ㄴ. 소크라테스는 긍정, 듀이는 부정의 대답을 할 질문이다. 소크라테스는 참된 지식을 상황이나 시대에 따라 달라지지 않는 보편적인 것으로 보았다. 반면에 듀이는 지식을 상황이나 시대에 맞게 수정하고 재구성해야 하는 것으로 보았다.
ㄷ. 소크라테스가 긍정의 대답을 할 질문이다. 소크라테스는 인간이 덕에 대해 바르게 알게 되면 자신에게 유익한 덕에 따라 살기 때문에 행복한 삶을 살게 된다고 보았다.
오답피하기 ㄱ. 듀이가 긍정의 대답을 할 질문이다. 듀이는 인간의 도덕적 삶에 대한 지침을 경험으로부터 얻어야 한다고 보았다.
ㄹ. 듀이가 부정의 대답을 할 질문이다. 듀이는 고정적이고 절대적인 가치나 원리는 존재하지 않는다고 보았다.

10 듀이가 칸트에게 제기할 수 있는 비판 파악

문제분석 제시문을 주장한 사상가는 칸트이다. 칸트는 도덕 법칙은 어떤 다른 목적과 관계없는 무조건적인 명령, 정언 명령의 형태로 제시된다고 보았다. 또한 도덕 법칙은 모두에게 똑같이 적용될 수 있는 보편타당성을 지녀야 한다고 주장하였다.
정답찾기 ⑤ 칸트는 개별 사례에 보편타당한 도덕 법칙을 적용해야 한다고 보았지만, 듀이는 개별 사례의 선을 지성적 탐구를 통해 찾아야 한다고 보았다.
오답피하기 ① 칸트는 모든 사람을 목적 그 자체로서 동등하게 대우하고 존중해야 한다고 보았다.
② 듀이는 현실의 문제 상황을 해결하는 지식은 도구라고 보았다.
③ 듀이는 정의와 정직은 인간이 획득해야 하는 최종 목적이 아니라고 보았으며, 도덕의 유일한 목적은 성장 자체라고 보았다.
④ 칸트는 도덕은 행복과 같은 다른 목적을 실현하기 위한 수단이 아니라 목적 그 자체라고 보았다.

THEME 12 사회사상과 이상 사회

수능실전문제 본문 87~90쪽

01 ②	02 ③	03 ⑤	04 ②
05 ②	06 ③	07 ③	08 ⑤

01 노자의 사상적 입장 이해

문제분석 (가)를 주장한 사상가는 노자이다. 노자는 영토가 작고 인구가 적은 나라, 즉 소국 과민을 이상 사회로 제시하였다. 소국 과민은 인위적 문명의 발달이 없는 무위와 무욕의 사회이다.
정답찾기 ② 노자는 인의(仁義)와 같은 인위적인 규범이 사회 혼란의 원인임을 지적하고, 무위자연의 삶을 지향해야 한다고 보았다.
오답피하기 ① 공자의 입장이다. 노자는 인의와 같은 인위적 규범에서 벗어나야 한다고 보았다.
③ 노자는 이기(利器)와 법령은 불필요한 도구나 격식이라고 보았다.
④ 노자는 인위적인 규범과 사회 제도가 사회 혼란의 원인임을 강조하고 시비와 선악을 분별하는 태도에서 벗어나야 한다고 보았다.
⑤ 노자는 혼란을 극복하려면 도(道)에 따라 소박하고 순수한 덕을 회복해야 한다고 보았다.

02 플라톤의 사상적 입장 이해

문제분석 제시문을 주장한 사상가는 플라톤이다. 플라톤은 선의 이데아를 인식하여 지혜의 덕을 갖추고 인격과 실무적 경험을 갖춘 철학자가 통치하지 않는 한, 악은 사라지지 않을 것이라고 주장하였다.
정답찾기 ㄴ. 플라톤에 따르면 이상 국가를 구성하는 세 계층이 모두 갖추어야 할 공통의 덕은 절제이다.
ㄷ. 플라톤에 따르면 이상 국가의 구성원은 자신의 타고난 성향에 따라 통치자, 방위자, 생산자의 직분을 각각 담당해야 한다.
오답피하기 ㄱ. 플라톤은 지혜의 덕을 갖춘 철학자가 통치자가 되어 나라를 다스려야 하며, 모든 계층의 의견을 평등하게 수렴하면 대중의 무지와 감정에 휘둘려 혼란에 빠질 수 있다고 보았다.
ㄹ. 플라톤에 따르면 방위자는 국가의 안녕에 헌신해야 하므로 금전적 보상이나 사유 재산의 소유가 허용될 수 없다.

03 모어와 플라톤의 사상적 입장 비교

문제분석 갑은 모어, 을은 플라톤이다. 모어는 생산과 소유에서 평등이 실현되고 도덕적으로 타락하지 않은 유토피아를 이상 사회로 제시하였다. 플라톤은 국가를 구성하는 세 부류인 통치자, 방위자, 생산자가 각각에 어울리는 덕을 갖추고 각자의 역할을 잘 수행하여 전체적으로 조화를 이룬 정의로운 국가를 이상 사회로 제시하였다.
정답찾기 ⑤ 플라톤의 정의로운 국가에서는 통치자와 방위자 계층의 부패를 방지하기 위해 사적 소유가 허용되지 않는다. 모어의 유토피아에서는 도덕적 타락의 방지를 위해 사유 재산을 인정하지 않는다.
오답피하기 ① 모어의 유토피아에서는 모든 자원을 공동으로 소유하며 필요한 물품을 공동 창고에서 가져올 수 있다.
② 모어의 유토피아에는 화폐도 존재하지 않고 노동의 대가로 금전적 수익도 주어지지 않는다.
③ 플라톤은 대중이 충분한 지식을 갖추지 못했으며 이성적인 판단력이 부족하므로 민주정(民主政)은 국가를 위험에 빠뜨릴 수 있다고 보았다.
④ 플라톤에 따르면 모든 계층이 갖추어야 할 덕은 절제의 덕이며, 지혜의 덕은 오랜 교육과 수련을 거친 통치자 계층이 발휘해야 하는 덕이다.

04 마르크스의 사상적 입장 이해

문제분석 그림의 강연자는 마르크스이다. 마르크스는 프롤레타리아 계급이 자본주의 체제에서 자신의 노동을 팔아야만 생존할 수 있는 상품으로 전락했다고 보았다.
정답찾기 ② 마르크스에 따르면 노동은 생활을 위한 수단이자 삶의 기본적 욕구이다. 따라서 이상 사회가 실현되어도 노동의 욕구는 사라지지 않는다.
오답피하기 ① 마르크스에 따르면 공산 사회에서는 노동이 생존을 위한 노동이 아니라 창조적 활동이 되기 때문에 노동을 통한 자아실현이 가능하다.
③ 마르크스는 자본주의 사회에서는 생산 수단의 사적 소유로 인해 노동 소외가 발생한다고 주장하면서, 생산 수단의 사적 소유를 철폐해야 한다고 보았다.
④ 마르크스는 자본주의적 생산 양식으로서의 분업은 인간을 자본가에게 예속시키고 노동 소외를 초래한다고 주장하면서, 공산 사회를 실현해야 한다고 보았다.
⑤ 마르크스는 공산 사회가 각자의 능력에 따라 일하고 필요에 따라 분배받는 사회라고 보았다.

05 베이컨과 모어의 사상적 입장 비교

문제분석 갑은 베이컨, 을은 모어이다. 베이컨은 과학 기술이 발달하여 인간 생활이 풍요로워지고 복지가 증진되는 뉴 아틀란티스를 이상 사회로 제시하였다. 모어는 생산과 소유의 평등이 실현되고, 경제적으로 풍요로우며, 도덕적으로 타락하지 않은 사회인 유토피아를 이상 사회로 제시하였다.
정답찾기 ㄴ. 베이컨은 과학 문명에 대한 무한한 신뢰를 바탕으로 과학 기술의 발달을 통해 인간 생활이 풍요로워지고 복지가 증진될 수 있다고 보았다.
ㄹ. 베이컨과 모어는 이상 사회를 통해 현실의 문제점이 개선된 더 나은 사회의 모습을 제시하였다.
오답피하기 ㄱ. 베이컨이 제시한 뉴 아틀란티스에서는 다양한 영역의 학문이 연구되며, 종교도 허용된다.
ㄷ. 유토피아는 사치가 없고, 모두가 노동에 참여하기 때문에 경제적으로 풍요롭다. 그러나 개인이 사유 재산을 가질 수는 없다.

06 공자의 사상적 입장 이해

문제분석 제시문을 주장한 사상가는 공자이다. 공자는 통치자가 덕으로 백성을 이끌면 백성들이 부끄러움을 알고 바르게 행동하게 된다고 보았다.
정답찾기 두 번째 입장. 공자는 군주가 형벌보다는 도덕과 예의로 백성을 교화하는 덕치를 펼친다면 백성들도 도덕적인 삶을 살 수 있다고 보았다.
세 번째 입장. 공자는 정명 사상을 통해 구성원 각자가 자신의 신분과 지위에 알맞은 역할을 다해야 한다고 보았다.
오답피하기 첫 번째 입장. 공자는 통치자가 법(法)과 술(術)보다는 도덕과 예의로써 백성을 교화해야 한다고 보았다.
네 번째 입장. 공자에 따르면 군주는 재화가 부족한 것보다는 고르지 못한 것을 염려해야 한다.

07 마르크스와 모어의 사상적 입장 비교

문제분석 갑은 마르크스, 을은 모어이다. 마르크스는 프롤레타리아 계급이 혁명을 통해 계급 없는 사회를 실현해야 한다고 주장하였다. 모어에 따르면 유토피아에서는 사유 재산을 인정하지 않기 때문에 사람들은 잉여 생산에 대한 욕망을 가질 필요가 없다.
정답찾기 ㄷ. 마르크스에 따르면 노동은 인간의 자아실현과 행복의 계기가 될 수 있다. 그는 자본주의식 분업이 사라질 경우 노동이 자아를 실현하는 기회가 될 것이라고 보았다.
ㄹ. 모어에 따르면 유토피아는 경제적으로 풍요로우며 사치와 낭비도 없고, 누구나 가치 있는 일에 종사하는 사회이다.
오답피하기 ㄱ. 마르크스에 따르면 이상 사회에서는 계급과 국가가 사라지고, 능력에 따라 일하고 필요에 따라 분배받는다.
ㄴ. 마르크스는 모든 계급이 사라진 사회에서 노동 소외가 극복될 수 있다고 보았다.

08 롤스의 사상적 입장 이해

문제분석 제시문을 주장한 사상가는 롤스이다. 롤스는 구성원의 기본적 자유와 권리를 보장하면서 최소 수혜자의 이익이 극대화되도록 하는 사회를 정의로운 사회라고 보았다.
정답찾기 ⑤ 마르크스와 모어는 사유 재산이 사라진 사회를 이상적인 사회라고 보았다. 그러나 롤스는 사유 재산을 가질 권리는 기본적 자유에 속하며 이러한 권리가 모두에게 평등하게 부여되어야 한다고 보았다.
오답피하기 ① 마르크스는 생산 수단의 사유화로 인해 경제적 불평등과 착취가 생겨났기 때문에, 생산 수단의 공유를 통해 경제적 불평등에서 벗어날 수 있다고 보았다.
② 마르크스가 제시한 공산 사회는 생산력이 고도로 발전하여 경제적으로 안정된 사회이며 계급이 소멸된 사회이다.
③ 모어에 따르면 유토피아에서는 누구나 가치 있는 일에 종사하며, 불필요한 노동을 강요받지 않는다.
④ 모어에 따르면 유토피아는 생산과 소유의 평등이 실현되고 도덕적으로 타락하지 않은 사회이다.

THEME 13

국가와 시민

수능실전문제

본문 93~97쪽

01 ①	02 ④	03 ④	04 ③
05 ④	06 ①	07 ③	08 ①
09 ④	10 ②		

01 맹자의 사상적 입장 이해

문제분석 제시문을 주장한 사상가는 유교 사상가인 맹자이다. 맹자는 일반 백성들은 고정적인 생업[恒産(항산)]이 있어야 항상적인 마음[恒心(항심)]이 있을 수 있다고 보았다.

정답찾기 ㄱ. 맹자가 긍정의 대답을 할 질문이다. 맹자는 국가를 가족의 질서가 확장된 공동체라고 보았다. 따라서 군주는 백성을 사랑으로 대해야 한다.

ㄹ. 맹자가 긍정의 대답을 할 질문이다. 맹자는 형벌에 의한 정치를 비판하고 도덕에 바탕을 둔 왕도 정치가 실현되어야 한다고 주장하였다.

오답피하기 ㄴ. 맹자가 부정의 대답을 할 질문이다. 맹자는 군주가 백성을 고통에 빠뜨리고 나라를 위태롭게 하면 군주를 바꿀 수 있다고 보았다.

ㄷ. 맹자가 부정의 대답을 할 질문이다. 맹자에 따르면 군주는 백성들이 생업을 마련하도록 도와 궁극적으로 도덕적 삶을 살아가도록 해야 한다.

02 아리스토텔레스와 루소의 사상적 입장 비교

문제분석 갑은 아리스토텔레스, 을은 루소이다. 아리스토텔레스에 따르면 국가는 인간의 사회적·정치적 본성에 의해 자연스럽게 형성된 공동체이다. 루소는 자연 상태에서 인간은 자연적 자유를 누리지만 사유 재산의 발생과 함께 불평등과 예속이 생겨난다고 보았다. 그래서 그는 인간이 자연적 자유를 포기하고 사회 계약을 통해 시민적 자유를 얻을 수 있다고 주장하였다.

정답찾기 ㄱ. 아리스토텔레스에 따르면 국가는 개인의 자아실현과 행복을 가능하게 하는 최고의 공동체이다.

ㄴ. 아리스토텔레스에 따르면 국가는 인간의 자급자족과 최선의 삶을 가능하게 하는 도덕 공동체이다.

ㄹ. 아리스토텔레스는 인간이 정치와 같은 공적 영역에 참여해야 한다고 보았다. 루소는 자신이 속한 공동체의 법과 규범을 준수해야 할 의무를 지닌다고 보았다.

오답피하기 ㄷ. 루소에 따르면 사람들은 자연 상태에서 누리던 자연적 자유를 포기하고 사회 계약을 통해 시민적 자유를 얻는다.

03 로크와 맹자의 사상적 입장 비교

문제분석 갑은 로크, 을은 맹자이다. 로크는 자연 상태에서 사람들은 비교적 평화로운 삶을 누리지만 개인의 기본권을 더 확실하게 보장받기 위해 사회 계약을 통해 국가를 구성한다고 보았다. 맹자는 민본주의 사상을 토대로 인의를 해쳐 백성들을 고통스럽게 만드는 임금을 바꾸는 것을 정당한 일로 보았다.

정답찾기 ④ 맹자는 민본주의 사상을 토대로 군주가 백성의 항산을 보장하여 항심, 즉 도덕적인 마음을 갖출 수 있게 해야 한다고 보았다. 따라서 백성이 부도덕한 삶을 살아간다면 군주에게 책임을 물을 수 있다.

오답피하기 ① 로크에 따르면 사회 계약을 맺을 때 사람들의 생명, 자유, 재산에 대한 권리는 양도의 대상이 아니다.

② 로크에 따르면 입법부는 시민으로부터 신탁된 권력으로 시민의 생명, 자유, 재산을 보호할 의무가 있다. 그러나 만일 정부가 시민의 생명, 자유, 재산을 함부로 침해한다면 시민은 입법부를 교체할 수 있다.

③ 맹자는 민본주의를 주장하지만, 이는 백성에 의한 통치가 아니라 군주가 백성을 보살피는 통치이다.

⑤ 로크는 국가 권위의 정당성은 구성원의 동의를 통해 발생한다고 보았다. 그러나 맹자와 같은 유교 사상가들은 국가 권위의 정당성 근거가 천명(天命)이라고 보았다.

04 마르크스의 사상적 입장 이해

문제분석 제시문을 주장한 사상가는 마르크스이다. 마르크스에 따르면 국가는 부르주아 계급의 이익을 보호하고 유지하기 위해 존재할 뿐이다.

정답찾기 ㄴ. 마르크스가 부정의 대답을 할 질문이다. 마르크스에 따르면 공산 사회는 계급이 소멸하고 국가도 존재하지 않는다.

ㄷ. 마르크스가 부정의 대답을 할 질문이다. 마르크스에 따르면 공산 사회에는 계급이 존재하지 않는다.

오답피하기 ㄱ. 마르크스가 긍정의 대답을 할 질문이다. 마르크스에 따르면 자본주의 체제에서 국가는 자본가 계급의 이익을 보호하고 그들의 경제적 지배를 유지하는 기능을 한다.

ㄹ. 마르크스가 긍정의 대답을 할 질문이다. 마르크스에 따르면 국가는 지배 계급이 피지배 계급을 통제할 목적으로 만든 것이며, 공산 사회가 실현되면 국가는 소멸한다.

05 아리스토텔레스와 로크의 사상적 입장 비교

문제분석 갑은 아리스토텔레스, 을은 로크이다. 아리스토텔레스는 사람들이 국가를 구성하는 것은 단순히 먹고살기 위한 것이 아니라 궁극적으로 좋은 삶을 추구하기 위해서라고 보았다. 로크는 사람들이 자연 상태에서 누리던 생명, 자유, 재산에 대한 권리를 더 잘 보장받기 위해 계약을 맺는다고 보았다.

정답찾기 ④ 로크에 따르면 사람들은 사회 계약 이후에도 타인의 생명, 자유, 재산과 같은 자연법적 권리를 존중해야 할 의무가 있다.

오답피하기 ① 아리스토텔레스에 따르면 국가는 공동체를 구성하려는 인간의 본성에 따라 자연스럽게 형성된다.

② 아리스토텔레스에 따르면 인간은 정치적 존재로서 덕을 갖추고 행복을 실현해야 하며, 이러한 삶은 시민으로서 공동체 내에서만 가능하다.

③ 로크에 따르면 자연 상태에서는 분쟁을 해결해 줄 공통의 재판관이 없기 때문에 사람들은 자신의 재산권을 더 잘 보장받기 위해 국가

를 수립한다.
⑤ 아리스토텔레스에 따르면 인간의 본성에 따라 국가 공동체가 생겨났으며, 시민은 공동선 실현에 기여해야 할 의무가 있다. 로크에 따르면 시민의 동의에 의해 정치적 의무가 발생하며, 시민은 법을 준수하고 공동선 실현을 위해 협력해야 할 의무가 있다.

06 홉스의 사상적 입장 이해

문제분석 제시문을 주장한 사상가는 홉스이다. 홉스에 따르면 자연 상태에서 사람들은 전쟁 상태에 놓이게 되며, 인간의 삶은 두려움과 폭력으로 가득 찬, 고통스럽고 비참한 상태이다.
정답찾기 ㄱ. 홉스에 따르면 주권자가 절대적이고 분할되지 않은 권력을 가져야만 사회가 혼란에 빠지지 않고, 평화와 질서를 유지할 수 있다.
ㄴ. 홉스에 따르면 전쟁 상태에서 사람들이 계약을 맺는 것은 이성의 명령에 따른 생존과 안전을 위한 필연적인 선택이다.
오답피하기 ㄷ. 홉스에 따르면 주권자는 사회 계약의 당사자가 아니라 계약을 통해 권력을 위임받은 존재이므로 계약 자체를 파기하는 것이 불가능하다.
ㄹ. 홉스에 따르면 사회 계약의 목적은 자연 상태에서 누리던 무제한의 자유를 제한하여 전쟁 상태를 끝내고 질서와 안전을 도모하는 것이다.

07 마르크스와 루소의 사상적 입장 비교

문제분석 (가)의 갑은 마르크스, 을은 루소이다. 마르크스는 프롤레타리아 혁명을 통해 자본주의 사회가 무너지고 계급과 국가가 사라진 공산 사회가 도래할 것이라고 보았다. 루소는 불평등과 예속에서 벗어나 자유를 되찾기 위해 자신의 권리를 일반 의지에 맡겨야 한다고 보았다.
정답찾기 ㄴ. 마르크스는 국가가 지배 계급의 이익을 보호할 뿐이기 때문에 소멸되어야 한다고 보았다.
ㄹ. 루소는 개인이 일반 의지에 복종함으로써 진정한 자유를 누릴 수 있으며, 이는 모두의 자유를 보장하는 법의 지배를 통해 가능하다고 보았다.
오답피하기 ㄱ. 마르크스는 사유 재산이 계급 사이의 불평등을 초래한다고 보았다. 루소는 사유 재산이 불평등을 심화시키고, 사회적 부패와 타락의 원인이 된다고 보았다.
ㄷ. 마르크스는 생산 수단의 사적 소유로 인해 계급이 분화하고 착취가 발생한다고 보았다.

08 홉스와 로크의 사상적 입장 비교

문제분석 (가)의 갑은 홉스, 을은 로크이다. 홉스는 전쟁 상태인 자연 상태에서 생존을 위해 모든 수단을 사용하는 것이 정당하며, 만인은 자연적으로 모든 것에 대한 권리를 가진다고 보았다. 로크는 자연 상태에는 공정한 재판관이 없으므로 전쟁 상태로 이어질 위험이 있어, 인간은 자신의 권리와 재산을 보호하기 위해 사회 계약을 맺는다고 보았다.
정답찾기 ① 홉스는 권력 분립을 반대하면서 주권자가 절대적 권력을 유지해야 사회 계약의 목적을 실현할 수 있다고 보았다. 로크는 권력이 입법권과 집행권으로 분리되어야 시민의 생명, 자유, 재산을 보호할 수 있다고 보았다.
오답피하기 ② 로크는 시민의 권리 보호를 위해 정부의 역할은 제한되어야 한다고 보았다. 이를 위해 로크는 권력 분립을 주장하였다.
③ 홉스는 사회 계약이 자연 상태의 위험을 피하기 위한 이성적인 선택이자 필연적인 결과라고 보았다.
④ 홉스는 개인이 사회 계약을 통해 대부분의 권리를 주권자에게 양도하지만, 자기 보존의 권리는 양도할 수 없다고 보았다.
⑤ 로크는 정부가 시민의 권리를 침해하면 정부를 교체할 수 있다고 보았다. 그러나 정치 사회 자체가 해체되는 것은 아니며, 정치 사회는 정부의 교체와 무관하게 계속 유지된다.

09 벌린과 페팃의 사상적 입장 비교

문제분석 갑은 벌린, 을은 페팃이다. 벌린은 자유를 소극적 자유와 적극적 자유로 구분하고, 간섭의 부재를 의미하는 소극적 자유가 진정한 의미의 자유라고 주장하였다. 페팃은 소극적 자유만으로는 진정한 자유를 누릴 수 없다고 보고 자의적 지배가 없는 '비지배로서의 자유'를 실현할 것을 강조하였다.
정답찾기 ㄱ. 벌린에 따르면 법은 개인이 타인의 간섭 없이 자신의 삶을 살 수 있도록 보호하고, 자유를 침해하는 행위를 규제하는 기능을 할 수 있다.
ㄷ. 페팃에 따르면 시민이 참여하여 만든 법에 의한 지배가 확립될 때 비지배로서의 자유가 실현될 수 있다.
ㄹ. 벌린은 자의적 지배에 의한 간섭은 소극적 자유를 침해하는 것이라고 보았다. 페팃은 자의적인 지배가 없는 상태가 자유라고 보면서, 자의적 지배는 비지배로서의 자유를 침해한다고 주장하였다.
오답피하기 ㄴ. 벌린은 개인의 자유와 권리가 정치적 의무나 집단의 요구에 의해 침해되어서는 안 된다고 보았다.

10 비롤리의 사상적 입장 이해

문제분석 제시문을 주장한 사상가는 비롤리이다. 비롤리는 애국심이 특정 공화국과 시민 동료들에 대한 애착에서 비롯되며, 이러한 애착은 공공 의무와 공공선을 지키려는 시민적 열정으로 이어져, 시민과 지도자 모두에게 공동체를 위한 힘과 용기를 준다고 보았다.
정답찾기 ㄱ. 비롤리가 긍정의 대답을 할 질문이다. 비롤리에 따르면 법치의 목적은 권력자의 자의적 지배와 그로 인한 시민의 타락을 방지하는 것이다.
ㄷ. 비롤리가 긍정의 대답을 할 질문이다. 비롤리는 시민이 공공의 가치와 공동선을 존중하고 공적 책무에 적극적으로 참여하는 의식과 태도인 시민적 덕성을 갖출 것을 강조하였다.
오답피하기 ㄴ. 비롤리가 부정의 대답을 할 질문이다. 비롤리에 따르면 애국심이란 국가에 대한 맹목적이고 무조건적인 충성이나 사랑이 아니라 공동체의 자유와 공동선을 지향하려는 자발적인 참여와 헌신이다.
ㄹ. 비롤리가 부정의 대답을 할 질문이다. 비롤리에 따르면 시민들은 공동체의 가치나 규범을 무조건 따르기보다는, 그것이 공공선에 부합하는지 비판적으로 검토하고, 공동체를 더 나은 방향으로 이끌기 위해 적극적으로 참여해야 한다.

THEME 14 민주주의와 자본주의

수능 실전 문제

본문 100~104쪽

01 ②	02 ③	03 ③	04 ①
05 ③	06 ⑤	07 ⑤	08 ②
09 ⑤	10 ②		

01 로크의 사상적 입장 이해

문제분석 제시문을 주장한 사상가는 로크이다. 로크는 자연 상태의 개인은 생명, 자유, 재산에 대한 권리를 확실하게 보장받기 위하여 사회 계약을 통해 국가를 구성하게 되었다고 주장하였다.

정답찾기 ㄱ. 로크는 자연 상태에서는 공통된 재판관의 부재로 해결하기 어려운 분쟁이 발생하고 이 때문에 개인의 생명, 자유, 재산에 대한 권리를 안전하게 보장받기가 어렵다고 보았다.

ㄷ. 로크는 입법부가 그들에게 맡겨진 신탁에 반해서 행동하는 것이 발견될 때 입법부를 폐지하거나 변경할 수 있는 최고의 권력은 여전히 인민에게 있다고 주장하였다.

오답피하기 ㄴ. 로크는 자연 상태는 분쟁을 해결할 공통된 재판관과 법률이 부재하여 재산에 대한 권리를 확실하게 보장받기 어렵다고 보아 이를 해결하기 위해 국가를 구성한다고 주장하였다. 로크에 따르면 사회 계약의 성립 이전에도 개인의 재산에 대한 권리는 존재한다.

ㄹ. 로크는 자연 상태에서 자연법의 집행은 모든 사람의 수중에 맡겨져 있으므로 누구나 자연법을 집행할 권한을 가지고 있다고 보았다.

02 루소와 로크의 사상적 입장 이해

문제분석 갑은 루소, 을은 로크이다. 루소는 자연 상태에서의 인간이 자유롭고 평등하며 평화롭게 살지만 사유 재산의 발생과 함께 불평등과 예속의 불행한 상태에 처하게 된다고 보았다. 루소는 인간이 사회 계약을 통해 불평등과 예속의 상태에서 벗어나 자유를 보장받을 수 있다고 보았다. 로크는 자연 상태에서의 인간이 자연법의 지배 아래에서 비교적 평화롭게 살아가지만 공통된 재판관이 없기 때문에 분쟁이 생겼을 때 폐단이 발생한다고 보았다. 로크는 개인이 생명과 자유, 재산에 대한 자연적 권리를 확실하고 안전하게 보장받기 위해 사회 계약을 맺어 국가를 이루게 된다고 주장하였다. 만약 국가가 사회 계약에 따르는 역할을 제대로 하지 못한다면 국민이 저항권을 행사할 수 있다고 보았다.

정답찾기 ③ 로크는 개인의 생명, 자유, 재산에 대한 권리의 추구가 개인의 자기 보존과 자기 이익을 따르는 욕구에 기반하고 있으며 이를 토대로 사회 계약이 이루어진다고 보았다.

오답피하기 ① 루소는 주권이 양도될 수도 없고 분할될 수도 없다고 보았다.

② 루소는 법에 복종하는 국민이 법의 제정자가 되어야 한다고 보았다.

④ 로크는 통치자가 절대 권력을 지니는 것이 바람직하지 않다고 보고 권력의 분립을 주장하였다.

⑤ 로크는 자연 상태에서 개인은 자유롭고 평등하지만 자연법의 위반과 분쟁이 발생할 수 있다고 보았다.

03 슘페터의 사상적 입장 이해

문제분석 그림의 강연자는 슘페터이다. 슘페터는 민주주의를 엘리트가 대중의 표를 얻기 위해 자유롭게 경쟁하는 제도적 장치라고 주장하였다. 슘페터는 정치는 엘리트에게 맡겨야 하며 시민의 역할을 지도자를 선출하는 투표자의 역할에 한정해야 한다고 주장하였다.

정답찾기 ③ 슘페터는 민주주의가 정치인의 지배를 의미하는 것이지 국민이 실제로 지배하는 것을 의미하는 것은 아니라고 보았다.

오답피하기 ① 슘페터는 시민이 비합리적인 편견을 지니거나 충동에 빠지는 경향이 있다고 보았다.

② 슘페터는 모든 사람의 의지가 반영된 공동선은 존재하지 않는다고 주장하였다.

④ 슘페터는 민주주의에서는 지도자들이 선거에서 표를 획득하기 위해 자유롭게 경쟁할 수 있어야 한다고 보았다.

⑤ 슘페터는 시민의 역할을 지도자를 선출하는 투표자의 역할에 한정해야 한다고 보았기 때문에 정치 활동에 시민이 상시로 참여할 수 있는 제도의 마련을 주장하지 않았다.

04 베버의 사상적 입장 이해

문제분석 제시문을 주장한 사상가는 베버이다. 베버는 근면과 검소를 강조한 프로테스탄티즘이 근대 자본주의 정신의 토대가 되었다고 주장하였다.

정답찾기 ㄱ. 베버는 프로테스탄티즘이 신의 영광을 위해 노동한 결과에 따른 직업적 성공을 구원의 증표로 보았다고 주장하였다.

ㄴ. 베버는 프로테스탄티즘이 근대 자본주의 정신의 토대가 된다고 보았다.

오답피하기 ㄷ. 베버는 프로테스탄티즘이 부를 축적하는 모든 행위를 부정적으로 본다고 주장하지 않았다.

ㄹ. 베버는 정신적 노동 분야뿐만 아니라 육체적 노동 분야의 직업 활동도 소명이 될 수 있다고 보았다.

05 소로와 롤스의 사상적 입장 이해

문제분석 (가)의 갑은 소로, 을은 롤스이다. 소로는 정의에 대한 존경심이 법에 대한 존경심보다 중요하다고 보아 양심에 근거해 부정의한 법에 불복종해야 한다고 주장하였다. 롤스는 시민 불복종이 공유된 정의관에 근거해 이루어져야 한다고 보았다.

정답찾기 ㄴ. 소로는 법에 대한 존경심보다 정의에 대한 존경심이 더 중요하다고 보았다.

ㄷ. 롤스는 부정의한 법을 개선하기 위한 합법적인 방법을 우선 고려한 후에 최후의 수단으로서 시민 불복종이 전개되어야 한다고 보았다.

오답피하기 ㄱ. 소로와 롤스는 모두 시민 불복종이 위법 행위이지만 정의의 실현을 지향하는 행위라고 보았다.

ㄹ. 롤스는 정의의 원칙인 평등한 자유의 원칙이나 공정한 기회균등의 원칙을 현저히 위배한 법에 대해 시민 불복종을 할 수 있다고 보았다.

06 참여 민주주의와 심의 민주주의 비교

문제분석 (가)는 참여 민주주의의 입장, (나)는 심의 민주주의의 입장이다.

정답찾기 ⑤ 참여 민주주의와 심의 민주주의는 모두 대의 민주주의의 한계를 보완하려고 한다.

오답피하기 ① 참여 민주주의는 시민의 정치적 무관심 문제를 해결하기 위해 시민 참여를 강조한다.

② 참여 민주주의는 직접 민주주의만이 민주주의의 이상을 실현할 수 있는 유일한 방법이라고 주장하지 않는다.

③ 심의 민주주의는 정책을 심의하고 결정하는 과정에서 전문가와 공직자의 판단뿐만 아니라 시민의 의견도 반영되어야 한다고 본다.

④ 심의 민주주의는 합리적 논증 능력에 따라 차등적으로 발언 기회를 부여할 것을 주장하지 않는다.

07 롤스의 사상적 입장 이해

문제분석 제시문을 주장한 사상가는 롤스이다. 롤스는 시민 불복종은 거의 정의로운 사회에서 부정의한 법이나 정책의 변혁을 위해 행해지며 공유된 정의관에 근거해야 한다고 주장하였다.

정답찾기 ㄷ. 롤스는 시민 불복종이 공유된 정의관에 근거해야 한다고 보았기 때문에 양심에 따른 행위라고 할지라도 정당한 시민 불복종이 아닐 수 있다고 보았다.

ㄹ. 롤스는 정의의 원칙인 평등한 자유의 원칙과 공정한 기회균등의 원칙을 심각하게 위반하는 부정의한 법이나 정책은 다수결의 원칙에 따라 합법적으로 제정되었다고 할지라도 시민 불복종의 대상이 될 수 있다고 보았다.

오답피하기 ㄱ. 롤스는 시민 불복종이 일부 부정의한 법이나 정책의 변화를 위한 행위라고 주장하였으며 체제의 근본적인 변혁을 위한 것은 아니라고 보았다.

ㄴ. 롤스는 시민 불복종이 의도적으로 행해지는 위법 행위라고 보았으며 시민 불복종으로 인해 따라올 처벌까지 감수해야 한다고 보았다.

08 케인스와 하이에크의 사상적 입장 이해

문제분석 갑은 케인스, 을은 하이에크이다. 케인스는 정부의 적극적인 개입으로 유효 수요를 창출하여 완전 고용을 추구해야 한다고 보았다. 반면에 하이에크는 정부의 기능을 축소하여 시장에서의 자유로운 경쟁을 최대한으로 보장해야 한다고 주장하였다.

정답찾기 ② 케인스는 자본주의 체제 안에서의 사적 소유를 전제하고 있기 때문에 모든 생산 수단의 공유화를 이루어야 한다고 주장하지 않았다.

오답피하기 ① 케인스는 불황과 실업의 문제를 해결하기 위해 정부가 적극적으로 개입해야 한다고 주장하였다.

③ 하이에크는 정부가 주도하는 계획 경제를 반대하며 시장의 자생적 질서를 강조하였다.

④ 하이에크는 정부가 시장에 대한 개입을 최소화하되 시장에서 경쟁이 효율적으로 작동할 수 있는 조건을 마련해야 한다고 주장하였다.

⑤ 케인스와 하이에크는 모두 자본주의를 긍정하였으며 시장 안에서 이루어지는 수요와 공급의 원리를 존중해야 한다고 주장하였다.

09 스미스, 케인스, 하이에크의 사상적 입장 이해

문제분석 갑은 스미스, 을은 케인스, 병은 하이에크이다. 스미스는 고전적 자본주의 사상가로 수요와 공급이 가격 조절 기능인 보이지 않는 손에 의해 조화를 이룬다고 보았다. 케인스는 수정 자본주의 사상가로 불황과 실업 문제를 해결하기 위한 정부의 적극적인 개입을 주장하였다. 하이에크는 정부가 주도하여 경제 문제를 해결하는 것은 잘못이라고 보았으며 정부는 자유로운 경쟁이 효율적으로 작동할 수 있도록 조건을 마련하는 역할을 해야 한다고 주장하였다.

정답찾기 ⑤ 케인스와 하이에크는 모두 자유롭고 공정한 경쟁을 통한 사익의 추구를 강조한 자본주의 사상가들이다.

오답피하기 ① 스미스는 개인의 경제 활동에 있어서 자유가 보장되어야 한다고 보았으며 국가 주도의 계획 경제를 주장하지 않았다.

② 케인스는 정부가 적극적으로 개입하여 유효 수요를 창출하는 정책을 시행해야 한다고 주장하였다.

③ 하이에크는 자원의 효율적 분배를 위해서는 시장의 원리에 따라 자유로운 경쟁을 보장해야 한다고 주장하였다.

④ 케인스는 정부가 시장의 문제를 해결하기 위해 적극적으로 개입해야 한다고 보았다.

10 마르크스와 민주 사회주의의 사상적 입장 이해

문제분석 갑은 마르크스, 을은 민주 사회주의 사상가이다. 마르크스는 생산 수단의 공유 및 계급과 국가의 소멸을 주장하였다. 민주 사회주의는 「프랑크푸르트 선언」을 통해 점진적 개혁으로 사회주의를 실현할 것을 주장하였다.

정답찾기 ② 마르크스는 생산 수단의 사적 소유가 경제적 불평등의 문제를 초래한다고 보았다.

오답피하기 ① 마르크스는 능력에 따라 일하고 필요에 따라 분배받는 사회를 지향하였다.

③ 민주 사회주의는 사회주의의 이상을 민주주의적 수단을 통해 실현해야 한다고 보았다.

④ 민주 사회주의는 생산 수단의 사유를 부분적으로 인정하는 입장이다.

⑤ 마르크스는 폭력 혁명을 통해 계급 구조를 철폐해야 한다고 보았다.

THEME 15

평화 사상과 세계 시민 윤리

수능 실전 문제

본문 107~111쪽

01 ④	02 ④	03 ②	04 ③
05 ③	06 ②	07 ③	08 ②
09 ⑤	10 ①		

01 맹자와 묵자의 사상적 입장 이해

문제분석 갑은 맹자, 을은 묵자이다. 맹자는 군주가 인의(仁義)로 백성을 다스릴 때 평화를 실현할 수 있다고 보았다. 묵자는 천하의 혼란을 방지하기 위해 겸애(兼愛)를 주장하였다. 묵자는 타국을 정복하거나 침략하기 위한 전쟁을 반대하는 비공(非攻)을 강조하여 자기 나라를 위해 다른 나라를 해치는 침략 전쟁을 정의롭지 못한 것이라고 비판하였다.

정답찾기 ④ 묵자는 전쟁을 일으키는 것이 백성과 천하에 이롭지 않다고 보았다.

오답피하기 ① 맹자는 평화로운 세상을 이루기 위해 군주가 인의를 바탕으로 덕치를 행해야 한다고 보았다.
② 평화를 위해 차별 없는 사랑인 겸애를 강조한 사상가는 묵자이다.
③ 묵자는 전쟁은 침략당하는 나라뿐만 아니라 침략하는 나라에게도 경제적 손실을 가져오며 정의롭지 않다고 보았다.
⑤ 맹자를 비롯한 유교 사상가들은 예악을 바로 세워 인격을 완성하고 사회 혼란을 해결해야 한다고 보았다.

02 노자의 사상적 입장 이해

문제분석 제시문을 주장한 사상가는 노자이다. 노자는 무위의 다스림이 이루어지며 나라의 규모가 작고 백성이 자급자족할 때 평화에 이를 수 있다고 보았다.

정답찾기 ④ 노자는 겸허(謙虛)와 부쟁(不爭)의 덕을 강조하였으며 시비와 선악의 분별에서 벗어나 소박한 본성에 따라 살 것을 주장하였다.

오답피하기 ① 노자와 맹자 모두 상벌의 엄격한 시행으로 백성의 본성을 교화해야 한다고 주장하지 않았다.
② 노자는 평화 실현을 위해 인의 다스림이 실현되어야 한다고 주장하지 않았다.
③ 노자는 도에 따르는 삶을 강조하였으며 자기 나라의 경제력 강화를 위한 전쟁의 허용을 주장하지 않았다.
⑤ 노자는 인위적인 규범과 제도가 아닌 소박한 본성에 따르는 삶을 살 것을 주장하였다.

03 불교의 사상적 입장 이해

문제분석 (가) 사상은 불교이다. 불교는 침략 전쟁에 의한 살생을 반대하고 연기에 입각한 불살생의 평화 사상을 제시한다.

정답찾기 ② 불교는 연기의 법을 깨달아 자비를 실천해야 한다고 주장한다.

오답피하기 ① 불교는 윤회를 반복하는 삶은 고통과 갈등에서 벗어날 수 없다고 본다.
③ 불교는 불변의 실체가 존재하지 않는다는 무아(無我)를 주장한다.
④ 불교는 연기의 법에 따라 모든 것은 영원하지 않으며 고정된 실체도 없다고 주장한다.
⑤ 불교는 모든 존재와 현상이 연기의 법에 따른 것이라고 보고 이를 초월한 절대자의 존재를 주장하지 않는다.

04 에라스뮈스와 생피에르의 사상적 입장 이해

문제분석 갑은 에라스뮈스, 을은 생피에르이다. 에라스뮈스는 전쟁이 평화를 추구하는 종교 정신에 위배된다고 보았다. 에라스뮈스는 전쟁에서는 무고한 다수가 재앙에 휘말리게 되므로 전쟁은 도덕적으로 옳지 않다고 주장하였다. 생피에르는 평화의 실현을 위해서는 인간의 이기심과 합리적 이성의 활용이 중요하다고 보았으며 국가 간의 분쟁이 발생했을 때 국가 대표로 구성된 상설 기구를 통해 평화롭게 해결해야 한다고 주장하였다.

정답찾기 ③ 생피에르는 평화를 실현하기 위해서는 인간의 합리적 이성을 따라야 한다고 보았다.

오답피하기 ① 에라스뮈스는 전쟁은 본질적으로 악을 초래하기 때문에 수행되어서는 안 된다고 주장하였다.
② 에라스뮈스는 불화와 갈등의 근본 원인은 인간의 탐욕과 야망이라고 보았다.
④ 생피에르는 평화 실현을 위해 군주들의 연합이 필요하다고 주장하였다.
⑤ 에라스뮈스는 전쟁이 본성상 선보다 악을 초래한다고 보았으며 전쟁이 평화를 추구하는 종교 정신에 위배된다고 주장하였다.

05 애피아의 사상적 입장 이해

문제분석 제시문을 주장한 사상가는 애피아이다. 애피아는 한 국가의 시민으로 살아가면서도 세계 시민으로서 다른 사람들과 연대할 수 있어야 한다고 보았다.

정답찾기 ㄷ. 애피아는 여러 사회가 지닌 다양한 삶의 모습을 통해 서로를 이해할 수 있다고 보았다.
ㄹ. 애피아는 지역적 정체성을 유지하면서도 다른 사람과 연대할 수 있는 세계 시민주의를 주장하였다.

오답피하기 ㄱ. 애피아는 서로의 다른 문화적 차이를 존중해야 함을 강조하였다.
ㄴ. 애피아는 국가나 민족의 정체성을 지니면서도 세계 시민으로서의 의식을 가질 것을 강조하였다.

06 갈퉁과 칸트의 사상적 입장 이해

문제분석 갑은 갈퉁, 을은 칸트이다. 갈퉁은 진정한 평화를 이루기 위해서는 직접적 폭력뿐만 아니라 구조적 폭력과 문화적 폭력까지 사라져야 한다고 보았다. 칸트는 평화 연맹을 통한 평화 실현을 주장하였으며 국가들이 전쟁을 방지하기 위해 제도를 마련해야 한다고 보았다.

정답찾기 ② 갈퉁은 예술이나 사상과 같은 문화를 통한 문화적 폭력은 착취나 억압을 자연스러운 것으로 보이게 하여 폭력을 은폐할 수 있다고 보았다.

오답피하기 ① 갈퉁에 따르면 폭력은 직접적 폭력뿐만 아니라 구조적 폭력이나 문화적 폭력에서도 시작될 수 있다.

③ 칸트는 영구 평화를 달성하기 위해 평화 연맹을 추구해야 한다고 주장하였다.

④ 칸트는 전쟁을 예방하고 영구 평화를 보장하기 위해 국제 연맹의 창설 등을 주장하였다.

⑤ 칸트는 단일한 세계 정부가 아닌 평화 연맹의 확산을 통해 세계 평화를 실현할 수 있다고 보았다.

07 롤스의 사상적 입장 이해

문제분석 가상 대화의 사상가는 롤스이다. 롤스는 원조의 목표는 고통받는 사회가 질서 정연한 사회가 되도록 돕는 데 있다고 보았다. 이를 위해 고통받는 사회의 사회 구조와 제도를 개선하기 위한 원조를 해야 한다고 주장하였다.

정답찾기 ③ 롤스는 원조를 시행할 때 인권을 강조하는 것이 원조 대상국의 정치 체제와 정치 지도자들의 태도 변화를 가져와 원조 목적의 달성에 기여할 수 있다고 보았다.

오답피하기 ① 롤스는 질서 정연한 사회는 원조 대상이 아니라고 보았다.

② 롤스는 원조 대상국의 정치 문화 상황을 고려하여 고통받는 사회인지 여부를 판단해야 한다고 보았다.

④ 롤스는 원조의 목적이 국가 간 복지 수준의 불평등을 해소하는 것이 아니라 고통받는 사회가 질서 정연한 사회가 되도록 돕는 데 있다고 보았다.

⑤ 롤스는 질서 정연한 사회의 만민은 불리한 여건으로 인해 고통받는 사회를 원조해야 할 의무가 있다고 보았다.

08 칸트의 사상적 입장 이해

문제분석 제시문을 주장한 사상가는 칸트이다. 칸트는 국가 간의 영원한 평화를 보장하기 위해 국제 연맹의 창설과 세계 시민법의 조건 등을 담은 확정 조항을 제시하였다. 여기에서 칸트는 영원한 평화가 실현되려면 공화 정체의 국가들이 평화 연맹을 결성해야 한다고 주장하였다.

정답찾기 ㄱ. 칸트는 진정한 평화를 실현하기 위해 전쟁의 종식을 추구해야 한다고 주장하였다.

ㄷ. 칸트는 영원한 평화를 실현하기 위해 국민의 의사가 존중될 수 있는 정치 체제인 공화 정체가 필요하다고 주장하였다.

오답피하기 ㄴ. 칸트는 평화 연맹을 통해 영원한 평화를 실현해야 한다고 주장하였다.

ㄹ. 칸트는 개별 국가의 주권을 존중해야 한다고 보았으며 평화 연맹이 주권적 권한을 행사해서는 안 된다고 주장하였다.

09 롤스와 싱어의 사상적 입장 이해

문제분석 (가)의 갑은 롤스, 을은 싱어이다. 롤스는 질서 정연한 사회의 만민이 불리한 여건으로 고통받는 사회에 대해 원조해야 한다고 보았다. 싱어는 공리주의적인 관점에서 원조를 통해 절대 빈곤으로 고통받는 사람을 도와야 한다고 주장하였다. 싱어에 따르면 인종이나 국적에 상관없이 모든 인간의 이익을 평등하게 고려하여 보편적 인류애의 관점에서 원조를 시행해야 한다.

정답찾기 ㄷ. 싱어는 공리주의와 세계 시민주의 입장에서 원조를 해야 한다고 주장하였으며, 이에 따라 원조 시 자국민을 우선해야 하는 경우가 있다고 보았다.

ㄹ. 싱어는 이익 평등 고려의 원칙에 근거해 원조 대상의 이익뿐만 아니라 원조 주체의 이익도 고려해야 한다고 보았다.

오답피하기 ㄱ. 롤스는 고통받는 사회가 질서 정연한 사회가 되면 그 사회의 빈곤 문제를 스스로 해결할 수 있다고 보기 때문에 상대적으로 빈곤하더라도 원조가 중단될 수 있다고 보았다.

ㄴ. 롤스는 원조를 중단할 수 있는 목표를 설정하는 것이 원조 주체의 자율성을 침해하는 것이라고 보지 않았다.

10 누스바움의 사상적 입장 이해

문제분석 그림의 강연자는 누스바움이다. 누스바움은 우리를 일련의 동심원들로 둘러싸여 살아가는 존재로 보아 자국 중심의 배타주의를 극복하고 보편적 인간애를 중시하는 세계 시민주의를 지향할 것을 주장하였다.

정답찾기 ① 누스바움은 지역적 정체성과 보편적 인간애가 양립 가능하다고 주장하였다.

오답피하기 ② 누스바움은 보편적인 도덕적 가치의 중요성을 강조하였다.

③ 누스바움은 인류에 대한 사랑을 기반으로 한 세계 시민주의를 주장하였다.

④ 누스바움은 다른 세계 시민이 입은 피해에 대해 국제적 협력을 통해 도움을 줄 수 있어야 한다고 보았다.

⑤ 누스바움은 보편적 인간애를 바탕으로 한 세계 시민주의를 주장하였지만 단일한 세계 국가의 창설을 주장한 것은 아니다.

실전 모의고사 1회

본문 112~116쪽

1 ③	2 ④	3 ④	4 ⑤	5 ③
6 ①	7 ①	8 ④	9 ③	10 ⑤
11 ③	12 ④	13 ②	14 ④	15 ③
16 ⑤	17 ②	18 ③	19 ④	20 ④

1 정약용이 강조한 삶의 태도 파악

문제분석 가상 편지를 쓴 사상가는 정약용이다. 정약용은 하늘이 사람에게 선을 할 수도 있고 악을 할 수도 있는 권형(權衡), 선을 하기는 어렵고 악을 하기는 쉬운 육체, 선을 즐거워하고 악을 부끄러워하는 본성을 주었다고 보았다. 권형은 '저울추와 저울대'란 뜻으로 선악을 비교하여 선택할 수 있는 인간의 능력을 상징한다.

정답찾기 ③ 정약용은 하늘이 사람에게 부여한 권형으로 인해 사람은 스스로 선을 행하고자 하면 선을 행하고, 악을 행하고자 하면 악을 행할 수 있다고 보았다. 그는 권형을 발휘하여 선을 행하고자 노력해야 한다고 주장하였다.

오답피하기 ① 정약용은 인간의 마음에 하늘이 부여한 사단이 내재되어 있다고 보았다.

② 정약용에 따르면 인의예지는 본성에 내재되어 있는 것이 아니라 일상생활에서 사단을 확충함으로써 형성되는 덕이다.

④ 정약용은 생존과 도덕적 삶을 위해서 욕구가 필요하다고 보고, 욕구가 지닌 긍정적 측면을 인정하였다.

⑤ 정약용에 따르면 영지(靈知)의 기호는 선을 좋아하고 악을 싫어하는 마음의 기호이며 수양을 통해 변화시켜야 되는 것이 아니다.

2 공자와 노자의 사상적 입장 이해

문제분석 갑은 유교 사상가인 공자, 을은 도가 사상가인 노자이다. 공자는 '명분을 바로잡는 것[正名(정명)]'을 정치의 일차적인 과제로 보고, 통치자의 덕성과 예의로 백성을 교화하는 덕치(德治)를 참된 정치로 보았다. 노자는 사회 혼란의 원인이 인위적인 규범과 제도를 만들어 사람들에게 강요한 데 있다고 보고, 무위(無爲)의 다스림이 이상적인 정치라고 보았다.

정답찾기 ④ 노자는 도에 따르는 삶을 살기 위해 무지(無知)와 무욕(無欲)의 덕을 갖추어야 한다고 보았다.

오답피하기 ① 공자는 부국강병이 아니라 인(仁)과 예(禮)의 실현을 정치의 궁극적 목표로 보았다.

② 공자는 강력한 법률이나 형벌보다 덕성과 예의로 백성을 교화하는 덕치(德治)를 강조하였다.

③ 노자는 군주의 인위적인 다스림이 없는 무위지치(無爲之治)가 이루어져야 백성이 스스로 자신의 일을 해 나갈 수 있다고 보았다.

⑤ 노자는 사회 혼란의 원인이 예와 같은 인위적인 규범을 사람들에게 강요하는 데 있다고 보았다.

3 플라톤과 아리스토텔레스의 사상적 입장 이해

문제분석 갑은 플라톤, 을은 아리스토텔레스이다. 플라톤은 이데아를 사물의 완전하고 이상적인 원형 그 자체로 보고, 개별적인 사물은 언제나 변화하지만 이데아는 언제나 불변하는 모습으로 독자적으로 존재한다고 주장하였다. 아리스토텔레스는 현실 세계만이 실재한다고 보고, 사물의 실재는 현실의 사물에 내재한다고 주장하였다.

정답찾기 ㄱ. 플라톤은 이데아를 사물의 완전하고 이상적인 원형이자 본질이라고 보고, 사물과 별개로 존재한다고 보았다. 이와 달리 아리스토텔레스는 플라톤이 말하는 이데아에 해당되는 사물의 실재와 사물은 따로 떨어져 있을 수 없다고 보았다.

ㄷ. 플라톤에 따르면 이데아는 손으로 만져 보거나 눈으로 볼 수 있는 지각의 대상이 아니며, 오직 이성에 의해서만 파악될 수 있는 독자적인 것이다. 아리스토텔레스는 이데아가 독자적으로 존재한다고 보지 않았다.

ㄹ. 플라톤은 '좋음[善] 자체', 즉 '좋음의 이데아'가 현실 세계와 분리된 이데아계에 존재한다고 보았다. 이와 달리 아리스토텔레스는 '좋음 자체'나 '좋음'이 좋음인 한에서 아무 차이가 없다고 보고, 좋음은 이데아계가 아니라 현실 세계에 존재한다고 주장하였다.

오답피하기 ㄴ. 플라톤은 부정, 아리스토텔레스는 긍정의 대답을 할 질문이다. 플라톤은 세계를 감각적으로 경험되는 현상계와 오직 이성에 의해서만 파악될 수 있는 이데아계로 구분하였다. 아리스토텔레스는 플라톤의 이원론적 세계관을 비판하고, 이 세상은 개별적인 실체들로 이루어진 하나의 세계라고 주장하였다.

4 의천과 지눌의 사상적 입장 이해

문제분석 갑은 의천, 을은 지눌이다. 의천은 교종의 입장에서 선종을 수용하면서 경전을 읽는 교학(敎學) 수행과 참선을 하는 지관(止觀) 수행을 함께 해야 한다고 주장하였다. 지눌은 선종의 입장에서 교종을 수용하면서 단박에 깨친 뒤에도 나쁜 습기를 제거하기 위해 선정(禪定)과 지혜(知慧)를 함께 닦아야 한다[定慧雙修(정혜쌍수)]고 주장하였다.

정답찾기 ⑤ 의천과 지눌은 모두 보살행을 위해 마음을 하나의 대상에 집중하여 고요한 상태에 머무는 정(定)과 사물의 실상을 통찰하는 혜(慧)를 함께 닦아야 한다고 주장하였다.

오답피하기 ① 의천은 부처의 법이 마음에서 마음으로만 전해진다고 보지 않았으며, 부처의 법을 깨닫기 위해서는 경전을 통한 교리 공부가 필요하다고 보았다.

② 의천은 교관겸수(敎觀兼修)를 강조하면서 교학 수행과 지관 수행을 함께 해야 한다고 주장하였다.

③ 지눌은 자성을 직관하여 단박에 깨닫더라도 습기를 제거하기 위해 지속적인 수행이 필요하다고 보았다.

④ 지눌은 대승 불교 사상가로서 모든 것이 공(空)하다고 보면서 모든 현상은 일시적으로 존재한다고 보았다.

5 에피쿠로스학파와 스토아학파의 사상적 입장 이해

문제분석 (가)의 갑은 에피쿠로스, 을은 스토아학파 사상가인 아우렐리우스이다. 에피쿠로스는 쾌락을 인간 행위의 궁극적인 목적이라고 보고, 참된 쾌락은 몸의 고통과 마음의 불안이 모두 소멸된 상태라고 주장하였다. 아우렐리우스는 모든 일은 자연의 섭리에 의해 일어난다고 보고, 정념의 지배에서 벗어나 자연의 섭리에 따르는 삶을 살아야 한다고 주장하였다.

정답찾기 ㄴ. 에피쿠로스와 아우렐리우스의 공통 입장이다. 에피쿠로스는 자연을 이해함으로써 신이나 운명, 죽음 등에 대한 잘못된 두려움에서 벗어날 것을 주장하였다. 아우렐리우스는 자연의 필연적 질서를 이해하고 자연의 섭리에 따를 때 평온한 삶을 살 수 있다고 보았다.
ㄹ. 아우렐리우스만의 입장이다. 에피쿠로스는 운명은 존재하지 않는다고 보고, 운명에 대한 잘못된 믿음을 없앰으로써 두려움에서 벗어날 수 있다고 보았다. 아우렐리우스는 세계 안의 모든 일이 자연의 인과 법칙에 따라 필연적으로 일어난다고 보고, 주어진 운명에 순응할 것을 강조하였다.
오답피하기 ㄱ. 에피쿠로스와 아우렐리우스 모두의 입장에 해당하지 않는다. 에피쿠로스는 사회적 지위와 명예에 대한 욕구를 자연적이지도 필수적이지도 않은 욕구로 보고 추구해서는 안 된다고 보았다. 아우렐리우스는 사회적 지위나 명예 등은 인간의 의지대로 얻을 수 있는 것이 아니므로 이러한 욕구에서 벗어나야 한다고 보았다.
ㄷ. 에피쿠로스만의 입장이다. 에피쿠로스는 공적인 삶은 집착, 다툼, 분노, 좌절 등 고통과 불안을 일으킨다고 보았다. 아우렐리우스는 주어진 운명에 순응하면서 사회적 역할과 의무를 충실히 수행하는 공적인 삶을 강조하였다.

6 맹자와 순자의 사상적 입장 이해

문제분석 갑은 맹자, 을은 순자이다. 맹자는 누구나 사덕과 사단을 가지고 태어난다고 보고, 인의(仁義)의 덕으로 나라를 다스리는 왕도(王道) 정치를 주장하였다. 순자는 인간의 타고난 성정이 악하다고 보고, 군주는 백성의 성정을 교화할 수 있는 예로써 다스려야 한다고 보았다.
정답찾기 ① 맹자와 순자는 성왕인 요순의 도를 군주가 따라야 할 통치의 근간으로 보고 본받을 것을 강조하였다.
오답피하기 ② 맹자와 순자 모두 부정의 대답을 할 질문이다. 맹자는 누구나 수양을 통해 사단을 확충하면 군자가 될 수 있다고 보았고, 순자는 누구나 악한 본성을 지닌 소인으로 태어나지만 예의를 배우고 익히면 군자가 될 수 있다고 보았다.
③ 맹자는 부정, 순자는 긍정의 대답을 할 질문이다. 맹자는 백성의 본성이 선하다고 보고, 본성을 확충할 것을 강조하였다. 순자에 따르면 예는 백성의 성정을 교화하고 재화를 공정하게 분배하기 위한 사회 규범으로 도덕 생활과 통치의 표준이다.
④ 맹자가 부정의 대답을 할 질문이다. 맹자에 따르면 측은지심을 비롯한 사단(四端)은 형성되는 것이 아니라 선천적으로 타고나는 것이다.
⑤ 맹자가 부정의 대답을 할 질문이다. 맹자에 따르면 일반 백성은 일정한 생업[恒産(항산)]이 있어야 변치 않는 도덕적 마음[恒心(항심)]을 지닐 수 있지만, 선비는 항산이 없어도 항심을 지닐 수 있다.

7 플라톤과 모어의 사상적 입장 이해

문제분석 갑은 정의로운 국가를 이상 국가로 제시한 플라톤, 을은 유토피아를 이상 사회로 제시한 모어이다. 플라톤은 지혜의 덕을 갖춘 철학자가 통치자가 되어 나라를 다스릴 때 이상 국가가 실현될 수 있다고 보았다. 모어는 필요 이상의 노동을 할 필요가 없어 정신적 자유와 교양의 함양에 전념할 수 있는 유토피아를 이상 사회로 제시하였다.
정답찾기 ㄱ. 플라톤은 수호자 중에서 좋음 자체, 즉 선(善)의 이데아를 인식하여 지혜의 덕을 갖춘 철학자가 국가를 통치해야 한다고 보았다.
ㄴ. 모어가 이상 사회로 제시한 유토피아에서는 필요 이상의 노동을 할 필요가 없어 시민들이 정신적 오락이나 문화생활에 관심을 가지고 즐기며 살아간다.
오답피하기 ㄷ. 모어에 따르면 유토피아에서는 성인들이 남녀를 가리지 않고 생산적 노동에 종사하기 때문에 생산성이 높아져 누구나 물질적으로 풍요로운 삶을 살 수 있다.
ㄹ. 모어만의 입장이다. 플라톤은 수호자가 사유 재산을 가져서는 안 된다고 주장하였지만, 생산자는 사유 재산을 가질 수 있다고 보았다.

8 장자의 삶의 태도 파악

문제분석 가상 대화의 스승은 장자이다. 장자는 도(道)를 무위(無爲)하고 무형(無形)한 것으로 보았다. 그는 도와 일치하는 이상적 경지로 어떠한 외물에도 얽매이지 않고 자유롭게 살아가는 소요유(逍遙遊)의 경지와 만물과 내가 하나가 되는 물아일체(物我一體)의 경지를 제시하였다. 그리고 이러한 경지에 이르기 위해서는 모든 분별과 차별에서 벗어나 만물을 평등한 것으로 보아야 한다[齊物(제물)]고 주장하였다.
정답찾기 ④ 장자는 모든 분별과 차별에서 벗어나 도의 관점에서 만물을 평등한 것으로 보아야 한다고 주장하였다.
오답피하기 ① 장자는 무위의 삶을 살기 위해 자연스러운 본성에 따라야 한다고 보았다.
② 장자는 인간이 지닌 오감을 통해 얻은 지식은 상대적이고 주관적이므로 의존해서는 안 된다고 보았다.
③ 장자는 명예를 추구하는 사람이나 지혜의 주인이 되지 말아야 한다고 주장하면서 세속의 모든 구속에서 해방되어 자연의 섭리에 자신을 맡길 것을 강조하였다.
⑤ 장자는 시비(是非), 선악(善惡), 미추(美醜), 귀천(貴賤)을 구별하려는 태도에서 벗어날 것을 강조하였다.

9 이황과 이이의 사상적 입장 이해

문제분석 (가)의 갑은 이황, 을은 이이이다. 이황은 성을 본연지성과 기질지성으로 나누어 볼 수 있듯이 정을 사단과 칠정으로 나누어 볼 수 있다고 주장하였다. 이이는 기질지성이 본연지성을 포함하듯이 칠정은 사단을 포함하며, 사단은 선한 정의 다른 이름일 뿐이라고 주장하였다.
정답찾기 ③ 이황에 따르면 이는 형태가 없으며 순수하고 선한 것이지만 기와 마찬가지로 운동성을 지니고 있다. 이황과 달리 이이는 마음의 이가 형태도 없고 운동성도 없다고 보았다.
오답피하기 ① 이황은 긍정, 이이는 부정의 대답을 할 질문이다. 이황은 마음의 작용인 정은 이의 발현인 사단과 기의 발현인 칠정으로 구분된다고 보았다. 이황과 달리 이이는 마음의 작용인 정이 모두 기의 발현이라고 보았다.
② 이황은 부정, 이이는 긍정의 대답을 할 질문이다. 이황은 사단을 이가 발한 정, 칠정은 기가 발한 정으로 보고 사단과 칠정을 엄격하게 구분하였다. 이이는 사단은 칠정의 선한 측면일 뿐이라고 주장하면서, 사단은 칠정을 포함할 수 없지만 칠정은 사단을 포함한다[七包

四(칠포사)]고 주장하였다.
④ 이이가 부정의 대답을 할 질문이다. 이이는 사단을 칠정 중 선하게 드러난 감정을 가리키는 것으로 보았다.
⑤ 이이가 부정의 대답을 할 질문이다. 이이는 이와 기가 서로 떨어져 있을 수 없고[理氣不相離(이기불상리)], 이와 기는 섞일 수 없다[理氣不相雜(이기불상잡)]고 보았다.

10 하버마스의 심의 민주주의 이해

문제분석 제시문을 주장한 사상가는 심의 민주주의를 강조한 하버마스이다. 하버마스는 사적인 자율성의 보장을 우선시하는 자유주의적 견해와 공적인 자율성의 확보를 우위에 두는 공화주의적 입장을 모두 포용하면서 심의 민주주의의 중요성을 강조하였다.

정답찾기 ㄴ. 하버마스에 따르면 의사소통 행위는 상대방을 대상으로 취급하지 않고, 말하는 자와 듣는 자가 인격적으로 평등한 관계 속에서 '대화'를 통해 상호 이해의 상황 및 관계에 도달하는 것을 의미한다.
ㄷ. 하버마스는 공론장 속에서 이루어지는 시민들의 이해 지향적 의사소통 행위가 사회의 통합력으로 작용한다고 보았다.
ㄹ. 하버마스는 심의 민주주의를 강조하면서 대화와 토론의 이상적 절차에 의거한 공론장을 활성화시켜야 한다고 보았다.

오답피하기 ㄱ. 하버마스는 사회 구성원 사이의 절차에 따른 토론과 결정에 기초한 심의 민주주의의 중요성을 강조하였다.

11 왕수인과 주희의 사상적 입장 이해

문제분석 갑은 왕수인, 을은 주희이다. 왕수인은 마음이 곧 이치[心卽理(심즉리)]라고 주장하면서 치지격물(致知格物)을 마음의 양지(良知)를 각각의 사물에서 온전하게 실현하는 것이라고 보았다. 주희는 인간의 마음과 사물 모두에 이치가 내재해 있다고 주장하면서 치지격물을 앎을 극진하게 이루기 위해 사물에 나아가 그 이치를 궁구하는 것으로 보았다.

정답찾기 ③ 주희는 격물을 사물의 이치를 탐구하는 것이라고 보았다. 격물을 의념이 머무는 곳을 바로잡는 것이라고 본 사상가는 왕수인이다.

오답피하기 ① 왕수인은 양지가 하늘이 부여한 성(性)이자 마음의 본체로서 스스로 영명(靈明)하여 밝게 깨닫는다고 보았다.
② 왕수인은 마음의 본체가 하늘의 이치라고 보아 사람의 마음에 인의예지가 모두 갖추어져 있다고 보았다.
④ 주희는 도덕적 앎과 실천이 서로를 의지하는 관계[相須(상수)]이며 함께 나아가야 한다고 주장하였다.
⑤ 주희와 왕수인 모두 사욕을 제거하고 천리를 보존하면 누구나 성인이 될 수 있다고 보았다.

12 벌린과 페팃의 사상적 입장 이해

문제분석 갑은 자유주의 사상가인 벌린, 을은 현대 공화주의 사상가인 페팃이다. 벌린은 불간섭의 영역이 넓어질수록 자유의 영역이 넓어진다고 보았다. 페팃은 타인의 자의적 지배가 없을 때, 즉 비지배일 때 진정한 자유가 실현된다고 보았다.

정답찾기 ④ 페팃은 자의적 권력에 의한 예속이 없는 상태인 비지배로서의 자유가 진정한 자유라고 보았다.

오답피하기 ① 벌린은 국가의 개입을 정당화할 여지가 있는 '~를 향한 자유'인 적극적 자유가 아니라 간섭의 부재를 의미하는 '~로부터의 자유'인 소극적 자유가 진정한 의미의 자유라고 보았다.
② 벌린은 적극적 자유가 국가의 개입을 정당화하고 개인의 권리를 침해할 여지가 있다고 보았다.
③ 페팃은 사적인 지배의 가능성이 비지배로서의 자유를 침해한다고 주장하였다.
⑤ 벌린은 개인의 자유가 법에 의해 제약될 수 있는 경우가 있다고 보고 법에 의한 간섭을 인정하였다. 페팃은 진정한 자유인 비지배로서의 자유는 합당한 법률 체제가 부과하는 것과 같은 높은 수준의 비자의적인 간섭이나 법에 의한 지배와 모순되지 않고 양립할 수 있다고 보았다.

13 석가모니의 사상적 입장 이해

문제분석 제시문을 주장한 사상가는 석가모니이다. 석가모니는 연기설에 근거하여 모든 현상은 다양한 원인과 조건을 근거로 하여 생겨나듯이 괴로움도 무명(無明)과 갈애(渴愛)라는 원인과 조건을 근거로 하여 생겨난다고 보았다. 따라서 괴로움의 원인인 무명과 갈애를 없애면 윤회의 고통이 없는 열반에 이르게 된다고 보았다.

정답찾기 ㄱ. 석가모니는 중생들이 세상과 자신에 대한 집착으로 인해 끝없이 윤회하게 된다고 주장하였다.
ㄹ. 석가모니는 연기(緣起)를 바르게 통찰하고 어느 한 극단으로 치우치지 않는 수행 방법인 중도(中道)를 닦으면 괴로움을 발생시키는 원인을 소멸시킬 수 있다고 보았다.

오답피하기 ㄴ. 석가모니는 모든 실상이 다 무상하고, 괴로움이고, 무아임을 바르게 인식하기 위해 통찰지를 갖추어야 한다고 주장하였다.
ㄷ. 석가모니는 진리에 통달하지 못한 마음의 상태인 무명을 괴로움의 원인으로 보았다.

14 칸트와 로스의 사상적 입장 이해

문제분석 갑은 칸트, 을은 로스이다. 칸트는 도덕 법칙을 모든 사람이 따라야 할 절대적이고 보편타당한 명령이자 의무로 보고, 의무 의식으로부터 비롯된 행위만이 도덕적 가치를 갖는다고 주장하였다. 로스는 의무들 사이에 갈등이 발생할 경우 상대적으로 약한 의무는 유보되고, 강한 의무가 실제적 의무가 된다고 주장하였다.

정답찾기 ④ 로스는 약속 지키기, 성실, 호의에 대한 감사, 선행, 정의, 자기 계발, 해악 금지와 같은 일곱 가지 조건부 의무를 제시하고, 특수한 상황에서 우리가 따라야 할 실제적 의무를 직관적으로 알 수 있다고 보았다.

오답피하기 ① 칸트는 인간은 자연적 경향성을 충족하고자 하는 자연법칙의 지배를 받으면서도 자연적 경향성의 유혹을 극복하고 도덕법칙을 수립하고 따를 수 있는 존재라고 보았다.
② 칸트는 행위의 옳고 그름을 행위의 결과가 아니라 도덕적 의무의 이행이라는 동기 여부에 따라 판단해야 한다고 보았다.
③ 로스는 하나의 의무는 또 다른 의무와 갈등하기 전까지는 우리를 잠정적으로 구속하는 조건부 의무라고 보고, 조건부 의무들 사이에 갈등이 발생할 경우 상대적으로 약한 의무는 유보되고 강한 의무가

우리의 실제적 의무가 된다고 보았다.
⑤ 칸트만의 입장이다. 로스는 모든 상황에 적용이 가능한 절대적인 도덕적 의무는 존재하지 않으며, 특정한 상황에서 직관에 따라 옳고 명백한 의무를 따라야 한다고 보았다.

15 루소, 홉스, 로크의 사회 계약론 비교

문제분석 (가)의 갑은 루소, 을은 홉스, 병은 로크이다. 루소는 사회 계약을 통해 구성원들이 자신의 신체와 모든 힘을 일반 의지의 감독 아래에 두고 국가를 설립하게 된다고 보았다. 홉스는 자연 상태를 만인에 대한 만인의 투쟁 상태로 보고, 인간은 자기 보존을 위해 리바이어던(국가)에게 자신의 권리를 양도하고, 이 권력이 제정한 법과 규범에 따르기로 계약을 맺는다고 주장하였다. 로크는 개인이 생명, 자유, 재산을 소유할 수 있는 자연적 권리를 온전히 보장받기 위해 계약을 맺어 자연법의 집행권을 사회의 수중에 양도한다고 보았다.
정답찾기 ③ 홉스는 절대 군주가 주권자로서 절대 권력을 가진다고 보았다. 이에 비해 로크는 국가 권력을 입법권과 집행권으로 분할하여 권력의 남용을 억제해야 한다고 보았다.
오답피하기 ① 루소, 홉스, 로크는 모두 인간이 자신의 생명과 재산을 보존하기 위해 합리적인 선택을 할 수 있다고 보았다.
② 홉스는 자연 상태에서는 법과 공통의 권력이 없기 때문에 옳고 그름, 정의와 불의 같은 것이 존재하지 않는다고 보았다.
④ 루소, 홉스, 로크는 모두 사회 계약을 통해 국가가 성립된다고 보는 입장이므로 시민의 정치적 의무는 자발적 동의에서 비롯된다고 볼 것이다.
⑤ 로크는 입법부가 신탁을 지키지 않는다면 입법부를 폐지하거나 변경할 수 있는 최고의 권력은 여전히 국민에게 있다고 보았다.

16 동학과 증산교의 사상적 입장 이해

문제분석 갑은 동학의 2대 교주인 최시형, 을은 증산교를 창시한 강일순이다. 동학은 모든 사람이 한울님을 모시고 있는 존귀한 존재라고 주장하였다. 증산교는 만고의 원한을 풀고 상생의 도가 지배하는 후천 시대를 열어야 한다고 강조하였다.
정답찾기 ⑤ 동학과 증산교 모두 내세가 아니라 현세에서 후천 개벽이 실현될 것이라고 주장하였다.
오답피하기 ① 동학은 성리학적 신분 질서의 억압과 차별을 비판하면서 신분 차별이 없는 평등한 세상을 만들어야 한다고 보았다.
② 일원상(一圓相)의 진리를 신앙의 대상으로 삼은 것은 원불교이다.
③ 증산교는 고유 사상을 바탕으로 무속 신앙과 도가 사상을 주체적으로 수용하였다.
④ 증산교는 상극의 원한을 풀어 주는 해원(解冤)과 하늘과 땅의 운행 질서를 근본적으로 뜯어고치는 천지공사(天地公事)를 강조하였다.

17 흄과 벤담의 사상적 입장 이해

문제분석 갑은 흄, 을은 벤담이다. 흄은 도덕적 선악은 이성적 판단의 대상이 아니라 어떤 행위를 바라볼 때 느끼는 시인(是認)이나 부인(否認)의 감정을 표현한 것이라고 보았다. 벤담은 쾌락은 선이고 고통은 악임을 강조하고, 최대 다수의 최대 행복을 추구하는 공리의 원리를 도덕과 입법의 원리로 보았다.
정답찾기 ㄴ. 흄은 다른 사람의 행복과 불행을 함께 느낄 수 있는 공감 능력을 도덕성의 기초로 보았다.
ㄹ. 흄은 사회적 행복에 유용한 행위에 대해 사회적 시인의 감정을 느낄 수 있다고 보았다. 벤담은 사회적 차원의 유용성이 도덕 판단의 기준이 된다고 보았다.
오답피하기 ㄱ. 흄은 이성이 도덕적 실천의 직접적 동기가 될 수는 없지만, 도덕적 실천을 위한 방법을 일러 주는 보조적인 역할을 수행할 수 있다고 보았다.
ㄷ. 벤담은 모든 쾌락에는 질적인 차이가 없고 양적인 차이만 있다고 보았다.

18 케인스와 하이에크의 사상적 입장 이해

문제분석 갑은 수정 자본주의를 주장한 케인스, 을은 신자유주의를 주장한 하이에크이다. 케인스는 시장 실패를 해결하기 위해서는 국가가 시장에 적극 개입하여 유효 수요를 늘리는 정책을 추진해야 한다고 주장하였다. 하이에크는 계획 경제 체제가 사람들의 자유를 억압하여 노예의 길로 이끈다고 비판하며 자유 경쟁 체제만이 자유를 보장하는 유일한 체제라고 주장하였다.
정답찾기 ③ 케인스의 입장에 비해 하이에크의 입장은 '시장의 자생적 질서에 의한 자유 경쟁을 강조하는 정도(X)'는 높고, '완전 고용 실현을 위한 투자의 사회화를 강조하는 정도(Y)'는 낮으며, '시장에 대한 정부의 자의적 개입 축소를 강조하는 정도(Z)'는 높다. 따라서 케인스의 입장에 비해 하이에크의 입장이 갖는 상대적 특징은 ㉢이다.

19 키르케고르의 사상적 입장 이해

문제분석 그림의 강연자는 키르케고르이다. 키르케고르는 인간이 주체적 결정을 회피하면서 빠지게 되는 절망을 '죽음에 이르는 병'이라고 보고, '신 앞에 선 단독자'로서 생각하고 행동할 것을 강조하였다.
정답찾기 ④ 키르케고르는 인간이 신 앞에 홀로 서서 신에게 귀의할 것을 스스로 결단할 때 절망에서 벗어나 참된 실존을 회복할 수 있다고 보았다.
오답피하기 ① 키르케고르는 실존적 상황에서는 객관성이 아니라 오직 주체성만이 답을 줄 수 있으며, 진리는 개별적이고 주관적인 것이라고 보았다.
② 키르케고르는 합리적 사유를 통해 모든 절망을 극복해야 한다고 주장하지 않았다.
③ 키르케고르는 보편적인 윤리 규범을 따르는 윤리적 실존 단계에서도 자신의 유한성을 자각하면서 다시 절망에 빠지므로 참된 실존을 회복할 수 없다고 보았다.
⑤ 키르케고르는 개인의 구체적이고 개별적인 상황을 중시하면서 주체적인 선택과 결단을 강조하였다.

20 간디의 사상적 입장 이해

문제분석 제시문을 주장한 사상가는 간디이다. 간디는 파괴와 폭력을 의미하는 '힘사'에 맞서 불살생과 비폭력을 의미하는 '아힘사'를 실천할 것을 강조하면서 진실과 사랑, 혹은 비폭력에서 태어나는 힘을 의미하는 '사탸그라하'를 추구해야 한다고 주장하였다.

정답찾기 ④ 간디는 폭력의 소용돌이에서 벗어나기 위해 적에게 복수심을 가져서는 안 되고 동정심을 행위 원칙으로 삼아야 한다고 보았다.

오답피하기 ① 간디에 따르면 비폭력은 악을 행하는 자의 의지에 온순하게 굴복한다는 뜻이 아니라 압제자의 의지에 맞서는 일에 자신의 온 영혼을 바친다는 뜻이다.

② 간디는 인간이 폭력에 쉽게 휩쓸리는 무기력한 존재라고 보고 자제력을 키워야 한다고 보았다.

③ 간디에 따르면 비폭력에서 태어나는 힘인 사탸그라하에는 증오의 여지가 없다.

⑤ 간디에 따르면 불의에 대한 저항은 자신의 영혼이 지닌 힘과 권능을 의식하면서 불굴의 의지에 의해 비폭력적으로 이루어져야 한다.

실전 모의고사 2회

본문 117~121쪽

1 ①	2 ②	3 ①	4 ①	5 ⑤
6 ②	7 ②	8 ④	9 ③	10 ⑤
11 ⑤	12 ②	13 ③	14 ③	15 ①
16 ⑤	17 ④	18 ③	19 ②	20 ④

1 소크라테스가 강조하는 삶의 태도 파악

문제분석 가상 대화의 스승은 소크라테스이다. 그는 죽음을 두려워하는 것이란 자기가 알지 못하는 것을 안다고 생각하는 것이라고 보았다.

정답찾기 ① 소크라테스에 의하면, 인간은 이성으로 지혜를 사랑하며 살아가야 한다.

오답피하기 ② 소크라테스에 의하면, 신은 소크라테스에게 지혜를 사랑하며 살아야만 한다고 지시하였다.

③ 소크라테스에 의하면, 죽음은 사람에게 가장 좋은 것일 수도 있는데, 죽음에 대해 잘 모르는 사람들이 마치 죽음이 가장 나쁜 것인 것처럼 생각해서 두려워한다.

④ 소크라테스는 자신의 일이 사람들의 혼이 최선의 상태가 되도록 혼에 대해서 마음을 쓰게 하는 것이라고 주장하였다.

⑤ 소크라테스에 의하면, 자기가 알지 못하는 것들을 안다고 생각하는 것은 무지에 대한 올바른 태도가 아니라 비난받아야 할 태도이다. 소크라테스는 자신이 저승(하데스)에 관해 충분히 알고 있지 못하기에 모른다고 여기는 것이, 모르면서도 안다고 생각하는 사람들보다 더 지혜롭다고 하였다.

2 정약용의 사상적 특징 이해

문제분석 제시문을 주장한 사상가는 정약용이다. 그는 인간의 재능이 착할 수도 있고 악할 수도 있다고 하며, 천명지성(天命之性)과 기질지성을 기호라고 강조하였다.

정답찾기 ② 정약용에 의하면, 기질지성은 단것을 좋아하고 쓴 것을 싫어하며 향기를 좋아하고 악취를 싫어한다.

오답피하기 ① 정약용에 의하면, 인간은 영지의 기호를 가지고 있지만 악할 수 있는 조건[機(기)]도 가지고 있어 악을 행할 수 있다.

③ 정약용에 의하면, 기질지성이 아니라 천명지성이 향하고자 하는 바를 따를 때 어긋남이 없다.

④ 정약용에 의하면, 기린, 승냥이, 이리 등의 동물은 행동의 선악이 정해져 있기에 선행이나 악행이 공로나 죄가 되지 않는다. 예를 들면, 기린은 선으로, 승냥이나 이리는 악으로 정해져 있다고 한다.

⑤ 인간이 부여받은 천명지성은 선을 좋아하고 악을 미워하는 성이다.

3 이황과 이이의 사상적 입장 이해

문제분석 갑은 이황, 을은 이이이다. 이황은 사단과 칠정을 통틀어 말하면 이(理)를 주로 하거나 기를 주로 하는 분별이 없지만, 사단과 칠정을 대조하고 나누어 말할 때는 이를 주로 한 사단, 기를 주로 한 칠정의 분별이 있게 된다고 하였다. 이이는 칠정은 사단을 겸하며, 사단은 칠정의 선한 측면만을 지칭하는 것이라고 보았다.

정답찾기 ㄱ. 이황에 의하면, 쉽게 발현하고 제어하기 어려운 노여움 등 희노애구애오욕(喜怒哀懼愛惡欲)의 칠정은 기의 발현이다.
ㄴ. 이황에 의하면, 칠정은 기가 발하고 이가 기에 타는 것이니, 사단처럼 역시 본래 선하나 만일 기가 발하는 것이 절도에 맞지 않아 그 이를 멸하면 방자하여 악이 된다.
오답피하기 ㄷ. 이이에 의하면, 이황은 선을 사단의 특징이라고 주장한 후에 또 "칠정에도 불선함이 없다."라고 하여 사단 이외에도 선한 정이 있는 것처럼 잘못된 주장을 하였다. 이이에 의하면, 맹자는 그 대강만을 제시했기 때문에 측은, 수오, 공경, 시비만을 말하였고, 그 외에 선한 감정이 다 사단이 된다. 이이에 의하면, 선한 감정으로 이미 사단이 있는데 사단 외에 선한 감정이 또 있다고 한다면, 이는 사람의 마음에 두 근본이 있다고 말하는 것과 같다.
ㄹ. 이이에 의하면, 형질 안에서 이만을 가리켜 말하면 본연지성이라 한다. 이황도 원래 이만 가리키는 것은 기질지성이 아니라 천지지성(天地之性), 즉 본연지성이라고 하였다.

4 노자와 공자 사상의 특징 파악

문제분석 갑은 노자, 을은 공자이다. 노자는 성인의 정치란 백성들로 하여금 무지, 무욕하게 하는 정치라고 하였다. 공자는 부유하면서 예를 좋아하는 것이 부유해도 교만하지 않음보다 더 낫다고 보고, 임금의 예와 신하의 충성을 강조하였다.
정답찾기 ① 노자에 의하면, 똑똑한 사람을 높이 대우하지 않아야[不尙賢(불상현)] 백성들이 경쟁에 휘말리거나 다투지 않게[不爭(부쟁)] 된다.
오답피하기 ② 노자에 의하면, 성인의 정치는 백성의 마음은 텅 비우게 하고[虛心(허심)], 그 배를 채워 주며[實腹(실복)], 그 의지는 약하게 하고[弱志(약지)], 그 뼈는 강하게[强骨(강골)] 한다.
③ 공자에 의하면, 예와 겸양으로 나라를 다스리면 어려움이 없을 정도로 평화롭고 안정된다.
④ 공자에 의하면, 군자는 덕을 추구하고 소인은 거처의 안락함을 추구한다.
⑤ 노자에 의하면, 천지와 성인은 어질지 않아 만물과 백성을 짚으로 만든 개처럼 취급한다.

5 플라톤과 트라시마코스의 사상적 입장 이해

문제분석 갑은 각자 자기 국가와 관련된 일들 중에서 자기의 성향이 천성으로 가장 적합한 한 가지에 종사하는 것이 올바름[正義(정의)]이라고 한 플라톤이다. 을은 올바른 것(정의)이란 더 강한 자의 편익이라고 한 소피스트 트라시마코스이다.
정답찾기 ⑤ 플라톤에 의하면, 통치자에게만 지혜가 있어도 그 나라는 지혜로운 나라가 될 수 있다.
오답피하기 ① 플라톤에 의하면, 통치자에게만 지혜가 있어도 그 나라는 지혜로운 나라가 되고, 군인에게만 용기가 있어도 그 나라는 용기 있는 나라가 된다.
② 플라톤에 의하면, 절제는 어떤 성향의 사람들이 지배해야 할지에 대한 합의, 즉 성향상 한결 나은 사람들이 그렇지 않은 사람들을 지배하는 것에 관해 나라의 세 부류(계층)의 사람들이 합의하는 것이다.
③ 트라시마코스에 의하면, 정권은 통치자에게 편익이 되는 법률을 다스림을 받는 자들에게 올바른 것[정의]으로서 공표하고, 이를 위반하는 자를 범법자 및 올바르지 못한 짓[불의]을 저지른 자로서 처벌한다.
④ 트라시마코스에 의하면, 법률을 제정함에 있어서 각 정권은 자기의 편익을 목적으로 삼기에 민주 정체는 민주적인 법률을, 참주 정체는 참주 체제의 법률을 제정한다.

6 혜능의 사상적 특징 이해

문제분석 그림의 강연자는 혜능이다. 그는 부처의 본성을 단박에 깨닫는 돈오(頓悟)를 강조하였다.
정답찾기 ② 혜능에 의하면, 사람의 성품[性(성)] 가운데 전세, 현세, 내세의 삼세 모든 부처님과 십이부의 모든 경전들이 본래부터 갖추어져 있다.
오답피하기 ① 혜능에 의하면, 모든 진리는 사람의 마음 가운데 있다.
③ 혜능에 의하면, 자기 성품을 깨치지 못하였다면 먼저 깨달은 큰 선지식[인도자]의 지도를 받아 자기 성품을 보아야 한다.
④ 혜능에 의하면, 보리 반야의 지혜는 세상 사람들이 본래 스스로 가지고 있다.
⑤ 혜능에 의하면, 각자 스스로 자기 마음을 보아 자기 본성을 단박에 깨닫게 해야 한다.

7 주희와 왕수인의 사상적 입장 이해

문제분석 갑은 천리가 먼저 있고 나서 기가 있으며, 기가 쌓여서 형질이 되면 성(性)이 형질에 갖추어진다고 한 주희이다. 을은 마음이 텅 비어 신령하고 밝게 깨닫는 것이 본연의 양지임을 강조한 왕수인이다.
정답찾기 ㄱ. 주희에 의하면, 종합해서 말하면 만물 전체가 하나의 태극이고, 나누어서 말하면 개개의 사물은 각기 하나의 태극을 가진다. 주희는 선배 성리학자인 정이천이 "이는 하나이지만 나누어진다[理一分殊(이일분수)]."라고 한 것처럼 천지 만물을 합하여 말한다면 다만 하나의 이(理)가 있을 뿐이지만, 사람의 경우에는 제각기 하나의 이를 지니고 있다고 하였다.
ㄹ. 주희와 왕수인은 모두 사람의 마음이 몸을 주재한다고 하였다.
오답피하기 ㄴ. 왕수인에 의하면, 자신이 치지격물을 논한 것은 바로 이치를 궁구[窮理(궁리)]하려는 것이다. 왕수인에 의하면, 성인의 궁리는 일과 사물에 따라 내 마음의 천리를 정밀하게 살펴 그 본연의 양지를 실현[致良知(치양지)]하는 것이다. 왕수인에 의하면, 참된 궁리란 치양지를 통해 본성을 완전히 실현[盡性(진성)]하는 것이다.
ㄷ. 왕수인에 의하면, 행하지 않는 것은 학문이 아니며 행하지 않는 것은 궁리가 아니다. 왕수인은 행하지 않으면 배우는 것이 없고, 이치를 궁구할 수도 없다고 보았다. 왕수인은 궁리가 행하기 전의 단계에서 하는 활동이 아니라 행함을 통해 이루어지는 활동으로 여겼다.

8 케인스와 하이에크의 사상적 입장 이해

문제분석 갑은 정부 기능의 확대를 옹호한 케인스이다. 을은 개인의 자유와 시장 경제의 확대를 주장한 하이에크이다.
정답찾기 ④ 하이에크에 의하면, 자유주의는 경쟁이 대개의 경우 알려진 방법 중 가장 효율적이라는 이유뿐만 아니라 더 크게는 권력의 강제적이고도 자의적인 간섭 없이도 사람들의 행위들이 서로 조정될 수 있는 유일한 방법이기 때문에 경쟁을 우월한 방법으로 간주한다.

오답피하기 ① 케인스에 의하면, 정부 기능의 확대는 개인의 창의성이 성공적으로 기능을 발휘하기 위한 조건이다.

② 케인스에 의하면, 전체주의적 국가 체제는 능률과 자유를 희생시켜 실업 문제를 해결한다.

③ 하이에크에 의하면, 사유 재산 체제는 재산을 가진 사람들 못지않게 재산을 가지지 못한 사람들에게도 자유의 가장 중요한 보장책이다.

⑤ 하이에크에 의하면, 중앙 계획 경제의 실시는 개인의 자유에 대한 침해를 가져온다.

9 벤담과 밀의 사상적 입장 이해

문제분석 (가)의 갑은 형벌과 위법 행위 사이의 비례를 세울 때 형벌의 크기, 확실성, 근접성 등과 함께 형벌의 질을 중시한 벤담이다. 을은 정신적 쾌락이 항구성, 안전성, 비용 등의 주변적 장점에서 육체적 쾌락보다 한결 더 우월하다고 주장한 밀이다.

정답찾기 ㄴ. 벤담과 밀은 모두 공리주의자로서 고통을 감소시켜 주는 행동을 바람직한 행동으로 보았다.

ㄷ. 벤담과 밀은 모두 공리주의자로서 도덕 이론을 정립할 때는 행동이 행복에 미치는 영향을 고찰해야 한다고 보았다.

오답피하기 ㄱ. 밀에 의하면, 인간으로서의 품위가 높은 사람일수록 그 품위는 행복을 구성하는 필수적인 요소가 된다.

ㄹ. 벤담에 의하면, 형벌과 위법 행위 사이의 비례를 세울 때 주의해야 할 상황으로는 첫째, 형벌의 질, 둘째, 양적 측면에서는 반드시 필요하지는 않은 형벌의 질적 측면에서의 우연적 장점, 셋째, 도덕적 교훈의 성격으로 어떤 특정한 질의 형벌을 사용함 등이 있다.

10 맹자와 순자의 사상적 입장 이해

문제분석 갑은 패도 정치를 비판하고 왕도 정치를 강조한 맹자이다. 을은 선왕이 예(禮)로 사람들을 구분해 등급이 있게 했다고 본 순자이다.

정답찾기 ⑤ 맹자와 순자는 모두 공자를 존중하고 공자 사상의 계승을 천명한 유학자로 통치자가 인과 의로 다스릴 것을 강조하였다.

오답피하기 ① 맹자에 의하면, 패도 정치는 힘으로 인을 가장하는 정치이기에 반드시 큰 나라가 있어야 하지만 왕도 정치는 덕을 가지고 인을 행하는 정치이기에 큰 나라를 필요로 하지 않는다.

② 맹자에 의하면, 통치자가 힘으로 백성들을 복종시키면 백성들은 마음으로 복종하는 것이 아니라 단지 자신의 힘이 부족하기 때문에 복종하는 것이다.

③ 순자에 의하면, 백성의 신분적 차등이 없어지면 다툼이 생기기에 예를 기준으로 신분적 차등을 두어야 한다.

④ 순자는 덕을 중시한 공자를 계승한 유학자로서 덕이 있는 사람을 귀하게 여겨야 한다고 보았다.

11 아리스토텔레스의 사상적 입장 이해

문제분석 제시문을 주장한 사상가는 인간을 본성적으로 국가 공동체를 구성하는 동물로 본 아리스토텔레스이다.

정답찾기 ⑤ 아리스토텔레스에 의하면, 정치적 공동체를 이루어 그 안에서 살고자 하는 경향성, 욕구, 본능, 충동 등은 자연적으로 모든 사람에게 갖추어져 있다.

오답피하기 ① 아리스토텔레스에 의하면, 가정, 마을 공동체의 최종 목표는 국가[폴리스]이다.

② 아리스토텔레스에 의하면, 국가는 국민들의 훌륭한 삶(좋은 삶)을 위해 존속한다.

③ 아리스토텔레스에 의하면, 완전한 자급자족이라는 최고 단계에 도달해 있는 공동체는 국가이다.

④ 아리스토텔레스에 의하면, 국가는 가정, 마을의 최종 목표이고, 어떤 사물의 본성은 그 사물의 최종 목표이기에 가정, 마을이 자연에 근거하는 자연스러운 공동체라면 국가도 자연에 근거하는 자연스러운 공동체이다.

12 에피쿠로스와 아우렐리우스의 사상적 입장 이해

문제분석 갑은 에피쿠로스, 을은 스토아학파 사상가 아우렐리우스이다. 에피쿠로스는 합리적 사고를 통한 쾌락 추구와 평정심을 강조하였고, 아우렐리우스는 우주의 이성을 따르는 삶을 중시하였다.

정답찾기 ㄱ. 에피쿠로스에 의하면, 인간을 구성하는 원자들이 흩어지면 감각도 소멸한다.

ㄷ. 아우렐리우스에 의하면, 죽음은 태어남과 마찬가지로 자연의 신비이다. 태어남이 여러 요소의 결합이라면 죽음은 그 요소들로 해체되는 것이므로, 조금도 곤혹스러워할 일이 아니다. 그것은 이성적 동물의 본성이나 그를 구성하는 원리와 모순되지 않기 때문이다.

오답피하기 ㄴ. 에피쿠로스에 의하면, 신은 인간에게 고통을 부여하지 않는다.

ㄹ. 에피쿠로스와 아우렐리우스는 마음의 평화를 위해 이성적 판단을 중시하였다.

13 홉스와 로크의 사상적 입장 이해

문제분석 갑은 주권을 지닌 대표자가 백성들에게 행하는 것은 어떤 경우에도 불의나 권리 침해가 되지 않는다고 본 홉스이다. 을은 사람들이 사회에 들어가는 커다란 목적이 그들의 재산을 평온하고 안전하게 향유하는 것이라고 본 로크이다.

정답찾기 ㄷ. 로크에 의하면, 입법 권력은 사회 모든 구성원 공동의 권력이 입법자인 개인이나 회의체에 넘겨진 것일 뿐이어서 사회 구성원들이 사회에 들어가기 이전 자연 상태에서 가지고 있다가 공동체에 넘겨준 권력 이상일 수 없다. 로크에 의하면, 자기 자신의 생명을 파괴하거나 타인의 생명 또는 소유를 빼앗을 수 있는 절대적인 자의적 권력을 그 자신에 대해서나 다른 누군가에 대해서 가지고 있는 사람은 아무도 없으므로 입법 권력은 인민의 생명과 재산에 대한 절대적으로 자의적인 권력이 아니며, 그런 권력일 수도 없다.

ㄹ. 홉스와 로크에 의하면, 백성이 군주의 모든 명령에 복종해야 하는 것은 아니다. 홉스에 의하면, 만약 주권자가 어떤 사람에게 설령 정당하게 유죄 판결을 받은 자라 할지라도 자살하라고, 혹은 자해하라고, 혹은 불구가 되라고 명하거나, 공격을 가하는 자에게 저항하지 말라고 명하거나, 혹은 음식물이나 공기, 약품 등 생존에 필수적인 것들을 금지할 경우에는 그에 복종하지 않을 자유가 있다. 또 다수의

사람들이 한 무리가 되어 부당하게 주권자의 권력에 저항했거나, 또는 사형에 해당하는 중죄를 범하여, 한 사람도 남김없이 사형에 처해질 것이 분명한 경우, 그들 모두는 단결하고 협력하여 자신들의 목숨을 지킬 자유가 있다. 로크에 의하면, 권위를 가진 자가 누구이든 '법에 의해서 그에게 부여된 권력'을 초과하고 그가 가지고 있는 무력을 사용하여 신민들에게 법이 허용하지 않는 것을 강요하면 백성들은 그에 대해 저항해도 무방하다.

오답피하기 ㄱ. 홉스에 의하면, 주권자의 권리에 제한이 있다면 주권자도 하느님의 백성으로서 자연법을 준수해야 한다는 것뿐이다. 홉스에 의하면, 주권을 지닌 왕공(王公)이 죄 없는 신하를 죽인 경우 그런 행위는 확실히 공평의 원리에 어긋나고, 따라서 자연법에 반하는 것이기는 하나 그 왕공은 신하에게 권리 침해를 한 것이 아니라 하느님에 대해서만 권리 침해를 한 것이다. 홉스에 의하면, 신하에게 권리 침해를 하지 않았다고 하는 이유는 주권을 지닌 왕공이 하고 싶은 대로 할 권리가 신하 자신에 의해 부여된 것이기 때문이다.

ㄴ. 홉스에 의하면, 주권의 설립에 의해, 모든 백성은 주권자의 모든 행위와 모든 판단의 본인이 되었기 때문에, 주권자가 어떤 행동을 하든지 백성 중 어느 누구에게도 권리 침해가 되지 않으며, 주권자는 어떠한 방식으로든 처벌될 수 없다.

14 모어와 마르크스의 이상 사회론 이해

문제분석 갑은 필요보다 더 많은 곡물과 가축을 길러 남는 것은 이웃 사람들에게 나누어 주고, 시골에서 생산할 수 없는 필수품은 도시 관리들에게 요청해 원하는 것은 아무 문제 없이 곧바로 얻는 이상 사회를 제시한 모어이다. 을은 자본주의적 생산이 자기 자신의 부정을 낳아 개인들이 연합한 사회의 소유로서의 개인적 소유를 재건한다고 본 마르크스이다.

정답찾기 ③ 마르크스에 의하면, 공산 사회는 개인들의 전면적 발전과 더불어 생산력도 성장하는 사회이다.

오답피하기 ① 모어에 의하면, 농업은 남녀노소 예외 없이 모든 사람들이 해야 하는 일이다.

② 모어에 의하면, 각 도시는 균등한 네 구역으로 구분되어 있는데, 각 구역의 중심에는 모든 상품을 구비한 시장이 있고 가장은 이곳에 와서 자신과 가족이 필요로 하는 물품을 자유롭게 가져갈 수 있다.

④ 마르크스에 의하면, 공산 사회는 개인적 사적 소유가 아니라 자본주의 시대의 성과인 협업, 그리고 토지를 포함한 모든 생산 수단의 공동 점유를 바탕으로 개인들이 연합한 사회의 소유로서의 개인적 소유가 이루어진다.

⑤ 마르크스에 의하면, 공산 사회에서는 노동이 생활 수단일 뿐만 아니라 일차적인 생활 욕구가 된다. 모어의 이상 사회에서도 노동은 생활을 위한 수단이 된다.

15 스피노자의 사상적 입장 이해

문제분석 제시문을 주장한 사상가는 신을 유일한 실체라고 강조하며, 실체는 자신 안에 있으며 자신에 의하여 생각되는 것이라고 한 스피노자이다.

정답찾기 ㄱ. 스피노자에 의하면, 신은 유일한 실체이며 모든 것의 내재적 원인이지 초월적 원인은 아니다.

ㄴ. 스피노자에 의하면, 존재하는 모든 것은 신 안에 있으며, 신 없이는 아무것도 존재할 수도 또 파악될 수도 없다.

오답피하기 ㄷ. 스피노자에 의하면, 여러 가지 실체가 존재할 수 없고 오직 하나의 실체만이 존재할 수 있으며, 사물의 본성 안에는 똑같은 속성을 가지는 두 실체가 존재할 수 없으므로 한 실체는 다른 실체의 원인이 되거나 다른 실체에서 산출될 수 없다.

ㄹ. 스피노자에 의하면, 의지는 자유로운 원인이라고 할 수 없고 단지 필연적이거나 강요된 원인이라고 할 수 있으므로 신은 의지의 자유로 작용하지 않는다.

16 아우구스티누스와 아퀴나스의 사상적 입장 이해

문제분석 (가)의 갑은 플라톤 철학을 이용해 신을 설명하며, 신을 사랑하는 사람은 신을 향유함으로써 행복해진다고 본 아우구스티누스이다. 을은 모든 도덕 규정들이 자연법에 속해야 한다고 본 아퀴나스이다.

정답찾기 ㄴ. 아우구스티누스에 의하면, 인간은 신을 향유함으로써 행복할 수 있다.

ㄷ. 아퀴나스에 의하면, 어떤 것이 사람 안에 부여되는 데에는 두 가지 방식이 있다. 한 가지는 인간의 본성에 속하게 하는 방식으로 부여되는 것인데, 자연법은 이 방식으로 인간에게 부여된 법이다. 다른 방식으로는 어떤 것이 인간에게 은총의 선물을 통해 거의 본성에 부가되는 것처럼 부여된다. 신의 법 중 새 법[新約(신약): 새로운 언약, 예수 그리스도의 사랑과 은총 중심]은 바로 이 방식으로 인간에게 부여된다. 부여된 신의 새 법은 인간이 무엇을 해야 할지를 가리킬 뿐만 아니라, 인간이 실제로 해야 할 바를 할 수 있도록 도와준다.

ㄹ. 아퀴나스에 의하면, 무엇이 선하고 무엇이 악한지를 사람들이 구분할 수 있게 해 주는 자연적 이성의 빛은 자연법에 속하는 것인데, 이는 신의 빛이 사람들에게 각인된 것이다. 따라서 아퀴나스에 의하면, 자연법은 영원법이 이성적 피조물에게 분여된 것이다.

오답피하기 ㄱ. 아퀴나스에 의하면, 이성에 어긋나는 도덕 규정은 악하다.

17 최익현과 최제우의 사상 이해

문제분석 (가)의 갑은 일본을 양적과 같게 보고 화의를 반대하는 위정척사 사상가 최익현이다. 을은 마음을 지키고 기운을 바르게 하는 수심정기(守心正氣)를 강조한 동학의 최제우이다.

정답찾기 ④ 최제우는 하느님이 "내 마음이 바로 네 마음[吾心卽汝心]"이라고 하였다고 주장하였고, 최익현은 이를 주장하지 않았다.

오답피하기 ① 최제우는 오륜의 밝은 법이 인간 성품의 뼈대라고 보았다.

② 최제우에 의하면, 동학의 도가 비록 넓되 이를 요약하면 정성[誠(성)]·공경[敬(경)]·믿음[信(신)]의 세 글자이다.

③ 최익현은 천주교가 들어오면 우리 풍속을 해친다고 보았다.

⑤ 최익현은 일본과 강화를 맺으면 우리의 인륜이 무너진다고 보았다.

18 듀이의 실용주의 입장 이해

문제분석 가상 편지를 쓴 사상가는 정적인 성과나 결과보다는 성장, 개선, 진보의 과정이 의미 있다고 본 실용주의의 듀이이다.

정답찾기 ③ 듀이에 의하면, 절제, 근면 등은 경험의 질적인 변화의 방향이다.

오답피하기 ①, ④ 듀이에 의하면, 최종적인 목표로서의 완성이 아니라 완성시키고, 성숙해지고, 다듬어 가는 부단한 과정이 삶에서의 목표이다.

② 듀이에 의하면, 성장 자체가 유일한 도덕적 목적이다.

⑤ 듀이에 의하면, 건강, 부, 학식과 마찬가지로 정직, 근면, 절제, 정의도 마치 그것들이 획득해야 할 고정된 목표를 표현하는 것인 양 소유되어야 할 선들은 아니다.

19 칸트의 사상적 입장 이해

문제분석 제시문을 주장한 사상가는 칸트이다. 칸트는 인간이 자신의 완전함과 타인의 행복을 의무이자 목적으로 여겨야 한다고 하였으며, 인격으로서의 인간을 목적 그 자체로 보아야 한다고 하였다.

정답찾기 ② 칸트에 의하면, 인간의 의무이자 목적은 자신의 완전함과 타인의 행복이다.

오답피하기 ① 칸트에 의하면, 호의(실천적 인간 사랑)의 준칙은 모든 인간이 서로에게 갖는 의무이다.

③ 칸트에 의하면, 온갖 가능한 목적들의 수단인 자기의 자연 능력(정신력, 영혼력, 체력)의 배양은 인간의 자기 자신에 대한 의무이다.

④ 칸트에 의하면, 인간은 타인에게서든 본인 자신에게서든 한갓 수단이 아니라 언제나 항상 동시에 목적으로 대우받아야만 한다.

⑤ 칸트에 의하면, 어려움에 처한 타인의 행복을 위해 대가를 바라지 않고 자기 능력껏 돕는 것은 모든 인간의 의무이다.

20 의천과 지눌의 사상적 입장 이해

문제분석 갑은 교를 배우는 사람과 선을 익히는 사람의 치우침을 지적하는 의천이다. 을은 돈오점수를 주장하는 지눌이다.

정답찾기 ㄴ. 의천에 의하면, 사람의 마음 안을 버리고 바깥으로 구하는 것은 치우친 집착이다.

ㄹ. 의천과 지눌은 모두 대승 불교 사상가로 자신의 깨달음뿐만 아니라 중생 구제에도 진력해야 한다고 보았다.

오답피하기 ㄱ. 의천에 의하면, 참된 수행은 정(定)과 혜(慧)를 두루 갖추는 것이다.

ㄷ. 지눌에 의하면, 마음 밖에서는 부처를 이룰 수 없다.

실전 모의고사 3회

본문 122~126쪽

1 ⑤	2 ④	3 ④	4 ⑤	5 ④
6 ⑤	7 ③	8 ③	9 ④	10 ②
11 ④	12 ④	13 ⑤	14 ④	15 ①
16 ③	17 ④	18 ④	19 ③	20 ④

1 소크라테스의 사상적 입장 이해

문제분석 그림의 강연자는 소크라테스이다. 소크라테스는 삶을 진지하게 숙고하고 성찰함으로써 보편타당한 윤리와 행복에 도달할 수 있다고 보았다. 소크라테스는 이성적이고 논리적인 대화를 통해 아테네 시민들 스스로가 자신의 무지를 깨닫고 성찰하는 삶의 중요성을 인식할 수 있도록 노력하였다.

정답찾기 ⑤ 소크라테스는 덕이 무엇인지 알려면 자신의 무지를 깨닫고 진지하게 숙고하며 성찰해야 한다고 보았다.

오답피하기 ① 소크라테스는 인간이 덕에 따르는 것이 자신에게 좋다는 사실을 알면서도 고의로 나쁘거나 그릇된 행위를 하지 않는다고 보았다.

② 소크라테스는 감각적 경험이 아니라 이성을 통해 선과 악의 기준을 정립해야 한다고 보았다.

③ 소크라테스는 지식에 대해 끊임없이 질문하는 방식으로 지식을 얻을 수 있다고 보았으며, 산파술을 통해 상대방이 스스로 지식을 찾을 수 있게 도울 수 있다고 주장하였다.

④ 소크라테스는 진리는 상대적이지 않고 보편적이라고 보았다.

2 트라시마코스와 플라톤의 사상적 입장 이해

문제분석 갑은 소피스트인 트라시마코스, 을은 플라톤이다. 트라시마코스는 정의는 통치자나 강자의 이익을 위한 것에 불과하다고 보았다. 플라톤은 정의로운 국가의 통치자는 수호자들 중에서 가장 훌륭한 사람들로서 국가를 위해 최선을 다한다고 보았다.

정답찾기 ④ 플라톤은 영혼의 세 부분 모두가 절제의 덕을 갖추어야 한다고 보았다. 플라톤에 따르면, 지배하는 부분인 이성과 지배받는 부분인 기개와 욕구가 반목하지 않아야 절제의 덕이 실현된다.

오답피하기 ① 트라시마코스는 통치자가 제정한 법은 통치자의 이익을 위한 것이기 때문에 법을 준수하는 것은 약자에게 이익이 되지 않는다고 보았다.

② 트라시마코스는 정의는 강자나 통치자의 특수한 이익을 위한 것이지 모두가 수용해야 할 보편적 기준은 아니라고 보았다.

③ 플라톤은 수호자가 일체의 사유 재산을 갖지 않아야 한다고 보았다.

⑤ 트라시마코스는 통치자가 전체를 위해 유익한 것이 아니라 자신에게 유익한 것을 명령한다고 보았다.

3 노자와 공자의 사상적 입장 이해

문제분석 갑은 노자, 을은 공자이다. 노자는 도가 만물의 근원이며, 만물이 도에서 생겨나고 도에 따라 움직인다고 보았다. 공자는 통치자가 먼저 군자다운 인격을 닦아 덕으로써 인도하면 백성이 따른다고 보았다.

정답찾기 ④ 공자는 군주가 분배의 형평을 위해 노력해야 하지만 명분을 버릴 수는 없다고 보았다. 공자에 따르면, 정명(正名)은 덕치를 실현하기 위한 기본 조건이다.

오답피하기 ① 노자는 자연 그대로의 소박한 삶을 살지 않고 가치를 인위적으로 분별하려 할 때 사회 혼란이 발생한다고 보았다.
② 노자는 통치자가 무위를 행하면 다스려지지 않음이 없다고 보았다. 노자에 따르면, 통치자의 인위적인 조작이 없으면 백성은 스스로 자신의 일을 해 나갈 수 있다.
③ 공자는 인을 실천하기 위한 방법으로 성실한 마음으로 정성을 다하는 충(忠)을 제시하였다.
⑤ 노자와 공자는 모두 도에 따른 삶을 사는 사람은 덕을 갖추고 있다고 보았다.

4 맹자와 순자의 사상적 입장 이해

문제분석 갑은 맹자, 을은 순자이다. 맹자는 누구나 선천적으로 선한 마음을 지니고 태어난다고 보았다. 따라서 잃어버린 본심(本心)을 되찾고 욕심을 적게 가지기 위해 수양해야 한다고 주장하였다. 순자는 누구나 악한 성정(性情)을 가지고 태어난다고 보았다. 따라서 예를 배워 악한 본성을 변화시키는 수양을 해야 한다고 보았다.

정답찾기 ㄴ. 순자는 하늘의 일과 인간의 일을 서로 별개의 것으로 보았으며, 하늘은 물리적 법칙과 질서로 이루어진 자연 현상이라고 주장하였다.
ㄷ. 순자는 인간이 도덕적 판단 능력과 도덕적 실천 능력을 지니고 있다고 보았다.
ㄹ. 맹자와 순자는 모두 인간은 누구나 수양을 통해 인을 실천하는 군자가 될 수 있다고 보았다.

오답피하기 ㄱ. 맹자는 차마 지나치지 못하는 마음[不忍人之心(불인인지심)]으로 차마 지나치지 못하는 정치[不忍人之政(불인인지정)]를 해야 한다고 보았다.

5 아리스토텔레스의 사상적 입장 이해

문제분석 제시문을 주장한 사상가는 아리스토텔레스이다. 아리스토텔레스는 앎이 반드시 실천으로 나타나는 것은 아니라고 보았다. 그는 자제력이 없는 사람은 자신의 앎과 다르게 행동할 수 있다고 주장하였다.

정답찾기 ④ 아리스토텔레스는 실천적 지혜가 지나침이 없는 적절한 상태를 인식하는 지성적 덕이라고 보았다. 아리스토텔레스에 따르면, 중용은 과도함과 부족함 사이의 적절한 상태이다.

오답피하기 ① 아리스토텔레스는 중용에 따른 선택과 행동은 상황마다 달라질 수 있다고 보았다.
② 아리스토텔레스는 자제력 있는 사람은 자신의 판단대로 실천할 수 있다고 보았다.
③ 아리스토텔레스는 인간 행위의 궁극적 목적이 행복이며, 행복은 덕에 따르는 영혼의 활동이라고 보았다.
⑤ 아리스토텔레스는 실천적 지혜를 갖춘 사람은 자신에게 좋은 것을 알고 실천할 수 있다고 보았다.

6 스피노자의 사상적 입장 이해

문제분석 제시문을 주장한 사상가는 스피노자이다. 스피노자는 신, 즉 자연이 유일한 실체이고, 자연의 개별 사물은 하나의 실체가 보여 주는 여러 가지 모습인 양태라고 보았다. 또한 인간이 필연성에서 벗어나 자유 의지를 가지는 것은 불가능하다고 주장하였다.

정답찾기 ⑤ 스피노자는 인간이 누릴 수 있는 최고의 행복은 신에 대한 직관적 인식에서 생기는 정신적 만족이라고 보았다.

오답피하기 ① 스피노자는 인간이 자연의 필연적 인과 질서에서 벗어나는 것은 불가능하다고 보았다.
② 스피노자는 정념은 슬픔과 같이 자기 보존을 저해하는 감정이라고 보았다.
③ 스피노자는 인간이 실체가 아니라 유일한 실체인 신의 양태라고 보았다.
④ 스피노자는 인간의 공동 사회에 도움이 되는 것과 인간을 다른 사람들과 화합하여 살게 하는 것은 유익하다고 보았다. 스피노자에 따르면, 인간은 이성을 통해 자연의 필연적 질서를 깨닫게 되면 자신과 다른 존재들이 긴밀하게 연결되어 있음을 알게 된다.

7 주희와 왕수인의 사상적 입장 비교

문제분석 (가)의 갑은 주희, 을은 왕수인이다. 주희는 만물에 이치가 부여되어 있다고 주장하며, 사물에 나아가 이치를 탐구해야 한다고 보았다. 왕수인은 마음이 곧 이치라고 주장하며, 내 마음의 양지를 개별 사물에 실현해야 한다고 보았다.

정답찾기 ㄷ. 주희가 긍정의 대답을 할 질문이다. 주희는 기질지성 속에 천리인 본연지성이 내포되어 있다고 보았다.
ㄹ. 왕수인이 긍정의 대답을 할 질문이다. 왕수인은 욕심에 가리지 않은 본래의 마음이 곧 이치라고 보았다.

오답피하기 ㄱ. 주희는 부정, 왕수인은 긍정의 대답을 할 질문이다. 주희는 격물을 사물에 나아가는 것으로 보았지만, 왕수인은 격물을 마음의 바르지 못함을 바로잡는 것이라고 보았다.
ㄴ. 주희와 왕수인 모두 부정의 대답을 할 질문이다. 주희는 앎과 실천에는 선후(先後)가 있지만 실천이 더 중요하다고 보았다. 왕수인은 앎과 실천이 본래 하나라고 보았다.

8 장자의 사상적 입장 이해

문제분석 제시문을 주장한 사상가는 장자이다. 장자는 조용히 앉아서 구속하는 일체의 것들을 잊어버리는 좌망과 마음을 비워서 깨끗이 하는 심재를 수양의 방법으로 제시하였다.

정답찾기 ㄱ. 장자는 도는 만물을 만들어 내는 원리이며 세상 만물에 두루 존재한다고 보았다.
ㄴ. 장자는 시비선악과 미추를 분별하는 것은 도에 어긋난다고 보았다.

오답피하기 ㄷ. 장자는 인위적인 제도인 예법(禮法)으로써 통치하는 것은 부적절하다고 보았다.

9 혜능과 지눌의 사상적 입장 이해

문제분석 갑은 혜능, 을은 지눌이다. 혜능은 자성(自性)을 단박에 깨달으면 더 이상의 수행은 필요하지 않다고 보았다. 반면에 지눌은 자성을 단박에 깨닫더라도 무명(無明)의 습기(習氣)를 점차 소멸시켜 나가는 수행이 필요하다고 보았다.

정답찾기 ④ 지눌은 돈오 이후에 정혜(定慧)를 함께 닦는 점수의 수행이 필요하다고 보았다.

오답피하기 ① 혜능은 밖으로 드러난 형상에 집착하지 않는 선(禪) 수행을 해야 한다고 보았다. 혜능에 따르면, 경전에 의거하는 것이 아니라 마음에서 마음으로 가르침을 전하는 것이 중요하다.

② 혜능은 자성을 인식하여 깨달으면 부처의 경지에 이를 수 있다고 보았다.

③ 지눌은 부처가 설법을 통해 전한 언어적 가르침이 교(敎)이고, 부처의 마음이 선(禪)이라고 보았다.

⑤ 혜능과 지눌은 모두 내 마음이 곧 부처임을 한순간에 깨닫는 돈오를 할 수 있다고 보았다.

10 아우구스티누스와 아퀴나스의 사상적 입장 이해

문제분석 갑은 아우구스티누스, 을은 아퀴나스이다. 아우구스티누스는 신을 사랑하는 자들에 의해 천상의 나라가, 자신을 사랑하는 자들에 의해 지상의 나라가 이루어진다고 보았다. 아퀴나스는 최고의 행복은 신을 보는 것, 즉 신과 하나가 되는 것이며, 이 최고의 행복은 신의 은총에 의해 내세에서 가능하다고 보았다.

정답찾기 ② 아우구스티누스는 악은 신이 창조한 것이 아니라 선의 결여이며, 실체가 아니라고 보았다.

오답피하기 ① 아우구스티누스는 신은 최고의 선이며 신에 대한 사랑이 최고의 덕이라고 보았다.

③ 아퀴나스는 실정법과 자연법은 궁극적으로 영원법에 근거해야 한다고 보았다.

④ 아퀴나스는 현세의 행복은 진정한 최고의 행복이 아니라 진정한 최고의 행복으로 나아가는 예비 단계의 행복이라고 보았다.

⑤ 아우구스티누스와 아퀴나스는 모두 인간의 참된 행복은 신의 은총이 있어야 가능하다고 보았다.

11 케인스와 하이에크의 사상적 입장 이해

문제분석 갑은 케인스, 을은 하이에크이다. 케인스는 불황과 실업 문제를 해결하려면 정부가 시장에 적극적으로 개입하여 유효 수요를 창출해야 한다고 보았다. 하이에크는 정부의 시장에 대한 개입이 개인의 자유를 위협한다고 보았다.

정답찾기 ④ 하이에크는 경제 활동은 정부의 계획이 아니라 자생적 질서인 시장을 통해 조정되어야 한다고 보았다.

오답피하기 ① 케인스는 실업 문제가 기업 간 자유로운 경쟁으로 해결되지 않는 경우가 있으며, 이런 상황에서는 정부가 적극 개입해야 한다고 주장하였다.

② 케인스는 유효 수요가 부족할 때 정부가 시장에 적극 개입해야 한다고 보았다.

③ 하이에크는 사회주의 국가의 경제 정책은 개인의 자유를 위협한다고 보았다.

⑤ 하이에크는 국가의 계획 경제가 비효율적이며 개인의 자유를 위협할 것이라고 보았다.

12 이황과 정약용이 서로에게 제기할 수 있는 비판 파악

문제분석 (가)의 갑은 이황, 을은 정약용이다. 이황은 사단은 이가 발하고 기가 따른 것이고, 칠정은 기가 발하고 이가 기를 탄 것이라고 보았다. 정약용은 사단은 인간이 선천적으로 지니고 있지만 사덕은 실천을 통해 형성되는 것이라고 보았다.

정답찾기 ④ 정약용은 인간의 본성이 선을 좋아하고 악을 싫어하는 기호라고 보았다. 정약용에 따르면, 선을 좋아하는 기호를 실천해야 인의 덕이 형성된다.

오답피하기 ① 정약용은 하늘이 부여한 본성인 천명지성(天命之性)이 인간에게 있다고 보았다. 정약용은 선을 좋아하고 악을 싫어하는 영지의 기호가 천명지성이라고 주장하였다.

② 정약용은 인간에게 선을 행할 수 있는 권능인 자주지권(自主之權)이 있다고 보았다.

③ 이황은 인간의 본성이 곧 하늘의 이치라고 보았다.

⑤ 이황은 사단은 사덕이 마음에 내재함을 알려 주는 단서라고 보았다. 반면에 정약용은 사단이 사덕의 시작이라고 보았다.

13 듀이의 사상적 입장 이해

문제분석 제시문을 주장한 사상가는 듀이이다. 듀이는 지식을 인간이 직면한 문제를 해결하는 데 유용한 도구라고 보았다. 듀이에 따르면, 도덕도 시대나 상황에 따라 변화하고 성장하기 때문에 고정적이고 절대적인 가치는 존재하지 않는다.

정답찾기 ⑤ 듀이는 지성적 탐구는 고정적인 원리를 개별 상황에 적용하는 것이 아니라 상황에 맞게 지식이나 이론을 수정하고 발전시키는 것이라고 보았다.

오답피하기 ① 듀이는 도덕이 문제 상황을 해결하는 최선의 결과를 산출할 때 바람직한 것이 된다고 보았다.

② 듀이는 과학적 탐구에서 사용하는 과학적 방법론을 활용하여 도덕 문제를 해결할 수 있다고 보았다.

③ 듀이는 지식이나 이론은 인간의 문제 상황을 해결하는 도구라고 보았다.

④ 듀이는 현재 상황을 변화시키는 능동적 과정인 성장이 도덕의 목적이라고 보았다.

14 벤담과 밀의 사상적 입장 이해

문제분석 갑은 벤담, 을은 밀이다. 벤담은 모든 쾌락에는 질적인 차이가 없고 양적인 차이만 있다고 보았으며, 쾌락의 양을 계산할 수 있다고 주장하였다. 밀은 쾌락에는 질적인 차이가 있으며, 쾌락들의 질적 차이를 구분할 수 있다고 주장하였다.

정답찾기 ㄴ. 벤담과 밀은 모두 결과론의 입장에서 좋은 결과를 산출하는 행위가 도덕적으로 옳은 행위라고 보았다.

ㄹ. 벤담과 밀은 모두 공리의 원리가 어떤 행위로 영향받는 모두에게 동등하게 적용되어야 한다고 보았다.

오답피하기 ㄱ. 벤담과 밀은 모두 개인의 행복이 사회 전체의 행복으로 이어진다고 보았다.

ㄷ. 벤담은 쾌락에 질적 차이가 없다고 보았지만, 밀은 쾌락에 질적 차이가 있으며 질적으로 우월한 쾌락을 가려낼 능력을 지닌 사람이 있다고 보았다.

15 홉스와 로크의 사상적 입장 이해

문제분석 갑은 홉스, 을은 로크이다. 홉스는 자연 상태가 만인에 대한 만인의 투쟁 상태이며 부정의도 없는 상태이기 때문에 개인은 자기 보존을 위해 국가를 구성하는 계약을 맺는다고 보았다. 로크는 자연 상태가 비교적 평화로운 상태이지만 개인은 자신의 생명, 자유, 재산을 확실하게 보장받기 위해 국가를 구성하는 계약을 맺는다고 보았다.

정답찾기 ① 홉스는 자연 상태에서는 옳음과 그름, 정의와 불의를 구별하는 공통의 기준이 없다고 보았다.

오답피하기 ② 홉스는 개인의 자기 보존권은 주권자에게 양도되지 않는다고 보았다.
③ 로크는 자연 상태에는 공통된 재판관이 없기 때문에 개인 간의 자연권 상충이 항상 평화롭게 해결되지는 않는다고 보았다.
④ 로크는 위법 행위자를 처벌할 권리가 사회 계약을 통해 정부에 신탁된다고 보았다.
⑤ 홉스는 최고 권력을 지닌 주권자가 계약의 참여자 중에서 선출되는 것이 아니라 계약을 통해 생겨난다고 보았다.

16 석가모니의 사상적 입장 이해

문제분석 제시문을 주장한 사상가는 석가모니이다. 석가모니는 인간이 생로병사의 고통을 겪으며 윤회(輪廻)를 거듭하는 것은 무명(無明)과 애욕에서 벗어나지 못하기 때문이라고 보았다. 석가모니에 따르면, 무명과 애욕을 없애기 위해서는 중도(中道)인 팔정도를 닦아야 한다.

정답찾기 ㄴ. 석가모니는 연기법에 따라 모든 현상은 서로 의존적 관계 속에 있고 일시적이라고 보았다.
ㄷ. 석가모니는 탐욕과 분노, 무지의 삼독(三毒)을 제거하려면 계정혜의 삼학(三學)을 실천해야 한다고 보았다.

오답피하기 ㄱ. 석가모니는 열반의 경지에 이르려면 더 이상 업을 짓지 말아야 한다고 보았다.
ㄹ. 석가모니는 만물은 끊임없이 변화하고, '나'라고 주장할 만한 불변의 자아도 존재하지 않는다고 보았다.

17 공자와 마르크스의 이상 사회에 대한 입장 이해

문제분석 갑은 공자, 을은 마르크스이다. 공자는 대동 사회를 이상 사회로 제시하였다. 대동 사회는 현명하고 유능한 사람이 등용되고, 사회적 재화가 고르게 분배되며 사회적 약자가 보호받는 사회이다. 마르크스는 공산 사회를 이상 사회로 제시하였다. 공산 사회는 사유 재산과 계급이 소멸하고 생산력이 고도로 발달한 사회이며, 능력에 따라 일하고 필요에 따라 분배받는 사회이다.

정답찾기 ④ 마르크스는 공산 사회에서는 누구도 소외를 경험하지 않고, 모든 사람이 노동으로 자기 본질을 실현하고 사회적 관계를 형성한다고 보았다.

오답피하기 ① 공자는 대동 사회의 통치자는 재화가 고르게 분배되게 하며 권력을 세습하지 않고 현명하고 유능한 자에게 넘겨준다고 보았다.
② 공자가 주장한 대동 사회는 인의의 규범을 실천하는 사회이다.
③ 마르크스는 공산 사회가 실현되면 국가가 소멸된다고 보았다.
⑤ 마르크스는 이상 사회인 공산 사회를 이루기 위해 생산 수단의 사적 소유를 철폐해야 한다고 보았다.

18 이이와 정제두의 사상적 입장 이해

문제분석 갑은 이이, 을은 정제두이다. 이이는 이치[理(이)]는 사물의 원리이며 어디에나 두루 통하고, 기(氣)는 시간과 공간의 제약을 받아 국한된다고 보았다. 정제두는 사물의 이치를 탐구할 것이 아니라 참다운 마음의 이치를 알고 이를 실천해야 한다고 보았다.

정답찾기 ④ 정제두는 양지가 마음에서 생생하게 활동하는 생리이며 참된 이치라고 보았다.

오답피하기 ① 이이는 칠정은 사단을 겸한다고 보았지만, 사단과 칠정은 모두 기가 발한 것이라고 보았다.
② 이이는 성(誠)은 마음의 본체이며 경(敬)으로 성에 이를 수 있다고 보았다.
③ 정제두는 성리학적 입장에서 벗어나 양명학의 입장을 수용한 사상가이다. 개별 사물의 이치를 궁구하여 앎을 극진하게 해야 한다는 것은 주희를 비롯한 성리학자들의 입장이다.
⑤ 이이와 정제두는 모두 천리(天理)를 보존하려면 인욕(人欲)을 제거해야 한다고 보았다.

19 스토아학파, 에피쿠로스, 칸트가 서로에게 제기할 수 있는 비판 파악

문제분석 (가)의 갑은 스토아학파 사상가 아우렐리우스, 을은 에피쿠로스, 병은 칸트이다. 스토아학파는 자연법의 구체적인 내용으로 가족, 친구, 동료 시민 나아가 인류 전체에 대한 사랑을 제시하였다. 에피쿠로스는 적극적인 욕망의 충족에 따른 쾌락이 아니라 고통을 제거함으로써 주어지는 쾌락을 추구하였다. 칸트는 이 세계에서 아무런 제한 없이 선하다고 생각될 수 있는 것은 오직 선의지뿐이라고 보았다.

정답찾기 ③ 칸트는 도덕 원리를 정립할 때 경험의 영향이 배제되어야 한다고 보았다. 반면에 에피쿠로스는 도덕적 판단에서 감각적 경험을 중시하였다.

오답피하기 ① 에피쿠로스는 평온한 삶을 위해 감각 기관의 작용에 따른 관능적 쾌락에 탐닉하지 말아야 한다고 보았다.
② 스토아학파는 마음에 달려 있는 것, 즉 내면의 충동과 감정을 스스로 조절할 수 있다고 보았다.
④ 칸트는 행복한 삶과 도덕적인 삶이 양립할 수 있다고 보았다.
⑤ 칸트는 지성과 용기도 의지가 선하지 않다면 악할 수 있다고 보았다.

20 벌린과 페팃의 사상적 입장 이해

문제분석 갑은 자유주의 사상가 벌린, 을은 공화주의 사상가 페팃이다. 벌린은 간섭의 부재를 의미하는 소극적 자유가 진정한 의미의 자유라고 보았다. 페팃은 소극적 자유만으로는 진정한 자유를 누릴 수 없으며 자의적 지배가 없는 비지배로서의 자유가 진정한 자유라고 보았다.

정답찾기 ④ 페팃은 자유의 실현은 법치로 가능하며, 시민의 일반적 이익에 기반한 법은 자유를 훼손하지 않는다고 보았다.

오답피하기 ① 벌린은 적극적 자유가 국가의 개입을 정당화하고 개인의 권리를 침해할 여지가 있다고 보았다.
② 벌린은 불간섭의 영역이 확대될수록 개인의 자유의 영역이 확대된다고 보았다.
③ 페팃은 시민이 정치에 적극적으로 참여할 때 공화국이 부패하지 않는다고 보았다.
⑤ 페팃은 자의적 지배가 없는 비지배로서의 자유가 진정한 의미의 자유라고 보았다.

실전 모의고사 4회

본문 127~131쪽

1 ④	2 ③	3 ③	4 ⑤	5 ④
6 ①	7 ④	8 ③	9 ①	10 ②
11 ②	12 ①	13 ②	14 ①	15 ④
16 ③	17 ⑤	18 ①	19 ③	20 ①

1 소크라테스가 강조한 삶의 태도 이해

문제분석 가상 편지를 쓴 사상가는 소크라테스이다. 소크라테스는 인간이 이성을 통해 보편적 윤리를 이해하고 도덕적인 삶을 살아야 한다고 주장하였다.
정답찾기 ④ 소크라테스는 무지를 악행의 원인으로 보았으며, 참된 앎을 추구할 것과 끊임없이 자신을 성찰할 것을 강조하였다.
오답피하기 ① 소크라테스는 보편타당한 윤리가 존재하며 이성에 기반한 보편적인 진리를 추구해야 한다고 보았다.
② 소크라테스는 세속적 성공이 아닌 참된 앎을 통해 덕을 갖추고 도덕적으로 사는 삶을 지향해야 한다고 보았다.
③ 소크라테스는 인간의 이성을 선악 판단의 기준으로 삼아야 한다고 보았다.
⑤ 소크라테스는 사회적 관습이 아닌 이성을 토대로 도덕적 판단을 해야 한다고 보았다.

2 지눌과 의천의 사상적 입장 비교

문제분석 갑은 지눌, 을은 의천이다. 지눌은 단박에 진리를 깨친 뒤에도 나쁜 습기(習氣)를 차차 소멸시켜 나가는 수행이 필요하다고 주장하였다. 의천은 경전을 읽는 교학 수행과 참선을 하는 지관(止觀) 수행을 함께 해야 한다고 주장하였다.
정답찾기 ㄴ. 지눌은 단박에 진리를 깨친 뒤에도 점수가 필요하며, 점수의 구체적인 내용으로 정(定)과 혜(慧)의 수행이 필요하다고 보았다.
ㄷ. 의천은 대승 불교의 관점에서 자신의 깨달음과 더불어 중생 구제에도 힘써야 한다고 보았다.
오답피하기 ㄱ. 지눌은 인간은 누구나 불성을 지닌 존재라고 보았다.
ㄹ. 지눌과 의천은 모두 만물이 끊임없이 생멸하고 변화하기 때문에 고정불변하는 실체는 존재하지 않는다고 보았다.

3 왕수인과 주희의 사상적 입장 비교

문제분석 갑은 왕수인, 을은 주희이다. 왕수인은 마음 밖에는 이치가 없고, 마음 밖에는 사물도 없다고 보았다. 주희는 사물에 내재된 이치를 탐구하여 앎을 지극히 해야 한다고 보았다.
정답찾기 ㄴ. 왕수인과 주희가 모두 긍정의 대답을 할 질문이다. 왕수인과 주희는 모두 천리를 보존하고 인욕을 제거하는 존천리거인욕의 수양을 강조하였다.
ㄷ. 왕수인과 주희가 모두 긍정의 대답을 할 질문이다. 왕수인은 도덕적 앎을 실현하기 위해 내 마음의 양지를 실현해 각각의 사물이 모두 그 이치를 얻게 하는 격물 공부가 필요하다고 보았다. 주희는 도덕적 앎을 실현하기 위해 사물의 이치를 탐구하는 격물 공부가 필요

하다고 보았다.

오답피하기 ㄱ. 왕수인은 긍정, 주희는 부정의 대답을 할 질문이다. 왕수인은 마음이 곧 이치이며 마음 밖에는 이치도 없고 사물도 없다고 보았다. 그러나 주희는 만물에 이치가 부여되어 있다고 보고 사물에 나아가 이치를 탐구해야 한다고 보았다.

ㄹ. 왕수인은 부정, 주희는 긍정의 대답을 할 질문이다. 왕수인은 앎으로서 지(知)와 실천으로서 행(行)은 본래 하나라는 지행합일의 입장이다. 주희는 선후를 따지면 지가 먼저이고 행이 나중이라는 선지후행의 입장이다.

4 듀이의 사상적 입장 이해

문제분석 제시문을 주장한 사상가는 듀이이다. 듀이는 도덕적 인간이란 고정불변하는 최고선을 지닌 사람이 아니라 더 나은 사람으로 성장해 가는 사람이라고 보았다.

정답찾기 ⑤ 듀이에 따르면 지식은 언제든 수정되고 재구성될 수 있으며, 고정적이고 절대적인 지식은 존재하지 않는다.

오답피하기 ① 듀이에 따르면 도덕이나 윤리도 시대나 상황에 따라 변화하고 성장하며, 성장 자체가 도덕의 유일한 목적이다.

② 듀이에 따르면 지식은 그 자체가 목적이 아니라 인간이 직면한 문제를 해결하는 데 유용한 수단이자 도구이다.

③ 듀이에 따르면 지식은 유용한 결과가 예상되는 일종의 가설이며 언제든지 수정되고 재구성될 수 있다.

④ 듀이에 따르면 불변하는 고정된 진리는 존재하지 않으며, 정적인 성과나 결과보다 성장, 개선, 진보의 과정이 가치가 있다.

5 맹자와 순자의 사상적 입장 비교

문제분석 (가)의 갑은 맹자, 을은 순자이다. 맹자는 모든 사람이 사단을 갖추고 있으며 이를 따르면 대인이 될 수 있다고 보았다. 순자는 인간의 타고난 본성은 악하며, 사람이 선하게 되는 것은 인위적인 노력의 결과라고 보았다.

정답찾기 ㄱ. 맹자는 '예', 순자는 '아니요'라고 대답할 질문이다. 맹자는 타고난 선한 본성을 확충하면 성인이 될 수 있다고 보았다. 반면 순자는 타고난 본성이 악하기 때문에 예(禮)를 익혀 본성을 선하게 변화시켜야 성인이 될 수 있다고 보았다.

ㄴ. 맹자가 '예'라고 대답할 질문이다. 맹자에 따르면 소인을 포함한 모든 사람은 차마 어찌하지 못하는 마음을 지니고 있다.

ㄹ. 순자가 '예'라고 대답할 질문이다. 순자에 따르면 인간의 본성은 악하고 이기적이므로 본성에 따라 직분을 부여하면 혼란이 발생한다. 따라서 덕과 능력에 따라 사회적 직분을 부여해야 한다.

오답피하기 ㄷ. 순자가 '아니요'라고 대답할 질문이다. 순자에 따르면 하늘은 물리적인 자연 현상이자 자연법칙이며, 하늘의 일과 인간의 일은 서로 별개의 것이다. 따라서 하늘은 인간에게 복이나 벌을 내리는 존재가 아니다.

6 스피노자의 사상적 입장 이해

문제분석 제시문을 주장한 사상가는 스피노자이다. 스피노자는 최고의 행복은 이성을 온전히 사용하여 만물의 궁극적 원인인 신, 즉 자연과 이 원인으로부터 사물들이 발생하는 필연적인 인과 질서를 인식함으로써 도달하게 되는 마음의 안정과 평화라고 보았다.

정답찾기 ① 스피노자는 수동적 감정에 속박된 사람은 외부 원인에 휘둘리고 수동적인 삶을 살게 되므로 이성을 온전히 발휘하여 수동적 감정에 예속되지 않도록 노력해야 한다고 보았다.

오답피하기 ② 스피노자에 따르면 인간을 포함한 모든 존재가 자기 보존을 위해 노력한다.

③ 스피노자에 따르면 신, 즉 자연이 유일한 실체이며 세계는 필연적 질서에 따라 움직인다. 따라서 실체도 필연적 인과 질서에서 벗어날 수 없다.

④ 스피노자가 말하는 신은 인격신이 아니라 자연 그 자체이다.

⑤ 스피노자는 인간이 이성을 발휘하여 필연적 인과 질서를 이해하고 그것을 따를 때 자유가 주어질 수 있다고 보았다.

7 트라시마코스와 플라톤의 사상적 입장 비교

문제분석 갑은 소피스트인 트라시마코스, 을은 플라톤이다. 트라시마코스는 강자들은 자신들의 이익을 위해 법률을 제정하기 때문에 정의는 강자의 이익이라고 보았다. 플라톤은 통치자, 방위자, 생산자 세 계층의 사람들이 각각 다른 계층의 일에 간섭하지 않고 각자의 직분을 충실히 수행하여 전체적으로 조화를 이룰 때 국가의 정의가 실현된다고 보았다.

정답찾기 ④ 플라톤은 오랜 교육을 통해 지혜의 덕을 갖춘 철학자가 통치해야 정의가 실현된다고 보았다.

오답피하기 ① 트라시마코스는 정의가 보편적 진리에 기반한 것이 아니라, 권력을 가진 자들이 자신의 이익을 위해 만들어 낸 규칙에 불과하다고 보았다.

② 트라시마코스에 따르면 정의는 통치자가 자신의 이익을 위해 만든 법을 통해 실현된다.

③ 플라톤에 따르면 절제의 덕을 갖추려면 이성의 통제 아래 욕구를 조절해야 한다.

⑤ 트라시마코스에 따르면 보편적 진리는 존재하지 않는다. 반면 플라톤은 이성을 통해 보편적 진리를 인식할 수 있다고 보았다.

8 아우구스티누스와 아퀴나스의 사상적 입장 비교

문제분석 갑은 아우구스티누스, 을은 아퀴나스이다. 아우구스티누스는 절제, 용기, 정의, 지혜와 같은 덕목들이 모두 신에 대한 사랑의 다른 표현이라고 보았다. 아퀴나스에 따르면 자연법은 인간의 이성에 의해 인식된 영원법이며, 자연법의 제1원리는 '선을 행하고 악을 피하라.'이다.

정답찾기 ㄷ. 아퀴나스에 따르면 자기 보존은 인간과 동물이 공통으로 추구하는 선이다.

ㄹ. 아우구스티누스와 아퀴나스는 참된 행복은 현세에서 완전히 실현될 수 없으며 신의 은총을 통해 내세에서 실현된다고 보았다.

오답피하기 ㄱ. 아우구스티누스는 악은 실체가 아니라 선의 결여이며, 신의 창조물이 아니라 인간 행위의 결과라고 보았다.

ㄴ. 아퀴나스에 따르면 자연법은 인간의 이성에 의해 인식된 영원법이자 인간이 지켜야 하는 보편적인 도덕 법칙이다. 아퀴나스는 이러한 자연법을 따를 수 있는 것은 오직 이성을 지닌 인간뿐이라고 보

았다.

9 이이와 이황의 사상적 입장 비교

문제분석 갑은 이이, 을은 이황이다. 이이는 형태가 없는 이는 통하고 형태가 있는 기는 국한된다는 이통기국을 주장하였다. 이황은 사단과 칠정의 연원이 각기 다르며, 사단은 이가 발하고 기가 이를 따른 것이며, 칠정은 기가 발하고 이가 기를 탄 것이라고 주장하였다.

정답찾기 ① 이이에 따르면 이는 발하는 까닭일 뿐 발하는 것이 아니며 오직 기만 발할 수 있다. 그러나 이황은 이와 기가 모두 발할 수 있다는 입장이다.

오답피하기 ② 이황이 이이에게 제기할 수 있는 비판이다. 이황은 사단과 칠정이 발생하는 근원이 각각 별개라고 보았다. 반면 이이는 사단과 칠정이 모두 기가 발한 것이라고 보았다.

③ 이이의 입장에 부합하지 않는 진술이다. 이이에 따르면 사단과 칠정은 모두 기가 발하고 이가 탄 것이다.

④ 이이와 이황은 모두 이와 기는 서로 분리될 수 없으며 섞일 수도 없음을 주장하였다.

⑤ 이이의 입장에 부합하지 않는 진술이다. 이이는 본연지성을 순선한 것으로 보았다. 이이는 인간의 도덕적 불완전성은 기(氣)의 불완전성과 가변성에서 비롯됨을 강조하고, 수양을 통해 기질을 바로잡으면 선을 실현할 수 있다고 보았다.

10 모어와 마르크스의 사상적 입장 비교

문제분석 갑은 모어, 을은 마르크스이다. 모어가 제시한 유토피아는 생산과 소유에서 평등이 실현되고 도덕적으로 타락하지 않은 사회이다. 마르크스가 제시한 공산 사회는 계급과 국가가 사라지고 어떠한 억압과 착취, 소외도 발생하지 않는 사회이다.

정답찾기 ㄱ. 모어에 따르면 유토피아는 필요 이상의 노동을 하지 않으므로 정신적 자유를 누리며, 재화가 풍족해도 검소하게 살아가는 사회이다.

ㄹ. 모어와 마르크스는 모두 사적 소유제로 인한 불평등과 도덕적 타락을 비판하면서 사적 소유제가 폐지되고 필요에 따른 분배가 실현되는 이상 사회를 제시하였다.

오답피하기 ㄴ. 마르크스는 기술적 분업으로 인해 노동 소외가 발생한다고 보았다.

ㄷ. 마르크스는 노동이 생활을 위한 수단일 뿐만 아니라 삶의 기본적 욕구라고 보았다.

11 사르트르의 사상적 입장 이해

문제분석 그림의 강연자는 사르트르이다. 사르트르에 따르면 인간은 우연히 이 세상에 내던져진 존재로서 먼저 실존한 다음 자신의 주체적인 선택을 통해 자신을 스스로 형성해 가는 존재이며, 자유롭도록 운명 지워진 존재이다.

정답찾기 ② 사르트르는 인간의 본질이나 목적을 정해 줄 신은 존재하지 않기 때문에 인간은 주체적 선택을 통해 자신을 스스로 형성해야 한다고 보았다.

오답피하기 ① 사르트르에 따르면 인간은 신의 계획에 따라 만들어진 창조물이 아니기 때문에 타고난 본질이나 목적이 존재하지 않는다.

③ 사르트르는 절망과 불안을 극복하기 위해 운명을 수용하는 것이 아니라 매 순간 주체적인 결단을 통해 자신의 선택에 책임지는 삶을 살아야 한다고 보았다.

④ 사르트르에 따르면 인간은 스스로를 만들어 나가는 존재이며 신은 존재하지 않는다.

⑤ 사르트르에 따르면 인간은 자유 자체를 선택하거나 거부할 수 없으며, 자유롭지 않음도 선택할 수 없다.

12 에피쿠로스와 에픽테토스의 사상적 입장 비교

문제분석 갑은 에피쿠로스, 을은 에픽테토스이다. 에피쿠로스는 감각적이고 순간적인 쾌락이 아니라 정신적이고 지속적인 쾌락을 추구해야 한다고 주장하였다. 에픽테토스는 운명을 받아들이는 삶을 살아갈 때 부동심에 이를 수 있다고 주장하였다.

정답찾기 ㄱ. 에피쿠로스에 따르면 잘못된 믿음은 두려움의 원인이므로 운명이 존재한다는 잘못된 믿음은 버려야 한다.

ㄴ. 에픽테토스는 정념의 지배로부터 벗어난 부동심에 이르기 위해 자연의 필연적 질서를 인식하고 이를 따라야 한다고 보았다.

오답피하기 ㄷ. 에픽테토스와 같은 스토아학파에서는 부동심에 이르기 위해 사회적 역할에 충실하고 인류의 공동선 실현에 기여하는 공적인 삶을 살아야 한다고 보았다.

ㄹ. 에피쿠로스에 따르면 평정심에 이르려면 자연적이고 필수적인 욕구만을 최소한으로 충족해야 하며, 자연적이지만 필수적이지 않은 욕구는 추구하지 말아야 한다.

13 정약용의 사상적 입장 이해

문제분석 제시문을 주장한 사상가는 정약용이다. 정약용은 인의예지의 덕은 인간의 본성에 내재하는 것이 아니라 실천을 통해 형성되는 것이라고 주장하였다.

정답찾기 ㄴ. 정약용이 긍정의 대답을 할 질문이다. 정약용에 따르면 의리에 밝은 자의 욕구는 도의[義]를 실현하는 데 기여할 수 있다.

ㄹ. 정약용이 긍정의 대답을 할 질문이다. 정약용에 따르면 영지의 기호는 선을 좋아하는 경향성이며, 인간은 선 또는 악을 스스로 선택할 수 있다. 따라서 영지의 기호는 어떤 사람이 악을 선택할 경우 그 사람에게 도덕적 책임을 물을 수 있는 근거가 된다.

오답피하기 ㄱ. 정약용이 부정의 대답을 할 질문이다. 정약용에 따르면 인의예지는 인간에게 이법적 실체로서 부여된 본성이 아니며 일상생활에서 사단을 확충함으로써 형성된다.

ㄷ. 정약용이 부정의 대답을 할 질문이다. 정약용이 말하는 천명지성은 선을 좋아하고 악을 미워하는 마음의 기호이며, 태어날 때부터 하늘이 부여한 것이다.

14 칸트와 흄의 사상적 입장 비교

문제분석 갑은 칸트, 을은 흄이다. 칸트는 자신의 이익을 추구하려는 욕구나 두려움, 동정심과 같이 경향성에서 비롯된 행위는 도덕적 행위가 될 수 없다고 주장하였다. 흄은 도덕적 실천의 직접적인 동기는 감정이며, 이성은 도덕적 행위에서 보조적인 역할을 할 뿐이라고 주장하였다.

정답찾기 ① 칸트에 따르면 의무에서 비롯된 행위는 도덕적 행위이다. 따라서 어떤 행위가 의무에서 비롯되었다면 그 행위는 행복의 증진 또는 감소 여부와 관계없이 도덕적 행위이다.

오답피하기 ② 칸트에 따르면 의무에 맞는 행위 중 의무로부터 비롯된 행위는 도덕적 가치를 지닐 수 있다.

③ 흄에 따르면 도덕은 어떤 행위나 품성 속에 내재된 본질적 속성이 아니라 어떤 사람의 행위나 품성을 바라볼 때 느끼는 시인의 감정이나 부인의 감정을 표현한 것이다.

④ 흄에 따르면 덕과 부덕은 객관적 사물에 내재된 속성이 아니라 어떤 행위나 품성을 바라볼 때 느끼는 사회적 차원의 시인과 부인의 감정을 표현한 것이다.

⑤ 흄은 도덕적 행위의 직접적인 동기는 이성이 아닌 감정이라고 보았다.

15 동학사상과 위정척사 사상의 입장 비교

문제분석 갑은 동학사상가 최제우, 을은 위정척사 사상가 최익현이다. 동학사상가들은 모든 사람이 자기 안에 한울님을 모신 존엄한 존재라고 주장하였다. 위정척사 사상가들은 올바른 것, 즉 유교적 가치 체계와 문물을 지키고 사악한 것, 즉 천주교와 서양 문물을 배척할 것을 주장하였다.

정답찾기 ㄴ. 동학사상에 따르면 내세가 아닌 현세에서 차별과 고통이 사라진 이상 사회가 실현될 수 있다.

ㄹ. 위정척사 사상은 서양 문물을 반대하고 효제와 같은 유교적 가치를 지키고자 하였다. 동학사상은 유교 사상을 주체적으로 수용하여 효제의 정신을 실천할 것을 강조하였고, 열강의 침략에 대항하고자 하였다.

오답피하기 ㄱ. 동학사상은 성리학적 신분 질서를 비판하면서, 차별이 사라지고 평등이 실현된 이상 사회를 제시하였다.

ㄷ. 위정척사 사상은 유교적 질서와 문물은 지켜야 하며, 서양의 종교와 과학 기술은 배척해야 한다는 입장이다.

16 벤담과 밀의 사상적 입장 비교

문제분석 (가)의 갑은 벤담, 을은 밀이다. 벤담은 모든 쾌락에는 질적인 차이가 없고 양적인 차이만 있다는 양적 공리주의를 주장하였다. 밀은 쾌락에는 질적인 차이가 있으며 쾌락의 양뿐만 아니라 질적 차이도 고려해야 한다는 질적 공리주의를 주장하였다.

정답찾기 ㄴ. 벤담과 밀의 공통 입장에 해당한다. 공리주의는 사회 전체의 이익은 개개인의 이익의 총합이라고 보면서 개인적 차원의 행복주의를 사회적 차원으로 확대하였다.

ㄷ. 벤담과 밀의 공통 입장에 해당한다. 공리주의는 행위의 옳고 그름은 행위의 결과로 판단해야 한다는 결과론의 입장이다.

오답피하기 ㄱ. 벤담과 밀의 공통 입장에 해당한다. 벤담과 밀은 모두 쾌락의 양이 증가하면 행복도 증진될 수 있다고 보았다. 다만 밀은 질적으로 높은 쾌락은 낮은 쾌락보다 더 가치가 있다고 보았다.

ㄹ. 밀의 입장에 부합하지 않는다. 밀은 희생 그 자체가 곧 선이라고 보지 않았다. 행복의 총량을 증가시키지 않는 희생은 무용지물이라는 것이다.

17 하이에크와 케인스의 사상적 입장 비교

문제분석 (가)의 갑은 하이에크, 을은 케인스이다. 하이에크는 정부의 시장 개입에 반대하며 경제적 통제는 전체주의로 가는 노예의 길이라고 보았다. 케인스는 불황과 실업 등의 문제를 해결하기 위해 정부가 다양한 정책 및 규제를 통해 적극적으로 시장에 개입해야 한다고 보았다.

정답찾기 ⑤ 케인스가 하이에크에게 제기할 수 있는 적절한 비판이다. 케인스는 불황 극복과 투자 수요 촉진을 위해 정부의 시장 개입이 필요하다고 보았다. 반면 하이에크는 정부의 시장 개입을 반대하면서 정부 기능을 축소해야 한다고 보았다.

오답피하기 ① 하이에크와 케인스는 모두 개인의 자유로운 이윤 추구 활동이 보장되어야 한다고 보았다.

② 하이에크는 계획 경제가 경제의 복잡성과 다양성을 제대로 이해하거나 처리할 수 없으며, 경제적 자유를 침해할 뿐이라고 비판하였다.

③ 하이에크는 시장의 보호를 위해 정부가 법적 질서를 마련하고 사적 재산권 보호를 위한 역할을 해야 한다고 보았다.

④ 하이에크는 정부의 재정 지출 확대는 자원의 효율적 분배를 방해하여 시장 경제를 왜곡시킬 수 있다고 보았다.

18 공자와 노자의 사상적 입장 비교

문제분석 갑은 공자, 을은 노자이다. 공자는 이기적인 욕심을 극복하고 예를 따르는 것이 인(仁)이라고 보았다. 노자는 통치자의 인위적인 조작이 없으면 백성은 스스로 자신의 일을 해 나갈 수 있다고 보았다.

정답찾기 ① 공자는 통치자가 덕을 갖추고 모범을 보여 백성을 교화하는 덕치를 펼쳐야 한다고 주장하였다.

오답피하기 ② 공자는 인의의 도덕을 기준으로 옳고 그름과 선악을 명확히 분별해야 한다고 보았다.

③ 노자는 현자를 숭상하고 지식을 넓히는 것은 어리석은 일이라고 보았다.

④ 노자는 인위적인 문명의 발달이 없는 무위와 무욕의 사회를 지향해야 한다고 보았다.

⑤ 공자는 통치자가 도덕과 예의로 교화하는 정치를 해야 한다고 보았다. 노자는 형벌과 같은 법령이 백성을 가난하게 만들고 세상을 혼란에 빠뜨린다고 보았다.

19 홉스와 로크의 사상적 입장 비교

문제분석 갑은 홉스, 을은 로크이다. 홉스는 자연 상태는 전쟁 상태이므로 사람들은 자기 보존을 위해 사회 계약을 맺어 주권자에게 권리를 양도한다고 보았다. 로크는 사회 계약을 통해 수립된 정부가 시민의 생명, 자유, 재산을 침해한다면 시민은 저항권을 행사할 수 있다고 보았다.

정답찾기 ㄴ. 홉스에 따르면 자연 상태에서 사람들은 무제한의 자유를 지니기 때문에 만인에 대한 만인의 투쟁 상태가 발생하며 안전이 보장되지 않는다고 보았다.
ㄹ. 홉스에 따르면 자연 상태에서 이성은 사람들에게 자신의 생명과 안전을 지키기 위해 사회 계약을 맺어야 한다는 필요성을 깨닫게 한다. 로크에 따르면 이성은 자연 상태의 불안정성을 깨닫게 하며, 생명, 자유, 재산의 보호를 위해 사회 계약을 맺어야 한다는 필요성을 알게 한다.
오답피하기 ㄱ. 홉스에 따르면 자연 상태에는 정의와 부정의, 선과 악이 존재하지 않는다.
ㄷ. 로크에 따르면 재산에 대한 소유권은 사회 계약 이전부터 인간이 지니고 있는 자연권이다.

20 벌린과 페팃의 사상적 입장 비교

문제분석 갑은 벌린, 을은 페팃이다. 벌린은 간섭의 부재를 의미하는 소극적 자유가 진정한 의미의 자유라고 주장하였다. 페팃은 타인의 자의적인 지배가 없는 상태인 비지배로서의 자유를 주장하면서 자유의 실현은 법에 의한 지배를 통해 가능하다고 주장하였다.
정답찾기 ① 벌린은 자유를 간섭의 부재로 규정하고 불간섭의 영역이 축소될수록 자유의 영역도 축소된다고 보았다.
오답피하기 ② 벌린은 국가는 개인에게 사회에 대한 헌신을 강요해서는 안 되며, 개인은 국가에 구속당하지 않고 행동할 수 있는 사적 영역이 필요하다고 보았다.
③ 페팃에 따르면 시민의 정치적 참여 및 공동체의 법은 시민의 자유 증진에 기여할 수 있다.
④ 페팃에 따르면 소극적 자유만으로는 진정한 자유를 누릴 수 없으며, 비지배로서의 자유를 통해 진정한 자유를 누릴 수 있다.
⑤ 벌린과 페팃은 모두 자유의 실현을 중시하지만, 자유의 남용으로 타인에게 해악을 미칠 경우에는 자유를 제한할 수 있다고 보았다.

실전 모의고사 5회

본문 132~136쪽

1 ①	2 ④	3 ④	4 ②	5 ③
6 ③	7 ④	8 ①	9 ②	10 ②
11 ②	12 ④	13 ①	14 ①	15 ④
16 ③	17 ③	18 ⑤	19 ④	20 ③

1 밀의 사상적 입장 이해

문제분석 그림의 강연자는 밀이다. 밀은 쾌락에는 질적인 차이가 있으므로 양뿐만 아니라 질적인 차이도 고려해야 한다는 질적 공리주의를 주장하였다.
정답찾기 ① 밀은 인간이 쾌락들 간의 질적 차이를 판단할 수 있으며 정상적인 인간이라면 누구나 질적으로 높고 고상한 쾌락을 추구할 것이라고 주장하였다.
오답피하기 ② 밀은 행위의 결과가 행위의 도덕적 가치를 판단하는 기준이라고 보았다.
③ 밀은 공적인 일에 참여하는 것이 공리의 원리에 어긋난다고 주장하지 않았다.
④ 밀은 최대 행복의 원리에 따라 도덕을 수단으로 여길 수 있다고 보았다.
⑤ 밀은 옳고 그름을 판단해야 하는 상황에서 사회적 유용성을 고려해야 한다고 보았다.

2 에피쿠로스와 아리스토텔레스의 사상적 입장 이해

문제분석 갑은 에피쿠로스, 을은 아리스토텔레스이다. 에피쿠로스는 쾌락을 최고선으로 보고 쾌락이 행복한 삶의 시작이자 끝이라고 주장하였다. 아리스토텔레스는 덕을 인간의 고유한 기능인 이성이 탁월하게 발휘되는 영혼의 상태라고 보았으며 덕에는 지성적 덕과 품성적 덕이 있다고 주장하였다.
정답찾기 ㄴ. 에피쿠로스는 참된 쾌락은 몸의 고통과 마음의 불안이 모두 소멸된 상태라고 주장하였다.
ㄹ. 에피쿠로스와 아리스토텔레스는 모두 행복한 삶을 위해 이성을 발휘해야 한다고 보았다.
오답피하기 ㄱ. 에피쿠로스는 자연적이고 필수적인 욕구를 최소한으로 충족하는 소박한 삶을 지향해야 한다고 주장하였다.
ㄷ. 아리스토텔레스는 행복이란 덕에 따르는 정신의 활동이라고 보았다.

3 벌린과 페팃의 사상적 입장 이해

문제분석 갑은 벌린, 을은 페팃이다. 벌린은 간섭의 부재를 의미하는 소극적 자유를, 페팃은 자의적 지배가 없는 비지배로서의 자유를 진정한 자유라고 보았다.
정답찾기 ④ 페팃은 권력의 자의적 지배에서 벗어나 비지배의 자유를 실현하기 위해서는 법의 지배가 필요하다고 주장하였다.
오답피하기 ① 벌린은 간섭받지 않을 영역의 확대는 자유의 영역을 확대시킨다고 보았다.
② 벌린은 국가가 시민의 자유를 제한할 수 있는 경우가 있다고 보았다.

③ 페팃은 관대한 주인을 만난 노예의 경우처럼 간섭은 없지만 지배가 있어 자유롭지 못할 수 있다고 보았다.
⑤ 페팃은 합당한 법에 의한 간섭은 개인의 자유를 침해하지 않는다고 보았다.

4 석가모니의 사상적 입장 이해

문제분석 제시문을 주장한 사상가는 석가모니이다. 석가모니는 연기의 법에 따라 모든 것이 무상과 무아임을 깨달아야 한다고 보았다.
정답찾기 ② 석가모니는 모든 존재와 현상이 무수한 원인과 조건에 의해 생겨나므로 고정된 것이 존재하지 않는다고 주장하였다.
오답피하기 ① 석가모니는 불변의 실체가 존재하지 않는다고 주장하였다.
③ 석가모니는 연기설의 관점에서 죽음을 포함한 모든 현상에 원인이 있다고 보았다.
④ 석가모니는 중도를 통해서 무명(無明)에서 벗어나야 한다고 보았다.
⑤ 석가모니는 인간은 오온의 일시적인 결합체이며, 오온은 해체되는 것이라고 보았다.

5 플라톤의 사상적 입장 이해

문제분석 제시문을 주장한 사상가는 플라톤이다. 플라톤은 현상계와 달리 이데아계는 완전한 세계이며 오직 이성에 의해 파악될 수 있다고 보았다.
정답찾기 ③ 플라톤은 현상계는 이데아계를 모방한 불완전한 세계이지만 이데아계는 완전한 세계라고 보았다.
오답피하기 ① 플라톤은 이데아가 현실 세계가 아닌 이데아의 세계에 존재한다고 보았다.
② 플라톤은 선의 이데아를 인식하는 것이 이상적인 삶을 위해 필요하다고 보았다.
④ 플라톤은 절제는 국가의 구성원 모두에게 필요한 덕이라고 보았다.
⑤ 플라톤은 이데아는 오직 이성에 의해서만 파악할 수 있다고 보았다.

6 사르트르와 키르케고르의 사상적 입장 이해

문제분석 (가)의 갑은 사르트르, 을은 키르케고르이다. 사르트르는 인간의 본질이나 목적을 정해 줄 신은 존재하지 않으며 주체적인 결단을 내림으로써 실존을 회복해야 한다고 주장하였다. 키르케고르는 인간은 주체적 결정을 회피하면서 절망에 빠지게 되는데 이를 '죽음에 이르는 병'이라고 부르고 '신 앞에 선 단독자'로서 생각하고 행동하여 참된 실존에 이르러야 한다고 주장하였다.
정답찾기 ㄴ. 사르트르는 사물과 달리 인간은 먼저 실존한 다음에 자신의 주체적인 선택을 통해 스스로를 형성해 가는 존재라고 보았다.
ㄷ. 키르케고르는 인간은 주체적 선택을 통해 불안을 극복하고 참된 실존을 회복해 나갈 수 있다고 보았다.
오답피하기 ㄱ. 사르트르는 참된 실존의 회복이 객관적 진리를 통해서만 달성된다고 보지 않았으며 주체성과 책임을 강조하였다.
ㄹ. 키르케고르는 인간이 윤리적 실존 단계에서 자신의 유한성을 자각하면서 다시 절망에 빠지게 된다고 보았다.

7 이이와 이황의 사상적 입장 이해

문제분석 갑은 이이, 을은 이황이다. 이이는 사단은 칠정을 포함할 수 없지만 칠정은 사단을 포함하는 것이며 사단은 칠정 중 선한 것만을 지칭할 뿐이라고 주장하였다. 이황은 사단과 칠정의 연원이 각기 다르다고 보았다.
정답찾기 ㄴ. 이이는 이는 발하는 까닭이고, 기는 발하는 것이라고 보았고, 이황은 이와 기는 모두 발할 수 있다고 보았다.
ㄹ. 이이는 사단은 칠정 중에 선한 것만을 가리켜 말하는 것이라고 주장하였다.
오답피하기 ㄱ. 이이는 사단과 칠정을 모두 기가 발하고 이가 탄 것으로 보았으며, 이황은 사단과 칠정의 연원이 서로 다르다고 보았다.
ㄷ. 이이와 이황은 모두 사단과 칠정을 정(情)이라고 보았다.

8 아우구스티누스와 스피노자의 사상적 입장 이해

문제분석 (가)의 갑은 아우구스티누스, 을은 스피노자이다. 아우구스티누스는 천상의 나라와 지상의 나라를 구분하고 신의 은총을 통해 참된 행복을 실현할 수 있다고 보았다. 스피노자는 신을 자연 그 자체로 보았으며 자연에서 일어나는 모든 일은 원인과 결과가 필연적으로 연결되어 있다고 보았다.
정답찾기 ㄱ. 아우구스티누스는 신을 실존적으로 만나야 할 인격적 존재라고 보았으며, 인간의 최상의 행복은 신과의 합일을 통해 이룰 수 있다고 보았다.
ㄹ. 스피노자는 신, 즉 자연이 유일한 실체이며 신을 만물의 내재적 원인이라고 주장하였다.
오답피하기 ㄴ. 스피노자는 이성을 사용하여 만물의 궁극적인 원인인 신, 즉 자연과 이 원인으로부터 사물들이 발생하는 인과 질서를 인식함으로써 도달하게 되는 마음의 안정과 평화를 최고의 행복이라고 보았다.
ㄷ. 아우구스티누스는 인간이 신에 의해 창조되었으며 신에게서 자유 의지를 부여받았다고 보았다.

9 갈퉁과 칸트의 사상적 입장 이해

문제분석 갑은 갈퉁, 을은 칸트이다. 갈퉁은 폭력을 직접적 폭력과 구조적 폭력, 문화적 폭력으로 나누어 설명하였다. 갈퉁은 진정한 평화의 실현을 위해서는 모든 폭력이 제거되어야 한다고 주장하였다. 칸트는 영원한 평화를 실현하기 위하여 각 국가가 공화 정체를 확립하고 국가 간 연맹을 확산시켜 나가야 한다고 보았다.
정답찾기 ② 갈퉁은 구조적 폭력이 정치 분야에서 착취나 억압의 형태로 나타나기도 한다고 보았다.
오답피하기 ① 갈퉁은 구조적 폭력이 반드시 의도된 것은 아니며 비의도적인 성격을 지닐 수 있다고 보았다.
③ 칸트는 영원한 평화를 실현하기 위해 주권을 가진 국가들 간의 평화 연맹이 필요하다고 보았다.
④ 칸트는 단일한 세계 정부가 아니라 평화 연맹을 통해 영원한 평화를 실현해야 한다고 주장하였다.

⑤ 갈퉁은 폭력은 평화를 위협하는 것이며 평화는 평화적 수단에 의해 달성되어야 한다고 주장하였고, 칸트도 평화의 실현을 위해 폭력적인 수단이 필수적이라고 보지 않았다.

10 로크와 홉스의 사상적 입장 이해

문제분석 (가)의 갑은 로크, 을은 홉스이다. 로크는 인간은 자연 상태에서 비교적 평화로운 삶을 누리지만 개인의 권리를 더 확실하게 보장받고자 사회 계약을 통해 국가를 구성한다고 보았다. 홉스는 인간이 만인에 대한 만인의 투쟁 상태인 자연 상태에서 벗어나기 위해 사회 계약을 맺으면서 국가를 구성한다고 주장하였다.

정답찾기 ② 홉스는 사회 계약과 국가 질서를 유지하기 위해 절대 권력의 필요성을 주장하였고, 로크는 절대 권력이 존재하면 이를 통제할 수 없기 때문에 절대 권력이 존재하는 것이 바람직하지 않다고 보았다.

오답피하기 ① 로크와 홉스는 모두 사회 계약 이후에 국가가 개인의 자연권을 보호해야 한다고 주장하였다.
③ 홉스는 자연 상태의 인간이 사회 계약을 통해 국가를 이룰 수 있는 것은 이성적 능력이 있기 때문이라고 보았다.
④ 홉스는 자연 상태에서는 공통의 권력이 없으며 이러한 상태에서는 정의와 불의의 관념이 존재하지 않는다고 보았다.
⑤ 로크와 홉스는 모두 정치적 의무는 개인의 동의로부터 비롯된다고 주장하였다.

11 벤담과 칸트의 사상적 입장 이해

문제분석 갑은 벤담, 을은 칸트이다. 벤담은 '최대 다수의 최대 행복'을 추구하는 공리의 원리를 도덕과 입법의 원리로 제시하였다. 칸트는 행위의 선악을 결정하는 것은 행위의 결과가 아니라 행위의 동기인 의지라고 보았다.

정답찾기 ② 벤담은 행위의 옳고 그름을 판단할 때 관련된 이해 당사자들의 최대 행복을 가져오는 행위를 승인하는 공리의 원리를 기준으로 해야 한다고 주장하였다.

오답피하기 ① 벤담은 쾌락에는 질적 차이가 없다고 주장하였다.
③ 칸트는 도덕적 행위는 의무 의식이 동기가 된 행위라고 보았다.
④ 칸트는 도덕적 행위는 우리가 스스로 수립한 도덕 법칙을 따르는 자율적 행위라고 보았다.
⑤ 벤담은 도덕의 목적이 행복 증진에 있다고 주장하였다. 반면에 칸트는 도덕은 행복이나 다른 무엇을 실현하기 위한 수단이 아니라 그 자체가 목적이라고 보았다.

12 지눌의 사상적 입장 이해

문제분석 제시문을 주장한 사상가는 지눌이다. 지눌은 선종을 중심으로 교종과의 조화를 추구하였으며 단박에 진리를 깨친 뒤에도 나쁜 습기(習氣)를 소멸시켜 나가는 수행이 필요하다고 주장하였다.

정답찾기 ④ 지눌은 돈오점수에서 점수의 구체적인 실천 내용으로 정혜쌍수를 주장하였다. 이는 선정과 지혜를 함께 닦아 나가야 하는 것을 강조한 것이다.

오답피하기 ① 지눌은 모든 현상이 변화하여 고정된 것이 없다는 무상을 깨달아야 한다고 보았다.
② 지눌은 선종의 수행법을 따르면서도 교종에서 강조하는 경전 공부의 중요성도 인정하였다.
③ 지눌은 단박에 진리를 깨닫고 그 뒤에 습기를 차차 소멸시켜 나가는 수행을 강조하였다.
⑤ 지눌은 돈오란 자신의 마음이 부처의 마음과 다르지 않음을 단박에 깨닫는 것이라고 보았다.

13 공자와 노자의 사상적 입장 이해

문제분석 갑은 공자, 을은 노자이다. 공자는 인과 예를 강조하며 통치자가 먼저 군자다운 인격을 닦고 백성을 다스려야 한다고 주장하였다. 노자는 인위적인 다스림이 없는 정치를 추구하였다.

정답찾기 ① 공자는 통치자의 덕성과 예의로 백성을 다스리는 정치를 주장하였다.

오답피하기 ② 차별 없는 사랑인 겸애를 주장한 사상가는 묵자이다.
③ 노자는 무위의 삶을 살기 위해 무욕의 덕을 갖추어야 한다고 보았다.
④ 노자는 시비의 엄격한 분별에서 벗어나 무위를 실현해야 한다고 주장하였다.
⑤ 노자는 예법과 같은 인위적인 규범과 사회 제도가 사회 혼란의 원인이라고 보았다.

14 정약용의 사상적 입장 이해

문제분석 제시문을 주장한 사상가는 정약용이다. 정약용은 인간의 성이 선을 좋아하고 악을 싫어하는 마음의 기호이며 인의예지의 덕은 실천을 통해 형성되는 것이라고 주장하였다.

정답찾기 ㄱ. 정약용은 측은지심을 비롯한 사단을 인간이 타고난 선한 마음이라고 보았다.
ㄴ. 정약용은 인간의 성은 선을 좋아하고 악을 싫어하는 마음의 기호라고 보았다.

오답피하기 ㄷ. 정약용은 인의예지라는 사덕은 인간의 본성에 내재하는 것이 아니라 사단의 실천을 통해 형성되는 것이라고 주장하였다.
ㄹ. 정약용은 영지의 기호는 선을 좋아하고 악을 싫어하는 마음의 기호로 인간만이 가지고 있다고 보았다.

15 모어와 마르크스의 사상적 입장 이해

문제분석 갑은 모어, 을은 마르크스이다. 모어는 경제적으로 풍요롭고 도덕적으로 타락하지 않은 사회인 유토피아를, 마르크스는 계급과 국가가 사라진 공산 사회를 이상 사회로 제시하였다.

정답찾기 ④ 마르크스는 구성원들이 능력에 따라 일하고 필요에 따라 분배받는 사회를 이상 사회라고 주장하였다.

오답피하기 ① 모어는 유토피아에서는 구성원들이 경제적 풍요를 누리면서 평등한 삶을 산다고 주장하였다.
② 모어는 유토피아에서는 사람들이 노동을 하고 여가 시간에 정신적 자유와 문화생활을 누릴 수 있다고 주장하였다.
③ 마르크스는 공산 사회에서는 계급과 국가가 사라져 어떠한 억압

도 발생하지 않는다고 주장하였다.
⑤ 모어는 유토피아에서는 소유의 평등이 실현된다고 보았고, 마르크스는 생산 수단의 사적 소유가 철폐되어야 한다고 주장하였다.

16 데카르트와 베이컨의 사상적 입장 이해

문제분석 갑은 데카르트, 을은 베이컨이다. 데카르트는 방법적 회의를 통해 철학의 제1원리인 "나는 생각한다. 그러므로 나는 존재한다."를 알아낼 수 있다고 주장하였다. 베이컨은 실험과 지성을 중시하는 귀납법을 통해 새로운 진리를 탐구할 수 있다고 주장하였다.

정답찾기 ③ 베이컨은 자연에 대한 참된 인식을 방해하는 선입견과 편견을 우상에 비유하고 이를 타파해야 한다고 주장하였다.

오답피하기 ① 데카르트는 방법적 회의를 통해 확고부동한 진리를 알 수 있다고 보았다.
② 데카르트는 이성적 추론을 통한 연역의 방법으로 확실한 지식을 찾아야 한다고 보았다.
④ 베이컨은 자연 과학적 지식을 통해 자연을 지배하고 인간의 삶을 개선할 수 있다고 보았다.
⑤ 데카르트는 생각하는 내가 있다는 확실한 명제를 출발점으로 삼아 이성적 추론으로 다른 진리를 연역하고자 하였다.

17 케인스와 하이에크의 사상적 입장 이해

문제분석 갑은 케인스, 을은 하이에크이다. 케인스는 불황과 실업 등의 문제를 해결하기 위해 정부가 적극적으로 개입해야 한다고 주장하였다. 하이에크는 정부의 기능을 축소해야 한다고 보았으며 정부의 역할은 자유 경쟁이 최대한 효율적으로 작동할 수 있도록 하는 것 등에 국한되어야 한다고 주장하였다.

정답찾기 ③ 하이에크는 정부의 역할이 확대되는 것은 효율적인 자원의 분배를 저해하게 될 것이라고 주장하였다.

오답피하기 ① 케인스는 자본주의 사상가로서 사유 재산의 철폐를 주장하지 않았다.
② 케인스는 불황이나 실업 등의 문제를 해결하기 위해 정부의 적극적인 역할이 필요하다고 주장하였다.
④ 하이에크는 정부가 시장에 개입하는 것을 최소화해야 한다고 주장하였다.
⑤ 하이에크는 계획 경제 체제가 사람들의 자유를 억압할 것이라고 비판하며 자유로운 경쟁 체제를 강조하였다.

18 동도서기론과 위정척사의 사상적 입장 이해

문제분석 갑은 동도서기(東道西器)를 주장한 신기선, 을은 위정척사(衛正斥邪)를 주장한 이항로이다. 동도서기론은 동양의 도(道)를 기반으로 하여 서양의 기(器)를 받아들이자고 주장하였다. 위정척사 사상은 유교적 가치와 질서인 올바른 것은 지키고 서양의 문물인 사악한 것은 배척하자고 주장하였다.

정답찾기 ⑤ 동도서기론과 위정척사 사상 모두 유교적 가치를 근본으로 주체성을 지켜야 한다고 주장하였다.

오답피하기 ① 동도서기론은 서양의 발달된 과학 기술과 유교적 가치가 공존할 수 있다고 보았다.
② 동도서기론은 유교적 가치와 질서[東道(동도)]를 기반으로 서양의 기술[西器(서기)]을 수용하자고 주장하였다.
③ 위정척사 사상은 서양 문물을 배척하고 유교적 가치 체계와 질서를 지켜야 한다고 주장하였다.
④ 위정척사 사상은 성리학적 신분 질서를 올바른 것으로 보고 지키고자 하였다.

19 주희와 왕수인의 사상적 입장 이해

문제분석 갑은 주희, 을은 왕수인이다. 주희는 성즉리(性卽理)를, 왕수인은 심즉리(心卽理)를 주장하였다.

정답찾기 ㄴ. 주희는 인간의 마음이 성과 정을 통괄한다[心統性情(심통성정)]고 보았다.
ㄹ. 주희와 왕수인은 모두 존천리거인욕(存天理去人欲)의 수양을 통해 인간은 누구나 성인이 될 수 있다고 보았다.

오답피하기 ㄱ. 주희는 격물치지를 사물에 나아가 그 이치를 탐구하여 앎을 극진히 하는 것으로 보았다.
ㄷ. 왕수인은 마음 밖에는 이치가 없다고 보았으므로 마음 밖에 있는 사물의 이치를 탐구해야 한다고 주장하지 않았다.

20 흄의 사상적 입장 이해

문제분석 제시문을 주장한 사상가는 흄이다. 흄은 도덕성은 판단되기보다는 느껴지는 것이라고 주장하였으며, 선악은 이성적으로 판단되는 것이 아니라 시인의 감정이나 부인의 감정을 표현한 것이라고 보았다.

정답찾기 ㄴ. 흄은 감정은 도덕적 실천의 직접적 동기가 될 수 있는 반면 이성은 그럴 수 없다고 주장하였다.
ㄷ. 흄은 인간은 공감의 능력이 있기 때문에 사회적으로 유익한 것에 시인의 감정을 가질 수 있다고 주장하였다.

오답피하기 ㄱ. 흄은 인간이 느끼는 모든 감정이 도덕적 감정이라고 주장하지 않았다.
ㄹ. 흄은 덕과 악덕은 도덕적 판단의 대상에 객관적으로 실재하는 것이 아니라 감정에 의한 것이라고 보았다.